Robert R. Blake/Jane S. Mouton
Verhaltenspsychologie im Betrieb

Robert R. Blake
Jane S. Mouton

Verhaltenspsychologie im Betrieb

Der Schlüssel zur Spitzenleistung

Das neue Grid®-Management-Konzept
in einer vollkommen überarbeiteten
Neuauflage

Übertragung aus dem Amerikanischen
von Ursel Reineke, Heidelberg

ECON Verlag
Düsseldorf · Wien

Titel der amerikanischen Originalausgabe:
The Managerial Grid® III
The Key to Leadership Excellence
Originalverlag: Gulf Publishing Company, Houston/Texas

CIP-Titelaufnahme der Deutschen Bibliothek

Blake, Robert R.:
Verhaltenspsychologie im Betrieb: D. Schlüssel zur Spitzenleistung;
D. neue Grid-Management-Konzept/Robert R. Blake/Jane S. Mouton.
Übertr. aus d. Amerikan. von Ursel Reineke. –
4. Aufl. – Düsseldorf/Wien: ECON Verlag, 1992
Einheitssacht.: The new managerial Grid ⟨dt.⟩
ISBN 3 430 11384 9
NE: Blake, Robert R./Mouton, Jane S.

4. Auflage 1992

Gesetzt aus der Times der Fa. Berthold AG
Satz: Dörlemann-Satz, Lemförde
Papier: Papierfabrik Schleipen GmbH, Bad Dürkheim
Druck und Bindearbeiten: Bercker Graphischer Betrieb GmbH, Kevelaer
Printed in Germany
ISBN 3 430 11384 9

Inhaltsverzeichnis

Vorwort

Welcher Weg führt zu Spitzenleistungen in der Führung? Wer sich mit der Theorie des Managements und der Aus- und Weiterbildung von Führungskräften befaßt, ist schon lange auf der Suche nach einer Antwort auf diese Frage. Diese Frage besteht, seit man zu dem Schluß gekommen ist, daß Führung oder Management keine Kunst, sondern eine angewandte Wissenschaft ist, die sich erlernen läßt. Im Zentrum der Aufmerksamkeit steht dabei immer wieder die Frage, mit welchem Führungsstil, mit welchem Führungsverhalten sich Höchstleistungen erreichen lassen. Wesentlich für den Erfolg einer Organisation ist natürlich die Organisationsstruktur, die Planung und das zugrundeliegende Konzept. Darüber hinaus aber wird der Erfolg vom Verhalten des Führungsteams bestimmt. Das ist die wichtigste Variable. Die Mitglieder des Führungsteams müssen als Führungspersönlichkeiten handeln. Sie müssen ihre Ziele mit Hilfe ihrer Fähigkeit zur Leitung, Motivation und Integration der Bemühungen anderer verwirklichen. Deshalb ist es Aufgabe einer Führungskraft, eine bestimmte Kultur für das Team insgesamt zu entwickeln. Es geht darum,

1. Leistung von höchster Qualität und Quantität zu fördern und zu erhalten,
2. Kreativität zu fördern und zu nutzen,
3. Begeisterung für Bemühungen, Experimente, Innovation und Wandel zu wecken,
4. Problemlösungssituationen positiv zu sehen und daraus zu lernen und
5. neue Herausforderungen aufzuspüren und anzunehmen.

Diese Fähigkeiten lassen sich lehren und erlernen.

Auf allen Ebenen des Unternehmens gibt es Führungskräfte, die außerordentlich erfolgreich in der Erzielung von Ergebnissen sind, und solche, die es nicht sind. Der Schlüssel liegt in der effektiven Führung.

Zur Ausübung der Führungstätigkeit vertreten die Experten verschiedene Ansätze. Wir schließen daraus, daß es keine einhellige Definition gibt, wenn wir von vernünftiger Führung sprechen. Also brauchen wir einen systematischen Ansatz zur objektiven Bewertung der verschiedenen Führungsstile.

Das Grid®-Verhaltensgitter umfaßt die wichtigsten Theorien zur Ausübung der Führung bei der Erzielung von Leistung mit und durch andere. In der Präsentation der einzelnen Führungsstile halten wir uns an einen Systemrahmen. So kann der Leser Ähnlichkeiten und Unterschiede zwischen den einzelnen Verhaltensweisen erkennen, seine Stärken und Schwächen identifizieren und seine eigenen Schlußfolgerungen ziehen, ob eine bestimmte Führungsweise vernünftig oder unvernünftig ist. Die Folgen sind von dauerhafter Bedeutung für die Produktivität und Kreativität genauso wie für den persönlichen Karriereerfolg und die Zufriedenheit im Beruf.

Durch diesen aus sich heraus überzeugenden Ansatz kann eine Führungskraft lernen, welche Folgen und Ergebnisse die Praktizierung verschiedener Führungsstile zeitigt. Der Manager kann selbst entscheiden, wo er sich unter Umständen ändern muß, um seine persönliche Leistung zu verbessern.

Das Grid®, das Verhaltensgitter, ist in seiner Grundstruktur vor 25 Jahren erstellt worden. Damals haben wir bei Exxon mit verschiedenen Möglichkeiten zur Erhöhung der Führungseffektivität experimentiert. Seitdem ist das Verhaltensgitter ständig weiterentwickelt und verfeinert worden. Das Grid®-Managementkonzept hat in vielen Teilen der Welt großen Anklang gefunden – in Wirtschaft und Verwaltung, im universitären Bereich und in vielen Geschäftsbereichen der Wirtschaft, im Finanzwesen, in der Produktion, in der Forschung und Entwicklung, im Marketing und im Personalwesen.

Anwendungen aus jüngerer Zeit zeigen, wie dieses Führungskonzept von Vorständen und Verwaltungsfachleuten im Hochschulbereich äußerst effektiv in die Praxis umgesetzt wurde. Auch in vielen anderen Bereichen, so im Verkauf, im Krankenpflegebereich, in der Sozialarbeit, im Sekretariatswesen und in der allgemeinen Verwaltung, hat sich das Grid®-Konzept bewährt. Dasselbe gilt für die Regelung von Spezialproblemen, die sich ergeben, wenn es um technische Informationssysteme, um Angehörige der freien Berufe und sonstige Geistesarbeiter geht. In diesem Buch gehen wir auch auf diese neuen Anwendungsbereiche ein.

In einem neueren Großprojekt wird das Grid®-Konzept zur Lösung von Krisen im Flugzeugcockpit - für den zivilen, den militärischen und den privaten Flugverkehr - eingesetzt. Die Flugzeugführer lernen und üben Teamverhalten, das für die effektive Mobilisierung der menschlichen Ressourcen wesentlich ist. Wichtige Auswirkungen ergeben sich auch für die Sicherheit im Kernkraftwerk, im Operationssaal, auf Schiffen und in sonstigen risikoreichen Umgebungen, in denen vieles auf dem Spiel steht. Dort müssen unter Druck Probleme gelöst und Entscheidungen gefällt werden.

Wenn die Mitglieder einer Organisation erst wissen, wie sich das Grid®-Konzept nutzen läßt, wird es zu einem mächtigen Management-Instrument. Es bildet die Grundlage für die Entwicklung eines integrierten Führungsansatzes. Dies gilt sowohl für national als auch für international operierende Unternehmen. Da das Grid® in zwölf Sprachen übersetzt worden ist, steht es überall zur Verfügung. So kann es auch zur Führungskräfteentwicklung eines Unternehmens eingesetzt werden, das in verschiedenen Ländern der Welt operiert. Wenn alle Mitarbeiter das Konzept begriffen haben, können sie es zur Verbesserung der Mitarbeiterauslese, der Aus- und Weiterbildung und der beratenden Mitarbeiterförderung einsetzen. Sie können Partizipation, Engagement und Mitsprache stärken. Sie können Ziele setzen, Konflikte lösen usw.

Im ersten Teil präsentieren wir das Grid®-Managementkonzept. In Kapitel I stellen wir ein Instrument zur Selbstanalyse vor. Einen Überblick über das Grid®-Rahmenkonzept vermitteln wir in Kapitel II. In den Kapiteln III bis VII erörtern wir fünf verschiedene Führungsstiltheorien - 9,1; 1,9; 1,1; 5,5 und 9,9. Im zweiten Teil befassen wir uns eingehender mit dem 9,9-Führungsstil. In

Kapitel VIII stellen wir die Prinzipien vor, die einer 9,9-Orientierung zugrunde liegen. In Kapitel IX erörtern wir, wann andere in Entscheidungsprozesse und Kritikprozesse eingebunden werden sollen und wann nicht. In Kapitel X konzentrieren wir uns auf spezifische Aspekte einer 9,9-Orientierung: Management by Objectives (Führen durch Zielvorgabe und Zielvereinbarung) und das entsprechende Entlohnungssystem in der Organisation.

Auf diesem Hintergrund können wir dann drei zusätzliche Führungstheorien entwickeln – den autoritär-patriarchalischen/matriarchalischen Führungsstil, den Opportunismus und Führungsfassaden. Damit befassen wir uns im dritten Teil, Kapitel XI.

Im vierten Teil geht es uns um den Wandel. In Kapitel XII wird erklärt, wie sich das Grid®-Managementkonzept innerbetrieblich zur Erhöhung der Organisationseffektivität einsetzen läßt. In Anhang A und B führen wir eine Konzeptionsanalyse der gängigen Führungstheorien und Forschungsarbeiten durch und bewerten die Stichhaltigkeit der 9,9-Orientierung. Auf die frühe Literatur zu diesem Thema gehen wir hier nicht ein. Hinweise dazu finden sich in der Ausgabe von 1964 und in der erweiterten Ausgabe von 1980.

Robert R. Blake
Jane S. Mouton

Kapitel I
Führungsstile

Die Art und Weise der Führung ist ein wesentlicher Faktor für den Erfolg oder Mißerfolg einer Organisation. Eine starke und erfolgreiche Führung bewirkt große Einsatzfreude und gemeinsames Engagement, das wiederum die Mitarbeiter dazu anspornt, Hindernisse auf dem Weg zur Erzielung maximaler Ergebnisse zu überwinden. Die aktive Beteiligung ist möglich, weil sich die Mitglieder des Zieles genau bewußt sind. Sie unterstützen sich gegenseitig auf eine Art und Weise, die für hervorragende Teamarbeit charakteristisch ist. Die Teammitglieder gewinnen an Erfahrung und qualifizieren sich im Laufe der Zeit für Beförderungen und eigenes Vorankommen. Das Ergebnis ist folgendes: Das Bedürfnis der Organisation nach Ergebnissen wird erfüllt, die einzelnen ziehen persönlichen Nutzen aus ihrem Einsatz und ihrem Engagement, es ergeben sich mehr Fortkommenschancen.

Dieses Buch vermittelt Leitlinien für die effektive Führung, indem wir effektives Führungsverhalten mit ineffektivem Führungsverhalten vergleichen. Das Buch leistet Hilfestellung bei der Beantwortung wesentlicher Fragen zur Praxis der ergebnisorientierten Führung. Der Leser wird erfahren, welche Handlungen ihn in seiner Effektivität begrenzen und welche Handlungsweisen vernünftig sind. Daraus ergeben sich mehrere Aspekte: Er wird seinen Beitrag zur Organisation verstärken und für sich selbst mit hoher Wahrscheinlichkeit einen erfolgreichen und lohnenden Berufsweg im Management finden.

Wer sich mit dem Grid-Managementkonzept auseinandersetzen will, vergleicht das, was im Text erörtert wird, am besten mit seinen eigenen Führungsweisen. Fragen Sie sich, wenn Sie die einzelnen Kapitel lesen: »Bin ich das? Tue ich das? Ist diese

Führungsweise vernünftig oder nicht? Sollte ich dieses Verhalten eher abbauen oder verstärken?«

Dieses Buch soll Ihnen zu einer objektiveren Sicht, zur Erhöhung Ihres eigenen Führungserfolges und zu einer verstärkten Selbstanalyse im Hinblick auf Ihre gegenwärtige Führungspraxis verhelfen. Bei der Bearbeitung dieses Buches stehen Sie selbst auf dem Prüfstand.

Elemente der Führung

Führung ist ein komplexer Prozeß. Dieser Prozeß läßt sich durch Identifizierung der Hauptelemente beschreiben. Die einzelnen Hauptelemente sind isolierbare und überprüfbare Zutaten, Bestandteile oder Facetten der Führung. Diese Elemente heißen Initiative, Fragen, Standpunkt, Konfliktlösung, Entscheidung und konstruktive Kritik.*

Alle sechs Elemente sind für eine effektive Führung lebenswichtig. Weder läßt sich ein Element durch ein anderes ersetzen, noch kann das übermäßige Vorhandensein eines Elementes das Fehlen eines anderen wettmachen.

Die einzelnen Führungselemente werden in den folgenden Abschnitten kurz beschrieben. In jedem Abschnitt finden Sie sechs Aussagen, die verschiedene Führungsansätze charakterisieren. Sie werden feststellen, daß alle »A«-Aussagen einem Führungsansatz entsprechen, alle »B«-Aussagen einem anderen Führungsansatz usw.

Die einzelnen Aussagen dienen als Fixpunkte für die Beschreibung des Führungsprozesses. Führen ist ein Prozeß, in dem Menschen zusammenarbeiten, um die Ziele der Organisation zu verwirklichen. Stellen Sie sich beim Lesen dieser Aussage folgende Frage: »Kenne ich jemanden – einen Chef, einen Kollegen, einen Mitarbeiter –, der auf diese Weise führt?«

* Quelle: Grid Team Building, Scientific Methods, Austin, Texas 1984. Beschreibung der Elemente mit freundlicher Genehmigung.

Initiative

Initiative wird immer dann entwickelt, wenn sich die Bemühungen auf eine spezifische Aktivität konzentrieren, wenn etwas Neues, das es vorher noch nicht gegeben hat, begonnen wird und wenn es darum geht, einem Geschehen ein Ende zu setzen oder Richtung und Charakter eines Bemühens zu verbinden. Führungskräfte sind frei in ihrer Entscheidung, Initiative zu ergreifen oder sich um Initiativen herumzudrücken, selbst wenn andere ihr Handeln erwarten.

A. Ich tue gerade das Notwendigste.
B. Ich leite Maßnahmen ein, die anderen helfen.
C. Ich versuche, ein gleichmäßiges Arbeitstempo einzuhalten.
D. Ich treibe mich und andere an.
E. Ich lege Wert auf Loyalität und zeige denen, die meine Initiative unterstützen, meine Anerkennung.
F. Ich setze mich mit allen Kräften ein, und andere ziehen begeistert mit.

Fragen

Wer als Führungskraft Fragen stellt und Erkundigungen einzieht, gewinnt Zugang zu Fakten und Daten über Menschen oder andere Informationsquellen. Die Qualität der Fragen wird von der Gründlichkeit der Führungskraft abhängen. Es gibt Führungskräfte, die persönlich nicht viel Wert auf Gründlichkeit legen und daher auch nicht die Notwendigkeit sehen, Fragen zu stellen. Auf der anderen Seite gibt es aber auch Führungskräfte, die sehr viel Wert auf Gründlichkeit legen und brennend daran interessiert sind, soviel wie möglich über die Arbeitsaktivitäten zu erfahren.

A. Ich nehme Tatsachen, Überzeugungen und Positionen ohne Fragen hin.
B. Ich erwarte Tatsachen, Überzeugungen und Meinungen, die darauf schließen lassen, daß alles in Ordnung ist. Ich lege Wert auf Harmonie, deshalb neige ich nicht dazu, anderen zu widersprechen.
C. Ich nehme alles mehr oder weniger als bare Münze und überprüfe Tatsachen, Überzeugungen und Positionen nur, wenn sich auffällige Diskrepanzen ergeben.

D. Ich untersuche Tatsachen, Überzeugungen und Positionen, um die Situation immer unter Kontrolle zu behalten und um mich zu versichern, daß andere keine Fehler machen.
E. Was andere mir erzählen, überprüfe ich doppelt nach. Ich lobe sie, wenn ich ihre Standpunkte verifizieren kann.
F. Ich bemühe mich um Informationen und überprüfe ihre Stichhaltigkeit. Ich fordere zur Äußerung anderer Meinungen, Einstellungen und Ideen auf und höre zu. Ständig überprüfe ich meine eigenen Tatsachen, Überzeugungen und Meinungen sowie die anderer auf ihre Richtigkeit.

Standpunkt
Eine Führungskraft kann innerlich starke Überzeugungen vertreten, es aber doch für zu riskant halten, einen eindeutigen Standpunkt zu äußern. Auf der anderen Seite gibt es auch Führungskräfte, die keine Standpunkte vertreten, weil sie innerlich nur eine schwache oder gar keine feste Einstellung haben. Möglich ist auch, daß eine Führungskraft eine Ansicht nur vertritt, um jemandem zu widersprechen oder um sich erfolgreich durchzusetzen.
A. Ich behalte meine Absichten für mich, antworte aber, wenn ich gefragt werde. Ich scheue mich davor, Partei zu ergreifen. Deshalb lege ich meine Meinungen, Einstellungen und Ideen nicht offen.
B. Ich stimme den Meinungen, Einstellungen und Ideen anderer zu, auch wenn ich meine Bedenken habe.
C. Ich äußere vorläufige Meinungen, Einstellungen und Ideen und komme anderen möglichst auf halbem Wege entgegen.
D. Ich stehe für meine Meinungen, Einstellungen und Ideen ein, auch wenn dies bedeutet, daß ich damit die Ansichten anderer zurückweise.
E. Ich habe feste Überzeugungen, lasse aber andere ihre Ideen ausdrücken, damit ich ihnen dabei helfen kann, eine objektivere Denkweise zu entwickeln.
F. Ich halte es für richtig, meine Bedenken und Überzeugungen zu äußern. Ich reagiere auf vernünftigere Ideen anderer und bin bereit, meine Meinung zu ändern.

Konfliktlösung

Wenn Menschen verschiedene Ansichten haben und sie äußern, müssen Meinungsverschiedenheit und Konflikt zwangsläufig entstehen. Ein Konflikt kann zersetzend und zerstörerisch wirken, er kann aber auch kreative und konstruktive Kräfte freisetzen, je nachdem, wie man mit der Konfliktsituation umgeht. Führungskräfte, die sich dem Konflikt mit anderen stellen und ihn im gegenseitigen Einvernehmen lösen, werden hoch geachtet. Die Unfähigkeit, einen Konflikt konstruktiv zu meistern, führt zum Verlust des Vertrauens und sogar zu Gegnerschaft und Feindschaft.

A. Ich bleibe neutral und halte mich aus Konflikten möglichst heraus.
B. Ich bemühe mich, einen Konflikt gar nicht entstehen zu lassen. Wenn er aber ausbricht, versuche ich, die aufgebrachten Gemüter zu beruhigen und die Leute beisammenzuhalten.
C. Im Konfliktfall bemühe ich mich, eine vorläufige Position zu finden, die auch anderen genehm ist.
D. Wenn ein Konflikt entsteht, versuche ich, ihn im Keime zu ersticken oder ihn für mich zu entscheiden.
E. Wenn ein Konflikt entsteht, setze ich ihm ein Ende, danke aber den Beteiligten für ihre Ansichten.
F. In Konfliktfällen versuche ich, die Gründe festzustellen und mit der Lösung bei den tieferliegenden Ursachen anzusetzen.

Entscheidungen

In der Führung wird erst durch das Treffen von Entscheidungen Leistung bewirkt. Es kann sich dabei um einzelgängerische Entscheidungen handeln, in denen die Führungskraft allein Entscheidungsträger ist. Die Zuständigkeit für Entscheidungen kann auch delegiert sein (Teamarbeit). Hier werden sämtliche Ressourcen aufgeboten, die für Entscheidungen und die Durchführung dieser Entscheidungen von Belang sind.

A. Ich nehme die Entscheidungen anderer hin und finde mich mit dem Lauf der Dinge ab.
B. Ich bemühe mich um Entscheidungen, bei denen gute zwischenmenschliche Beziehungen erhalten bleiben, und ermuntere andere zur Entscheidungsfreude.

C. Ich bemühe mich um funktionsfähige Entscheidungen, die auch von anderen akzeptiert werden.
D. Ich lege großen Wert darauf, meine Entscheidungen selbst zu treffen, und lasse mich nur selten von anderen beeinflussen.
E. Ich habe das endgültige Sagen, bemühe mich aber aufrichtig darum, daß meine Entscheidungen akzeptiert werden.
F. Ich lege großen Wert auf vernünftige Entscheidungen. Ich bemühe mich um Einsehen und Einverständnis.

Konstruktive Kritik
Mit dem Instrument der konstruktiven Kritik verfügen wir über eine Reihe nützlicher Möglichkeiten zur Untersuchung und Lösung von Arbeitsproblemen, vor denen die Mitglieder bei der Ausführung ihrer Aufträge entweder alleine oder gemeinsam stehen. In diesem Prozeß tritt man einen Schritt von der eigentlichen Aktivität zurück oder unterbricht die Tätigkeit, um sich näher mit ihr zu befassen, alternative Möglichkeiten zur Verbesserung der Leistung aufzudecken und jegliche Aktivitäten, die negative Folgen zeitigen könnten, vorauszusehen und zu vermeiden. Die Meinungen und Verhaltensweisen der Menschen gehen hier auseinander. Die einen sehen die Arbeitserfahrung als Grundlage für den Lernprozeß, andere halten nichts davon. Die einen machen ihre Reaktionen anderen über Rückkopplungsprozesse bekannt, andere tun dies nicht. Ohne einen solchen Lernprozeß aber wird sich das Handeln in der Zukunft kaum verbessern. Über das Instrument »Lernen aus Erfahrungen« bilden positive Kritik und Feedback die Grundlagen für ein effektiveres Arbeiten mit und durch Menschen.
A. Ich gebe möglichst kein Feedback.
B. Bei positiven Vorgängen sporne ich an und lobe. Ich vermeide negatives Feedback.
C. Bei Verbesserungsvorschlägen gebe ich informelles oder indirektes Feedback.
D. Wenn Schwächen auftreten oder Erwartungen nicht erfüllt werden, stelle ich diese ganz klar heraus.
E. Ich gebe anderen Feedback und erwarte, daß dieses Feedback auch akzeptiert wird, weil es zu ihrem Wohl geäußert wird.

F. Ich fördere Feedback in beide Richtungen, um so die Abläufe insgesamt zu verbessern.

Die jeweiligen Verhaltensmuster, die durch die einzelnen Aussagen charakterisiert werden, beruhen auf bestimmten *Grundhaltungen* zur Erzielung von Ergebnissen mit und durch Menschen. Wie diese Grundeinstellungen das Verhalten bestimmen, wird im folgenden Abschnitt erläutert.

Die innere Grundeinstellung bestimmt das Verhalten

Führungskräfte handeln nach ihren subjektiven Bewertungen der Situation. Diese subjektive Bewertung kann der objektiven Wirklichkeit nahekommen, kann aber auch weit von ihr entfernt sein. In diese Bewertung gehen persönliche Annahmen darüber ein, was wahr oder zutreffend ist. Die objektive Realität und die subjektive Bewertung können nahe beisammenliegen oder weit auseinanderklaffen.

Führungskräfte gehen von verschiedenen Voraussetzungsbündeln aus. Die Annahmen, die eine Führungskraft ihrem Handeln zugrunde legt, können sowohl auf Dingen basieren, die vernünftig erscheinen, als auch auf Dingen, die unvernünftig erscheinen. Dabei ist es ohne Bedeutung, ob sie vernünftig oder unvernünftig sind. Der Mensch hat seine Annahmen als Überzeugungen oder Haltungen verinnerlicht. Sie lenken sein Verhalten. Seine inneren Einstellungen formen sich zu seiner eigenen Führungstheorie. Würde ein Mensch in seinem Handeln nicht von bestimmten Voraussetzungen ausgehen, wäre sein Verhalten zufallsbedingt, ziel- und planlos. Es wäre sinnlos und unberechenbar.

Es lassen sich viele Beispiele dafür anführen, wie die innere Grundeinstellung das Verhalten lenkt. Die Vorstellungen, wie Krankheiten zu heilen sind, sind von Kulturkreis zu Kulturkreis verschieden. Es gibt Kulturen, in denen man auf Zauberbehandlung schwört, und andere, die sich lieber auf naturwissenschaftlich begründete Methoden verlassen. Einige Länder gehen davon aus, daß die Diktatur die beste Gesellschaftsordnung für ein Volk sei. In anderen Ländern wiederum hält man eine demokratische Verfassung oder eine konstitutionelle Monarchie für die einzig wahre Regierungsform. Uns geht es hier darum, daß diese Grundeinstellungen unsere zwischenmenschlichen Beziehungen und das Verhalten in bestimmten Situationen bestimmen. Wird unsere eigene Grundüberzeugung von den Menschen um uns herum geteilt, wird sie praktisch zu einem Absolutum, das nicht in Frage gestellt werden darf. Andere Möglichkeiten werden ignoriert. Aufgrund des bestehenden »Absolutums« werden alle Maßnahmen, die mit diesen Grundeinstellungen unvereinbar sind, ausgeschaltet. So lassen sich alle blenden. Niemand sieht mehr die Alternativen, die zu vernünftigeren Ergebnissen führen könnten.

Selten kleiden Führungskräfte ihre Grundeinstellungen in Worte, aber sie handeln danach. Da einige Grundeinstellungen zu guten und andere zu schlechten Ergebnissen führen, können nicht alle Grundeinstellungen eine gleichwertige Grundlage für die Ausübung effektiver Führung bilden. Der Gedanke, daß verschiedene Einstellungsbündel »gleich und doch verschieden« sind, ist durchaus attraktiv, weil eine Führungskraft sich so um eine Entscheidung drücken kann. Für Führungskräfte ist es aber äußerst wichtig, sich für die richtigen Grundeinstellungen zu entscheiden, weil bestimmte Grundeinstellungen zu negativen und andere zu positiven Folgen führen.

Es ist durchaus möglich, eine umfassende Führungstheorie zu erstellen, weil es für die Erzielung von Leistung mit und durch andere nur eine ganz begrenzte Zahl von Grundeinstellungen gibt. Man muß seine eigenen Grundeinstellungen verstehen, weil sie unbewußt wirken und uns ihre zentrale Rolle in der Steuerung unseres Verhaltens wahrscheinlich gar nicht auffällt. Wenn wir unsere innere Grundeinstellung zur Führung begreifen, können wir auch erkennen, wie sich unser Verhalten auf die Leistungsbemühungen derjenigen, mit denen wir zusammenarbeiten, auswirken.

Die innere Grundeinstellung läßt sich ändern

Wie lassen sich falsche Grundeinstellungen ändern? Zunächst einmal muß man sich ihrer bewußt werden. Manchmal erklären wir unser Handeln so: »Ich bin davon ausgegangen, daß . . .« oder: ». . . und diese Voraussetzung hat nicht funktioniert«. Weitaus öfter aber sind wir uns der unserem Verhalten zugrundeliegenden Einstellungen überhaupt nicht bewußt. Wir sind deshalb manchmal genauso blind gegenüber unseren eigenen Beweggründen, wie andere es sind, wenn sie versuchen, unser Handeln zu erklären. Ohne neue, unsere Grundeinstellung in Frage stellende Erfahrungen fällt es uns schwer, sie zu identifizieren. Mit neuen Erfahrungen und den Aussagen unserer Mitmenschen über unser Handeln können wir die Grundeinstellungen, die Voraussetzung für unser Handeln sind, analysieren und prüfen. So wird Wandel möglich.

Das Verhaltensgitter, das Grid, hilft uns bei der Überprüfung unserer Grundeinstellung zur Führung. Sobald wir uns der Tiefe und der Art unserer inneren Einstellung bewußt werden, können wir sie analysieren und die darauf gründenden positiven und negativen Folgen unseres Handelns identifizieren. Wir können uns Alternativeinstellungen zuwenden, die eine vernünftigere Grundlage für unser Handeln bilden und sie in der Praxis einüben, bis sie zu einem verinnerlichten Wesenszug werden.

Zusammenfassung

Mit Hilfe des Verhaltensgitters lassen sich die Grundeinstellungen von Führungskräften zu ihrer Arbeit zur Erzielung von Ergebnissen mit und durch andere identifizieren. Mit Hilfe der Führungstheorien zur Identifizierung der eigenen inneren Einstellung wird die Führungspersönlichkeit in die Lage versetzt, sich selbst und andere objektiver zu sehen, eine deutlichere Kommunikation mit anderen zu praktizieren, zu begreifen, woher Meinungsverschiedenheiten kommen, festzustellen, wie sie sich selbst ändern und anderen zu mehr Leistung und Erfüllung verhelfen kann. Je besser es einer Führungskraft gelingt, eine vernünftige Theorie in die Praxis umzusetzen, desto besser gelingt es diesem Menschen auch, Frustrationen, Ablehnung und sonstige negative Emotionen zu mindern. Er kann sich von diesen Gefühlen lösen und statt dessen Begeisterung und Einsatzfreude empfinden. Er freut sich an seiner Leistung und lebt ein erfülltes Leben.

Kapitel II
Wie Führungskräfte denken

Da Management innerhalb einer Organisation stattfindet, müssen wir zunächst folgendes feststellen: *Was ist* eine Organisation? Dann erst können wir uns einer Überprüfung der Möglichkeiten zuwenden, die mit einer verbesserten Befähigung zur Führung einer Organisation einhergehen.

Allgemeingültige Organisationsmerkmale

Es gibt eine ganze Reihe allgemeingültiger Merkmale, die auf jede Organisation zutreffen. Diese Merkmale bestehen unabhängig von der Art der Arbeit. Ein effektives Management dieser allgemeingültigen Merkmale bildet den Schlüssel zu effizienter Leistung.

Organisationszweck
Das erste allgemeingültige Kennzeichen einer Organisation ist der Organisationszweck. Ein Unternehmen ohne Unternehmenszweck läßt sich wohl kaum vorstellen. Es ist allerdings zugegebenermaßen nicht immer leicht, den Unternehmenszweck zu erkennen. Der Zweck einer Organisation muß außerdem nicht immer unbedingt auch mit dem Zweck übereinstimmen, der bei der Gründung der Organisation galt.

Bei Industrieorganisationen lassen sich Zweck und Ziel leichter beschreiben als bei Bildungsinstitutionen, Behörden, Krankenhäusern, Streitkräften, politischen und kirchlichen Organisationen und bei der Institution Familie. Ziel und Zweck einer Industrieorganisation ist es, Gewinne zu erzielen. Aus der Gewinn-

und-Verlust-Rechnung geht hervor, ob und wie dieses Ziel kurzfristig verwirklicht wurde und welche Erträge auf lange Sicht an die Anteilseigner zurückfließen. Es gibt auch Institutionen, für die solche Finanzkennzahlen keine Gültigkeit haben. Dennoch sind auch diese Organisationen von Zielen bestimmt, die einer Ergebnisorientierung entsprechen. Das Ziel solcher Organisationen besteht meistens darin, Dienstleistung(en) zu niedrigstmöglichen Kosten zu erbringen. Wir betrachten in unserer Erörterung das Gewinnäquivalent, d.h. *die Produktion von Gütern oder das Erbringen von Dienstleistungen,* als das Ziel aller Organisationsaktivitäten. Die Produktion liefert uns also einen Hinweis auf den Organisationszweck. Die Produktion ist ein allgemeingültiges, auf alle Organisationen anwendbares Merkmal.

Menschen

Menschen sind ein weiteres Merkmal von Organisationen. Ohne sie kann keine Organisation bestehen. Manche meinen, es sei erstrebenswert, Menschen durch Technik, automatisierte Prozesse, Industrieroboter usw. zu ersetzen, damit die menschliche Energie nicht für Arbeiten verschwendet werde, die genauso gut von Maschinensystemen erledigt werden können. Wenn es möglich wäre, eine menschenlose Einrichtung zu schaffen, würden wir dafür wohl kaum den Begriff *Organisation* verwenden. Selbst eine vollautomatisierte Fabrik bedarf einer aus Menschen bestehenden Organisation zur Planung und zur Aufrechterhaltung der Abläufe. Der Unternehmenszweck läßt sich daher ohne Menschen nicht erreichen. Ein Mensch alleine macht noch keine Organisation. Andere müssen hinzugezogen werden, damit das Organisationsziel verwirklicht werden kann. Wird mehr als ein Mensch zur Erzielung eines Ergebnisses gebraucht, entsteht eine Organisation.

Macht (Hierarchie)

Macht ist das dritte allgemeingültige Kennzeichen. In der Organisation gibt es solche, die andere überwachen, und solche, die von anderen überwacht werden. Die einen haben mehr Macht als die anderen. Das ist die Dimension der Hierarchie oder des Rangs.

Der Prozeß zur Verwirklichung des Unternehmenszwecks (erstes allgemeingültiges Merkmal) durch die Bemühungen von Menschen (zweites allgemeingültiges Merkmal) führt dazu, daß einige Menschen die Befugnis gewinnen, die Richtung zu bestimmen und die Bemühungen zu koordinieren. Das heißt, ihnen ist die Verantwortung für die Aktivitäten anderer übertragen. Die Grundlage für das Verstehen des Führungsverhaltens liegt in der Erkenntnis, daß die Handlungen eines Vorgesetzten von bestimmten Vorstellungen zum Einsatz seiner Autorität zur Verwirklichung des Organisationszweckes mit und durch Menschen geprägt sind.

Organisationskultur
Eine Organisation ist nicht lediglich eine Ansammlung von Individuen. Die Menschen arbeiten in Gruppen. Sie entwickeln ein *Zugehörigkeitsgefühl* zur Organisation. Dies ist das vierte allgemeingültige Merkmal. Es gibt organisationstypische Normen und Werthaltungen, die das Verhalten der einzelnen Organisationsmitglieder beeinflussen. Diese Normen können den einzelnen davon abhalten oder dazu ermuntern, Höchstleistungen zu erbringen. Der Vorgesetzte muß sich Gedanken darüber machen, wie er Menschen zur Zusammenarbeit motiviert. Die Menschen sollen das Gefühl der Mitgliedschaft, der Zugehörigkeit entwickeln. Sie sollen wissen, daß sie gemeinsame Leistungsziele verfolgen und daß sie in gewissem Maße Verantwortung füreinander tragen. Die Organisationskultur bildet so den Gesamtrahmen, in dem jeder einzelne ein Zugehörigkeitsgefühl entwickelt. Die Bedeutung der Organisationskultur wird in Kapitel XII näher erläutert.

Das Verhaltensgitter (Grid)

Verschiedene Möglichkeiten zur Ausübung von Führungsautorität werden im Verhaltensgitter, dem Grid, grafisch dargestellt. Die *Sachorientierung,* das Erzielen von Ergebnissen, bildet eine Dimension des Verhaltensgitters. Eine zweite Dimension ist die

Menschenorientierung – die Orientierung an den Mitarbeitern und Kollegen. »Orientierung an« ist keine exakte Meßgröße für die Menge des tatsächlichen Ausstoßes oder das tatsächliche Verhalten gegenüber Menschen. Vielmehr soll damit *Wesen* und *Stärke* der jedem Führungsstil zugrundeliegenden *inneren Einstellungen* angegeben werden.

Sachorientierung
Die Sachorientierung, d. h. die Orientierung an *Ergebnissen, Endresultaten, Leistungen, Gewinnen oder am Unternehmenszweck* läßt sich zum Beispiel daran erkennen, wie ein Geschäftsführer neue Wachstums- und Entwicklungswege für eine Organisation durch Akquisitionen oder Beginn oder Ausweitung innovativer Forschungs- und Entwicklungsarbeiten findet. Die Sachorientierung ist quantitativ und qualitativ ausgerichtet. Sie mag sich an Umfang und Güte von Entscheidungen zur Unternehmenspolitik zeigen, an der Zahl kreativer Ideen, die die Produktentwicklung in absetzbare Güter umwandelt, an der Zahl der Kontenbewegungen in einem bestimmten Zeitraum oder an der Qualität und Gründlichkeit der Dienstleistungen, die von den Stäben erbracht werden. Bei der Produktion von Gütern nimmt die Sachorientierung die Form von Leistungsmessungen an. Es geht um die Zahl der produzierten Einheiten, den Zeitaufwand zur Erfüllung einer Produktionsvorgabe, um das Umsatzvolumen oder das Erreichen einer vorgegebenen Qualitätsebene. In einem Krankenhaus geht es um die Auslastung der Betten, die Zahl der diagnostischen Leistungen oder die Länge des Krankenhausaufenthaltes. In einer Behörde mag Produktivität gemessen werden an der Länge der Bearbeitungszeit oder an der Zahl der korrekt bearbeiteten Vorgänge, in der Industrie an der Zahl der Arbeitnehmer-Arbeitgeber-Konflikte, die durch Regierungsschlichter erfolgreich beigelegt wurden. In einer Universität werden Ergebnisse an der Zahl der Studenten gemessen, die ihr Studium erfolgreich abschließen, an der Zahl der Studenten pro Lehrkraft, an der Wochenstundenzahl, an der Zahl der veröffentlichten Forschungsarbeiten oder daran, wie viele Studenten eines Abschlußjahrgangs sich dazu entschließen, einen weiteren akademischen Grad zu erwerben.

Produktion heißt also mit anderen Worten: Erfüllung des Sachziels, Erfüllung dessen, wozu eine Organisation Menschen einstellt.

Menschenorientierung

Da Manager mit und durch Menschen führen, ist es wichtig, um ihre innere Einstellung Menschen gegenüber zu wissen, wenn man ihre Führungseffektivität bestimmen will. Menschen bleiben Menschen, gleich, in welcher Umwelt sie arbeiten, ob in der Industrie, im Behörden-, im Bildungs- und Gesundheitswesen oder zu Hause.

Die Orientierung am Menschen zeigt sich auf verschiedene Weise. Bei manchen Führungskräften zeigt sie sich an ihren Bemühungen um die Zuneigung ihrer Mitarbeiter. Anderen geht es primär darum, daß die Mitarbeiter ihre Aufgaben erledigen. Das Erzielen von Ergebnissen auf der Grundlage von Vertrauen, Respekt, Gehorsam, Mitgefühl oder Verständnis und Unterstützung ist eine Manifestation der Menschenorientierung. Weiterhin wird die Menschenorientierung sichtbar im Bemühen um Arbeitsbedingungen, Gehaltsstruktur, Sozialleistungen und Arbeitsplatzsicherheit. Das jeweilige Ausmaß der Orientierung wird sowohl von ihrem Wesen als auch von ihrer Intensität bestimmt. Je nach Art und Weise des Wesens der Orientierung reagieren die Mitarbeiter mit Begeisterung oder Ablehnung, Engagement oder Apathie, mit innovativem oder bremsendem Denken, mit Einsatzfreude oder Gleichgültigkeit und mit Bereitschaft zum Wandel oder Widerstand gegen den Wandel.

Das Wechselspiel dieser Orientierung

Die Sach- und die Menschenorientierung werden im Verhaltensgitter (Abbildung 2-1) dargestellt. Wir haben zwei Skalen mit jeweils neun Punkten. 1 ist eine niedrige Orientierung, 9 ist die Höchstorientierung. Die übrigen Ziffern bezeichnen verschiedene Orientierungsausmaße dazwischen. Diese Zahlen stehen für die verschiedenen Schritte zwischen niedrig und hoch – genauso wie der Zeiger der Benzinuhr, der die Tankfüllung von voll bis leer anzeigt, ohne spezifische Mengen anzugeben.

Wie eine Führungskraft ihre Macht ausübt, hängt von der Kombination dieser beiden Orientierungen ab. Geht eine Führungskraft beispielsweise von einer hohen Menschenorientierung in Verbindung mit einer geringen Sachorientierung aus, legt sie Wert auf harmonische Beziehungen und »glückliche« Menschen. Eine ganz andere Gesamtorientierung ergibt sich, wenn eine hohe Menschenorientierung mit einer hohen Sachorientierung gepaart wird. Hier legt die Führungskraft Wert darauf, daß die Menschen sich mitbestimmend für ihre Arbeit engagieren und sich mit Begeisterung für das Unternehmensziel einsetzen.

Die beiden Orientierungen lassen sich auf das verschiedenste miteinander kombinieren. Nur wenige Kombinationen aber sind

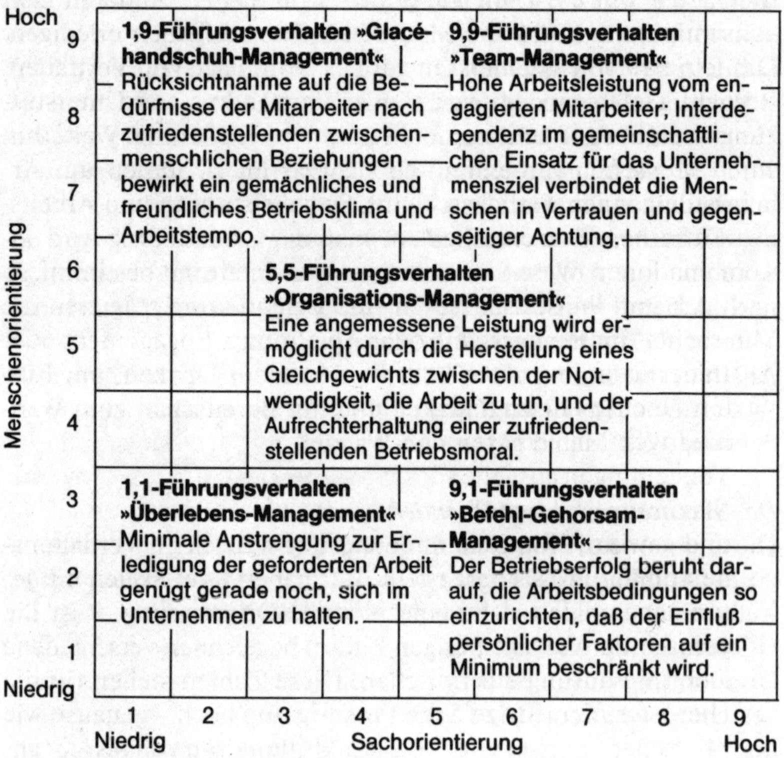

Abb. 2–1: Das Grid®-Verhaltensgitter

wichtig, wenn man die Ausübung der Führungstätigkeit begreifen will. Jede dieser Theorien oder Orientierungen beruht auf verschiedenen Bündeln von Grundeinstellungen zum Einsatz von Macht und Autorität, zur Einbettung von Menschen in die Produktion. Eine Orientierung ist eine bestimmte Art des Denkens oder der Analyse eines Problems und kann sich als Folge eines Entwicklungsprozesses durchaus ändern. Eine Orientierung ist also kein feststehender und unwandelbarer Charakterzug.

Wenn wir von *Motivationen* sprechen, verstehen wir darunter sowohl das, was ein Mensch erreichen will, als auch das, was er vermeiden will. Die dahinterstehenden Motivationen kann man auf einer Skala abbilden, die vom Plus (+) am einen Ende bis zum Minus (–) am anderen Ende reicht. Die verschiedenen Intensitätsgrade liegen zwischen diesen beiden Polen. Auch die Motivationsendpunkte sind voneinander verschieden. Dies wird in den Kapiteln zu den einzelnen Gitterstilen noch näher ausgeführt.

Wichtig ist folgendes: Wenn ein Manager seine Befähigung zur Menschenführung und zur Erzielung von Ergebnissen mit und durch Menschen verbessern will, muß er die alternativen Führungsstile kennen und dazu bereit sein, sich für den vernünftigsten Führungsstil zu entscheiden. Aus der Vielzahl der möglichen Kombinationen ragen fünf Orientierungen besonders heraus. Sie sind in Handlungsweisen und Ergebnissen so verschieden, daß man sie als Hauptgitterstile bezeichnen kann:

9,1 In der unteren rechten Ecke des Verhaltensgitters finden wir ein Höchstmaß an Sachorientierung (9), gepaart mit einem niedrigen Maß an Menschenorientierung (1). Ein von diesen Vorstellungen ausgehender Manager konzentriert sich auf ein Maximum an Ausstoß. Er setzt seine Macht und Autorität ein und gewinnt Kontrolle über seine Mitarbeiter, indem er ihnen diktiert, was sie zu tun haben und wie sie ihre Arbeit zu tun haben. Diesem Führungsstil entsprechen die unter »D« gemachten Aussagen in Kapitel I.

1,9 Der 1,9-Führungsstil findet sich in der linken oberen Ecke. Hier ist eine niedrige Sachorientierung (1) mit einer hohen Menschenorientierung (9) gepaart. Bei diesem Führungsverhalten richtet sich das Hauptaugenmerk auf die Förderung positiver Gefühle unter Kollegen und Mitarbeitern, auch wenn dies auf Kosten der Ergebniserzielung geht. Dieser Führungsstil wird durch die »B«-Aussagen repräsentiert.

1,1 Eine geringe Sach- und Menschenorientierung finden wir unter 1,1 in der linken unteren Ecke. Wie aus den unter A gemachten Aussagen ersichtlich ist, tut der 1,1-Manager nur gerade soviel, wie unbedingt erforderlich ist, um sich in der Organisation halten zu können.

5,5 Der 5,5-Führungsstil liegt in der Mitte. Hier geht es um die Einstellung »Immer die goldene Mitte wählen« oder »Leben und leben lassen«. Wer diese Einstellung hat, geht konform mit dem Status quo, wie in den »C«-Aussagen dargestellt.

9,9 In der rechten oberen Ecke des Grid finden wir den 9,9-Führungsstil. Hier verbindet sich eine hohe Sach- mit einer hohen Menschenorientierung. Das 9,9-Verhalten ist ein zielorientierter Teamansatz. Der Manager versucht, qualitativ und quantitativ hochwertige Ergebnisse durch Mitwirkung, Mitsprache, Mitverantwortung, durch gemeinschaftlichen Einsatz und gemeinschaftliche Konfliktlösung zu erreichen. Jeder, der einen Beitrag leisten kann, wird eingebunden. Dieser Führungsstil ist durch die »F«-Aussagen charakterisiert.

Andere Gitterstile

Drei weitere signifikant wichtige Theorien entstehen aus Kombinationen der »in Reinform« oben beschriebenen Führungsstile. Hinter der *patriarchalischen Orientierung* (Aussagen unter »E«) steht eine Kombination aus Leitung und Kontrolle gemäß 9,1 und zu erwartender Belohnung, wenn Gehorsam geübt wird, gemäß 1,9. Der *opportunistische* Führungsansatz ist eine Kombination einzelner oder sämtlicher Theorien, der sich einzig und allein danach richtet, was dem jeweiligen Manager zum persönlichen Vorteil gereicht. Unter *Führungsfassaden* verstehen wir ein Verhalten, in dem ein Manager eine 9,9-Orientierung nur spielt, um seine wahren Motive zu verbergen.

Mit diesen Verhaltensweisen werden wir uns in Kapitel XI noch näher befassen. Es gibt eine ganze Reihe weiterer Mischungen oder Zwischenausprägungen, zum Beispiel 9,5; 5,9; 8,3 oder 4,4.

Es lohnt sich allerdings kaum, alle nur erdenklichen Gitterpositionen zu entwickeln, da eine genaue Darstellung der verschiedenen Positionsmerkmale viel zu kompliziert werden würde.

Bestimmungsfaktoren für den Hauptgitterstil

Der vorherrschende Gitterstil einer Führungskraft in einer bestimmten Situation wird von einem oder mehreren Bedingungsbündeln beeinflußt.

Organisation. Das Führungsverhalten wird häufig von der Organisation bestimmt, in der der Manager arbeitet. Wenn die Regeln und Bedingungen der Organisation so starr festgelegt sind, daß sie den einzelnen Führungskräften kaum noch Spielraum lassen, kann der einzelne seinen individuellen Führungsstil nicht mehr praktizieren. Das praktizierte Verhalten entspricht weniger den eigenen Grundeinstellungen als der in der Organisation herrschenden Überzeugung zur »richtigen Führungsweise«.

Wertvorstellungen. Die innere Einstellung eines Managers beruht auf Werthaltungen, Überzeugungen oder Idealen dazu, wie Menschen zu behandeln oder Ergebnisse zu erzielen seien. Jedem gegebenen Bündel von Grundvorstellungen sind persönliche Werthaltungen zugeordnet. Danach entscheidet sich, welchen Führungsstil ein Manager anstrebt.

Persönlichkeitsentwicklung. Der dominante Führungsstil dürfte im wesentlichen aus tiefverwurzelten Eindrücken in der persönlichen Entwicklung erwachsen. Der Mensch ist dazu prädisponiert, einem bestimmten Ansatz den Vorzug vor einem anderen zu geben, weil er gerade diesen Ansatz in der Vergangenheit häufig erlebt hat. Gitterstile und Persönlichkeit sind nicht dasselbe.

Gelegenheit. Wenn sich ein Mensch in seinem Verhalten von bestimmten Führungsansätzen leiten läßt, mag es daran liegen, daß er sich nie Gedanken über die möglichen Folgen gemacht hat. Er ist vielleicht nie mit anderen Möglichkeiten konfrontiert worden oder hat nie selbst die Erfahrung gemacht, daß es auch noch andere Führungsansätze gibt. Ihm ist sozusagen nicht die »Chance« gegeben worden zu lernen.

Wir dürfen allerdings nicht davon ausgehen, daß wir mit der Definition eines Gitterstiles jede einzelne Facette des Führungsverhaltens eines Menschen voraussagen können. Meistens sind sich die Manager jedoch ihres vorherrschenden Gitterstiles bewußt. Auch inkonsequente Handlungsweisen, die nicht zu den ihrem Hauptstil zugrundeliegenden Voraussetzungen passen, können sie erkennen. Wir können davon ausgehen, daß sich das Grundverhalten in ganz bestimmten Verhaltensmustern zeigt. Diese Verhaltensmuster werden durch den jeweiligen Gitterstil zutreffend beschrieben.

Beim Lesen dieses Buches ist unbedingt zu beachten, daß zwischen dem Intelligenzquotienten und dem Gitterstil kein Zusammenhang besteht. Ein 1,9-orientierter Manager ist durchaus nicht weniger intelligent als ein 9,1- oder ein 9,9-Manager. Mit dem Verhaltensgitter werden Theorien dazu entwickelt, wie Menschen ihre Intelligenz und ihre Fähigkeiten bei der Arbeit zur Erzielung von Ergebnissen mit und durch Menschen *einsetzen*.

Hauptstile und Ersatzstile

Sicherlich kann ein Manager einen Gitterstil konsequent auf eine ganze Reihe von Situationen anwenden. Es kommt aber auch vor, daß Führungskräfte von einem Stil zum anderen umschwenken und dabei ihren Gitterstil der jeweiligen Situation anpassen. Wie läßt sich der Grundgedanke, daß ein bestimmtes dominierendes Bündel von Wertvorstellungen vorhanden ist, mit einem schwankenden und wechselnden Führungsverhalten vereinbaren? Die meisten Führungskräfte haben nicht nur einen vorherrschenden Gitterstil, sondern auch einen Ersatzstil, manchmal sogar noch einen dritten und vierten Führungsstil. Der Ersatzstil eines Managers kommt zum Vorschein, wenn er seinen Hauptgitterstil nicht einsetzen kann. Der Ersatzführungsstil ist also der Stil, auf den ein Manager zurückgreift, wenn er unter Druck oder Spannung steht oder wenn sich Konflikte nicht auf die ihm normalerweise eigene Art lösen lassen.

Die Bezüge zwischen Haupt- und Ersatzstilen lassen sich sehr leicht erkennen, wenn man beobachtet, wie ein Vorgesetzter mit einem aufsässigen Mitarbeiter umgeht. Zunächst versucht er es gemäß 9,9 mit Logik und Vernunft, aber es funktioniert nicht. Dann wird er streng und zieht das Ganze vielleicht auch ein wenig ins Lächerliche. Das ist 9,1-Verhalten, um den Gehorsam des Mitarbeiters zu erzwingen. Da er damit Widerstand und Ablehnung hervorgerufen hat, wechselt er zu einem freundlichen und ermunternden Verhalten über – in der Hoffnung, daß es ihm mit dieser 1,9-Einstellung gelingt, den Mitarbeiter »herumzubekommen«. Aber auch damit gelingt es ihm nicht, den Mitarbeiter zur Kooperation zu bewegen. Der Vorgesetzte wechselt entweder wieder zur 9,1-Strategie mit Strafandrohungen zurück oder tritt den Rückzug in ein 1,1-Verhalten an und sagt: »Es lohnt sich gar nicht, sich darüber Gedanken zu machen.«

Wir müssen immer daran denken, daß die von Führungskräften eingesetzten Stile in der Praxis sehr kompliziert sein können. Der vorherrschende oder charakteristische Stil ist wesentlich, wenn man verstehen will, wie ein bestimmter Mensch führt. In einer gegebenen Situation muß jedoch nicht immer der dominierende Stil als *erster* zur Anwendung kommen. Ein Beispiel: Ein Manager eröffnet eine Besprechung mit Mitarbeitern ganz freundlich und lässig, geht aber sehr schnell auf einen 9,1-Ansatz über, wenn sie zur Sache kommen. Dominierend ist der 9,1-Ansatz, auch wenn dieser Manager die Sitzung mit einem freundlichen und lässigen Ansatz nach 1,9 eröffnet hat. Der Ersatzführungsstil ist der Führungsstil, auf den ein Manager am häufigsten zurückgreift, wenn er seinen Hauptführungsstil nicht praktizieren kann. Wer seine Hauptführungsstile und seine Ersatzstile identifizieren will, muß sein Verhalten über längere Zeit und in ganz verschiedenen Situationen genau beobachten. Es gibt Manager, die ihren Führungsansatz häufig wechseln, und es gibt Manager, die ihren Führungsstil weniger häufig wechseln.

Jeder Gitterstil kann als Ersatz- oder auch als Hauptstil dienen. Ein 1,9-orientierter Manager zieht es beispielsweise vor, nachzugeben oder sich zu beugen. Wenn aber der Druck zu groß wird, wird er stur und stellt Forderungen (9,1). Ein 9,1-orientierter, nach Kontrolle und Herrschaft strebender Manager steht dem erbitterten Widerstand seiner Mitarbeiter gegenüber. Unter Umständen wechselt er zu einer 9,9-Orientierung und löst das Problem gemeinsam mit ihnen im Team. Eine Verlagerung vom Hauptstil auf den Ersatzstil läßt sich bei einem Manager beobachten, der im Alltag eine 9,9-Orientierung praktiziert, dann aber in einer Krise seinen Führungsstil wechselt. In der Krise praktiziert er einen 9,1-orientierten Ersatzstil, wenn er das alleinige Kommando übernimmt und das Potential derer, die vielleicht am besten zu einer Lösung beitragen könnten, nicht mehr nutzt. Durch die große Skala der möglichen Haupt- und Ersatzstil-Mischungen wird jede einzelne Führungskraft zu einem einmaligen Individuum.

Letzten Endes kommt es also auf die Führung an. Die neuesten Geräte, das beste Produkt-Design, bestmögliche Einrichtungen und höchstqualifizierte Mitarbeiter zählen wenig oder gar nicht, wenn die Führung zu wünschen übrigläßt und dieses Potential nicht nutzt. Erst durch die Führung werden die einer Organisation zur Verfügung stehenden Ressourcen in effektive Ergebnisse umgewandelt.

Vorteile und Grenzen

Vorteile

Wer das Grid-Verhaltensgitter als konzeptionelle Infrastruktur begreift und darauf sein Streben nach Spitzenleistungen in der Führung aufbaut, kann sich viele Vorteile zunutze machen.

Allumfassend. Das Verhaltensgitter identifiziert sämtliche signifikanten Ansätze zur Führung.

Vergleichsmöglichkeiten. Mit Hilfe der Gittertheorien lassen sich Ähnlichkeiten und Unterschiede in den Führungsstilen herausarbeiten.

Bewertungsmöglichkeiten. Mit Hilfe des Grid lassen sich die Folgen der einzelnen Führungsstile für Produktivität, Kreativität, Erfolg und Zufriedenheit im Beruf bewerten.

Subjektive Bewertung. Das Verhaltensgitter spricht für sich. Der Leser kann seine eigenen Schlüsse dazu ziehen, was effektive Führung ausmacht.

Objektive Beweise. Wir greifen auf 50 Jahre Forschung zum Zusammenhang zwischen Führungsstil und Konsequenzen für den Betrieb zurück. So haben wir eine Grundlage für eine empirische Bewertung der Gültigkeit der 9,9-Orientierung im Vergleich zu anderen Orientierungen. Wir können also auf eine unabhängige Quelle der Bestätigung zurückgreifen. Der strukturelle Aufbau des Verhaltensgitters ist von unabhängigen Fachleuten auf seine konzeptionelle Schlüssigkeit überprüft worden. Es wurde bestätigt, daß das Grid die höchsten Normen, die man an eine konzeptionelle Logik stellen kann, erfüllt. Die 9,9-Orientierung ist eine wissenschaftlich abgeleitete Theorie und bildet daher eine vernünftige Alternative zu anderen Modellen, die sich in der Vergangenheit als unbrauchbar herausgestellt haben.

Einheitliche Konzepte und einheitliche Sprachregelung. Da das Verhaltensgitter eine einheitliche Sprachregelung zur Diskussion der Führung bietet, können Führungskräfte untereinander darüber diskutieren und sich gemeinsam darauf einigen, wie Führung praktiziert bzw. nicht praktiziert werden sollte.

Organisationsentwicklung. Das Grid dient als Grundmodell für die Entwicklung einer Organisation zu einem System, das von effektiver Führung geprägt ist und eine vernünftige, auf Mitwirkung basierende Teamarbeit für sämtliche Mitglieder der Organisation fördert.

Nützlich für Mitarbeiterauslese, beratende Weiterbildung und Leistungsbeurteilung. Wenn das Verhaltensgitter überall begriffen und verinnerlicht ist, läßt es sich auch als Grundlage für die Mitarbeiterauslese, die beratende Weiterbildung und die Leistungsbeurteilung verwenden. Dieser konzeptionelle Rahmen dient also als Führungsinstrument für ein integriertes System zur Nutzung der Ressource Mensch.

Universelle Anwendbarkeit. Das Grid läßt sich auf jegliche Situation anwenden, in der es darum geht, Ergebnisse mit und durch Menschen zu erzielen.

- Das Grid ist überall dort relevant, wo gearbeitet wird – in Industrie, Handel und Verwaltung, im Bildungswesen oder in Organisationen, die sich dem Dienst am Menschen verschrieben haben.
- Das Grid kann von Angehörigen sämtlicher Berufe auf jeglicher Organisationsebene und mit jeglichem Erfahrungsstand

konstruktiv eingesetzt werden. Die Umsetzung in die Praxis beginnt auf der untersten Führungsebene und zieht sich hinauf bis in die Vorstandsetage. Es läßt sich einsetzen in der Führung von Stabsabteilungen, im Finanz- und Rechnungswesen, in der Forschung und Entwicklung, in der Instandhaltung, in der Entwicklung und Konstruktion. Es gilt für Unternehmen der Spitzentechnologie genauso wie für sämtliche anderen Unternehmungen auch.

- Das Grid ist auf Organisationen jeglicher Größe anwendbar, da ein vernünftiges Führungsverhalten immer gleichbleibt, ob es in einer Organisation mit fünf oder mit 5000 Mitarbeitern praktiziert wird.
- Die verschiedenen Grid-Führungsstile machen vor Ländergrenzen nicht halt; sie sind international. Deshalb eignet sich das Grid zur Stärkung der Führungsfähigkeit in der Problemlösung auch über nationale Grenzen hinweg.
- Das Grid-Rahmenkonzept ist für das Familienleben und die Kindererziehung genauso relevant wie für sonstige Umfelder, in denen Menschen gemeinsam etwas erreichen wollen. Das Grid läßt sich mit anderen Worten also überall dort einsetzen, wo Probleme auftauchen, die mit und durch andere gelöst werden müssen.

Grenzen

Es gibt Menschen, die die Meinung vertreten, es sei beinahe unmöglich, effektives Führen zu erlernen. Viele Menschen sind der Meinung, Führen sei eine natürliche Fähigkeit. Man hat sie oder man hat sie nicht. Wieder andere sind zwar der Meinung, daß man Führen zwar lernen könne, aber einem alten Hund seien keine neuen Tricks mehr beizubringen. Wer diese Meinungen akzeptiert, schließt von vorneherein die Möglichkeit aus, durch Lernen effektiver zu werden. Diese Überzeugungen basieren zwar auf bestimmten Werthaltungen, allerdings gehen sie von falschen Annahmen zur Lernfähigkeit des Menschen aus. Effektives Führen kann man genauso lernen wie Rechnen, und es ist genauso nützlich, wie wenn man lernt, in einem Spiel als Schiedsrichter zu fungieren oder sonstige praktische Fähigkeiten zu vervollkommnen.

Überblick

In den folgenden Kapiteln wenden wir uns einer ausführlichen Analyse der wichtigsten Gitterstile zu. Wir führen zahlreiche Beispiele auf und geben Anregungen dazu, was der einzelne zur Stärkung seiner Führungsfähigkeiten tun kann.

Kapitel III
9,1

Die 9,1-Orientierung finden wir in der unteren rechten Ecke des Verhaltensgitters. Ein Höchstmaß an Sachorientierung, 9, ist mit einem niedrigen Maß an Menschenorientierung, 1, gekoppelt. Der 9,1-Führungsstil geht von der Grundannahme aus, daß es einen unlösbaren Widerspruch zwischen den Bedürfnissen der Organisation nach Erzielung von Ergebnissen und den Bedürfnissen der Menschen gibt. Die Produktions- und Sachziele lassen sich nur dann erreichen, wenn die Menschen so gesteuert und dirigiert werden, daß sie zur Erledigung der notwendigen Aufgaben gezwungen sind. Der 9,1-Manager ist ein strenger Zuchtmeister, der schon weiß, was das Beste ist. Ihm geht es in seinem Denken und Handeln nur um eines - Ergebnisse erzielen. Der geistige Kreiselkompaß dieses Managers weist konstant und zielstrebig in nur eine einzige Richtung.

Er bemüht sich, die Arbeitsbedingungen so zu gestalten, daß die Mitarbeiter möglichst wenig selbständig denken und urteilen müssen. »Er« sorgt durch sehr strenge Überwachung dafür, daß die »menschlichen« Komponenten die Leistung und die Produktion nicht stören. Wenn die Menschen das tun, was man ihnen sagt, lassen sich Resultate erzielen, ohne Zeit mit der Lösung von Konflikten oder in Konferenzen mit anderen verschwenden zu müssen. Die 9,1-Orientierung läßt sich mit wenigen Worten treffend zusammenfassen: »Entweder Leistung oder Ablehnung.«

Motivation

Ein 9,1-orientierter Manager bezieht seine Stärke aus einem Machtgefühl. Er ordnet sich nichts und niemandem unter. Von seinen Mitarbeitern erwartet er bedingungslosen Gehorsam. Der 9,1-orientierte Manager arbeitet hart und ist immer bereit, die jeweils erforderliche Zeit für das Meistern von Problemen einzusetzen, für die er sich zuständig fühlt. Die Betonung liegt aber auf einer Willenskraft, die aus einer unbeugsamen Entschlossenheit erwächst, alles zu bewältigen, zu steuern, zu kontrollieren und zu beherrschen. Wer von diesen Voraussetzungen ausgeht, wird fordern müssen: »Sie tun das, sonst ...« Bei hoher Produktion fühlt sich dieser Manager wohl. Er hat die Oberhand. Den Beitrag der anderen sieht er kaum. Der 9,1-Manager bittet auch nicht um Vorschläge, Empfehlungen, Rat oder Leitlinien. Täte er das, müßte er ein Bedürfnis zugeben, das als Schwäche oder Inkompetenz ausgelegt werden könnte. So kann er auch nicht zulassen, daß ein Erfolg mehrere Väter hat. Ihm geht es darum, sich auf niemanden verlassen zu müssen. Der 9,1-Einstellung liegt also die Annahme zugrunde: »Wenn ich stark genug bin, kann ich meinen Willen ohne Rücksicht auf Widerstände durchsetzen.«

Der mit einer 9,1-Orientierung einhergehende Erwerbstrieb ist viel mehr als nur das Streben nach Geld oder sonstigen äußeren Zeichen der Macht. Genauso wichtig kann es für ihn sein, immer mehr Kontrolle in seiner Hand zu vereinen. Er reißt Zeichnungsbefugnis über möglichst hohe Summen an sich, unterschreibt die Gehaltsanweisungen, prüft Leistungseinstufungen mehrfach nach oder fordert, daß sämtliche Berichte direkt an ihn geschickt werden. Auch so gewinnt er Kontrolle über andere. Durch diese Anhäufung von Kontrollinstrumenten lädt sich der 9,1-orientierte Vorgesetzte unter Umständen soviel Arbeit an den Hals, daß schließlich ein Eigentor daraus wird. Daraus ergibt sich nicht die ersehnte Überlegenheit und Dominanz, sondern die gefürchtete Konstellation des Versagens.

Manchmal regt sich Widerstand gegen die strenge Überwachung durch einen 9,1-orientierten Manager. Seine größte Angst ist, daß an seiner Macht gerüttelt wird, daß er die Kontrolle verlieren oder unterliegen könnte. Die Versagensangst steht am negativen Ende der Motivationsskala. Wenn der 9,1-orientierte Manager eine Niederlage einstecken muß, ist es mit seiner Überlegenheit, Kontrolle und Dominanz vorbei. Die Schuld am Mißerfolg schreibt er Kollegen und Mitarbeitern zu. Der 9,1-Manager beschließt: »Nächstesmal werde ich noch schärfer auf sie aufpassen.« Die allgemeine Schlußfolgerung aus dieser Einstellung lautet: »Erfolge verdanke ich nur mir selbst. Mißerfolge entstehen aus den Handlungen anderer. Verlaß dich nie auf andere!«

Sind Dominanz, Überlegenheit und Kontrolle bedroht, reagiert dieser Manager typischerweise mit Zorn. Er versucht dann, die Hindernisse, die diesen Zorn ausgelöst haben, beiseite zu räumen, denkt aber nicht daran, sich mit den Ursachen für den Verlust seiner inneren Gelassenheit auseinanderzusetzen. Er stellt lieber fest, was andere falsch gemacht haben, und nimmt sich vor, dafür zu sorgen, daß sich diese Fehler nicht wiederholen. Im Laufe der Zeit prägt sich eine streitbare Grundhaltung aus. Beim geringsten Anlaß leitet er korrigierende Maßnahmen ein, auch dann, wenn sie vielleicht gar nicht angebracht sind. Eine von Zorn und Angriffslust stark geprägte Grundstimmung mag ihn sogar dazu veranlassen, nach Situationen zu suchen, in denen er sich Luft machen kann. Solche leicht reizbaren Menschen werden wie folgt charakterisiert: »Er sucht Streit«; »Er befindet sich auf dem Kriegspfad«; »Bei ihm brennen die Sicherungen schnell durch«. Darauf reagiert der 9,1-orientierte Manager meist so: »Ich habe die Erfahrung gemacht, daß sich nichts Ordentliches erreichen läßt, wenn ich nicht dafür kämpfe.« Das Ergebnis: Dieser Manager setzt sich so absolut für Leistung und nur Leistung ein, daß er, wenn vielleicht auch ungewollt, rücksichtslos über andere hinweggeht.

Wenn sich eine 9,1-Orientierung in der Organisation insgesamt ausbreitet, kann so etwas wie eine Wärter-Häftling-Atmosphäre entstehen. Die Wärter sind nicht nur Wärter, sondern auch Gefangene. Sie werden von oben kontrolliert und kontrollieren selbst die Mitarbeiter, die ihnen unterstellt sind. Diese Wärter-Häftling-Mentalität führt zu einem Mangel an Aufrichtigkeit, gekoppelt mit Argwohn und Mißtrauen. Die Mitarbeiter reagieren normalerweise so: »Sie salutieren und sagen ›ja‹, selbst wenn sie ›nein‹ meinen.« »Man darf sich nur nicht erwischen lassen.« Also muß man häufig seine Gedanken und Gefühle und sein Handeln kaschieren. Je verschlossener die Menschen werden und je mehr sie ihr Handeln verstecken, desto wichtiger wird es für den 9,1-orientierten Manager, aufmerksam und wachsam zu bleiben und auf das Tun seiner Mitarbeiter genau aufzupassen, um so der Gefahr eines Mißerfolges aus dem Wege zu gehen.

Konfliktmanagement

Wenn Mitarbeiter verschiedener Ansicht sind oder Anweisungen nicht ausführen, steht der 9,1-Manager vor einem Dilemma. Er muß sich entweder mit der Situation abfinden oder sie korrigieren. Hinter einem Konflikt steht immer die Drohung, daß dem Manager die Kontrolle aus den Händen gleiten könnte. Also beugt man vor und verhütet den Konflikt oder stellt den Gehorsam wieder her, wenn die Kontrolle tatsächlich einmal zusammengebrochen ist.

Konfliktverhütung

Es gibt für einen 9,1-orientierten Manager vielerlei Möglichkeiten, Konflikten vorzubeugen und sie zu verhüten. Zunächst steckt sich ein Vorgesetzter ein Ziel und entwickelt einen Plan zur Verwirklichung dieses Ziels. Der nächste Schritt ist die Ausführung dieses Planes. Ein 9,1-Manager teilt seinen Mitarbeitern präzise mit, was sie zu tun haben. Der Vorgesetzte drückt sich beispielsweise so aus – wobei er jedes einzelne Wort auch genauso meint, wie er es ausspricht: »Ich werde Ihnen jetzt sagen, was ich erledigt haben will, und dann werde ich es Ihnen noch einmal sagen, und dann werde ich Ihnen sagen, was ich Ihnen gesagt habe. Wenn ich damit durch bin, gehe ich davon aus, daß Sie genau begriffen haben, was ich von Ihnen getan haben will.«

Der Manager erteilt seine Anweisung häufig in Einzelschritten. Er geht davon aus, daß er so die Wahrscheinlichkeit eines Durcheinanders oder eines Fehlers verringern kann. Gleichzeitig stellt der Manager dadurch sicher, daß er der einzige ist, der einen Überblick über das Gesamtprojekt hat. Der Manager grenzt seine Anweisungen genau ein und konzentriert sich auf »Wer, Was, Wo, Wann und Wie«. So hofft er, Mitarbeiter daran hindern zu können, nachzufragen, *warum* eine Aufgabe genau nach Anweisung und nicht anders ausgeführt werden muß. Der Chef fragt zwar: »Haben Sie verstanden?« Aber er erwartet vom Mitarbeiter keine andere Antwort als »Ja«. Auch wenn die Mitarbeiter nicht verstanden haben, haben sie doch inzwischen gelernt, daß es in ihrem eigenen Interesse ist, dies nicht zuzugeben.

Konfliktbewältigung
Diese strenge Überwachung von oben und die in Einzelschritten erteilten Anweisungen sind zwar darauf angelegt, einen Konflikt gar nicht erst entstehen zu lassen, ganz hinreichend ist dieser Ansatz jedoch nicht.

Da eine Meinungsverschiedenheit für einen 9,1-orientierten Manager fast dasselbe ist wie Gehorsamsverweigerung, besteht sein Hauptansatz zur Konfliktlösung in der Konfliktunterdrükkung. Er zwingt anderen seinen Standpunkt auf und weist ihre Gegenargumente als nicht annehmbar zurück. Für den Chef ist Rang gleichbedeutend mit Macht. Deswegen spielt er seine Position mehr oder weniger willkürlich aus. Er teilt den Mitarbeitern die herrschende Meinung mit und geht davon aus, daß sie sich ihr anschließen. Unter Umständen hindert er sie sogar daran, über Dinge zu sprechen, mit denen sie nicht einverstanden sind. Ob sie innerlich anderer Meinung sind, ist unwichtig. »Was Sie *denken,* ist Ihre Sache. Was Sie *tun,* ist meine Sache.« Unterdrückung ist ein mächtiges Mittel zur Erzwingung von Gehorsam. Unterdrükkung wird häufig unter dem Deckmantel praktiziert, man müsse ja schließlich die Fäden in der Hand behalten und die Kontrolle sichern.

Unterdrückungsmethoden können Nebenwirkungen zeitigen, die nicht unmittelbar sichtbar werden. Wer andere unterdrückt, teilt damit beispielsweise mit, daß er anderen ein verantwortungsbewußtes Handeln nicht zutraut. So verweigert er den Mitarbeitern die Chance, einen nützlichen Beitrag zu leisten.

Meinungsverschiedenheiten werden unterdrückt. Also, folgert der Chef, gibt es keinen Widerstand. Das kann sich aber als Trugschluß erweisen. Ein Mensch, der zu Gehorsam gezwungen wird, ändert in der Folge noch lange nicht seine inneren Überzeugungen. Wer Meinungsverschiedenheiten unterdrückt, wird meistens folgendes auslösen: Die Mitarbeiter halten wertvolle Feedback-Informationen zurück.

Unterdrückung kann auch zu Gegenangriffen führen. Solche Handlungsweisen sind nicht immer als Schlag gegen die Gesamtorganisation gerichtet, sondern werden in die Form eines »Protests« gekleidet. Dieser Protest wird aber trotz konstruktiver Absichten abgewiesen, weil das, was die Mitarbeiter wollen, nicht der Auffassung des 9,1-orientierten Chefs zur Erledigung der Aufgabe entspricht.

Es gibt allerdings auch Gegenangriffe, die mit viel Kreativität tatsächlich gegen die Organisation gerichtet sind. Diese Angriffe werden natürlich nicht offen ausgeführt. Es wird beispielsweise eine Sendung mit Produkten schlechter Qualität ausgeliefert, wobei der Schuldige nicht auszumachen ist. Maschinen fallen aus, weil sich jemand daran zu schaffen gemacht hat oder weil jemand einfach »vergessen« hat, eine Schraube festzuziehen. Weitere typische Reaktionen sind Dienst nach Vorschrift und Bummelarbeit. So versuchen die Mitarbeiter, dem 9,1-orientierten Manager und seinen Zielen einen Strich durch die Rechnung zu machen.

Bei Meinungsverschiedenheiten mit Kollegen setzt ein 9,1-Manager dem Konflikt ein Ende, indem er ihnen ihre irrige Auffassung nachweist. Da er hier seinen Rang nicht ausspielen kann, muß er, um sein Ziel zu erreichen, seine Kollegen zum Rückzug zwingen. Wichtig ist, daß er Sieger bleibt. Ob er sich mit diesem Ansatz Freunde macht, ist ihm unwichtig. Daß die Kollegen vielleicht enttäuscht oder abgekanzelt aus dieser Auseinandersetzung weggehen, interessiert ihn nicht.

Ein 9,1-orientierter Manager sieht eine Herausforderung meistens als eine Situation, in der es um Sieg oder Niederlage geht. Der Manager personalisiert den Konflikt: »Sie glauben, ich habe unrecht.« Er sagt nicht: »Sie glauben, meine Position sei falsch.« Ein solcher Mensch hat Schwierigkeiten, zwischen der Sache und den unguten Gefühlen zu unterscheiden, die er für den Menschen hegt, der anderer Meinung ist als er selbst.

Wenn der Konflikt weiterschwelt
Unterdrückung und Kämpfe um alles oder nichts lösen Ablehnung und Widerstand aus. Die Menschen »gehen in den Untergrund«, um dort den Kampf um ihre Position fortzusetzen, oder verlassen sich auf andere Möglichkeiten, zum Beispiel Verweigerung der Kooperation. Der 9,1-orientierte Manager mag dann versuchen, die Intensität des Konflikts durch indirekte Mittel zu verringern.

Untergrabung des Selbstvertrauens des anderen.
Der Manager mit einer 9,1-Orientierung setzt andere herab oder äußert Bedenken zu Vorschlägen oder Empfehlungen, auch wenn diese Bedenken keineswegs stichhaltig sind. Der Manager bürdet dem anderen damit eine so schwere Last auf, daß dieser seinen Standpunkt lieber aufgibt. Es reicht schon, wenn der Manager folgende Aussage in die Diskussion wirft: »Sie wissen ja nicht, worüber Sie reden.« »Das haben wir doch schon probiert, und das funktioniert nicht.« »Wenn ich Sie wäre, würde ich das nicht tun.« Mit solchen Aussprüchen bringt er den anderen wieder in die Reihe.

Ein 9,1-orientierter Manager greift auch gerne zu Spott und Sarkasmus, um einen Gegner zu unterdrücken. Witze können eine sehr potente Waffe sein. Der Humor eines solchen Managers hat häufig einen Stachel. Wenn man ihn darauf anspricht, wird dieser Manager versuchen, seinen beißenden Witz zu entschuldigen: »Ich wollte doch nur Ihre Aufmerksamkeit erlangen.«

Drohen und Strafen. Ein Chef kann schwere Konsequenzen androhen, wenn sich ein Mitarbeiter auch weiterhin seinen Anordnungen widersetzt. Wenn die Drohungen nichts nützen, stehen Strafen und Repressalien verschiedener Formen zur Verfügung. Der Chef kann indirekt strafen. Er lädt einen Mitarbeiter beispielsweise nicht zu einer wichtigen Sitzung ein oder streicht ihn aus dem Verteiler für eine wichtige Aktennotiz. Der Chef kann einen Mitarbeiter auch an einen anderen Arbeitsplatz versetzen. Auch dies ist eine Möglichkeit, jemanden loszuwerden, der eine Befehl-Gehorsam-Struktur nicht akzeptieren will. Rache oder sonstige Vergeltungsmaßnahmen können für jedermann sichtbar sein (Zurückstufung oder Entlassung). Es gibt aber auch weniger offenkundige Maßnahmen: Dem Mitarbeiter werden beispielsweise unangenehme Aufgaben übertragen, oder er wird für eine unbeliebte Schicht eingeteilt.

Hebeltechniken sind verkappte Formen der Strafe. Mit ihnen läßt sich dasselbe Ergebnis erreichen wie mit einer direkten Bestrafung. Man schafft ein Dilemma, das den Mitarbeiter dazu zwingt, sich entweder zu fügen oder schlimmeren Konsequenzen ins Auge sehen zu müssen. Man erklärt beispielsweise, daß ein bestimmter Arbeitsplatz nicht mehr notwendig sei. Kommt eine Entlassung nicht in Frage, bietet man ihm eine gleichwertige Stelle an einem anderen Ort an. Der Mitarbeiter kann diese Stelle aber aus bestimmten Gründen (Familie usw.) unmöglich annehmen. Ihm bleibt im Grunde genommen nichts anderes übrig, als selbst zu kündigen. Solche Hebelstrategien sind weit verbreitet. Man setzt sie zur endgültigen Bereinigung von Differenzen ein und schaltet damit die Nonkonformisten aus. Die Denkweise hinter einem solchen Tun reicht von subtiler Zwangsausübung bis zu bewußter Manipulation. Es spielt keine Rolle, wie diese Haltung gerechtfertigt wird. Ein Rückgriff auf Hebeltechniken ist immer auf eine 9,1-orientierte Grundeinstellung zurückzuführen.

Verhaltenselemente

Wir kennen die Ansätze zur Konfliktlösung und die Motive, die dahinterstehen. Nun können wir untersuchen, wie eine 9,1-orientierte Führung in der Praxis aussieht.

Initiative
Wer die Initiative ergreift, weist anderen die Richtung und erwartet, daß sie ihm folgen. Deshalb ist dem 9,1-orientierten Manager das einseitige Ergreifen von Initiative wichtig. Er sagt anderen: »Tu etwas. Hör damit auf. Macht das anders.« Im 9,1-Zusammenhang heißt Initiative »antreiben«, d.h.: »Ich treibe mich und andere an.« Der Manager legt äußersten Wert auf Leistung. Er arbeitet

selbst unter Leistungsdruck und verlangt von anderen, daß sie diesen Leistungsdruck genauso akzeptieren. Der 9,1-orientierte Manager wird sich noch mehr anstrengen, wenn er merkt, daß er unter Konkurrenzdruck steht. Hier kommt der Reiz des »Alles-oder-Nichts« hinzu. In solchen Situationen legt er gesteigerten Wert darauf, die Initiative an sich zu reißen.

Wenn Sie die folgende Geschichte lesen, werden Sie ein Gefühl dafür bekommen, wie sich ein 9,1-orientierter Manager die Initiative vorbehält, wenn er sich die Hilfe oder den Rat anderer verbittet. Frau Maass (die 9,1-orientierte Vorgesetzte) spricht mit Herrn Jost, ihrem Mitarbeiter: »Also, Herr Jost, das hier muß erledigt werden, und ich will, daß Sie folgendermaßen vorgehen.« Herr Jost antwortet: »Aber wie wäre es denn, wenn ich es auf meine Art mache? Das ist weniger zeitaufwendig und wird etwa zum gleichen Ergebnis führen.« Frau Maass antwortet: »Ich habe Sie nicht um Ihren Rat gebeten, ich habe Sie darum gebeten zu handeln.« Herr Jost hat eindeutig den kürzeren gezogen und weiß es auch.

Wer auf diese Weise die Initiative ergreift, geht von drei fragwürdigen Grundhaltungen aus:

1. Anderen sagen, was zu tun ist, ist Stärke.
2. Um Anregungen bitten ist Schwäche.
3. Menschen wollen geführt werden.

Solche einseitigen Initiativen mögen einem zwar gegen den Strich gehen, sie werden aber noch lange nicht immer abgelehnt. Häufig sind die Menschen erleichtert, wenn sie sehen, wie jemand versucht, etwas zu tun, was getan werden muß. Sie achten das Anliegen dieses Menschen, etwas zu bewegen. In diesem Fall haben sie gegen die Tatsache als solche, daß jemand die Initiative ergreift, nichts einzuwenden. Einwände haben sie nur gegen die 9,1-Orientierung, die in diesen Initiativen durchschlägt.

Aus noch einem anderen Grund werden Initiativen, die aus einem 9,1-Ansatz heraus erwachsen, manchmal akzeptiert: Es gibt Menschen, die geführt werden wollen. Sie wollen gesagt bekommen, was sie zu tun haben. Diese Menschen gehen in ihrer Arbeit schon so lange davon aus, daß sie nur Gefolgsleute sind, daß sie aufgehört haben, selbständig zu handeln oder am Arbeitsplatz Verantwortung zu übernehmen. Sie erwarten, daß man ihnen

Arbeitsanweisungen gibt, und akzeptieren dies als normal. Würde man etwas anderes als Gehorsam von ihnen verlangen, könnten sie die Welt nicht mehr verstehen. Sie sind sozusagen gute Soldaten geworden, die willens sind, einen Befehl auszuführen, aber nicht mehr.

Fragen

Mit den Worten »Wissen ist Macht« läßt sich sehr treffend zusammenfassen, daß Wissen ein sehr wichtiges Instrument zur Ausübung von Dominanz, Herrschaft und Kontrolle ist.

Wer sich über die Lage informieren will, stellt Fragen. Ein 9,1-orientierter Manager wird andere häufig unterbrechen und nach Informationen befragen. Er nimmt nur wenig auf Anhieb als bare Münze hin. Seine Fragen sind meistens direkt und bleiben auf Sachinformationen begrenzt. Er will Zahlen, Angaben zum Produktionsvolumen. Er will wissen, ob alles nach Plan läuft oder nicht und ob die Spezifikation eingehalten wird oder nicht. Dies sind akzeptierbare Informationen. Von Gedanken, Meinungen, Gefühlen oder Empfehlungen aber will er nichts wissen. »Nennen Sie mir nur die Tatsachen!« Auf diese Weise behält sich der 9,1-orientierte Manager das Recht vor, die Zahlen und Fakten zu bewerten und zu interpretieren. Er läßt es gar nicht dazu kommen, daß andere ihre Urteilskraft einsetzen müßten. Dann wäre er ja unter Umständen gezwungen, die Klugheit eines anderen anerkennen zu müssen. Damit würde er aber seine Dominanz verlieren.

Wenn ein 9,1-orientierter Manager Fragen stellt, weiß er gar nicht, was es bedeutet, einen Rückzieher zu machen. Die Gefühle anderer interessieren ihn wenig oder gar nicht. Mit diesem Ansatz erlangt er wichtige Informationen, aber gleichzeitig untergräbt er das Sicherheitsgefühl seiner Mitarbeiter. Häufig fahndet der Manager nach Informationen zu Problemen, Irrtümern oder Fehlschlägen, um Schwächen aufzuspüren oder die Verantwortung auf den abzuwälzen, der »es getan hat«.

Manchmal führt dieser direkte Ansatz aber nicht zu den erstrebten Informationen. Dann bereitet er eine Falle vor. Er stellt eine Fangfrage. Der Gefragte antwortet und leugnet die Existenz einer widrigen Situation. Diese Situation wollen wir anhand des folgenden Beispieles erläutern. Herr Karl führt ein Gespräch mit Frau Suter. Herr Karl, der über die Kundenreklamation und die dazu führenden Umstände schon Bescheid weiß, sagt zu Frau Suter: »Sind in den letzten Wochen bei Ihnen Kundenreklamationen eingegangen?« Frau Suter antwortet: »Nein, soweit ich mich erinnern kann, nicht.«

Jetzt wird die Befragung zur Anklageerhebung. Herr Karl sagt: »Jetzt machen Sie aber mal einen Punkt! Was ist denn mit dieser verdammten Lieferung nach Turin? Die haben uns gestern schon am Telefon beschimpft, und Sie wissen das ganz genau. Wieso haben Sie es dazu kommen lassen?«

Wer eine solche Frage stellt, will ganz bestimmt nicht die Problemlösung fördern, sondern will das Opfer festnageln. Lautet die Antwort »Ja«, ist das Opfer in Schwierigkeiten. Lautet sie »Nein«, schnappt die Falle zu. Antwortet das Opfer mit »Ja«, muß es sich auf einen schweren Verweis oder auf Strafe gefaßt machen. Antwortet das Opfer mit »Nein«, folgt nicht nur eine Strafe, sondern der Mitarbeiter ist auch als jemand entlarvt, dessen Wort man nicht mehr trauen kann. Der 9,1-orientierte Manager kann dann eine verstärkte Überwachung rechtfertigen, um Gehorsam und Willfährigkeit sicherzustellen.

Ein 9,1-orientierter Manager hört meistens defensiv zu. Wachsam achtet er darauf, ob sich Schwierigkeiten andeuten. Dies ist verständlich, weil der 9,1-orientierte Manager Fehlschläge fürchtet und deswegen auf der Hut bleiben muß, um solche Fehlschläge zu verhindern oder sie ganz schnell zu entdecken. Wer defensiv zuhört, bleibt zwar wachsam, konzentriert sich aber so auf seine Antwort und Reaktionsbereitschaft, daß er sonstige wichtige Informationen nicht mehr hört. Diese einseitige Ausrichtung läßt den Manager taub werden gegenüber verfügbaren Informationen, die zu einem anderen Schluß führen könnten.

Standpunkt

Ein 9,1-orientierter Manager hat kaum Hemmungen, andere ungeachtet ihres Ranges wissen zu lassen, wo er bei bestimmten Angelegenheiten steht. Er hält mit seinen Überzeugungen nicht hinter dem Berg und sagt, wie es ist. Das sind deutlich erkennbare Charakterzüge. Folglich ist ein 9,1-Manager meistens geradeheraus, offen und aufrichtig.

In dieser Orientierung existieren aber hauptsächlich die Farben Schwarz und Weiß. Wenn er sich äußert, äußert er sich absolut. Er spricht von »alle«, »nie«, »unmöglich«, »jeder« usw. Er bezieht seine Position und läßt darüber nicht mit sich argumentieren. Vorläufige Meinungen sind Zeichen der Schwäche. Sicherheit ist Stärke. Wenn dieser Manager seine Überzeugungen ausspricht, lädt er andere keineswegs dazu ein, mit ihm darüber zu diskutieren - im Gegenteil. Alternativmöglichkeiten oder Gegenargumente stehen für ihn außer Frage. Das heißt für ihn, daß er Beweise zur Untermauerung seiner Position sammeln muß und widersprüchliche Informationen, die zu einer anderen Definition des Problems führen könnten, ignoriert.

Der 9,1-orientierte Manager hört nicht etwa zu, weil er das Gesagte begreifen will. Wahrscheinlich übt er im Geiste schon das nächste Argument ein, während ein anderer noch spricht. Es ist bei ihm auch üblich, andere zu unterbrechen, um den eigenen Standpunkt zu vertreten. Es kommt durchaus vor, daß ein 9,1-orientierter Mensch einem Kollegen, der eine Diskussion wieder auf eine Basis des Gebens und Nehmens zurückführen will, sagt: »Sie sollten nicht reden, wenn ich handle.« Das Ergebnis: Der Manager wird als engstirnig erkannt und abgestempelt. Mitarbeiter hören auf, ihre Positionen darzulegen. Sie meinen: »Was soll's? Warum soll ich mit dem Kopf durch die Wand?« Damit geht der Nutzen, der sich aus Argument und Gegenargument, aus dem Ausdiskutieren von Meinungsverschiedenheiten ergeben kann, verloren. Der 9,1-orientierte Manager verzichtet auf gute Ergebnisse, ist sich dessen aber nicht einmal bewußt. Selbst wenn jemand den Mut hätte, den Manager mit diesem Argument zu konfrontieren, würde er diese Auffassung wahrscheinlich empört zurückweisen.

Entscheidungen

Der 9,1-orientierte Manager sagt: »Ich lege großen Wert darauf, meine Entscheidungen selbst zu treffen und lasse mich nur selten von anderen beeinflussen.« Dieser Ansatz zur Entscheidungsbildung wird von der Überzeugung beeinflußt, daß er alleine über das notwendige Wissen, die notwendige Erfahrung und die entsprechende Autorität verfügt. Andere werden in den Prozeß der Entscheidungsbildung meistens nicht einbezogen, höchstens in die Ausführung. Häufig wird dieses Handeln so gerechtfertigt: »Zu Konsultationen bleibt keine Zeit.« Oft setzt sich der 9,1-orientierte Manager selbst unter Zeitdruck, um der Einbindung anderer vorzubeugen. Würde er besser planen, oder würde er mehr Wert auf die Einbindung anderer legen, wäre Zeit genug für alle.

Der 9,1-orientierte Manager gilt nicht als zuversichtlich und selbstsicher. Andere halten ihn vielmehr für rigide und schwerfällig. Eine einmal getroffene Entscheidung wird selten noch einmal überprüft. Ist die Entscheidung falsch, und macht der Manager trotzdem weiter, läuft er das Risiko, sich einen Ruf als sturer Bock oder Blinder einzuhandeln. Er beharrt auf seinem Weg, verzichtet damit auf notwendigen Input und bricht die Brücken zu anderen ab. Seine Mitmenschen sind immer weniger dazu bereit, entgegengesetzte Beweise oder Informationen anzubieten.

Bei der Delegation unterscheidet der 9,1-orientierte Manager deutlich zwischen Planung und Ausführung. Die Planung behält er sich selbst vor, die Ausführung delegiert er. Leistung erzielt er also, indem er seinen Mitarbeitern sagt, was zu tun ist, ohne sie in den Prozeß der Planung zum bestmöglichen Einsatz der Mittel für die Ausführung einzubinden. Dieser Ansatz findet sich auf allen Führungsebenen. Der Präsident entwickelt den Plan und verkündigt ihn als fertiges Programm. Der Meister erstellt die Tagesplanung und gibt die entsprechenden Anweisungen an seine Mitarbeiter weiter. Der Manager fühlt sich ungeachtet dessen, ob andere in der Lage sind, auch einen Beitrag zu leisten, dazu gezwungen, einsam zu handeln. Für ihn ist es äußerst wichtig, die Planung der Arbeit von der Ausführung zu trennen.

Für den 9,1-orientierten Manager besteht Teamarbeit darin, vollständige Anweisungen zu erteilen. Jeder einzelne wird für die erzielten Ergebnisse zur Verantwortung gezogen. Wird gute Arbeit geleistet, entwickelt sich eine Beziehung wie zwischen Hammer und Nagel. Unter diesen Umständen können sich aber auch Widersprüche ergeben: Frau Heller, die Vorgesetzte, glaubt: »Ich habe ein Spitzenteam. Wir ziehen alle am selben Strang.« Der Mitarbeiter, Herr Richard, denkt: »Team? Was meinen Sie? Wir sind doch kein Team! Mir wird genau gesagt, was ich zu tun habe, und bei uns ist alles so angelegt, daß nur die Chefin koordinieren kann. Eine eigenständige Koordinierung ist nicht möglich. Wenn man hier Informationen braucht, darf man nicht an der Quelle nachfragen, sondern muß sie von der Chefin holen. Die Chefin glaubt, dies sei gute Teamarbeit, weil sie an der Spitze des Ganzen steht. Tatsächlich aber ist die Teamarbeit sehr schlecht, weil die Chefin überlastet ist. Sie steckt bis über beide Ohren in der Tretmühle und arbeitet 18 Stunden am Tag.«

Konstruktive Kritik

Wer nach 9,1 führt, kann auf Leistungsüberprüfungen nicht verzichten. Als Chef will man schließlich wissen, daß alles wie erwartet ausgeführt wird. Der Chef gewinnt seine Informationen durch direkte Beobachtung, Inspektionen und Befragungen anderer. Hier läuft das Berichtswesen nur in eine Richtung. Über allem herrscht das wache Auge des Vorgesetzten. Er will sicher sein, daß alles nach Plan verläuft.

Wenn der Chef die Informationen erhält, gibt es keine konstruktive Kritik. Kritik gibt es nur in negativer Form und in Gestalt von Korrekturmaßnahmen für Dinge, die falsch gelaufen sind. Der Chef sagt beispielsweise zu seinem Mitarbeiter: »Sehen Sie, Sie haben einen Fehler gemacht, und ich möchte, daß Sie wissen, woran das liegt. Ich habe Ihnen die Anweisungen gegeben, Sie aber haben beschlossen, auf eigene Faust zu handeln, anstatt das zu tun, was ich Ihnen gesagt habe. Dies ist für mich nicht akzeptabel. Ich erwarte von Ihnen, daß Sie nächstesmal genau so handeln, wie ich es verlange. Entschuldigungen lasse ich nicht gelten. Um sicher zu sein, daß Sie Ihre Lektion gelernt haben, möchte ich, daß Sie mir jeweils Mitteilung machen, sobald Sie einen Aufgabenschritt ordentlich zu Ende gebracht haben. Erst dann dürfen Sie an den nächsten Teil herangehen.«

Die Bewertung und Beurteilung erfolgt hier nur aus einer Richtung. Der Mitarbeiter wird am Durchdenken seines Handelns nicht beteiligt. So kann er auch nicht lernen. Der Vorgesetzte will Schuld und Schwächegefühle wecken. Er will nicht, daß der »Schuldige« (»bekennen« soll er ja! Schuldzuweisung!) selbstverständlich sein Handeln überprüft, um ähnliche Probleme in Zukunft selbständig zu lösen.

Führungspraxis

Eine 9,1-Führungskraft sieht ihre Führungsverantwortung auf eine für diese Orientierung typische Weise.

Planung: »Ich plane, indem ich Leistungsnormen setze und detaillierte Pläne zu ihrer Erfüllung aufstelle.«

Organisation: »Ich weise Aufgaben an und sage meinen Mitarbeitern, was sie wie, wann und mit wem zu tun haben.«

Unterweisung: »Ich halte mich ständig auf dem laufenden. Ich will schließlich, daß nur das getan wird, was ich auch genehmigt habe.«

Steuerung und Überwachung: »Ich sorge dafür, daß Termine eingehalten werden. Ich treibe meine Mitarbeiter möglichst zu schnellerer Arbeit an. Ich kritisiere, suche bei Abweichungen den Schuldigen und ordne Korrekturmaßnahmen an.«

Stellenbesetzung: »Ich hole mir gehorsame Menschen. Die Unzufriedenen siebe ich aus. Führungsentwicklung mag ja durchaus in Ordnung sein, letzten Endes zählt aber nur die richtige Mitarbeiterauslese.«

Management by Objectives (Führen durch und mit Zielvereinbarungen): »Ich lasse meine Mitarbeiter ganz klar und ohne Einschränkungen wissen, wo sie in bezug auf die Erfordernisse stehen. Dann wissen sie, was ich von ihnen erwarte.«

Leistungsbeurteilung: »Es ist meine Pflicht, Mitarbeiter zu beurteilen und sie darauf aufmerksam zu machen, wo sie den Ansprüchen nicht gerecht werden. Ich konzentriere mich auf die Schwächen und darauf, was zu ihrer Korrektur zu tun ist. Danach bleibt es dem einzelnen überlassen, sich in bessere Form zu bringen.«

Wenn ein Chef auf diese Weise führt, läßt es sich wohl kaum

vermeiden, daß er von seinen Mitarbeitern aktiv abgelehnt wird oder bestenfalls ihren Groll erfährt. Mit der Zeit wird der 9,1-orientierte Manager gar nicht mehr wollen. Er rechtfertigt sich damit, daß er Leistung erzielen und die Organisation voranbringen muß. Also muß er seine Mitarbeiter streng kontrollieren, auch wenn er ihnen damit so manches Mal auf die Füße tritt.

Konsequenzen

Ein 9,1-orientiertes Führungsverhalten hat verschiedene Folgen für die Gesamtorientierung des Unternehmens und den Berufsweg des einzelnen. Diese Konsequenzen werden in den folgenden Abschnitten erörtert.

Auswirkung auf die Produktivität
Auf kurze Sicht gesehen wirkt sich eine 9,1-Orientierung wahrscheinlich günstig auf die Produktivität aus. Dies gilt besonders, wenn man sie mit anderen Management-Stilen vergleicht, bei denen die Ergebnisorientierung sehr gering ausgeprägt ist. Mit strenger Überwachung kann man die Menschen dazu bringen, Ergebnisse zu liefern, weil ihnen keine andere Alternative bleibt. Es kommt aber auch vor, daß sich die Leistung nicht wegen einer 9,1-Orientierung, sondern trotz einer 9,1-Orientierung auf hohem Niveau bewegt. Dies kann eintreten, wenn jeder das Leistungserfordernis einsieht.

Auf lange Sicht muß die 9,1-Orientierung zu Schwierigkeiten führen, die aufgrund dieser Orientierung entstehen. Arbeitsmoral und Zusammenhalt müssen zwangsläufig abnehmen, da es die Mitarbeiter irgendwann satt werden, herumgeschubst zu werden. Nach außen hin werden sie sich zwar immer noch um Produktivität bemühen, zeigen aber ihre Mißachtung gegenüber der Art der Führung dadurch, daß sie entweder die Qualität nicht mehr aufrechterhalten oder darauf verzichten, Initiative zu ergreifen. Der 9,1-orientierte Manager »löst« daraufhin das Problem, indem er den Druck erhöht und manchmal sogar noch zusätzliche Mitarbeiter einstellt, die den anderen sagen sollen, was zu tun ist. Der

Krankenstand kann übermäßig ansteigen, oder die Mitarbeiter suchen sich anderswo eine Stelle.

Auswirkung auf die Kreativität
Aus verschiedenen Quellen haben wir Hinweise darauf, daß eine 9,1-Orientierung zu kreativen Reaktionen führen kann. Unglücklicherweise sind diese Reaktionen von der Tendenz her jedoch gegen die Organisation gerichtet. Das innovative Denken richtet sich darauf, Möglichkeiten zur Untergrabung der Organisation zu finden oder der Systemfalle zu entgehen. Die innovativen Kräfte werden also nicht zu einem konstruktiven Beitrag zum Wohle der Organisation eingesetzt. Kreativität in der Organisationsbekämpfung beobachten wir in der Industriesabotage. Dazu gehört die Zerstörung von Maschinen und Anlagen. Berichte und sonstige Dokumente »gehen verloren«, Kundenbeschwerden werden nicht bearbeitet. Es wird viel verschwendet und viel gestohlen.

Auswirkung auf die Zufriedenheit
Der Boß regiert zwar per Ukas - dennoch entstehen wenig Probleme. Die Mitarbeiter leiden kaum unter Spannungen, wenn die Entscheidungen des Chefs gut sind.

Es gibt Mitarbeiter, die sich fügen, weil es einfacher ist als Widerspruch zu erheben. Sie sagen dem Chef, er habe recht, ob es stimmt oder nicht. Andere Mitarbeiter rechnen gar nicht damit, einbezogen zu werden. Deshalb sind sie auch nicht enttäuscht, wenn von ihnen nicht mehr als Gehorsam erwartet wird. Wird nur sturer Gehorsam erwartet, neigen die Mitarbeiter allerdings dazu, das Interesse an der Arbeit selbst zu verlieren. Irgendwann konzentrieren sie sich in Gedanken nur noch auf Privates oder führen Diskussionen über arbeitsfremde Ereignisse, zum Beispiel Sport, Politik oder das Wetter. Mit diesen Gesprächen versüßen sie sich die ansonsten unerträgliche Langeweile. Für ihre Arbeit können sie sich nicht mehr engagieren.

Wenn es Mitarbeitern mißfällt, vor *vollendete Tatsachen* gestellt zu werden, und sie sich darüber ärgern, daß sie nicht gefragt werden, kann es durchaus passieren, daß sie sich vollkommen zurückziehen (1,1). Der Mitarbeiter hält seine eigenen Ideen für hervorragend. Da sie aber nicht gewürdigt werden, rechtfertigt er seinen inneren Rückzug wie folgt: »Ich werd' denen doch nicht mehr helfen und meine Ideen anbieten. Sollen sie doch selbst sehen, was ihnen verlorengeht, wenn sie sie nicht aufgreifen.«

Um der Mißbilligung eines 9,1-orientierten Managers zu entgehen, versucht der Mitarbeiter, Verstöße gegen Gepflogenheiten oder Verfahrensweisen geheimzuhalten. Auf kurze Sicht sichern sich die Mitarbeiter beispielsweise ab, indem sie Informationen über Probleme der Qualitätskontrolle so filtern und verstümmeln, daß sie, wenn sie an der Spitze ankommen, größtenteils keine Aussagekraft mehr besitzen. Ein verärgerter Mitarbeiter mag zwar vor der Autorität in die Knie gehen, aber er behauptet sich auf andere Weise. Er arbeitet beispielsweise bewußt langsam, macht Flüchtigkeitsfehler, legt Anweisungen falsch aus usw. So sabotiert er den vom Chef vorgezeichneten Maßnahmenkurs.

Häufig reagieren die Mitarbeiter auch mit rechtschaffener Empörung und der Bereitschaft, sich gegen das System aufzulehnen, das, abgesehen von den Forderungen, völlig entmenschlicht ist.

Eine offene Kampfansage steht mehr oder weniger außer Frage. Eine solche Gegnerschaft führt aber zu Wut, zu dem Gefühl, den anderen nicht ausstehen zu können, und diese Gefühle finden auch ihren Ausdruck: Der Mitarbeiter findet immer ein Haar in der Suppe. Er beschwert sich ständig, übt sich in übler Nachrede, macht den anderen lächerlich usw. Je intensiver die Frustration, desto mehr wird der Mitarbeiter auf faire oder auf unfaire Weise zurückschlagen. Die extremste Form der Rebellion zeigt sich, wenn der Mitarbeiter das System verläßt. So läßt sich die hohe Fluktuation in einigen 9,1-orientierten Organisationen erklären.

Auswirkung auf die Karriere

Aus umfassenden Forschungsarbeiten läßt sich der Schluß ableiten, daß 9,1-orientierte Manager vom Karriereerfolg her zum Durchschnitt gehören. Auf den obersten Unternehmensebenen finden sich weniger 9,1-orientierte Manager, als man eigentlich erwartet. Andererseits findet man sie auf höheren Organisationsebenen häufiger als 5,5-, 1,9- oder 1,1-orientierte Manager, bei denen eine niedrigere Ergebnisorientierung vorherrscht.

Gewerkschaften
Mitarbeiter, die sich unbeachtet oder durch willkürliche Behandlung beleidigt fühlen und nicht in der Lage sind, dieses empfundene Unrecht, diese Ungerechtigkeiten zu beheben, verfolgen andere, kämpferischere Möglichkeiten zur Beseitigung des Problems. Bei fähiger Führung können sie allein durch ihre Zahl erreichen, was sie einzeln nicht zuwege bringen könnten. Ihre individuelle Hilflosigkeit erkennend, schließen sich gewerbliche und angestellte Arbeitnehmer zusammen, um den Arbeitgebern die Anerkennung ihrer gemeinsamen Stärke aufzuzwingen. Es gibt eine ganze Reihe von Gründen für den Eintritt in eine Gewerkschaft. Ein solches Engagement ist jedoch fast immer gegen die Organisation gerichtet. Hier bietet sich eine Möglichkeit, sich gegen die allgemeinen Haltungen in der Organisation und gegen die Behandlung der Arbeitnehmer zu *wehren*. In dem Maße, wie eine 9,1-orientierte Führung auch in Zukunft aufrechterhalten wird, werden auch die Gewerkschaften weiterhin Zulauf bekommen. So bleibt der Trend zur gewerkschaftlichen Organisierung unter den Angestellten in der Industrie, in Unternehmen der Spitzentechnologie, bei Lehrern und Beschäftigten des öffentlichen Dienstes weiterhin ungebrochen.

Krisenmanagement – ein Sonderfall
Eigentlich müßte eine 9,1-Einstellung das einzig effektive Verhalten in der Bewältigung von Krisen sein. Aus der neueren angewandten Forschung ergeben sich jedoch Fragen, ob diese Annahme tatsächlich so zutreffend ist, wie manche glauben.

Zunächst einmal muß man feststellen, was eine Krise ist. Nur so hat man das entsprechende Hintergrundwissen, um die Dynamik einer Krise begreifen zu können. Wer von Krise spricht, denkt an ein Problem, für das es keine unmittelbare Lösung gibt. Gleichzeitig bleibt in einer Krise nur ein begrenzter Zeitraum zur Einleitung von Maßnahmen. Wer von einer Grundhaltung nach 9,1 ausgeht, denkt gar nicht an die Möglichkeit, daß man einer Krise vorgreifen und entsprechend planen kann.

Wer ein solches Dilemma lösen will, muß das Geistespotential aller anzapfen, die an der Situation beteiligt sind. Nur durch

Teamarbeit kommt das gesamte Wissen auf den Tisch. Der 9,1-orientierte Manager aber geht von der landläufigen Meinung aus und denkt, er müßte übernehmen und die Krise lösen. So bleibt eine optimale Lösung auf der Strecke. Eine bessere Lösung ergibt sich, wenn der Manager offen ist, die Gedanken anderer annimmt, aufgreift und ihre Beiträge in die endgültige Lösung einfließen läßt. Dies hat nichts damit zu tun, *wer* die Entscheidung trifft.

Diese Verallgemeinerungen gelten für alle Führungsebenen. Auf den höheren Ebenen ist es jedoch häufig sehr viel wichtiger, diese Art einer 9,1-orientierten Reaktion zu vermeiden, als auf den unteren Ebenen. Dies liegt zum Teil daran, daß Entscheidungen an der Spitze größere Auswirkungen auf die Organisation insgesamt haben. Entscheidungen auf höheren Unternehmensebenen sind meistens auch komplexer, und das verantwortliche Vorstandsmitglied wird Informationen sammeln müssen, um die bestmögliche Entscheidung treffen zu können. Vielleicht ist er sich nicht einmal bewußt, wie eine 9,1-Orientierung, also die Neigung, in einer Krise »die Führung an sich zu reißen«, zum Hindernis werden kann, weil er die benötigte Information von den Mitarbeitern, die sie haben, einfach nicht bekommt.

9,1-Verhalten erkennen

Ein 9,1-orientiertes Verhalten wird durch viele Wörter und Worte charakterisiert. Es gibt allerdings keinen Einzelbegriff, mit dem man das Gesamtverhalten zutreffend beschreiben könnte. Wenn man aber die verschiedenen Bezeichnungen und Begriffe in ihrer Gesamtheit sieht, gewinnt man eine Vorstellung davon, mit welchen Alltagsbegriffen dieser Führungsstil definiert wird:

- Kontrolliert
- Schaltet andere aus
- Entscheidet und teilt den Mitarbeitern dann mit, was zu tun ist
- Entscheidungen sind endgültig
- Stellt Forderungen
- Erwartet Gehorsam
- Nörgelt

- In Kämpfen geht es immer um »Entweder - oder«
- Schindet sich und andere
- Kennt alle Antworten
- Ungeduldig
- Fragt aus
- Andere halten Abstand
- Bezwingt andere
- Macht Druck
- Mit Vorwurf und Tadel schnell bei der Hand
- Sieht alles schwarz und weiß
- Stur
- Zuchtmeister
- Sagt anderen, was zu tun ist, erklärt aber nicht den Grund

Anregungen zum Wandel

Ein Manager braucht nur die negativen Konsequenzen seines Gitterstilverhaltens zu erkennen, und schon hat er das wichtigste Motiv zum Ansatz einer Änderung bei sich selbst. Es folgen einige Anregungen dazu, wie sich eine 9,1-orientierte Führungskraft ändern kann.

Motivation

- Wenn Sie feststellen, daß Ihre Mitarbeiter vor Ihnen salutieren oder Ihnen aus dem Weg gehen, sollten Sie sie mehr einbinden. Bringen Sie sie dazu, sich zu öffnen und an der Lösung von Problemen mitzuarbeiten. Setzen Sie Ihre Mitarbeiter als Ressource ein. Sie können einen besseren Beitrag leisten, wenn es Ihnen aufgrund Ihrer Führung gelingt, ihre gesamte Energie zu mobilisieren.
- Versuchen Sie, ihre Versagensangst zu überwinden. Diese Angst veranlaßt sie nämlich dazu, Informationen für sich zu behalten. So aber hindern Sie Ihre Mitarbeiter am selbständigen Handeln, denn sie handeln erst, wenn Sie ihnen sagen, was zu tun ist.

Initiative

- Versuchen Sie, mehr Engagement zu wecken. Fordern Sie andere dazu auf, Initiative auch in den Bereichen zu ergreifen, in denen Sie bisher das alleinige Sagen gehabt haben.
- Erst denken, dann handeln. Sie sehen ein, daß eine bestimmte Maßnahme erforderlich ist, und handeln sofort, um die Lücke zu füllen. Analysieren Sie, woran es liegt, daß andere nicht sofort handeln, auch wenn der Handlungsbedarf klar erkennbar ist. Helfen Sie ihnen dabei, aktiver zu werden.
- Überprüfen Sie, was Sie alles selbständig und alleine erledigen. Führen Sie einen Test durch. Könnte das Ergebnis nicht doch besser sein, wenn Sie sich mit anderen beraten? Sie beraten sich vielleicht zuwenig mit anderen, deswegen bekommen Sie auch nicht die Unterstützung, die sonst eigentlich bereitwillig gegeben wird.

Fragen

- Beraten Sie sich mit anderen, die vielleicht die Informationen haben, die Sie brauchen, um bessere Arbeit leisten zu können.
- Widerstehen Sie der Neigung, Informationen, die von jemandem kommen, den Sie vielleicht nicht ausstehen können, gleich als wertlos abzutun. Denken Sie immer daran, daß die Höhe des Intelligenzquotienten mit dem Gitterstil nichts zu tun hat. Das heißt, daß niemand, der einen bestimmten Gitterstil praktiziert, die Wahrheit für sich gepachtet hat. Genausowenig ist jemand nur deswegen ein Dummkopf, weil er einen bestimmten Grid-Stil praktiziert.
- Hören Sie sich Ideen an, die von Ihren eigenen Ideen abweichen. Tun Sie das nicht, schließen Sie sich von Informationen aus, die von wesentlicher Bedeutung sind, wenn man vernünftige Lösungen finden will. Versuchen Sie, mehr zuzuhören, und stellen Sie fest, was Sie daraus lernen.

Standpunkt

- Versuchen Sie, den anderen zur Darstellung seines Standpunktes zu ermuntern. Lassen Sie ihn sagen, was er denkt, ehe Sie Ihre eigene Position darlegen.

- Sie haben Ihre eigene Position dargelegt. Bitten Sie nun die anderen, ihre Meinung dazu zu äußern. Sie sollten nicht erwarten, daß Ihre Position als endgültig zu akzeptieren ist.
- Konzentrieren Sie sich auf den Inhalt dessen, was andere sagen, wenn sie eine Position vertreten. Stellen Sie fest, was andere wirklich meinen. Das ist besser, als im Geiste schon die Gegenargumente einzuüben.
- Wenn Sie eine Position vertreten, können Sie anderen helfen, Ihren Standpunkt einzusehen und zu unterstützen, auch wenn Mitarbeiter ihre eigenen Bedenken dazu äußern.

Konflikt

- Wenn beinahe jede Meinungsverschiedenheit auf einen »Kampf« hinausläuft, sollten Sie einmal genauer feststellen, ob Sie sich auf ein Streitgespräch nur einlassen, um sich durchzusetzen.
- Hören Sie erst zu, versuchen Sie, den Standpunkt der anderen zu verstehen, ehe Sie ihnen mitteilen, »warum sie unrecht haben«. Es kann durchaus sein, daß deren Ideen und deren Analyse der Situation mindestens genauso gut sind wie Ihre, wenn nicht besser.
- Wer Differenzen unterdrückt, wird den anderen zwar »los«, weckt in ihm aber vermehrten Abscheu. Damit sind Ihrer Fähigkeit zur Praktizierung einer effektiven Führung Grenzen gesetzt. Sorgen Sie dafür, daß die Differenzen offen auf den Tisch gelegt werden. Sie dürfen sie nicht einfach abtun.

Entscheidungen

- Gehen Sie Ihren Entscheidungsprozeß langsamer an. Beraten Sie sich mit anderen. Stellen Sie fest, wo die anderen stehen, ehe Sie eine Entscheidung verkünden. Versuchen Sie, Bedenken oder Meinungsverschiedenheiten in Rechnung zu ziehen. Mindestens aber sollten Sie erklären, warum Sie bestimmte Bedenken in die Entscheidung nicht eingehen lassen.
- Teilen Sie mit, welche Beweggründe hinter Ihren Entscheidungen stehen. Das ist besser, als nur die Schlußfolgerungen bekanntzugeben.

- Erkennen Sie, daß die Bitte um Hilfe und damit auch um Unterstützung eher ein Zeichen von Stärke als von Schwäche ist.

Konstruktive Kritik

- Erkennen Sie, daß Feedback objektiv sein kann, wenn Sie darin beschreiben, was Sie im Handeln anderer beobachten und wie die Konsequenzen aussehen. Kritik muß nicht in Nörgelei ausarten oder darauf gezielt sein, jemandem die Schuld in die Schuhe zu schieben.
- Feedback sollte immer eine Zweibahnstraße sein. Vielleicht können andere zur Stärkung Ihrer Effektivität beitragen, wenn Sie ihnen gestatten, frei zu äußern, was sie von Ihrer Führung halten - und warum sie zu dieser Meinung gekommen sind.

Zusammenfassung: 9,1-Orientierung

»Ich treibe mich und andere an. Ich untersuche Tatsachen, Überzeugungen und Positionen, damit ich die Kontrolle über jegliche Situation behalte und ich mir sicher bin, daß andere keine Fehler begehen. Ich stehe für meine Meinung, meine Einstellungen und Ideen ein, auch wenn ich anderen dadurch manchmal auf die Füße trete. Wenn sich ein Konflikt andeutet, versuche ich, ihn im Keime zu ersticken oder ihn für mich zu entscheiden. Ich lege großen Wert darauf, meine Entscheidungen selbst zu treffen, und lasse mich nur selten von anderen beeinflussen. Ich mache Schwachpunkte genau aus und weiß sofort, wenn jemand nicht den Erwartungen gerecht wird.«

Kapitel IV
1,9

Die 1,9-Führungsorientierung finden wir in der linken oberen Ecke des Verhaltensgitters. Hier ist eine niedrige Sachorientierung, 1, mit einer hohen Menschenorientierung, 9, gepaart. Diese Orientierung geht von der Voraussetzung aus, daß Produktionserfordernisse häufig die Bedürfnisse und Wünsche der Menschen beeinträchtigen oder mit ihnen kollidieren. Der 1,9-orientierte Mensch denkt so: »Menschen kann man doch nicht wie eine Ware auf eine Waage legen und dort auf einer Skala ihren Wert ablesen; deswegen sind ihre Einstellungen und Gefühle von allererster Bedeutung.« Die Arbeitsbedingungen werden also so angelegt, daß der Mensch seine persönlichen und sozialen Bedürfnisse am Arbeitsplatz befriedigen kann. Geraten diese Bedürfnisse durch Produktionserfordernisse in Gefahr, ist es die Produktion, die darunter zu leiden hat.

Mit seinem Führungsverhalten fördert ein 1,9-orientierter Manager Freundschaft und Kameradschaft. Auf Produktivität legt er - vielleicht unwillkürlich - weniger Wert. Ihm kommt es darauf an, eine kongeniale Atmosphäre zu schaffen. Anderen zwingt er seinen Willen nicht auf. Gerne sagt er: »Lieber führe ich, als daß ich dränge.« Er kleidet seine Einstellung in Worte: »Man kann Menschen nicht unter Druck setzen. Tut man's doch, leisten sie Widerstand.« Damit meint er: »Ich stelle fest, was sie sich wünschen oder für richtig halten, und sorge dafür, daß es auch so wird. Man sollte den Menschen helfen, anstatt sie anzutreiben.« Bei einer 1,9-orientierten, stützenden und helfenden Führung genießen herzliche und freundliche Beziehungen vielleicht ungewollt den Vorrang vor der Aufgabe.

Motivation

Diesem Führungsstil liegt unter anderem der Wunsch nach Anerkennung und Zuneigung zugrunde. Der Mensch fühlt sich sicher, wenn er positive Beziehungen unterhält. Ein 1,9-Mensch fühlt sich von der Einstellung motiviert: »Wenn ich nett zu ihnen bin, werden sie mich auch gern haben.« Er ist immer nett, hilfsbereit, freundlich und mitfühlend. Diese Gefühle werden dem anderen auch übermittelt. Sie zeigen, daß der 1,9-orientierte Manager zu den zartbesaiteten Menschen gehört. Er ist meistens sehr sensibel und spürt genau, was andere denken und fühlen. Er wartet auf Zeichen der Wertschätzung von ihrer Seite. Wird ihm Wertschätzung signalisiert, durchdringt ihn ein allgemeines Gefühl der Zusammengehörigkeit. Aus diesen Gründen liegt dem Chef daran, ein herzliches und sogar gemütliches Klima zu schaffen. Die 1,9-Einstellung ist von folgenden Verhaltensweisen geprägt: »sich ehrerbietig und rücksichtsvoll verhalten« und »sich lieb Kind machen«.

Auf der Seite der Negativmotivationen ist das 1,9-Verhalten von einer Furcht vor Mißbilligung oder Zurückweisung geprägt. Bei einer Zurückweisung fühlt sich ein 1,9-orientierter Manager »tief verletzt« und niedergeschlagen. Da es von der Kritik bis zur Zurückweisung und Ablehnung nicht weit ist, ist der 1,9-orientierte Mensch ständig auf der Hut vor Kritik. Diesem traurigen Erlebnis will er unbedingt aus dem Wege gehen. Eine natürliche Reaktion auf diese Angst ist der Fluchttrieb. Er will sich der Situation durch Flucht entziehen, wobei er sich gerade von denen trennen muß, von denen er anerkannt und angenommen werden möchte. Da aber ein 1,9-orientierter Manager lieber zusammen mit anderen als alleine arbeitet, bemüht er sich darum, jedem Konflikt mit anderen aus dem Wege zu gehen.

Wenn in einer Organisation insgesamt eine 1,9-Orientierung herrscht, macht sich eine lässige Clubatmosphäre breit. Die Menschen werkeln gemächlich vor sich hin und arbeiten mit denen, die sie mögen. Die Aufmerksamkeit konzentriert sich auf Bereiche, in denen sich die Menschen wohl fühlen oder ihre Zufriedenheit ausdrücken. Kreativität und Innovation kommen wahrscheinlich zu kurz, weil sie nur gedeihen können, wenn Herausforderung und Kontroverse vorhanden sind.

Auch an der Produktivität müssen in diesem Klima Abstriche gemacht werden, weil Probleme, die unbedingt gelöst werden müssen, wenn die Produktivität erhalten oder verbessert werden soll, auf »morgen« verschoben werden. Da die Probleme ungelöst bleiben, führen sie zu einer niedrigeren Produktivität und/oder unnötigen Ausgaben.

Konfliktmanagement

Der 1,9-orientierte Manager verabscheut den Konflikt, weil er die Atmosphäre von Herzlichkeit und Anerkennung, die Hauptnahrung seiner 1,9-orientierten Gefühlswelt, bedroht sieht. Diese Abneigung erklärt sich daraus, daß es einem 1,9-orientierten Menschen schwerfällt, zwischen der sachlichen Zurückweisung einer Idee und einer persönlichen Zurückweisung aufgrund der Tatsache, daß er diese Idee ausgesprochen hat, zu unterscheiden. Sicherer ist es, sich neutral zu verhalten, keine Stellung zu beziehen oder dem beizupflichten, was andere sagen.

Konfliktverhütung

Bei Meinungsäußerungen anderen den Vortritt lassen. Konflikt läßt sich vermeiden, wenn man sich auf dem laufenden hält, wenn man weiß, was andere - Chef, Kollegen und Mitarbeiter - denken. Dann braucht man ihnen nur noch beizupflichten. Differenzen können gar nicht erst entstehen, wenn die eigenen Gedanken parallel zu den Ideen anderer laufen. Also hört man sich an, was andere denken, ehe man selbst seine Ansicht äußert.

Angenehmes Betriebsklima. Ein 1,9-orientierter Manager interessiert sich für andere. Er ist freundlich zu jedem - zu Vorgesetzten, Kollegen, Partnern, Mitarbeitern. Der Manager bemüht sich um die Anerkennung und Zuneigung der anderen, indem er sie selbst anerkennt und ihnen seine Zuneigung schenkt. Es entsteht eine harmonische Atmosphäre, weil er auch am Arbeitsplatz Wert auf informelle Beziehungen legt. Er erkundigt sich mit außerordentlich großem Interesse nach den Kindern seiner Kollegen, ist übermäßig an Schilderungen von Urlaubsreisen interessiert, überschüttet Menschen mit Komplimenten usw. Solche Handlungsweisen fördern das Gefühl der Zusammengehörigkeit und dienen als Schutzschild gegen möglicherweise verstimmte Mitarbeiter, die die Atmosphäre stören könnten, wenn sie ihr eventuell vorhandenes Unwohlsein in Worte kleiden. So kann man jemanden durchaus auch bitten, etwas Unangenehmes zu erledigen, weil man ja davon ausgehen kann, daß er gutwillig und hilfsbereit ist.

Die Menschen werden zum gemeinsamen Gespräch ermuntert. Gefördert wird das Gespräch über angenehme Dinge. Meinungsverschiedenheiten werden besser von vorneherein unter den Tisch gekehrt. Da die Differenzen nicht deutlich werden, kann der Manager, ungestört von Spannungen oder Frustrationen, mit anderen umgehen. Diese Neigung zu übertriebener Höflichkeit, übertriebener Freundlichkeit und übertriebener Fürsorglichkeit ist nicht schwer zu verstehen. Ein Mensch mit 1,9-Orientierung sagt: »Wie sehr mir am anderen liegt, kann ich dadurch zeigen, daß ich sensibel auf seine Gefühle eingehe und diese Gefühle achte.« Dahinter steckt folgende Einstellung: »Wenn du nichts Nettes sagen kannst, dann sag lieber gar nichts.« Wenn der Chef eine Gruppe von Mitarbeitern um sich versammelt, die dazu neigen, das Positive zu fördern und zu betonen, führt das meistens dazu, daß sich eine ganze Reihe von Problemen aufstauen, die eigentlich gelöst werden müßten, aber nicht angegangen werden, weil sie nicht ausgesprochen werden. Irgendwann wird es zu einer unvorhergesehenen Krisenexplosion kommen.

Durch spontane informelle Gespräche bleibt der 1,9-orientierte Manager stets über die jeweilige Arbeitsmoral auf dem laufenden. Er kann auf einsame Außenseiter achten und bezieht sie in den Kreis ein. Er zeigt ihnen, daß ihm an ihrem Wohlergehen liegt, und reagiert positiv auf spezifische Fragen und Bitten. Ein anerkennendes Schulterklopfen, ein freundliches Wort, ein Lächeln machen die Arbeit erfreulicher und das Leben angenehmer. Diese Gesten lassen eine Gemeinschaft entstehen, in der man alles miteinander teilt. Alle sind einander herzlich zugetan. Dies gibt allen ein Gefühl der Sicherheit.

Mit Meinungsverschiedenheiten hinter dem Berg halten. Ein 1,9-orientierter Manager vertritt nur ungern einen abweichenden Standpunkt, der von anderen in Frage gestellt werden könnte. Er meidet Aussprüche wie »Ich bin anderer Meinung« oder »Sie sind im Unrecht«. Er will andere keineswegs, nicht einmal versehentlich, kränken. Statt dessen denkt er sich: »Die Sache ist einen Streit doch gar nicht wert.« Lieber äußert er gar keine Meinung. Würde er eine Meinung äußern, könnte es ja sein, daß man ihn auf eine Position festnagelt. Er sagt also nicht: »Ich habe heute ein neues Modell gesehen. Es ist wohl an der Zeit, daß wir unseres auch ändern.« Statt dessen stellt er lieber eine Frage: »Haben Sie schon gemerkt, wie laut die Motoren unserer Maschinen in letzter Zeit sind?« So kommt eine Diskussion in Gang, ohne daß der Manager eindeutig Stellung beziehen muß.

Die Wahrheit schönen. Wird ein 1,9-orientierter Manager gebeten, etwas zu erklären, das beim anderen ein Gefühl des Zurückgestoßenseins auslöst oder ihn verletzt, wird er meistens nicht alle Tatsachen nennen. Schlechte Neuigkeiten werden geschönt oder heruntergespielt. Wenn sich gar kein Ausweg mehr zeigt, wird er das Gespräch mit einer Entschuldigung beginnen, um das, was er zu sagen hat, abzuschwächen: »Ich weiß, es ist nicht Ihre Schuld, aber ...« Der Manager wird zwar nicht direkt »lügen«, aber er verbrämt die Wahrheit und macht sie so schmackhaft wie möglich.

Konfliktbewältigung

Den eigenen Standpunkt aufgeben. Im Konfliktfall schwenkt der 1,9-orientierte Manager schnell auf die Position eines anderen über. Er stellt seine eigene Meinung zurück, akzeptiert die Ansichten anderer, so wie sie sind, auch wenn er im stillen bei seinen Bedenken bleibt. So werden Einigkeit und Harmonie wiederhergestellt: »Wenn ich mir das richtig überlege, glaube ich, Sie haben recht.« Oder: »Das ist eine bessere Darlegung.« Oder: »Aus diesem Blickwinkel betrachtet, haben Sie die besseren Argumente.« Oder: »Das ist ein neuer Aspekt, an den ich noch gar nicht gedacht habe.« All diese Kommentare äußert er ohne echte Überzeugung.

Negatives Vertuschen. Wo andere auf Kritik wütend oder angriffslustig reagieren, zeigt sich der 1,9-Manager eher ausgleichend, ja sogar unterwürfig. Wenn Mitarbeiter nicht kooperativ reagieren, findet er immer eine Entschuldigung: »Frau Maurer steht unter entsetzlichem Druck.« Oder: »Herr Jossen fühlt sich heute nicht wohl.« Häufiges Fernbleiben von der Arbeit ist kein Drückebergertum. Er kann nicht kommen, weil er oder ein Familienmitglied krank ist. Sein Fehlen wird nie als Widerspenstigkeit oder Faulheit interpretiert.

Entschuldigungen und Versprechungen. Manchmal gerät der Manager doch in eine Situation, in der sich Meinungsverschiedenheiten nicht mehr vermeiden lassen. Die Produktionszahlen für das letzte Quartal weisen eine fallende Tendenz auf. Durch Entschuldigungen und Versprechungen versucht der Manager, das Risiko zu verringern: »Es tut mir furchtbar leid. Das wird nie wieder passieren.« Um sein Gefühl der Zurückweisung abzumildern, bittet er vielleicht sogar noch um zusätzliche Aufgaben. Er hofft, die aufs Spiel gesetzte Anerkennung auf diese Weise wieder zurückzugewinnen.

Meinungsverschiedenheiten überspielen. Ideen drückt man so allgemein aus, daß *jedermann* damit einverstanden sein kann. Trotzdem werden sich Meinungsverschiedenheiten nicht völlig vermeiden lassen. Der 1,9-Mensch schlichtet, indem er die Sache als gar nicht so wichtig hinstellt. Er fährt glättend über Unzufriedenheiten hinweg. Er bittet alle, sich doch einmal zu überlegen, wie gut alles laufe, wenn man bedenke, wieviel schlechter es sein könnte. Er hält sich an die innere Einstellung: »Alles hat auch sein Gutes.« »Alles wird von Tag zu Tag besser.« Oder: »Seien wir dankbar für das, was uns beschert ist, es könnte alles viel schlimmer sein.« Wenn es hoch hergeht, greift er glättend ein: »Konzentrieren wir uns doch auf das, worin wir einig sind. Es hat doch keinen Sinn, uns mit Dingen aufzuhalten, die wir nicht lösen können.«

Einsatz von Humor zum Abbau von Spannungen. Der 1,9-Manager setzt humorige Bemerkungen ein, um von der Sache abzulenken. Er führt dann ein neues, unverfänglicheres Thema in die Diskussion ein. Zwischen seinen Witzen und der eigentlichen Situation besteht also kein direkter Zusammenhang. Er will nicht tiefer in die Materie eindringen, sondern nur von der Sache ablenken.

Sachzwänge herunterspielen. Der Manager fühlt sich oft unwohl unter dem Druck, gewinnorientierte kurz- und langfristige Ziele erreichen zu müssen, weil er deshalb Forderungen an andere stellen muß. Druck könne die Mitarbeiter sowieso nur frustrieren und werde kaum zu den gewünschten Resultaten führen. Auch Gewinnsteigerungen durch Kostenabbau bringen seiner Meinung nach nur Ärger, weil man Annehmlichkeiten oder Privilegien abbauen müsse. So etwas führe nur dazu, daß die Produktivität noch mehr abnehme.

Häufig muß Druck von oben nach unten weitergegeben werden. Die Möglichkeit einer freundlichen, nach Anerkennung suchenden Führungsweise wird dadurch gefährdet. Es entsteht ein Dilemma. Mißachtet er die Wünsche seines eigenen Vorgesetzten, setzt er seine Beziehung zu ihm aufs Spiel. Gibt er den Druck direkt an seine Mitarbeiter weiter, riskiert er den Verlust der Anerkennung durch seine Mitarbeiter. Er versucht, einen Ausweg zu finden. Er deutet die Produktionserfordernisse um und überredet seine Mitarbeiter behutsam, sich mit dem Problem zu beschäftigen. Er redet seinen Mitarbeitern gut zu, um sie mühelos in die gewünschte Richtung zu bewegen. Ein ursprünglich unumstößlicher Befehl wird so zu einer Bitte.

Wenn ein Problem auftaucht, das unbedingt bewältigt werden muß, auch wenn Verstimmungen zu erwarten sind, wird der Manager es stückchenweise erklären. Gäbe er die Gesamterklärung auf einmal bekannt, könnte eine Explosion entstehen. Unannehmlichkeiten, die sich nicht vermeiden lassen, verpackt er in eine »süße Hülle«.

Wenn der Konflikt weiterschwelt
Wie bewältigt ein 1,9-orientierter Mensch die Spannungen, wenn sich ein Konflikt nicht vermeiden und sich auch die Harmonie nicht ohne Schwierigkeiten wiederherstellen läßt?

Dampf ablassen. Er erlebt Frustrationen und Spannungen. Er reagiert sich ab, indem er sich bei Kollegen, Familienmitgliedern oder Freunden beklagt. Er wird die Spannung zwar los, wenn er gegenüber Dritten Dampf abläßt, die Probleme aber, die zu diesen Spannungen geführt haben, werden so nicht gelöst. In einem allgemeinen 1,9-Klima herrscht viel Klatsch und Tratsch.

Vergeßlichkeit. Vergeßlichkeit wird man bei 1,9-orientierten Managern wahrscheinlich häufiger finden als bei anderen Gitterorientierungen. Das läßt sich erklären. Ein 1,9-Manager will Zuneigung und Anerkennung. Er will sie besonders von Menschen, die er fürchtet. Deshalb kommt ein solcher Manager einer Bitte um ein bestimmtes Handeln immer nach, auch wenn es ihn eigentlich ärgert, daß man ihn fragt. »Nein« sagt er nur innerlich. Dieses innerliche Sträuben führt dazu, daß er die geforderte Arbeit nicht zu Ende bringt. Wird der Manager auf seine Vergeßlichkeit hingewiesen, legt er übermäßige Zerknirschung an den Tag. Aus diesem Grunde kann man sich auf 1,9-orientierte Menschen nicht immer verlassen. Ihnen unangenehme Aufgaben führen sie einfach nicht durch. Forderungen, die ihnen unangebracht erscheinen, werden einfach nicht erfüllt.

Verhaltenselemente

Die folgenden Elemente prägen die 1,9-orientierte Führung im Tagesgeschäft:

Initiative

Ein 1,9-orientierter Manager legt großen Wert auf Hilfsbereitschaft. Vieles tut er aus dieser Prämisse heraus. Er hält alle Sinne weit offen. Mit Auge und Ohr sammelt er alle möglichen Eindrücke und filtert sie durch seine 1,9-orientierte Grundeinstellung. Er will im voraus abtasten, ob sein Handeln schnell auf Zustimmung stößt. Ein 1,9-orientierter Manager achtet darauf, welche Initiativen andere ergreifen. Er will sie aufgreifen, um Zustimmung zu erlangen. Dies ist keine Initiative in dem Sinne, daß er aus eigenem Antrieb heraus etwas anfängt oder abstoppt. Er ist nicht Führer, sondern Gefolgsmann.

Zwei bestimmte Initiativhandlungen fallen einem 1,9-orientierten Manager besonders schwer. Er mag kein Thema anschneiden, von dem er weiß, daß es keinen Anklang findet. Er wagt es nicht, Alternativen vorzuschlagen. Lieber findet er sich mit der Situation ab. »Ich kann einfach nicht nein sagen.« Aus dieser Grundhaltung erklärt sich sein Zögern. Eine Initiative seinerseits könnte auch mißverstanden werden. Er will sich lieber nicht der Anklage aussetzen, er sei »aufdringlich«. Sein Verhalten rechtfertigt er so: »Manchmal ist es sehr schwierig, festzustellen, welche Maßnahme am besten ist. Also soll die Situation sich zunächst einmal entwikkeln, bis deutlich wird, welches der beste Kurs ist.« Manchmal geht er auch von der Überzeugung aus, die Situation werde sich von selbst klären, wenn die Probleme auch anderen auffallen.

Warum fehlt es dem 1,9-orientierten Manager an Initiative? Er sieht zwar das Problem. Es macht ihm Sorgen. Er fühlt sich unwohl. Vielleicht sieht er sogar die Notwendigkeit, etwas zu unternehmen. Er tut aber nichts, weil es ihm innerlich zutiefst widerstrebt, etwas in die Hand zu nehmen und einzuleiten oder auf der anderen Seite Initiative zu ergreifen und einem bestimmten Tun Einhalt zu gebieten.

Schwierigkeiten hat er auch, wenn es darum geht, eine Diskussion zu beenden. Andere könnten seine Initiative als Desinteresse oder Unhöflichkeit auslegen: »Wenn ich das Gespräch beende, deute ich damit an, daß ich nicht interessiert bin. Es würde mich sehr verletzen, wenn ein anderer das von mir denken müßte.« Oder: »Wenn ich das täte, lasse ich den Menschen doch keine Chance, eventuell noch zusätzliche Punkte einzubringen.« Wem es schwerfällt, einen Schlußstrich zu ziehen, steht sehr schnell vor ganzen Stapeln unerledigter Arbeit. Der 1,9-orientierte Mensch gerät ins Hintertreffen. Er fühlt sich unter starkem Druck. Er ist arbeitsmäßig völlig überlastet. Andere ärgern sich über ihn und sind enttäuscht, daß ihre Erwartungen nicht erfüllt werden. So entsteht eine widersprüchliche Situation. Der immer rücksichtsvolle 1,9-Mensch ist nicht in der Lage zu erkennen, welche Folgen daraus entstehen, daß er ein Gespräch nicht beenden, Termine nicht einhalten kann usw.

Bei einer 1,9-Orientierung finden wir also wenig Bereitschaft zur Eigeninitiative. Wie aber läßt sich dies mit der Tatsache vereinbaren, daß viele Manager, die auf diese Art und Weise führen, immer einen sehr aktiven und beschäftigten Eindruck vermitteln? Die Frage läßt sich leicht beantworten. Der 1,9-Manager sträubt sich gegen Eigeninitiative. Er geht aber sehr aktiv auf die Initiativen anderer ein. Andere sind Vorgesetzte, Kollegen oder Mitarbeiter. Der 1,9-orientierte Manager greift Mitarbeiterforderungen genauso gerne auf wie Forderungen seines Vorgesetzten. Wichtig ist, daß die Verantwortung für die Initiative bei jemand anders liegt, nicht aber bei dem 1,9-orientierten Manager selbst.

Fragen

Wer einen 1,9-Ansatz praktiziert, will sich über alles auf dem laufenden halten. Dem 1,9-orientierten Menschen fällt dies aber besonders schwer, weil er weiß, daß Fragen allzuschnell mißverstanden werden. Manchmal fragt er sehr gründlich nach, manchmal nur oberflächlich. Gründlich und vollständig sind seine Fragen, wenn es ihm wichtig ist, von der Person anerkannt zu werden, die die Informationen verlangt. Dann ist ihm keine Mühe zuviel, sämtliche Fakten zu sammeln. Am besten fühlt er sich, wenn er die Informationen aus Sachquellen beziehen kann.

Fragen bleiben oberflächlich, wenn es um Eigeninteressen und eigene Verantwortungsbereiche geht. Dies gilt besonders, wenn der 1,9-orientierte Mensch um unter Umständen peinliche Informationen nachsuchen muß. Das Risiko, in eine peinliche Situation zu geraten, will er lieber nicht eingehen. Also hofft er, daß ihm die Information von selbst angeboten wird. Wenn nicht, ist die Sache für ihn erledigt. Er bohrt nicht weiter nach.

Für einen 1,9-orientierten Menschen sind ganz bestimmte Fragen typisch. Er will feststellen, was andere wollen oder was von ihm erwartet wird: »Wann möchten Sie diesen Bericht haben? Wie lang soll er sein? Welche Details möchten Sie gerne wissen?« Mit diesen Fragen geht er auf die Gedanken oder Wünsche anderer ein. Ablehnung braucht er bei solchen Fragen nicht zu befürchten. Wenn aber ein 1,9-Mensch eine Frage stellt, bei der die Antwort nicht klar auf der Hand liegt, muß er davon ausgehen, daß der Gefragte negativ reagiert. Die Antwort fällt ganz anders aus, als der 1,9-orientierte Mensch zu hören wünscht. Vielleicht zwingt seine Frage auch andere dazu, zuzugeben, daß sie die Antwort nicht wissen. Vielleicht führt sie zu unangenehmen Eingeständnissen. Bei solchen Reaktionen fühlt sich der 1,9-orientierte Manager immer unwohl. Der 1,9-Manager ist meistens ein guter Zuhörer. Er nimmt auf, was andere sagen, denken und fühlen und nimmt das Gesagte immer zum Nennwert hin.

Auch beim beruflich bedingten Lesen geht der 1,9-orientierte Manager verschieden vor. Manches liest er gründlich, manches nur oberflächlich. Papiere mit positivem Inhalt liest er gründlich. Sehr aufmerksam liest er Positives auch dann, wenn er davon ausgeht, dazu befragt zu werden. Negatives überfliegt er nur. Das gilt unter Umständen auch dann, wenn er davon ausgehen muß, daß er Fragen dazu beantworten muß. Es gibt beispielsweise 1,9-orientierte Manager, die sich gar nicht gerne mit Informationen befassen, in denen es um Vorsprünge eines Mitbewerbers geht. Wenn er darüber nachdenken muß, kommen Angstgefühle auf. Die Konzentration fällt ihm schwer. Er legt den Lesestoff erst einmal beiseite. Damit wird er sich später noch beschäftigen. Das »Später« wird aber nie zum »Hier und Jetzt«. Selbst wenn er diese Materialien liest, konzentriert er sich nur auf den Hauptinhalt. Eine gründliche Beschäftigung mit dieser Sache kommt für ihn nicht in Frage. Er will sich nur ein wenig über die Situation informieren, sich aber nicht auch damit beschäftigen, was in dieser Situation zu tun ist.

Standpunkt

Wenn ein Mensch seine Überzeugung dazu darlegt, was getan oder nicht getan werden sollte, werden andere dazu angeregt, Gegenposition zu beziehen. Es entsteht eine Diskussion. Aus der Diskussion könnte das Gefühl erwachsen, mißverstanden zu werden. Also kommt der 1,9-Mensch zu dem Schluß, sein Wissen oder seine Überzeugungen zur vernünftigsten Bewältigung eines Problems anderen besser nicht bekanntzugeben. Ein 1,9-orientierter Mensch greift auch bei kontroversen Themen nicht gerne in die Diskussion ein, auch wenn seine Überzeugungen noch so stark sind. Er macht lieber einen bescheidenen, zurückhaltenden oder scheuen Eindruck. Er kann seinen Standpunkt nicht mit Nachdruck vertreten. Wenn er sich äußert, äußert er sich provisorisch, unspezifisch oder indirekt. Er will schließlich auf andere keinen negativen Eindruck machen. Er relativiert seine Argumente, damit die anderen weniger darauf achten: »Ich liege natürlich wahrscheinlich falsch, aber könnte es nicht sein, daß . . .?« Mit diesen Relativierungen will er gute Beziehungen aufrechterhalten und einen freundschaftlichen Austausch erleichtern. Deswegen vermittelt ein 1,9-orientierter Mensch leicht den Eindruck der Naivität oder Richtungslosigkeit.

Häufig wird er so charakterisiert: »Er ist ein Jasager.« Oder: »Sie pflichtet immer sofort bei.« So bleiben Probleme, die eigentlich hätten gelöst werden können, unbewältigt. Es wird nicht die vernünftigste Lösung erzielt.

Entscheidungen
Mit Vergnügen werden Entscheidungen getroffen, die auch bei anderen Anklang finden. Ein 1,9-orientierter Manager sieht Entscheidungen als Möglichkeit, Gemeinsamkeiten zu finden. Bei Entscheidungen, die mehrere Mitarbeiter betreffen, wird die Diskussion in der Gruppe gefördert. Die Gruppe soll die Sache beleuchten, Empfehlungen aussprechen oder die von ihnen bevorzugte Entscheidung treffen.

Es gibt auch Entscheidungen, die einseitig getroffen werden müssen. Diesen Entscheidungen gehen aber extensive Beratungsgespräche voraus. Entscheidungen werden möglichst immer delegiert. Der Manager befreit sich so nicht nur von potentiell unerfreulichen Maßnahmen, sondern genießt auch den Ruf, gut delegieren zu können.

Entscheidungen fallen besonders schwer, wenn ausgerechnet der Chef auf eine Entscheidung drängt. Um es sich mit dem Chef nicht zu verderben, ist es am besten, das Gewünschte zu tun und die Mitarbeiter wissen zu lassen, daß die Entscheidung von »oben« kommt und keine andere Alternative bleibt.

Schwierig wird es, wenn die Lösung eines Problems in mehrere Zuständigkeitsbereiche fällt. Lieber schiebt er dann die Entscheidung auf, als unpopuläre Maßnahmen zu ergreifen. Durch das Hinauszögern wird deutlich, welche Alternative von denen bevorzugt wird, die von der Entscheidung betroffen sind. Vielleicht entwickelt sich die Situation so, daß die richtige Entscheidung auf der Hand liegt oder ganz unnötig wird. Andere sehen darin ganz klar eine Verzögerungstaktik.

Konstruktive Kritik
Die allgemeine Tendenz geht dahin, das Positive oder Schöne herauszustreichen. Störende Aspekte werden in die Bemerkungen möglichst nicht eingeflochten. Mit Lob und Ansporn wird positive Verstärkung vermittelt. So entsteht ein Klima, das die Verbesserung der Beziehungen am Arbeitsplatz fördert. Die Vernachlässigung der negativen Aspekte wird dadurch gerechtfertigt, daß die Leute ihre Grenzen und Fehler ohnehin selbst kennen. Die Aufmerksamkeit darauf zu lenken, hieße nur, die Frustrationen zu erhöhen.

Bei negativem Feedback wälzt man die Verantwortung auf andere ab. Läßt sich eine negative Kritik nicht vermeiden, macht man deutlich, daß die Idee dazu von jemand anders gekommen ist: »Der Chef hat mich gebeten, Ihnen zu sagen, daß . . .«

Führungspraxis

In der täglichen Führungspraxis zeigt sich der Einfluß einer allgemeinen 1,9-orientierten Einstellung.

Planung: »Ich schlage die Aufgabenverteilung vor und drücke mein Vertrauen aus: ›Ich weiß, daß Sie Bescheid wissen und alles gutgehen wird.‹«

Organisation: »Die Mitarbeiter wissen, was zu tun ist und wie sie sich untereinander koordinieren müssen. Wenn sie Anregungen von mir brauchen, höre ich ihnen gerne zu und biete jegliche in meinen Kräften stehende Hilfe an.«

Unterweisung: »Ich sehe meine Mitarbeiter häufig und ermuntere sie, zu mir zu kommen. Meine Tür steht immer offen. Ihre Bedürfnisse und Wünsche sollen erfüllt werden, ohne daß sie darum bitten müssen. So kann man seine Mitarbeiter fördern.«

Steuerung und Überwachung: »Ich überprüfe meine Mitarbeiter nur selten, weil sie ihr Bestes geben. Ich lege Wert darauf, ihnen zu guter Arbeit zu gratulieren. Unsere Gespräche enden meistens damit, daß wir uns zu unserer Leistung gratulieren und uns darüber unterhalten, wie wir die Arbeit in Zukunft genauso reibungslos oder sogar noch besser gestalten können.«

Stellenbesetzung: »Ich kann es natürlich nicht jedem recht machen. Ich bemühe mich darum, daß alle Mitarbeiter die Arbeit tun können, die ihnen am meisten Spaß macht, und mit Kollegen zusammenarbeiten, die sie mögen.«

Management by Objectives (Führen durch und mit Ziel-Vereinbarungen): »MbO ist ein guter Führungsansatz. Es geht darum, daß sich jeder Mitarbeiter Ziele setzt. In freimütigen und unstrukturierten Gesprächen wird der Mitarbeiter erkennen, wo er sein Bemühen verstärken kann. Jeder setzt sich seine Ziele selbst und steuert sich selbst. So brauche ich mich nicht mehr um Überwachung und Kontrolle zu kümmern. Ein Mitarbeiter, der sich selbst führt, wird kaum Haßgefühle gegenüber seinem Chef entwikkeln.«

Leistungsbeurteilung: »Die Leistungsbeurteilungen sollen dem Mitarbeiter helfen und ihm das Gefühl vermitteln, daß man ihn aufgrund seiner Bemühungen in der Vergangenheit schätzt. In zwanglosem Geplauder gehe ich auch auf persönliche Angelegenheiten ein und vermittle ihnen damit das Gefühl, daß mir an ihren persönlichen Bedürfnissen und an ihrem persönlichen Wohlergehen liegt. Ich behandle meine Mitarbeiter mit der gebotenen Sorgfalt und Aufmerksamkeit, damit sie sich entwickeln und Erfüllung finden können.«

Ein Chef, der seine Mitarbeiter auf diese Weise führt, wird zwar keine besondere Hochachtung auslösen, er wird aber ganz bestimmt »geliebt« und »geschätzt«. Die harmonische Atmosphäre ermuntert die Menschen dazu, sich angenehm zu verhalten, freundlich zu sein und aufeinander Rücksicht zu nehmen. Die Produktivität mag zwar ein wenig darunter leiden, aber man glaubt, daß es der Mühe wert sei, Entscheidungen zu treffen, in denen an erster Stelle der Mensch berücksichtigt wird.

Konsequenzen

Eine 1,9-orientierte Führungsweise zeitigt verschiedene Folgen. Diese Folgen zeigen sich für die Organisation und auch für die Karriere des einzelnen.

Auswirkung auf die Produktivität

Bei 1,9-orientierten Rahmenbedingungen werden die Leistungsnormen meist sehr niedrig angesetzt. Deswegen treten Konflikte und Sachzwänge weniger häufig auf.

Bei Preisentscheidungen handelt man meistens eher zugunsten des Kunden als zugunsten des Unternehmens. So schafft man Kundenloyalität, muß aber auf der anderen Seite mit geringeren Gewinnspannen vorliebnehmen. Man hat bestimmte Lieblingslieferanten. Man entscheidet sich lieber für sie, als sich der Mühe zu unterziehen, Konkurrenzangebote einzuholen. Unnötige Kosten werden lieber in Kauf genommen als abgebaut. Den Krankenstand nimmt man hin, wie er ist. Nach den eigentlichen Ursachen wird nicht geforscht. Um die Leistung aufrechtzuerhalten, greift man auf Überstunden zurück. In einer allgemeinen 1,9-orientierten Atmosphäre setzt sich diese lässige Einstellung durch. Das führt zu geringerer Produktivität und niedrigeren Gewinnspannen.

Auswirkung auf die Kreativität

Der mit der Einführung neuer Methoden einhergehende notwendige Wandel gilt als unbequem. Der Wandel muß zu Meinungsverschiedenheiten und Uneinigkeit führen. Sachlich bedingte Spannungen werden manchmal als zwischenmenschliche Schwierigkeiten mißinterpretiert. Beim Auftreten solcher Spannungen ist es vorzuziehen, glättend darüber hinwegzugehen oder den eigenen Standpunkt fallenzulassen, auch wenn dafür eine geringere Kreativität in Kauf genommen werden muß.

Auswirkung auf die Zufriedenheit

Die persönlichen Reaktionen reichen von einem Gefühl der Sicherheit und Geborgenheit in einer herzlichen und freundlichen Atmosphäre bis hin zu einem Gefühl der Unterdrückung, Erstikkung, Unterforderung und dem Wunsch, dieser Situation zu entfliehen.

Wird der 1,9-Ansatz als fördernd und hilfreich empfunden, sagen diejenigen, die in dieser Atmosphäre arbeiten: »Wir möchten nicht tauschen. Wir mögen die Menschen, mit denen wir zusammenarbeiten. Bessere Bedingungen könnten wir uns gar nicht wünschen.« Der 1,9-orientierte Vorgesetzte wird sagen: »In vielen Abteilungen herrscht eine hohe Mitarbeiterfluktuation, nicht bei uns. Ich bin schon seit 33 Jahren bei der Firma. Die meisten meiner Mitarbeiter habe ich schon seit langem. Wir setzen uns alle sehr ein, weil es uns gelungen ist, eine leise und anerkennende Atmosphäre zu schaffen.« Diese Mitarbeiter fühlen sich wohl in einer Organisation, die Geborgenheit ausstrahlt.

Andere wehren sich und finden in einem 1,9-orientierten Team wenig Erfüllung. Diese Menschen wollen gefordert werden. Werden sie nicht gefordert, fühlen sie sich frustriert. Auch wenn man sie gut bezahlt, haben sie das Gefühl, ihre Zeit zu verschwenden und nur einen geringen oder gar keinen Beitrag zu leisten. Es stört sie, wie sie geführt werden. Der offen zutage tretende Mangel an Interesse für die Ziele der Organisation stört sie.

Auswirkung auf die Karriere
Die lässige Clubatmosphäre, die der 1,9-orientierte Manager um sich verbreitet, kann lange bestehen bleiben, wenn die Organisation mehr oder weniger reibungslos läuft und mit ihren ungelösten Schwierigkeiten leben kann. Das gilt zumindest kurzfristig. Der 1,9-orientierte Manager kann sich eines angenehmen Arbeitslebens erfreuen, solange die Organisation nicht intensiv auf Produktivität drängt. Er mag zwar auf der Karriereleiter innerhalb der Organisation nicht aufsteigen. Das stört ihn aber wenig, weil er ohnehin nicht sehr ehrgeizig ist.

1,9-Verhalten erkennen

Das Handeln eines 1,9-orientierten Managers wird durch untenstehende Aussagen charakterisiert. Die folgenden Aussagen aus dem Alltag sind typisch für diesen Gitterstil:
- Liebenswürdig
- Verständnisvoll
- Meidet Negatives
- Kann nicht nein sagen

- o Ehrerbietig
- o Rücksichtsvoll
- o Verabscheut Meinungsverschiedenheiten
- o Übertrieben höflich
- o Übertrieben hilfsbereit
- o Zu vertrauensselig
- o Bereut es sehr, wenn er jemanden unabsichtlich gekränkt hat
- o Sagt Nettigkeiten und Aufmerksamkeiten
- o Sensibel, leicht zu verletzen
- o Stützt und tröstet
- o Mitfühlend und weichherzig
- o Legt größten Wert auf Harmonie
- o Verbindlich
- o Bohrt meist nicht tief
- o Hört sich erst an, was andere denken, ehe er selbst seine Meinung äußert
- o Behält kontroverse Überzeugungen für sich
- o Gibt nach, um Anerkennung zu finden

Anregungen zum Wandel

Im folgenden regen wir an, wie sich eine 1,9-orientierte Führungskraft ändern könnte.

Motivation

- o Sie sind mit sich zufrieden, wenn Sie selbst höflich sind und auf andere Rücksicht nehmen. Beim anderen mag dieses Verhalten aber als übertrieben ankommen. Der andere fühlt sich unwohl, wenn damit die eigentlichen Anliegen, die einer Lösung bedürfen, verdunkelt werden.
- o Wenn sich ein Mensch hohe Normen setzt, danach handelt und dasselbe von anderen erwartet, kann er damit sowohl den Beifall als auch die Achtung anderer erringen.

Initiative

- Hören Sie nicht schon auf, ehe Sie angefangen haben! Anstatt eine Chance mit dem Gedanken abzutun, »es ist wohl besser, wenn ich das nicht tue«, sollten Sie eine andere Denkweise an diese Stelle setzen: »Ich sollte das tun.«
- Ergreifen Sie Initiative auch in den Fällen, in denen Sie sonst gerne einen Rückzieher machen. Warten Sie ab, und Sie werden feststellen, daß Sie sich damit mehr Achtung erringen.
- Sie sind bis jetzt vielleicht übervorsichtig und warten auch bei Routinemaßnahmen noch auf das O.K. von oben. Überlegen Sie, was Sie selbständig tun können, und geben Sie sich selbst die Erlaubnis, diese Maßnahmen einzuleiten, anstatt den Chef um Genehmigung zu bitten.

Fragen

- Bereiten Sie sich besser auf Konferenzen und Besprechungen vor. So fühlen Sie sich selbstsicherer, wenn Sie einen Standpunkt vertreten.
- Üben Sie sich in der Kunst des Stellens von Fragen. Stellen Sie offene Fragen, die zu einer Erklärung führen müssen: »Warum?« und »Warum nicht?« Die Befragten teilen das, was sie wissen, meistens gerne mit.

Standpunkt

- Sie haben bestimmte Überzeugungen. Üben Sie, diese Überzeugungen so auszudrücken, daß sie klar verständlich werden. Treten Sie dann für Ihre Überzeugungen ein.
- Ergreifen Sie schon ziemlich zu Anfang das Wort, wenn Meinungen präsentiert werden. Warten Sie nicht ab, was andere zu sagen haben. So können Sie nicht von vorneherein zu dem Schluß kommen, daß Ihre Meinung bei den anderen vielleicht nicht ankommt.
- Lassen Sie andere wissen, wo Sie stehen. Sagen Sie: »Ich meine . . .«
- Seien Sie so spezifisch wie möglich, wenn Sie Ihren Standpunkt vertreten. Sagen Sie nicht: »Ich glaube, Alternative B ist

falsch«, sondern »Ich glaube, die Alternative B hat ihre Grenzen, weil folgende Aspekte nicht beachtet wurden . . .«

- Wenn Sie dazu neigen, sehr weitschweifig zu werden, wenn Sie das Wort haben, sollten Sie sich auf den Kern des Anliegens konzentrieren.

Konflikt

- Gehen Sie davon aus, daß Konflikte unumgänglich sind. Meinungsverschiedenheiten lassen sich auch sachlich überprüfen, ohne Spannungen zu wecken oder eine persönliche Zurückweisung zu riskieren.
- Sie müssen folgendes erkennen: Glättend über Differenzen hinwegzugehen ist keine Lösung; im Gegenteil, andere deuten dies als Schwäche.
- Wenn andere anderer Meinung sind als Sie, sollten Sie Ihre Position noch einmal formulieren und Ihre Gesprächspartner darum bitten, ihre Bedenken zu erklären.

Entscheidungen

- Verschieben Sie peinliche oder unerfreuliche Entscheidungen nicht auf später. Die Wahrscheinlichkeit, daß sich die Probleme verstärken, ist genauso hoch wie die Wahrscheinlichkeit, daß sie sich verringern, wenn sie auf später verschoben werden.
- Laufen Sie nicht mit jeder Entscheidung zu anderen um Rat, wenn Sie dadurch die Zeit des anderen verschwenden oder er keinen Grund sieht, in diesen Prozeß einbezogen zu werden.

Kritik

- Sie müssen erkennen, daß Feedback nicht unbedingt schmerzlich sein muß. Beschreiben Sie, was Sie beim anderen beobachtet haben und welche Konsequenzen sein Handeln Ihrer Meinung nach zeitigt.
- Andere möchten Ihnen gerne helfen, wenn Sie bei ihnen um Feedback bitten. Was Sie wissen wollen, wird Ihnen mitgeteilt werden.
- Sie müssen erkennen, daß sich Feedback in zwei Richtungen vollziehen kann. Wenn Probleme entstehen, erwarten andere,

daß Sie sie wissen lassen, wie sich die Sache in Ihren Augen darstellt.
- Zeigen Sie, wo die Hindernisse zu einer guten Leistung liegen. Negative Situationen zu korrigieren ist genauso wichtig, wie positive zu verstärken.

Zusammenfassung: 1,9-Orientierung

»Ich handle, wenn ich anderen damit helfen und sie unterstützen kann. Ich bemühe mich um Tatsachen, Überzeugungen und Positionen, die anklingen lassen, daß alles gut läuft. Um der Harmonie willen neige ich nicht dazu, anderen zu widersprechen. Ich mache mir die Meinungen, Einstellungen und Ideen anderer zu eigen, auch wenn ich meine Bedenken dagegen habe. Ich bemühe mich, einen Konflikt gar nicht erst entstehen zu lassen. Wenn er aber auftritt, versuche ich, die aufgebrachten Gemüter zu beruhigen, damit die Gemeinsamkeit erhalten bleibt. Ich bemühe mich um Entscheidungen, die die zwischenmenschlichen Beziehungen fördern, und ermuntere andere dazu, ihre Entscheidungen möglichst selbst zu treffen. Ich fördere Positives und spreche Lob für gute Leistungen aus. Negatives Feedback aber gebe ich nicht.«

Kapitel V
1,1

Den 1,1-Führungsstil finden wir in der linken unteren Ecke des Grid. Der 1,1-Manager sieht wenig oder gar keine Widersprüche zwischen den Produktionserfordernissen und den Bedürfnissen der Menschen, da ihm an beidem nur sehr wenig liegt. Er arbeitet zwar »in« der Organisation, steht aber mehr oder weniger außerhalb. Diese Führungskraft erwartet wenig und gibt wenig.

Motivation

Der 1,1-orientierte Mensch ist teilnahmslos und in sich zurückgezogen. Als Positivmotivation ist zu werten, daß er in der Organisation bleiben will. Das tut er, indem er den äußeren Schein als Manager wahrt. Er tut gerade das notwendige Minimum oder vielleicht auch ein kleines bißchen mehr, um sich seinen Arbeitsplatz bis zur Pensionierung zu sichern. Es ist ihm aber ziemlich gleichgültig, ob seine Arbeit der Organisation zugute kommt.

Auf der Negativseite steht das Motiv, »durchzuhalten« und bloß nicht aufzufallen. Er ist lustlos, teilnahmslos und läßt sich treiben. Diese Gefühle versteckt der 1,1-Manager aber vor anderen. Er ist zwar da, aber er fällt nie auf. So braucht er sich nicht in Streitigkeiten verwickeln zu lassen, hat keine Feinde, wird nicht entlassen. Er erweckt immer den Eindruck, sehr beschäftigt zu sein. Mit dieser Einstellung hält er sich andere vom Leibe. So kann er sich seine Zuschauerposition erhalten. Das Maß seiner Unaufdringlichkeit und seiner Reaktionslosigkeit wird davon bestimmt, was andere ohne Beeinträchtigung ihrer selbst zu tolerieren bereit sind.

Aufgrund seiner leisen und farblosen Präsenz eckt er auch bei anderen wegen seines nicht vorhandenen Engagements nicht an. Eine 1,1-orientierte »Führungskraft« bekleidet ihre Führungsposition nur oberflächlich. Die nonchalante Einstellung des 1,1-Menschen führt zu der Devise: »Nur nichts Böses sehen, nichts Böses sprechen, nichts Böses hören. So ist man sicher, weil man nicht auffällt.« Er ist in der Organisation zwar physisch präsent, hinterläßt aber keinen Eindruck. Wahrscheinlich hat die Organisation ihren Stempel auf ihm hinterlassen, indem sie ihn aus einem anderen Gitterstil in die 1,1-Ecke »abgedrängt« oder untätig zugesehen hat, wie er sich in den 1,1-Stil zurückgezogen hat und nun nur noch auf seine Pensionierung wartet.

Konfliktmanagement

Ein 1,1-orientierter Manager ist Vorgesetzter nur dem Titel, nicht aber seinem Handeln nach. Er bleibt im Konfliktfall ziemlich unbeteiligt. Er treibt eine »Vogel-Strauß-Politik«. Er steckt seinen Kopf in den Sand, um so Problemen aus dem Weg zu gehen. Unangenehme Situationen fallen ihm zwar auf, aber er ignoriert sie. Häufig gehen sie von selbst vorbei, weil er ihnen keine Aufmerksamkeit widmet. Dennoch gibt es von Zeit zu Zeit Situationen mit Konfliktpotential, und diesen Situationen muß er sich irgendwie stellen.

Konfliktverhütung

In den Hintergrund treten. Bei einem 1,1-orientierten Manager können das äußere wahrnehmbare Verhalten und die innere Einstellung weit auseinanderklaffen. Nach außen hin beugt er sich den Anforderungen der Stellenbeschreibung. Er ist geschützt, weil er nicht auffällt. Er ist pünktlich, wenn Pünktlichkeit wichtig ist. Nach außen ist er immer gelassen. Er ist fleißig, geht nie früher nach Hause, richtet sich bei seinen Urlaubsterminen nach den Wünschen anderer, meldet sich möglichst nicht krank und füllt Berichtsformulare immer prompt aus. Ab und zu läßt er gelindes Interesse erkennen. So lenkt er von der ihm eigenen apathischen

Grundstimmung ab und erweckt den Eindruck, daß er sich durchaus für die Organisation und ihre Ziele einsetzt. Er gilt also nicht als Einzelgänger.

Echt verhält er sich nur, wenn er von anderen nicht beobachtet wird oder ihrer Kritik nicht standhalten muß. Dann erst zeigt sich seine Resignation und Gleichgültigkeit. Er hält sich unter anderem dadurch aus der Schußlinie, daß er zwar immer zurückruft, wenn er darum gebeten wird, aber nie selbst zum Telefonhörer greift, es sei denn, er erhält den ausdrücklichen Auftrag dazu. Ein Brief, in dem nicht ausdrücklich eine Reaktion verlangt wird, wird nicht beantwortet.

Wird seine Teilnahme erwartet, läßt er sich sehen, sagt aber nichts. Innerhalb einer Gruppe greift der 1,1-orientierte Manager selten spontan in die Diskussion ein. Er macht zwar ab und zu Bemerkungen, enthüllt aber nie seine Gedanken (wenn überhaupt welche vorhanden sind) über das Gesagte. »Könnte sein«, »möglicherweise«, »ich nehme es an« - mehr äußert er meistens nicht. Er nimmt die Dinge zur Kenntnis, will sich aber nicht engagieren oder den Eindruck des Engagements erwecken. Seine Mitmenschen werden sich vielleicht nicht einmal bewußt, daß sie kaum oder gar nicht wissen, was für die 1,1-orientierte Führungskraft wichtig ist. Diese nichtsbesagende »Teilnahme« ist gerade noch akzeptierbar, wenn sie anderen nicht auffällt, als aufmerksames Verfolgen der Diskussion interpretiert wird oder wenn andere passive Kenntnisnahme mit stillschweigendem Einverständnis gleichsetzen.

Weitergabe von Mitteilungen. Auch hier will der 1,1-Manager persönlich nicht involviert werden. Anweisungen werden von oben auf dem Dienstweg weitergegeben. Er will nicht dabei erwischt werden, daß »etwas bei ihm steckenbleibt«. Genauso wahrheitsgetreu leitet er Mitteilungen von unten an seinen eigenen Vorgesetzten weiter. Er sorgt dafür, daß nicht er das fehlende Glied in der Kommunikationskette bildet. Er achtet darauf, dem, was andere gesagt haben, weder etwas hinzuzufügen noch etwas wegzulassen. Er gibt die Mitteilungen im genauen Wortlaut weiter. So braucht er sich auf eine Interpretation des Inhaltes nicht einzulassen.

Ein Beispiel soll die 1,1-Orientierung verdeutlichen. Herr Jansen kommt gerade von der wöchentlichen Abteilungsleiterkonferenz zurück, auf der Änderungen von Verfahrensweisen und Richtlinien diskutiert wurden. Die Teilnehmer haben den Auftrag erhalten, die entsprechenden Veränderungen in ihren eigenen Verantwortungsbereichen zu veranlassen. Herr Jansen hat während der Konferenz ein nach außen hin lobenswertes Verhalten an den Tag gelegt. Er hat zugehört und sich Notizen gemacht. Sein Vorgesetzter sieht dies als Beweis für sein Interesse.

Herr Jansen bittet seine fünf Mitarbeiter zu sich. Er liest ihnen die Notizen und Ergebnisse der Sitzung Punkt für Punkt vor, damit später niemand sagen kann, er habe nicht »kommuniziert«. Nach der »Vorlesung« nimmt er die mit Datum versehenen Notizen zu den Akten in seinem Schreibtisch.

Ohne aufzuschauen, sagt er: »Ich gehe jetzt in den Betrieb. Wer hat die Schlüssel des Firmenwagens?« Er ist schon auf dem Wege hinaus, als ein Mitarbeiter ihn fragt, wann und wie eine bestimmte Änderung, von der er berichtet hat, in Kraft treten soll.

»Das wurde nicht weiter besprochen«, antwortet der Manager. »Ich werde wohl nächste Woche Näheres hören.«

Ein anderer Mitarbeiter fragt, was mit 15 großen Materialkisten, die in der Halle stehen, geschehen soll.

»Sie haben uns den Auftrag gegeben, das Material zu bestellen. Sie haben uns nicht gesagt, was wir tun sollen, wenn das Material eingetroffen ist. Ich habe erwähnt, daß die Kisten gekommen sind. Lassen Sie sie da stehen.« Und damit geht er.

Aus dieser Begebenheit läßt sich die 1,1-Orientierung ganz deutlich erkennen. Der Manager hat die eben gehörten »Tatsachen« genau so, wie er sie von oben gehört hat, an seine Mitarbeiter weitergegeben. Für den Fall, daß er zur Verantwortung gezogen wird, kann er immer sagen: »Ich habe ihnen gesagt, was sie zu tun haben. Wenn sie es nicht getan haben, dann haben sie nicht zugehört. Das ist nicht mein Problem.« Wenn ein Mitarbeiter etwas Falsches tut, wird er wahrscheinlich sagen: »Oh, du meine Güte! *Die* machen uns aber auch immer Schwierigkeiten, aber ich kann es nicht ändern.« Er lehnt die Verantwortung ab. So braucht er auch nicht zu handeln.

Wenn der Konflikt weiterschwelt

Neutralität wahren. Wenn ein Konflikt entsteht, kann man auf vielerlei Weise reagieren, ohne seine Meinung kundtun zu müssen. Um ganz sicherzugehen, wahrt man Neutralität.

Die beste Antwort ist ein undeutliches Gebrummel. »Hm« heißt mehr oder weniger »in Ordnung, was soll's, mich geht's nicht's an«. Würde ein 1,1-orientierter Manager aber offen sagen: »Das geht mich nichts an ...«, könnte seine Äußerung als Affront gedeutet werden. Ein »Hm« aber kann alles bedeuten. Der andere bekommt damit keine eindeutige Antwort und weiß nicht, wie er darauf reagieren soll. Er kann nur noch denken: »Dann kann ich das Thema auch fallenlassen.«

Es gibt unendlich viele neutrale Antworten, wenn man darum gebeten wird, seine Meinung zum Denken oder Tun anderer zu äußern: »Ich kann nicht Gedanken lesen ... Ich habe es akustisch nicht verstanden ... Ich weiß nicht ... Ich war nicht dabei.« Auch wenn nachgefragt wird, gibt es noch genügend geeignete Antworten: »Das bleibt Ihnen überlassen ... Wie Sie meinen ... Es ist Ihr Problem, nicht meins ... Ich bin kein Experte.« Wer Kommunikation auf diese Weise betreibt, geht jeder Kontroverse aus dem Wege. Wird der Manager darauf angesprochen, antwortet er: »Sie haben nie gefragt.«

Bei Streitfragen gibt der 1,1-orientierte Manager leicht auf. Dabei vermittelt er aber nicht den Eindruck, er wolle sich drükken. Er wahrt eine neutrale Position. Auf eine andere Meinung reagiert er so: »In Ordnung, das ist Ihre Meinung, und Sie haben ein Recht auf Ihre eigene Meinung.«

Bei direkten Fragen zieht sich der 1,1-orientierte Mensch mit vagen, abstrakten und allgemeinen Worten, die wenig oder gar nichts besagen, aus der Affäre. Er sagt: »Hier sind wohl viele Aspekte zu beachten ... nehme ich an.« So weicht er strittigen Punkten aus und macht sich niemanden zum Feind. Manche sind froh, überhaupt eine Antwort bekommen zu haben. Mit seiner Antwort hat sich der Manager aber nicht zu einer bestimmten Handlungsweise verpflichtet. »Jawohl« zu sagen ist immer dann vorzuziehen, wenn Zustimmung weniger kostet als Widerstand. »Wie Sie meinen«, lautet die Standardzustimmung. Nach außen hin ist Einverständnis signalisiert. Es fehlt aber die ausdrückliche Verpflichtung.

Wenn sich jemand über etwas beschwert, wird der 1,1-orientierte Manager den Beschwerdeführer entweder ignorieren oder ihm bedeuten, er habe das Mißfallen zur Kenntnis genommen. Solche Fälle werden heruntergespielt oder hinausgezögert: »Das Ganze wird sich wohl von selbst lösen.« »Das Ganze« wird dann zu »aus den Augen, aus dem Sinn«. Es ist unwahrscheinlich, daß jemand darauf zurückkommen wird.

Eine beunruhigende Aktennotiz wird zu den Akten genommen und »vergessen«. Wird er danach gefragt, ist sie verlegt worden, oder er läßt die Antwort von einem Mitarbeiter konzipieren. Auf Fragen zu länger zurückliegenden Akten meint er: »Das ist eine Sache, die wir gründlich überprüfen müssen - und das braucht Zeit.«

Manchmal kann auch ein 1,1-Manager nicht umhin, festzustellen, daß er und seine Mitarbeiter gegeneinander arbeiten. Was tut er? Er ignoriert sie einfach, es sei denn, der Konflikt ist so wichtig, daß er seine Zukunft bedroht. Er zuckt mit den Schultern und hofft, daß die Mitarbeiter nicht zur Verantwortung gezogen werden.

Ortsspezifische Alternativen. Der 1,1-orientierte Manager mag zwar erkennen, daß die Lösung von Meinungsverschiedenheiten durchaus ihre Vorteile hat. Auf der anderen Seite aber weiß er auch, wie hoffnungslos es ist, diesen Versuch überhaupt zu unternehmen. Hier kann sich der Manager für ortsspezifische Alternativen entscheiden, damit Maßnahmen eingeleitet werden können, er aber nicht persönlich dafür verantwortlich gemacht werden kann. Also sagt er ruhig: »Sehen Sie, Sie sind Regionalleiter, und jeder von Ihnen steht vor einer völlig anderen ortsspezifischen Situation. Wahrscheinlich gibt es für jede Niederlassung eine eigene Lösung. Leiten Sie die Maßnahmen ein, die Sie aus Ihrer Ortskenntnis heraus für die besten halten.« Daß es auch Ähnlichkeiten in den Verhältnissen bei den verschiedenen Betriebsstätten gibt, läßt er außer acht. So entsteht Doppelarbeit, aber das ist ihm eigentlich egal.

Doppelzüngigkeit. Diese Taktik ist nützlich, wenn sich zweierlei

Meinungsrichtungen herausschälen, die von zwei gleichgewichtigen Fraktionen unterstützt werden, und der Manager gebeten wird, seine Ansicht zu äußern. Er will niemandem auf die Füße treten und spricht beide Seiten an, ohne Position zu beziehen: »Die Alternative A ist aus den gegebenen Gründen vielleicht besser, aber genauso gute Gründe sprechen andererseits für Alternative B.« »X ist durchaus möglich, aber genauso möglich ist auch Y.« Jede Partei freut sich über das Verständnis und die mitfühlende Bewertung der eigenen Seite. Dem Manager bleibt die Möglichkeit offen, sich je nach endgültiger Entscheidung auf die eine oder andere Seite zu schlagen.

Innere Kündigung. Man kann mit Konflikten leben, indem man die innere Emigration antritt und sich so von der Last befreit. Wenn andere auf Lösungen drängen, gibt der Manager ihnen recht und sagt: »In ein paar Tagen wird sich alles gelöst haben . . .« Und die paar Tage werden zu Wochen.

Weil er den Widerstand dämpft, kann der 1,1-orientierte Manager mit dem Konflikt leben und ihn auf niedriger Flamme weiterschwelen lassen.

Verhaltenselemente

Initiative

Eine 1,1-orientierte Führungskraft ist von Apathie geprägt. Es ist unwahrscheinlich, daß ein solcher Mensch neue Ideen entwickelt, geschweige denn sie initiiert. Er läßt sich nicht beirren. Den Dingen läßt er ihren Lauf. Sein Handeln ist immer passiv und neutral. Er will schließlich nicht auffallen. Wird er zum Handeln aufgefordert, wird er entweder delegieren oder versuchen, aus der Situation herauszukommen.

Auch wenn er sich vor einer Handlung nicht mehr drücken kann, wird der 1,1-orientierte Manager immer noch versuchen, das Problem jemand anderem zuzuschieben. Bei einer Kundenreklamation unternimmt der 1,1-orientierte Manager beispielsweise einiges. Zunächst einmal bestätigt er den Eingang der Reklamation. Dann geht er zu seinem Chef und fragt ihn, wie er die Sache geregelt haben möchte. Als andere Möglichkeit bleibt ihm, die Sache einem Mitarbeiter mit den entsprechenden Anweisungen zu übertragen: »Prüfen Sie die Sache nach und beantworten Sie den Brief direkt, oder bringen Sie mir eine Empfehlung, wie sich diese Sache bewältigen läßt.« Trägt ein 1,1-orientierter Manager die Verantwortung für mehrere Einrichtungen, muß er die verschiedenen Unternehmensstandorte besuchen. Er aber tut nichts und begründet es so: »Ich kann nicht zu allen gehen. Wenn ich nur einige besuche, fühlen diese sich geehrt, und die anderen fühlen sich vernachlässigt. Es ist also klüger, wenn ich überhaupt keine Betriebsstätte besuche.«

Fragen

Hier herrscht die Einstellung: »Je weniger ich davon weiß, desto besser. Ich kann mich immer auf Nichtwissen zurückziehen. Besser ist es, wenn ich in meinem Schneckenhaus bleibe und weder rechts noch links schaue.«

Diese Haltung dürfte bei anderen aber nicht akzeptiert werden. Also stellt er auch Fragen, aber nur so viele, um das zu erfahren, was er »unbedingt wissen muß«. Ein 1,1-orientierter Manager will nur soviel wissen, wie er wissen muß, damit er nicht als Ignorant gilt und noch gerade so über allgemein bekannte Tatsachen und Probleme Bescheid weiß. Täte er dies nicht, liefe er Gefahr, daß sein Rückzug oder sein ungenügendes Wissen bemerkt wird. Wird ihm eine Frage gestellt, die er nicht beantworten kann, gibt er das nicht zu, sondern reagiert so: »Ich werde mich darum kümmern.« Mit dieser Antwort geht er also einer Kritik aus dem Wege, die unweigerlich kommen würde, würde er sagen: »Ich weiß es nicht.« Und er erlöst den Fragesteller von seiner Spannung.

Zusammenfassend ist zu sagen, daß ein 1,1-orientierter Manager nur selten genügend gut informiert ist, um Fragen effektiv beantworten zu können. Wenn dieser Manager einmal ein dringendes Problem bewältigen muß, kann er nur oberflächliche Maßnahmen einleiten, da er von der Sache zuwenig weiß.

Standpunkt

Der 1,1-orientierte Manager bleibt unverbindlich und zurückhaltend. Wo immer möglich, verzichtet er auf spontane Bemerkungen. Im stillen wird er wohl folgendes denken: »Da Mitarbeiter jedes Wort auf die Goldwaage legen, muß man sich genauestens überlegen, was man zu ihnen sagt. Sie wägen jedes Wort ab, um sich über den Sinn und möglicherweise versteckte Auswirkungen klarzuwerden. Um negative Konsequenzen zu vermeiden, ist es also besser, wenn ich meine Absichten für mich behalte oder nur dann spreche, wenn ich andere unbedingt wissen lassen muß, daß ich keine Einwände erhebe.«

Fragt jemand: »Was gibt's Neues?«, lautet die Antwort: »Nichts« oder: »Nicht viel«. Lautet die Frage: »Wie läuft's?«, kommt als Antwort: »Alles in Ordnung.« Bei solchen Antworten ergibt sich kein Anlaß zu weiteren Diskussionen. An einem netten, eindeutigen »in Ordnung« ist ja auch nichts Negatives, besonders dann nicht, wenn der Gefragte die Gegenfrage: »Und wie steht's bei Ihnen selbst?« nicht stellt.

Die Antwort auf die Gegenfrage könnte ein Problem aufwerfen. Wenn man seinen Kommentar dazu abgibt, könnte sich ein Streit entwickeln. Dann erwartet man, daß der Angesprochene seine Überzeugung vertritt. Das will aber der 1,1-orientierte Manager nicht. Er läßt sich lieber treiben und macht sich die Meinungen anderer zu eigen.

Muß er doch einmal Überzeugungen äußern, läßt er sich nicht auf eine bestimmte Position festlegen. Wer sich näher damit befaßt, stellt fest, daß diese Art Mensch häufig »vielleicht«, »könnte sein«, »ich bin mir nicht sicher«, »ich nehme an, Sie haben recht«, »ich bin mir da nicht ganz sicher . . .« äußert. So läßt er sich sämtliche Möglichkeiten offen. Er kann sich immer noch für den einen oder anderen Weg entscheiden, wenn er zur Stellungnahme gezwungen wird. Dasselbe gilt für folgende Äußerungen: »Das ist gar keine schlechte Idee.« Und: »Das sagt mir irgendwie zu.« Mit diesen rätselhaften Äußerungen scheint er die Position eines anderen zu unterstützen. Später kann er aber immer noch sagen: »Ich habe nicht gesagt, daß es mir tatsächlich gefiel.« Oder: »Ich habe nicht gesagt, daß es eine gute Idee sei.«

Entscheidungen
Typisch für einen 1,1-Manager ist folgende Bemerkung: »Ich treffe keine Entscheidungen, ich arbeite nur hier.« Damit deutet er seine innere Resignation an. Häufig lösen sich Probleme von selbst, wenn sich Entscheidungen aufschieben oder hinauszögern lassen. Der 1,1-Manager wartet geduldig darauf, daß die Umstände die Entscheidungen diktieren. Wird eine Entscheidung getroffen oder durch die Umstände erzwungen, gerät sie in das Reich der *vollendeten Tatsachen.* Moderner ist es, hier von Geschichte zu sprechen. Es hat keinen Wert, nachzuhaken, zu überlegen, ob eine einmal getroffene Entscheidung richtig oder falsch, gut oder schlecht, vernünftig oder unvernünftig war.

Ein 1,1-orientierter Manager fügt sich lieber, als selbst entscheiden zu müssen. Dahinter steckt die Idee: »Bloß nicht dran rühren!« Er verschiebt die Sache auf die Zukunft, damit er sich nicht sofort damit befassen muß. »Es bringt doch nichts, wenn man versucht, die Antwort im voraus zu geben. Ich entscheide jede Sache nach den jeweiligen Gegebenheiten, und zwar dann, wenn sie akut wird.« Oder: »Damit werde ich mich morgen oder übermorgen befassen können.« Vielleicht meint er auch: »Dazu bedarf es längerer Zeit; ich werde mich darum kümmern.« Manchmal ist es durchaus der Mühe wert, sich mit einem Problem, das in der Zukunft auftreten könnte, im voraus zu befassen und Bewältigungsmöglichkeiten zu entwickeln. Dem 1,1-orientierten Manager fällt es aber nicht schwer, solche Dinge unberührt zu lassen, indem er sich fügt oder eine Frage stellt, mit der das Problem auf andere abgewälzt wird, zum Beispiel: »Was steht in unserem Verfahrenshandbuch dazu?«

»Gute Delegation« gilt als Tugend. Der 1,1-orientierte Manager kann hierfür als Aushängeschild fungieren. Was er betreibt, ist allerdings keine Delegation, sondern Verzicht, wenn Entscheidungen von den Vorlieben und Wünschen anderer abhängig gemacht werden. Er findet eine Rechtfertigung für sein Verhalten: »Wer Mitarbeiter mit der Lösung von Problemen betraut, hilft ihnen, sich weiterzuentwickeln.« Diese Verhaltensweise kann sogar hervorragend funktionieren, wenn die Aufgaben nicht zu schwierig sind oder wenn er über kompetente Mitarbeiter verfügt.

Auf »Teamarbeit« verlegt sich der Chef, wenn andere dies erwarten. Er ruft die Gruppe zusammen und sagt: »Hier ist ein Problem, das Sie durchdiskutieren und entscheiden können. Ich will Sie nicht beeinflussen. Ich höre also nur zu.« Ohne ausreichende Führung kann die Gruppe auseinanderfallen. Auf der anderen Seite gilt aber auch folgendes: Wenn ein Mitglied der Gruppe die Führung übernimmt, lassen sich durchaus qualitativ gute Entscheidungen erzielen. Der Manager akzeptiert sie als selbstverständlich, und selbst seinem Vorgesetzten mag es auffallen, daß gute Arbeit geleistet wird.

Mit folgendem Beispiel wollen wir die 1,1-Einstellung zur Delegation und Teamarbeit illustrieren. Frau Bethge, verantwortlich für ein umfangreiches Management-Informationssystem, zeichnet ein Selbstporträt: »Abteilungsbesprechungen finden regelmäßig dienstags und freitags um 10.30 Uhr statt. Es sind informelle Sitzungen. Die Mitarbeiter werden gefragt, ob sie Probleme haben. Meinungsverschiedenheiten gibt es nur selten. Uneinigkeiten untereinander sind auch nicht angebracht, da es nicht ihre Aufgabe ist, miteinander zu streiten oder sich gegenseitig zu beraten, sondern mich zu beraten und mir Empfehlungen zu unterbreiten. Nach der Diskussion verkünde ich die Entscheidung. Nur sehr selten gehe ich nicht auf ihre Empfehlungen ein.« Frau Bethge mag zwar ein Loblied auf Teamarbeit und Delegation singen, in Wahrheit aber hat sie längst auf die Verantwortung verzichtet und abgedankt. Jegliche echte Möglichkeit der Teamarbeit hat sie längst ausgeschaltet.

Konstruktive Kritik

Von Selbstprüfung dürfte ein 1,1-orientierter Manager nur wenig halten, da er mit seinen Gedanken meistens nicht bei der zu erledigenden Aufgabe ist. Also ist es auch unwahrscheinlich, daß er anderen Feedback gibt. Mitarbeiter deuten das Verhalten so: Sie können machen, was sie wollen. Ihre Maßnahmen werden vom Vorgesetzten bestätigt, der Vorgesetzte segnet sie immer ab. Wenn sich der Vorgesetzte doch einmal äußert, sind seine Aussagen immer vage und flach.

Führungspraxis

Ein 1,1-orientierter Manager betraut seine Mitarbeiter mit allen zu erledigenden Aufgaben und stellt die Durchführung ihrem Ermessen anheim. Sein Verzicht auf die eigentliche Führung zeigt sich in folgenden Aussagen:

Planung: »Die von mir angewiesenen Aufgaben sind weit gefaßt. Wann immer möglich, werden sie von mir nicht genau spezifiziert. Jeder Mitarbeiter schlägt sich alleine durch.«

Organisation: »Die Mitarbeiter führen ihre Aufgaben ordentlich durch, da sie ihre Arbeit und ihre Fähigkeiten selbst am besten kennen. Ich gehe davon aus, daß sie sich untereinander koordinieren.«

Unterweisung: »Ich gebe die Mitteilungen von oben nach unten weiter. Ich gebe die Informationen sachlich einwandfrei weiter, möglichst ohne Verbrämung oder Interpretation.«

Steuerung und Überwachung: »Ich mache meine Runden, aber ergreife keine Sofortmaßnahmen, wenn sich das vermeiden läßt. Meine Mitarbeiter mögen das so – und ich auch.«

Stellenbesetzung: »Ich nehme die Mitarbeiter, die mir zugewiesen werden.«

Management by Objectives (Führen durch und mit Zielvereinbarung): »Über meine Ziele entscheidet mein Chef. Ich ziehe es vor, daß meine Mitarbeiter ihre Ziele selbst setzen. Ich mische mich nicht ein, weil sie lernen müssen, ihre Zukunft aus eigener Perspektive zu sehen.«

Leistungsbewertung: »Ich gehe davon aus, daß die Mitarbeiter das Notwendige tun und aus ihren Fehlern lernen. Natürlich führe ich eine Pro-forma-Leistungsbewertung durch, wenn dies gefordert ist. Bei mir werden alle Mitarbeiter mehr oder weniger gleich bewertet.«

Konsequenzen

Die Folgen eines Führungsstils nach 1,1 werden im folgenden wiedergegeben:

Auswirkung auf die Produktivität

Wie ist es möglich, daß eine Organisation diesen »Ballast« ständig übersieht? In vielen Organisationen herrscht ein ungeschriebenes Gesetz, daß Mitarbeiter nach einer bestimmten Zeit der Unternehmenszugehörigkeit unkündbar werden. Also ist dem Manager sein Arbeitsplatz bis zur Pensionierung sicher. Dies wird toleriert oder gar nicht beachtet, solange noch ein Minimum an Leistung erbracht wird. Wir kennen ein solches Beispiel. Das Mutterunternehmen beförderte den Vorstandsvorsitzenden einer Tochtergesellschaft auf einen Posten in der Rechtsabteilung der Zentrale. Die Begründung: Die juristischen Probleme des Unternehmens seien komplexer geworden. Man brauche eine Führungskraft mit juristischer Ausbildung und entsprechend weit gefächerter Wirtschaftserfahrung. In den zwölf Jahren bis zu seiner Pensionierung hat man diese Führungskraft nur selten in der Zentrale gesehen. Alle fachlichen Probleme hat er an seine Mitarbeiter delegiert. Er hat sich mit ihren Schlußfolgerungen befaßt, ihre Berichte abgezeichnet und weitergeleitet. Oft hat er Mitarbeiter zu Besprechungen entsandt, in denen es um die Auswirkungen ihrer Empfehlungen oder Schlußfolgerungen ging. Er selbst kam und ging, still und unauffällig. Er war viel unterwegs. Und seine Sekretärin sah ihn nur in unregelmäßigen Abständen. Sie wußte immer, wo er war, aber nie, aus welchem Grund. Von Anfang an wurden nur wenige Briefe geschrieben und kaum Telefonate geführt. Sie nahmen im Laufe der Zeit noch mehr ab. Führungskräfte, die Hilfe in Rechtsfragen brauchten, wandten sich schließlich direkt an seine Mitarbeiter. An Besprechungen nahm er nur unregelmäßig teil – und hier auch mehr als Zuhörer denn als Teilnehmer. Er war auf dem »Abstellgleis gelandet«. Die Organisation hat ihn jahrelang als Ballast mitgeschleppt, ohne sich dessen so recht bewußt zu werden.

Ein 1,1-Mensch rechtfertigt seine Leistungslosigkeit, indem er andere oder die Umstände für seine Lage verantwortlich macht. »Der Verwaltungsapparat ist so riesig geworden, daß sich nichts mehr daran machen läßt.« »Die rapide technische Entwicklung ist schuld daran, daß unser Leben so entmenschlicht ist.« Dem fügt er noch hinzu: »Ich will damit nichts zu tun haben.« Er spricht von

»den geldgierigen Organisationen, in denen nur noch der Profit zählt«, oder »dem gemeinen Konkurrenzkampf um Beförderung, in dem sich die Menschen gegenseitig aufreiben«, oder »von der Universität, die es versäumt hat, ihm eine den heutigen Bedürfnissen entsprechende Ausbildung zu vermitteln«. All dies sind Beschwerden. Mit diesen Rationalisierungen will er seine Indifferenz, seine Passivität und die innere Haltung rechtfertigen, daß »nichts mehr geht«. So braucht er sich selbst nicht einzugestehen, daß er unbeteiligt bleibt und froh ist, wenn er seine Arbeitsjahre als Zuschauer absitzen kann.

Dem 1,1-Ansatz immanent ist die »Trägheit«. Wenn sich in einer Organisation überall eine 1,1-Orientierung breitmacht, nimmt die Leistung der Organisation immer mehr ab. Notwendige Maßnahmen werden nicht ergriffen. Auf lange Sicht muß die Organisation insgesamt scheitern.

Auswirkung auf die Kreativität

Von einer Führungskraft mit einer 1,1-Orientierung Kreativität zu erwarten ist unrealistisch. Kreativität kann es nur geben, wenn Engagement und Begeisterung vorhanden sind. Zur Kreativität braucht man Gründlichkeit. Man muß Fragen stellen. Man muß seine Überzeugungen vertreten und Stellung beziehen, wenn man eine Möglichkeit bis zum Äußersten ausschöpfen will. Diese Dinge aber fehlen bei einer 1,1-Orientierung.

Auswirkung auf die Zufriedenheit

Ein Mensch mit einer 1,1-Orientierung findet seine Situation meistens weder begeisternd noch bedrückend. Für beides gibt es kaum oder gar keinen Grund. Weder Zufriedenheit noch Unzufriedenheit sind stark ausgeprägt.

Auswirkung auf die Karriere

Aus Untersuchungen geht immer wieder hervor, daß 1,1-orientierte Manager in Organisationen, in denen es auch Manager mit anderen Gitterstilen gibt, nur äußerst langsam vorankommen. Hängt die Beförderung nur von der Anzahl der Dienstjahre ab, »fallen« 1,1-orientierte Manager die Treppe herauf.

Es gibt auch Manager, deren Karriere von einem anderen Hauptgitterstil geprägt ist, die aber später zu einer 1,1-Orientierung überwechseln. Von ihnen heißt es dann: »Er machte eine glänzende Karriere und hat viele Jahre Außerordentliches geleistet. Jetzt will niemand mehr grausam sein, er hat sowieso nur noch ein paar Jahre.« Vielleicht heißt es auch: »Sie hat keine Feinde und tut niemandem etwas zuleide. Damit können wir noch ein bißchen weiterleben.« Monate können zu Jahren werden. Manchmal heißt es auch: »Wir müßten jemand anderes für diese Stelle finden. Das Ganze ist aber eine ziemlich langweilige Angelegenheit. Also lassen wir es besser, wie es ist.«

Ursprünge einer 1,1-Orientierung

1,1 als vorherrschende Orientierung muß nicht unbedingt auf Kindheitserlebnisse zurückzuführen sein. Sie kann durchaus im Erwachsenenalter entstehen und durch Arbeitserlebnisse begründet sein. Diese Möglichkeit wollen wir an einem Beispiel erläutern. Herr Jung war ein guter Schüler und in den ersten Universitätsjahren auch ein guter Student. Dann verläßt er die Universität und schlägt sich in den nächsten zwei, drei Jahren nur so durch. »Der wird es nie zu etwas bringen«, so lautet das allgemeine Urteil. Da wir um die Möglichkeit einer 1,1-Orientierung wissen, können wir uns durchaus vorstellen, daß im 3. oder 4. Semester irgend etwas geschehen ist, das ihn veranlaßte, zurückzustecken, sich nicht mehr anzustrengen. Er hat sich von seiner Grundhaltung (9,9; 9,1; 5,5 oder 1,9) abgewandt und auf eine 1,1-Orientierung zurückgezogen.

Die Zeit vergeht, und er kehrt an die Universität zurück, fängt da wieder an, wo er aufgehört hat, und besteht sein Examen mit Auszeichnung. Er geht in den Beruf und macht Karriere. Wie soll man dieses Zwischenspiel verstehen? Mehrere Ursachen sind möglich. Vielleicht wollte er in der Zeit seines Bummelantentums einer Bedrohung seines Eigenbildes aus dem Wege gehen. Er ist reifer geworden, hat mehr Verständnis entwickelt und Einsichten gewonnen, die es ihm nun erlauben, seine Karriere zu verfolgen.

Die Bedrohung des eigenen Ichs existiert nicht mehr. Er kann heute Dinge begreifen, die er im 4. Semester nie verstanden hätte. Seine früheren Vorstellungen von der eigenen Unzulänglichkeit haben sich geändert. Die Leistungen mögen dieselben geblieben sein, nur haben sie eine andere Bedeutung gewonnen. Er kann sich nun engagieren, ohne das Gefühl zu haben, ein übermäßiges Risiko einzugehen. Seine Grundorientierung hat sich von neuem verlagert, vielleicht zurück zum ursprünglichen, vielleicht auch zu einem anderen Stil. Jedenfalls hat er sich von der 1,1-Grundorientierung gelöst.

Eine 1,1-Orientierung kann auch entstehen, wenn einem Manager alles über den Kopf wächst. Herr Wagner hat außergewöhnliche Leistungen erbracht und ist entsprechend mehrmals befördert worden. Er ist nun für eine Gruppe oder einen Bereich verantwortlich. Seine Führungsfähigkeiten stehen für jeden auf dem Prüfstand. Vielleicht muß er nun zum erstenmal - für alle deutlich sichtbar - selbst Initiative ergreifen. An diesem Punkt wird er bewegungsunfähig. Als Untergebener hat er sich an präzise Anweisungen halten können und im Namen eines anderen gehandelt - nicht aus Eigenmotivation und aus Eigeninitiative heraus. Nun aber steht er vor dem Risiko, daß er sich als inkompetent erweisen könnte. Mit dieser Last wird er nicht fertig. Er kann keine Leistung mehr erbringen.

Es kann passieren, daß ein Manager aufgrund außergewöhnlicher Qualifikationen oder hervorragender Fachkenntnisse dem Präsidenten eines Unternehmens oder einem Vorstandsmitglied als Assistent beigeordnet wird. Sein Talent in der Ausführung von Anweisungen wird deutlich sichtbar. Seine Leistung fällt auf, und er erhält eine wichtige Linienposition: Er ist ein junger Mann, der Jahre vor anderen seiner Altersklasse eine hohe Position erreicht. Während der Einarbeitungszeit geht alles gut, in der Zeit also, in der er noch nicht persönlich für die Leistung in dieser Linienposition verantwortlich ist. Je mehr er sich aber für Entscheidungen und Ergebnisse selbst verantwortlich fühlt, desto weniger ist er in der Lage, selbst die Initiative zu ergreifen. Er schiebt Entscheidungen auf, weil er »weitere Untersuchungsergebnisse abwarten will«. Sobald er diese Ergebnisse hat, müssen weitere unbeantwortete Fragen untersucht werden. So kommen Entscheidungen nie zustande.

Ein anderer Fall ist Frau Carolus, die sich immer sehr für ihre Aufgabe eingesetzt hat, heute aber nach 1,1 führt. Hier ist ein Ersatzstil zum Hauptstil geworden. Ursprünglich hat Frau Carolus die Führungsweise 9,1 praktiziert. Sie wollte aber nicht unterliegen oder scheitern. Deswegen hat sie sich aus dem Kampf zurückgezogen. Sie rechtfertigt sich damit, daß man auf ihre Mitarbeit doch keinen Wert legt. Sie ist typisch für Menschen, die bis zum Alter von 40 oder 45 Jahren recht gute Leistungen erbringen. Dann aber fühlen sie sich »ausgelaugt«, verlieren das Interesse an einer Arbeit, die vermeintlich sinnlos ist und sie nicht mehr fordert.

Die wirklichen Gründe für dieses »Ausbrennen« können sehr verschieden sein. Die Macht und Herrschaft, die sie sich während der ersten erfolgreichen Jahre erträumt haben, ist in weite Ferne gerückt. Die Jahre sind verronnen. Als Manager auf mittlerer Ebene stehen sie nun vor der Lebensmitte. Zum Vorstand werden sie es nie bringen. Nie können sie sich der Erkenntnis entziehen, daß die Leistungen schlechter waren als erträumt. Also bleibt nur der Rückzug auf einen 1,1-Ansatz. Jeder findet Rationalisierungsgründe: »Die Arbeit fordert mich nicht mehr ... Ich habe das Interesse verloren ... Ich will mich mehr meiner Familie widmen ...« Der Hauptstil ist geschwunden und durch eine 1,1-Orientierung ersetzt worden. Der Rückzug auf eine 1,1-Orientierung kann auch bei Managern mit anderen Führungsstilen entstehen. Ein Mensch tritt den inneren Rückzug an, wenn er weder zurückschlagen noch es sich leisten kann, zu kündigen und sich anderswo eine Stelle zu suchen. Die 1,1-Ecke ist ein Hafen, der einen davor bewahrt, gegen ungünstige Winde ansegeln zu müssen.

Der 1,1-orientierte Manager erhält die Mitgliedschaft in der Organisation aus persönlichen Gründen aufrecht. Aus der aktiven Mitarbeit aber zieht er sich zurück. In seinem Inneren entsteht ein Vakuum. Der »Außenanstrich« aber bleibt, wie er war. Nach außen hin und von der Funktion her erhält er den Anschein aufrecht. Er verhält sich genauso wie seine Kollegen. Die Organisation wird zum Mittel. Er kann seine sozial akzeptierbare Rolle als gutes Mitglied der menschlichen Gesellschaft weiter spielen, indem er die Mindesterfordernisse erfüllt. Die Organisation gibt ihm Position, Status und Gehalt. Er erbringt dafür das notwendige Leistungsminimum.

1,1-Verhalten erkennen

1,1-orientiertes Verhalten wird durch bestimmte Worte und Wörter charakterisiert. Von einem 1,1-Manager sagt man im Alltag folgendes:

- Apathisch
- Zuschauer
- Gibt nach
- Zögert hinaus
- Verzichtet auf Verantwortung
- Feedback wird nicht registriert
- Gibt schnell auf
- Wäscht seine Hände gern in Unschuld
- Unauffällig
- Gleichgültig
- Geht anderen aus dem Weg
- Läßt den Dingen ihren Lauf
- Meistens verpaßt er, was an Neuem getan werden muß
- Vernachlässigt Aufgabenverantwortung
- Neutral
- Unverbindlich
- Trägt nicht viel bei
- »Braucht seine Zeit«
- Resigniert
- Hält sich abseits der Schußlinie
- Tut freiwillig nur selten seine Meinung kund
- Wartet darauf, daß andere handeln
- Schwach im Durchziehen
- Tritt den inneren Rückzug an

Anregungen zum Wandel

Einem 1,1-orientierten Menschen legen wir folgende Anregungen zum Wandel nahe:

Motivation

- Vielleicht überlegen Sie sich als erstes, wo Sie sich ändern können, um dem Gefängnis der 1,1-Orientierung zu entfliehen.
- Wenn Sie sich bei der Bemerkung ertappen: »Was soll's, es spielt ja doch keine Rolle . . .«, sollten Sie einmal überprüfen, wie weit Ihr Nichtengagement oder Ihre Gleichgültigkeit geht. Freut es Sie, acht Stunden pro Tag so zu verbringen? Fänden Sie es nicht besser, mehr Zufriedenheit aus einem verstärkten Engagement zu ziehen?
- Überprüfen Sie, welche Folgen es hätte, wenn Sie entlassen würden! Es ist immer möglich, daß eine 1,1-orientierte Führungskraft auf der Abschußliste steht. Diesen Aspekt haben Sie vielleicht noch nie bedacht. Es reicht vielleicht, diese Alternative zu durchdenken, um wieder besser führen zu können.
- Viele, die sich in die 1,1-Ecke haben treiben lassen, stellen fest, daß ihnen gar nicht gefällt, was sie sehen, wenn sie sich einer Selbstdiagnose unterziehen. Es reicht schon, wenn man erkennt, welche Welten zwischen dem liegen, was man als wahr zugibt, und dem, was man gerne über sich selbst denken möchte. So entsteht neues Interesse und neues Engagement.

Initiative

- Sie brauchen nichts zu befürchten, wenn Sie zugeben, daß Ihre Mitarbeiter Ihr Nichtengagement erkennen. Wahrscheinlich werden Sie bei Ihren Mitarbeitern Unterstützung finden, wenn sie feststellen, daß Ihr Interesse wächst. Vielleicht sehen Sie auch schon Handlungsmöglichkeiten. Sie sind ganz bestimmt gut in der Lage, Initiativen zu ergreifen, wenn Sie nur motiviert sind. Dies ist mehr eine Sache des Willens als eine Sache der Befähigung.
- Vielleicht sprechen Sie einmal mit Ihrem Vorgesetzten. Bitten Sie ihn, Ihnen zusätzliche Aufgaben zu übertragen.

Fragen

- Sie müssen Ihren Mitarbeitern mehr Fragen stellen! Die Antworten sind von unschätzbarem Wert, wenn Sie Ihre Wissensbasis neu aufbauen wollen.
- Kümmern Sie sich wieder um Fachliteratur, lesen Sie Artikel, neue Berichte usw. Stellen Sie fest, was die Autoren zu sagen haben. Nutzen Sie dies als Hintergrundinformation für weitere Fragen an Ihre Mitarbeiter.

Standpunkt

- Beantworten Sie Fragen geradeheraus!
- Wenn man Sie zu Themen befragt, über die Sie lange Zeit nicht nachgedacht haben, sollten Sie dem Fragesteller versprechen, daß Sie nachforschen werden. Setzen Sie sich selbst einen Termin für die Antwort, und halten Sie diesen Termin ein.
- Nehmen Sie Stellung, damit andere wissen, wo Sie stehen!
- Hören Sie auf, sich geistig zurückzuziehen, wenn andere anderer Meinung sind als Sie! Sondieren Sie und lösen Sie die Differenzen. Dies ist ein außergewöhnlich wichtiger Schritt auf dem Wege zu besserer Teamarbeit.
- Meinungsverschiedenheiten aus dem Wege zu gehen ist weniger lohnend, als Einigung zu erzielen. Die anderen sind meistens bereit, Ihnen mehr als auf halbem Wege entgegenzukommen, um eine beidseitig akzeptable Einigungsgrundlage zu erzielen.
- Andere äußern vielleicht eine gegensätzliche Meinung, weil Sie Ihren Standpunkt nicht deutlich genug geäußert haben. Geben Sie Ihre Überzeugungen deutlich bekannt, damit andere Ihre Position verstehen und entsprechend reagieren können.

Entscheidungen

- Vielleicht können Sie folgende Frage beantworten, ehe Sie ein Projekt an einen Mitarbeiter übertragen: »Was kann ich tun, wie kann ich Ihnen helfen, damit dieses Projekt erfolgreich abgeschlossen wird?«
- Vielleicht erkennen Sie, wie Sie mehrere Mitarbeiter an der

Lösung komplexer Probleme beteiligen können. Durch Ihre Koordinierung wird sich der Ansatz zu vernünftiger Teamarbeit verstärken.

Kritik

- Sobald Sie Dinge aus eigener Initiative tun, ist es auch an der Zeit, sich um das Feedback zu kümmern. Fragen Sie Ihre Mitarbeiter, was sie von Ihnen halten. Sagen Sie ihnen deutlich, was Sie von ihrer Produktivität, ihrer Kreativität usw. halten. Je enger das Team zusammenrückt, desto größer wird die Gesamtproduktivität.

Zusammenfassung: 1,1-Orientierung

»Ich tue gerade so viel, wie ich muß. Ich schließe mich den Fakten, Überzeugungen und Positionen anderer an. Ich behalte meine Ansichten für mich, antworte aber, wenn ich gefragt werde. In Konfliktfällen versuche ich, neutral zu bleiben oder mich ganz herauszuhalten. Ich lasse andere die Entscheidungen treffen oder finde mich mit den jeweiligen Geschehnissen ab. Kritik äußere ich möglichst nie.«

Kapitel VI
5,5

Die 5,5-Orientierung findet sich in der Mitte des Verhaltensgitters. Hier ist eine mittlere Sachorientierung, 5, mit einer mittleren Menschenorientierung, 5, gepaart. Wer diesen Gitterstil praktiziert, geht davon aus, daß ein Widerspruch zwischen Leistungserfordernissen und den Bedürfnissen der Menschen besteht. Wer sich für eine Lösung des Dilemmas zwischen Produktion und Menschen nach 5,5 entscheidet, entscheidet sich für den Kompromiß. Er gibt eine Hälfte auf, um die andere Hälfte zu bekommen. Der Manager mit einer 5,5-Orientierung geht davon aus, daß die Bedürfnisse des Menschen real sind, daß auf der anderen Seite aber auch Anstrengung erwartet wird und praktiziert werden muß. Das Drängen auf Leistung wird auf eine mäßige Ebene herabgeschraubt. Auf der anderen Seite herrscht ein gleichwertiges Interesse für die Einstellungen und Gefühle des Menschen. Die 5,5-Menschen akzeptieren die Situation und sind mehr oder weniger »zufrieden«. Zugrunde liegt die Einstellung, daß sich extreme Positionen konfliktfördernd auswirken und daher vermieden werden sollten. Entwicklung ergibt sich aus Kompromissen und der Bereitschaft, auf einige Vorteile zugunsten anderer zu verzichten. Das Ergebnis ist folgendes: Ein 5,5-orientierter Manager wird weder in der Sache noch bei den Menschen ein Optimum anstreben. Er gibt sich lieber mit einem Gleichgewicht zwischen beiden zufrieden.

Motivation

Der 5,5-orientierte Manager wird auf der positiven Seite von der Motivation getrieben, Fortschritte innerhalb des Systems zu machen, weil er dazugehören und sich einen guten Stand sichern will. »Ich möchte gut dastehen, ich möchte bei meinen Kollegen ›in‹ sein.« Er will populär sein und muß deshalb eine ganze Menge von Eigenschaften in sich vereinen, die auf dem Management-Markt gesucht sind. Er muß sich richtig kleiden. Er muß ein guter Gesprächspartner sein. Er muß über die neuesten Management-Techniken informiert sein und die neuesten populären Management-Bücher kennen. Natürlich muß er sich auch im entsprechenden Fachjargon auskennen. Um sich als liebenswürdiger und guter Kollege zu erweisen und viele Freunde zu gewinnen, strebt er danach, ein interessanter Gesprächspartner zu sein. Der 5,5-orientierte Manager ist ein Gesellschaftsmensch. Er ist kontaktfreudig und verbreitet immer eine fröhliche Atmosphäre.

Ein Manager, der sich von seinem Verlangen nach Zugehörigkeit leiten läßt, bleibt meistens an der Oberfläche. Seine Anregungen bezieht er aus dem Handeln anderer. Die vorherrschende Meinung ist auch seine Meinung. Was andere ablehnen, lehnt er auch ab. Er ist für Tradition, bekennt sich zu Präzedenzfällen und macht sich die Gepflogenheiten der Organisation ganz unkritisch zu eigen. Das ist eben »der Stil des Hauses«. Oder: »So macht man das hier.« Sein Motivationsmotto lautet: »Wenn ich so denke, aussehe und handle wie die anderen - mit vielleicht ein bißchen mehr Intensität -, werde ich als Manager wohl geachtet.« Menschen mit 5,5-Orientierung identifizieren sich gerne mit Prestige und Macht oder mit denjenigen, die diese Dinge besitzen. Auf der Seite der Negativmotivationen steht der Wunsch, bloß nicht in der Minderheit zu stehen, bloß nicht von der Hauptgruppe getrennt zu werden. Er will sich auch nicht lächerlich machen. Wenn der 5,5-Manager keinen Erfolg hat, sich unpopulär fühlt, aus dem Tritt gerät und von den anderen isoliert dasteht, erlebt er verschiedene Gefühle, die von Verlegenheit bis Scham reichen können. Gerät er aus dem Tritt, wird er vielleicht verurteilt und ausgestoßen, verliert seine Freunde und gefährdet seinen Status in der

Gruppe. Schlußendlich entsteht Angst. Die Angst kann sich verstärken und zu einem Gefühl werden, das ihn ständig begleitet. Die Angst zeigt sich hauptsächlich darin, daß er nie weiß, in welche Richtung er sich wenden soll. Deswegen ist dem 5,5-orientierten Manager so wichtig, was andere denken.

Konfliktmanagement

Der 5,5-Ansatz geht von einer bestimmten inneren Logik aus: »Es gibt keine Menschen und auch keine Gruppen, die immer nur ihren eigenen Willen durchgedrückt haben. Statt dessen braucht man die Fähigkeit zu Kompromissen. Nur so kann man an die Konflikte herangehen, die im Tagesgeschäft zwangsläufig entstehen.«

Konfliktverhütung
Was hat man früher getan? Konflikte, die aus einer selbständigen Beurteilung entstehen können, werden vermieden, weil sich der 5,5-Manager ganz genau an etablierte Abläufe hält und sich dabei sicher und geschützt fühlt. Häufig legt er großen Wert auf Tradition, auf schon lange bestehende Gebräuche oder ungeschriebene Verfahren. Diese Kriterien sind in den Status quo eingebettet und gelten als selbstverständlich. Solange die Leistung in diesen Rahmen paßt, bewegt sich alles in den richtigen Bahnen. Wenn er sich auf das Althergebrachte verlassen kann, braucht er keine persönlichen Entscheidungen zu treffen. Kann er nicht auf die Tradition zurückgreifen, sucht er sich einen Präzedenzfall als Leitlinie. Der 5,5-orientierte Manager macht sich die Devise zu eigen: »Vorsicht ist besser als Draufzahlen.« Er läuft also nicht Gefahr, bei anderen als skrupelloser Draufgänger zu gelten.

Etikette in der Organisation. Takt und Etikette werden eingesetzt, um Konflikte zu verhindern. Die Beziehungen der Menschen werden nach feststehenden Konventionen strukturiert. Wenn jemand nicht ganz sicher ist, was richtig ist, braucht er sich nur an die Etikette zu halten. Damit schwindet die Unsicherheit. Man braucht nicht zu fürchten, etwas zu tun, was sich nicht gehört, und deswegen von anderen kritisiert zu werden. Diese Protokollfragen haben eine ganze Menge mit dem Erhalt oder der Förderung des Status innerhalb der Hierarchie zu tun. Spontaneität und individueller Ausdruck der eigenen Persönlichkeit werden durch die in der Organisation herrschenden Konventionen beschnitten. Wichtig in der Organisation sind Status, Hierarchie und Dauer der Unternehmungszugehörigkeit.

Vorschriften. Vorschriften zeigen, was als akzeptierbares oder erstrebenswertes Verhalten gilt. Wo es Regeln und Vorschriften gibt, müssen die Menschen weniger nach eigenem Ermessen handeln. Wenn sich also jeder an die Regeln hält, können nicht mehr viele Meinungsverschiedenheiten entstehen.

Auch Konflikte lassen sich abschwächen, wenn man auf die Vorschriften verweist. Man zeigt den »Nonkonformisten«, daß ihr Verhalten nicht akzeptierbar ist, und weiß genau, daß sie nicht gerade Wert darauf legen, vom Chef korrigiert zu werden. Ein 5,5-Manager hängt die Regeln am Schwarzen Brett aus oder schreibt Aktenvermerke »an alle«, um jeden darüber zu informieren, was gestattet ist, ohne dabei aber auf einen bestimmten Fall einzugehen. Auf diese Weise kann er erreichen, daß auch die Kollegen Druck ausüben, um den Missetäter wieder in die Reihe zu bekommen.

Wer Vorschriften erläßt oder die bestehenden Regeln betont, vermindert das Entstehen persönlicher Konflikte. Vorschriften bilden aber auch den Grundstein der Bürokratie. Wer sich, statt auf direkte Führung, auf Regeln verläßt, kann genügend Vorschriften produzieren, damit alles und jedes abgedeckt ist. Sind Regeln einmal aufgestellt, entwickeln sie aber im Laufe der Zeit ihre eigene Dynamik. Wer übermäßig auf Vorschriften pocht, wird schließlich jede Initiative ersticken. Initiative aber ist wichtig zur Erzielung von Ergebnissen.

Öffentliche Stellungnahmen vermeiden. Wenn man eindeutig Stellung bezieht, könnte man mit anderen in Streit geraten. Ein 5,5-Manager wird deshalb vorab festzustellen versuchen, ob eine bestimmte Position auf Widerstand stoßen könnte. Stellt sich heraus, daß Widerstände möglich sind, kann er seinen Standpunkt immer noch ändern oder fallenlassen. Er hält sich zurück, drückt sich nicht eindeutig aus oder geht Sachen nur indirekt an. Auch für die Übernahme von Projektteams und Pilotprojekten kann als Motiv der Wunsch gelten, nicht mit kontroversen Positionen in Verbindung gebracht zu werden.

Ein 5,5-orientierter Manager läßt Versuchsballons aufsteigen, wenn er nicht abschätzen kann, was von ihm erwartet wird, er aber handeln oder Stellung nehmen muß. Bei einer unpopulären Position setzt er sich Widerständen aus. Also sendet er zunächst einmal Signale aus - möglichst anonym -, um festzustellen, wie man auf eine Entscheidung oder eine Maßnahme reagieren würde. Der 5,5-Manager ist so geschickt, daß er den Ballon frei fliegen läßt, ohne ihn an einem Bindfaden festzuhalten, der ihn möglicherweise auf eine unpopuläre Entscheidung »festnageln« könnte.

Unterschiede werden herabgespielt, Ähnlichkeiten werden betont. Diese Verhaltensweise ist charakteristisch für eine 5,5-Orientierung, in der man Wert auf Einigung legt, wenn Maßnahmen getroffen werden müssen. So braucht man sich den unterschwelligen Meinungsverschiedenheiten, die einen Konflikt auslösen könnten, nicht mehr zu stellen. Das Gegenteil tritt ein, wenn Konsens nicht möglich ist und auch der eigene Status nicht gefährdet ist. Dann appelliert der 5,5-orientierte Manager an die einzigartigen Qualitäten, die jeder einzelne besitzt, spielt die Ähnlichkeiten herunter und betont die an der Oberfläche auftauchenden Differenzen, zum Beispiel eigenständiges Denken und originelles Denken. Es gibt nichts zu verlieren, aber viel zu gewinnen, wenn man die Mitarbeiter wissen läßt: »Hier werden die Menschen nicht bevormundet. Wir sind eine Demokratie.«

Eine ähnliche Taktik entwickelt er bei Angelegenheiten, in denen es um das berechtigte Interesse mehrerer Menschen geht. Der 5,5-Ansatz funktioniert so: Ehe er eine Konferenz einberuft, bespricht er die einzelnen Probleme zunächst einmal mit jedem unter vier Augen. Sobald sich die Mitarbeiter ausgesprochen haben, weiß der Manager, ob eine Grundlage besteht, auf der eine Einigung erzielt werden könnte, oder ob die Meinungen aufeinanderprallen werden, wenn das Thema öffentlich auf den Tisch gebracht wird. Stellt sich eine grundlegende Einigungsmöglichkeit heraus, kann er das Thema in die Tagesordnung für die nächste Sitzung aufnehmen. Besteht Uneinigkeit, läßt er das Thema entweder fallen oder führt so lange Einzelgespräche, bis die Streitpunkte ausgebügelt sind.

Diese Abfolge ist nicht nur zeitraubend, weil dasselbe Gespräch mit mehreren Leuten geführt werden muß, sondern es bleibt auch kein Raum für kreative Ideen, die normalerweise angeregt werden, wenn verschiedene Ideen in einer offenen Diskussion aufeinanderprallen. Diese Vorgehensweise hat allerdings auch einen Vorteil. Die Probleme werden gelöst, wenn auch nicht besonders vernünftig, schnell oder kreativ. Zumindest aber ist die Lösung für alle, die ein berechtigtes Interesse am Ergebnis haben, akzeptabel.

Konfliktbewältigung

Aus der 5,5-Perspektive ist es selten klug, sich einem Konflikt zu stellen. Wenn sich nämlich die verschiedenen Standpunkte verhärten, muß einer gewinnen und einer verlieren. Der Verlierer kann zum Feind werden, sobald sich der nächste Streit am Horizont zeigt. Also drückt sich der 5,5-orientierte Manager zunächst vor einer Lösung der Situation und wartet erst einmal ab, daß sich die erhitzten Gemüter abkühlen.

Kompromiß. Bei einem scheinbar unlösbaren Problem bittet er mehrere andere um Ideen und Lösungsvorschläge. Die Schwierigkeiten beginnen, wenn eine endgültige Lösung gefunden und eine Entscheidung getroffen werden muß. Der 5,5-orientierte Manager greift dann überall Teilvorschläge auf und schlägt einen Mittelweg vor. Diese Lösung ist vielleicht nicht perfekt, aber sie kommt an. Eine solche gütliche Einigung läßt sich erzielen, wenn jede Seite ein bißchen gibt und ein bißchen nimmt. Das Endergebnis wird zwar nicht allen Forderungen gerecht, aber es stellt einen Mittelweg dar, den die Vertreter der verschiedenen Meinungen akzeptieren werden, um den Kampf nicht fortsetzen zu müssen.

Es gibt Fälle, in denen der Mittelweg die beste Lösung ist. Bei einer 5,5-Orientierung wird dieser Mittelweg aber nicht angestrebt, weil er die beste Lösung darstellt. Bei einer 5,5-Motivation und bei 5,5-Bemühungen kommt man sich auf halbem Wege entgegen, aber die ursprünglichen Bedenken und Einwände, die zu den Differenzen geführt haben, bleiben bestehen.

Der wirklich tüchtige Manager will das bestmögliche Ergebnis im Hinblick auf die Sache und im Hinblick auf den Menschen erzielen. Das Optimum wird aber wohl kaum erreicht, wenn man sich auf einen Mittelweg oder eine Zwischenlösung einigt oder sich auf halbem Wege entgegenkommt.

Manchmal sieht man auch einen Unterschied zwischen Kompromissen bei prinzipiellen Fragen und Kompromissen in Situationen der angewandten Entscheidungsbildung. Kompromisse in rein operationalen Angelegenheiten gelten als vernünftig. Diese Unterscheidung mag vielleicht nützlich sein. Es ist aber doch klar, daß Prinzipien die Praxis untermauern und daß die Führungspraxis ihre Gültigkeit aus Prinzipien bezieht. So ist es also »leicht«, Kompromisse zu schließen, wenn es um operationale Angelegenheiten geht. Man denkt einfach nicht daran, daß die Grundprinzipien durch das operationale Nachgeben verletzt werden könnten. Wer sich so verhält, gilt allerdings als anpassungsfähig und tolerant gegenüber Andersdenkenden.

Manchmal will aber der Vorgesetzte des Vorgesetzten etwas ganz anderes, als die Mitarbeiter zwei Stufen tiefer zu akzeptieren bereit sind. Diese Situation läßt sich nicht einfach dadurch lösen, daß der 5,5-Manager sich für den einen oder den anderen Weg entscheidet. In der Hierarchie kann man drei Ebenen nicht leicht unter einen Hut bringen. Dann wird der 5,5er zum Vermittler: Er läuft zwischen seinem Chef und seinen Mitarbeitern hin und her und lotet die möglichen Maßnahmen zuerst von der einen, dann von der anderen Seite aus. So läßt sich durch eine Serie von Annäherungen schließlich eine Position erreichen, die für alle mehr oder weniger annehmbar ist: Es ist nicht die objektiv »beste« Lösung, sondern ein Mittelweg.

Widersacher trennen. Wenn zwei Mitarbeiter miteinander streiten, wird ein 5,5-orientierter Vorgesetzter zunächst einmal einzeln mit ihnen reden. Er versucht, Punkte zu finden, auf die sie sich beide einigen können. So wird er wahrscheinlich eine Einigungsgrundlage finden, mit der jeder leben kann. Leider lernen die Mitarbeiter meistens nicht, miteinander auszukommen. So muß es immer wieder zwangsläufig zu Meinungsverschiedenheiten kommen, die dann wahrscheinlich wieder auf dieselbe zeitraubende Weise beigelegt werden.

Eine weitere 5,5-orientierte Taktik besteht darin, Menschen, die einander nicht leiden können, peinlich voneinander zu trennen. Bei einem großen Raum braucht man die Schreibtische der beiden Streithähne nur an den entgegengesetzten Enden des Raumes aufzustellen. Damit wird die akute Spannung abgebaut. Sie sitzen nicht nahe genug beieinander, um noch einen Streit beginnen zu können. So ist den Mitarbeitern geholfen, und oberflächlich gesehen herrscht nun wieder ein kollegialeres Klima.

Die Trennung kann auch subtilere Formen annehmen. Man »wechselt sich ab«, einigt sich im voraus auf eine Tagesordnung, von der dann keine Abweichungen mehr möglich sind, legt Regeln und Termine fest, damit ein ordnungsgemäßer Ablauf gewährleistet ist.

Man kann auch Mitarbeiter voneinander trennen, indem man für eine Versetzung sorgt. Eine Versetzung an einen anderen Standort »löst« das Problem. Eine andere Möglichkeit ist die Revision des Organisationsplans. Man ändert die Unterstellungsverhältnisse, damit die beiden Kontrahenten nicht mehr demselben Vorgesetzten unterstehen.

Mit diesen Ansätzen lassen sich Spannungen abbauen. Die Probleme aber, die den Konflikt ursprünglich ausgelöst haben, sind damit nicht aus der Welt geschafft.

Wenn der Konflikt weiterschwelt

Ein 5,5-orientierter Manager bedient sich mehrerer Reaktionsweisen, wenn Konflikte weiterschwelen. Damit greift er zwar oberflächlich glättend in die Situation ein, die Meinungsverschiedenheiten bleiben jedoch bestehen.

Eine Patt-Stellung wird akzeptiert. Wer von einer 5,5-Orientierung ausgeht, kann mit Meinungsverschiedenheiten leben. Er sagt: »Einigen wir uns darauf, daß wir verschiedener Meinung sind.« Da die Fähigkeiten zur Konfliktlösung nicht vorhanden sind, ist es leichter, den Unstimmigkeiten aus dem Wege zu gehen als zu versuchen, die Gründe zu entdecken und mit der Lösung bei den

Ursachen anzusetzen. Ihm reicht folgendes: Er äußert seinen Standpunkt und stellt fest, daß er von anderen nicht akzeptiert wird. Mehr ist nicht zu tun. Sein Nichthandeln erklärt er mit der Maxime »Einig in der Uneinigkeit«.

Distanz halten. Bleibt der Konflikt ungelöst, kann er Spannungen aus dem Wege gehen, indem er die Distanz zwischen sich selbst und den anderen vergrößert. Er geht dem anderen aus dem Wege oder spricht mit ihm nur über unverfängliche Themen.

Schubladendenken. Produktion und Qualität sind für ihn zwei völlig verschiedene Dinge. Die Produktion wird in Einheiten gemessen, die Verantwortung dafür trägt die Linie. Qualität wird daran gemessen, wieviel schiefgelaufen ist. Verantwortlich für die Qualität ist die Qualitätskontrolle. Die Spannungen zwischen diesen beiden verschiedenen Produktaspekten werden gelöst, indem man die Zuständigkeit für die einzelnen Facetten auf verschiedene Menschen aufteilt.

Die Lösung von Produktionsproblemen gilt als Aufgabe eines Linienmanagers. Die Lösung von Personalproblemen gilt als Aufgabe der Personalabteilung. Für die Planung braucht man andere Fähigkeiten als für die Ausführung. Also werden diese Aufgaben verschiedenen Abteilungen zugeteilt.

Beim Werkmeister wird oft die Trennungslinie zwischen leitenden Angestellten und Mitarbeitern gezogen. Ein 5,5-orientierter Meister sagt: »Meine Aufgabe ist es, auf dem Zaun zwischen dem Management und den Arbeitern zu balancieren.« Er sieht nicht, daß es den Begriff »Zaun« eigentlich gar nicht geben sollte.

Das Schubladendenken wird manchmal mit der Aufgabenkomplexität erklärt. Allzuhäufig wird die Einteilung willkürlich vorgenommen. So hat man zwar keine vernünftige, aber eine bequeme Möglichkeit, Meinungsverschiedenheiten zu glätten oder Spannungen abzubauen.

Verhaltenselemente

Die für einen 5,5-orientierten Manager typischen Ansätze werden in den folgenden Verhaltenselementen dargestellt. Seinem Verhalten liegt folgende Motivation zugrunde: Auf der einen Seite will er beliebt sein, auf der anderen Seite will er nirgendwo anecken.

Initiative
Der Status quo definiert den Handlungsspielraum. Es geht darum, daß innerhalb der gegebenen Arena alles annehmbar und ordnungsgemäß abläuft. Man arbeitet stetig vor sich hin. Initiative wird nur beschränkt ausgeübt. Neuartige oder experimentelle Ansätze gelten als unerprobt und riskant. Kreative Ideen stoßen auf Bemerkungen wie: »Besser nicht«, »Nicht bei mir«, »Ein Wort der Vorsicht ...«, »Ein bißchen zu radikal ...«, »Mir persönlich sagt das schon zu, aber ...«, »Einmal haben wir es so versucht ...«, »Es geht ja nicht nur um uns ...«, »Ich wünschte, es wäre tatsächlich so ...« Wenn andere hartnäckig bleiben, handelt der 5,5-orientierte Manager nur dann, wenn er Präzedenzfälle findet: »Ist so etwas schon einmal ausprobiert worden?« Oder: »Wie machen es denn die anderen?« Am Ende wird er aber dennoch – es sei denn, er steht von anderer Seite unter großem Druck – weiterhin sagen: »Zu riskant!«

Wenn Konventionen, Richtlinien und Regeln zweideutig sind, sucht der 5,5-Manager Orientierungshilfe bei anderen, aber so, daß man ihm seine Unsicherheit nicht anmerkt. Ganz vorsichtig erkundigt er sich bei seinem Chef nach der entsprechenden Richtschnur. Danach kann er sogar die Initiative ergreifen und die entsprechende Verantwortung übernehmen.

Fragen
Mit Fragen ist der 5,5-Manager sehr vorsichtig und bleibt an der Oberfläche. Auf Gründlichkeit legt er persönlich keinen besonderen Wert. Um sich auf dem laufenden zu halten, bedient sich der 5,5-orientierte Manager häufig informeller Kanäle. Diese informellen Kanäle haben ihre eigenen Normen und Regeln. Es gibt

Führende und Geführte, Konformisten und Abweichler. Die Kommunikationskanäle - Klatsch, Gerede, Gerüchte - dienen als goldene Informationsquelle zur Arbeitsmoral und Mitarbeiterzufriedenheit. So erfährt der Manager, wie die Mitarbeiter auf die Vorgehensweisen des Unternehmens reagieren, zum Beispiel auf Expansionspläne, Entlassungen oder auf Spannungen zwischen Arbeitgeber und Gewerkschaften.

Der 5,5-orientierte Manager nutzt diese informellen Kanäle und fühlt so der Organisation auf den Zahn. Ständig beobachtet er andere und hört ihnen zu. Die einflußreichen Mitglieder dieses informellen Gefüges schätzen ihn als netten Menschen, der sein Wissen nicht für sich behält, sondern andere immer darüber orientiert, was gerade im Busch ist. Dazu sagt ein Manager: »Man braucht einen sechsten Sinn, d.h. einen guten Riecher, um zu wissen, was so läuft.« So kann der 5,5-orientierte Mensch meistens auf dem laufenden bleiben. Nur selten entgeht ihm der Ton, der von denen bestimmt wird, die in der Organisation als wichtig gelten. Lieber verläßt er sich auf den Status quo, als sich um tiefere Einsichten zu bemühen, die zu grundlegenderen Lösungen führen könnten.

Fragen werden vorsichtig oder indirekt formuliert. Stoßen sie auf Widerstand, lassen sie sich entsprechend modifizieren. Dies kann allerdings zu Problemen führen. Herr Michels will zum Beispiel feststellen, ob Frau Sauer schon auf eine Kundenreklamation reagiert hat, durch die das Unternehmen in eine schwierige Position geraten ist. Herr Michels fragt Herrn Thomas aber nicht direkt, ob Frau Sauer sich mit dem Problem befaßt, sondern sagt zu Herrn Thomas: »Wo ist Frau Sauer? Ich habe sie heute noch nicht gesehen, wissen Sie Näheres?«

Herr Thomas antwortet vielleicht: »Ich glaube, ich habe jemand sagen hören, daß sie einen Tag Urlaub genommen hat.« Er könnte auch sagen: »Ich habe sie heute morgen noch gesehen.« So bleibt Herr Michels in der Luft hängen, weil Herr Thomas nicht weiß, worauf die Frage hinauslief. Eigentlich wollte Herr Michels feststellen, ob Frau Sauer sich an die Anweisungen gehalten hat.

Wer in 5,5-Orientierung zuhört, achtet ständig auf verschlüsselte Anhaltspunkte, um auf dem laufenden zu bleiben. Herr

Michels will beispielsweise unbedingt erfahren, wer an einer wichtigen Konferenz teilgenommen hat, wer den Chef zur Konferenz nach Chikago begleitet, wer für eine Gehaltserhöhung ansteht, wer für die Versetzung nach San Francisco im Gespräch ist. So erfährt er, wer sich auf dem »aufsteigenden« und wer sich auf dem »absteigenden« Ast befindet. So weiß er wieder, was er tun kann, um auf positive Reaktionen zu stoßen und negativer Aufmerksamkeit zu entgehen.

Andere Informationsquellen, zum Beispiel fachliche Dokumente, liest er nur dann aufmerksam, wenn er davon ausgehen muß, zur Verantwortung gezogen zu werden, oder es ihm darum geht, anderen um eine Nasenlänge voraus zu sein. Ansonsten werden solche Papiere nur überflogen. Fachdokumente gibt er an andere weiter mit der Bitte um eine Synopse der wesentlichen Punkte, um eine Zusammenfassung oder eine Inhaltsübersicht. Mehr will er als Grundlage für seine Reaktion gar nicht haben.

Standpunkt

Ein 5,5-orientierter Manager wird kaum einen eindeutigen Standpunkt vertreten. Wird er angegriffen oder stößt er auf gegenteilige Meinungen, weicht er aus oder gibt nach. Manchmal schließt er sich wider besseres Wissen und Gewissen den Überzeugungen anderer an – im Interesse des »Fortschritts«. Er hat kaum festgefaßte, definitive oder klare Überzeugungen.

Ein 5,5-orientierter Manager kann einen Standpunkt sehr nachdrücklich vertreten, wenn er im Namen eines Vorgesetzten oder des Unternehmens spricht oder wenn er eine Ansicht wiedergibt, die der Vorgesetzte ausgesprochen hat. Dazu ein Beispiel. Frau Jannings sagt zu Herrn Thomas: »Der Chef will ein mageres Budget vorgelegt bekommen, und ich bin ganz seiner Meinung.« Herr Thomas sagt zu Herrn Jago: »Seit 77 Jahren steht unser Unternehmen für Qualität und Produktzufriedenheit. Eine bessere Grundlage kann es im Wirtschaftsleben nicht geben.« Wenn es also eine feststehende Position oder Parteilinie gibt, ist der Manager so frei, für diese Überzeugung einzutreten und sie zu unterstützen. Es ist zwar nicht unbedingt seine eigene Überzeugung, aber sie wird als solche interpretiert.

Der eigene Standpunkt richtet sich häufig nicht nach der eigenen Überzeugung, sondern danach, was politisch sicher ist, was ankommt oder praktikabel ist. Deswegen wird die zweckmäßigste Position ergriffen - häufig auf Kosten einer vernünftigeren Lösung. Das Konzept der Zweckmäßigkeit wirkt sich entscheidend auf die Unternehmensethik aus. Ein 5,5-Manager wird sich moralisch nicht verpflichtet fühlen, »mehr zu tun als die anderen«. Dies kann zu einer langsamen Aushöhlung der Unternehmensethik und Unternehmensmoral führen. Irgendwann gehen Gerechtigkeit und Recht verloren, wenn niemand bereit ist, vorherrschende Haltungen in Frage zu stellen, die ethisch unsolide sind.

Der 5,5-orientierte Manager mag beschönigen, zu Halbwahrheiten oder Notlügen greifen. Das sind für ihn tragbare Taktiken zur Erzielung von Ergebnissen. Er verzichtet auf Aufrichtigkeit, damit die Kooperation weiter funktioniert. Mit der Zeit aber werden sich solche Verzerrungen zu einem Netz von Widersprüchlichkeiten verdichten. Dennoch meint der 5,5-orientierte Manager, daß sein Führungsansatz funktionsfähig oder realistisch sei: Der Zweck heiligt die Mittel, solange man sich nicht dabei erwischen läßt. Dies ist keine bewußte Manipulation, wie sie bei jemandem vorkommt, der ein Führungsverhalten nur vorgibt oder direkt lügt. Ein 5,5-orientierter Manager wird wohl nicht einmal merken, daß er Schönfärberei betreibt, wenn er Informationen zurechtschneidert, um andere zu überzeugen. Sie mögen sich zwar fügen, aber häufig haben sie das Gefühl, daß irgend etwas nicht stimmt.

Manchmal läßt er Unterschiede auch absichtlich im dunkeln, damit er nur ja nicht in Gefahr kommt, einen Standpunkt zu vertreten, der unter Umständen falsch ist. Er vertritt das Konzept »gleich, aber doch anders«, obwohl die Situationen, in denen er dieses Konzept anwendet, völlig ungleich und völlig verschieden voneinander sind. Hinter seinem Verhalten steht das Ziel, den Eindruck zu erwecken, er habe ein ausgeglichenes Urteil gefällt. Er braucht also nicht mehr zu fürchten, sich für die eine oder andere Position entscheiden zu müssen.

Entscheidungen

Mit Entscheidungen hat der 5,5-orientierte Manager kaum Schwierigkeiten, solange er sich nach den geäußerten Erwartungen, Präzedenzfällen oder Stellenbeschreibungen richten kann. Schwieriger aber wird es, wenn seine Entscheidungen möglicherweise unpopulär sein, zu unangenehmen Aufgaben oder zu neuen, noch unerprobten Maßnahmen führen könnten.

Umfragen und Erhebungen bieten wichtige Anhaltspunkte. Auf sie kann er als Informationsquellen zurückgreifen, wenn er Entscheidungen treffen muß. Der Manager kann sich in seinem Handeln auf diese Informationsquellen stützen, ohne sich mit seinem Gedanken oder mit seinem Urteil exponieren zu müssen. Er kann sich auf die Meinungsumfrage verlassen, ohne »den eigenen Kopf hinhalten« zu müssen. Wenn sich die Entscheidung als falsch erweist, lag es an der »schlechten« Marktforschung.

Bei der Delegation gilt der Grundsatz der Gleichheit und Fairneß. Zuständigkeiten oder Probleme werden fair und gerecht auf die einzelnen Mitarbeiter verteilt. Jeder soll ein gleich schweres Päckchen zu tragen haben. Dies mag zwar vernünftig sein, wenn sich ein Problem rein mechanisch lösen läßt. Viele Probleme erfordern aber verschiedene Beiträge auf der Grundlage verschiedener Fähigkeiten, wenn sie gelöst werden sollen.

Man geht davon aus, daß Mehrheitsentscheidungen maßgebend sind. Jede einzelne Meinung ist gleich viel wert. Nicht objektive Tatsachen, sondern Popularität gilt als Maßstab für das, was richtig oder gültig ist. So können sich mehrere Menschen durchaus über falsche Voraussetzungen einig sein oder aufgrund derselben, aber falschen Daten zu einer bestimmten Schlußfolgerung kommen. Je populärer eine Entscheidung ist, desto größer ist auch das Risiko, Mehrheitsentscheidungen als den objektiven Tatsachen entsprechend zu akzeptieren. »Gruppendenken« ist typisch für eine 5,5-Orientierung. Man ist sich selbst oder seiner Tatsachen nicht ganz sicher, schließt sich lieber den anderen an und unterstützt sie, als noch einmal nachzubohren, seine echte Überzeugung zu vertreten oder gegen einen sich herausschälenden Plan zu opponieren. Wenn Entscheidungen auf diese Art zustande kommen, wird der Plan zu einem riesigen Schneeball, der die noch verbleibenden Bedenken einfach überrollt. Niemand will sich ausschließen. Alle scheinen sich einig zu sein. Eine Übereinkunft wird erzielt, eine Maßnahme getroffen. Das Ergebnis ist ein Fiasko.

Kritik
Wer aus einer 5,5-Orientierung Feedback gibt oder Kritik übt, will positiv verstärken. Der Manager ermuntert seine Mitarbeiter, indem er ein Lob, das er von anderen gehört hat, an sie weiterleitet oder ihnen mitteilt, wie gut ihre Leistung bei ihm angekommen ist.

Negative Äußerungen sind riskant, weil sie wie ein Bumerang auf ihn zurückfliegen können. Dem 5,5-orientierten Manager gefällt es gar nicht, wenn er seinen Mitarbeitern unangenehme Dinge sagen muß. Er weiß jedoch, daß dies wichtig ist, da die Mitarbeiter sich ihrer Schwächen bewußt sein müssen, um sich verbessern zu können. Also geht er sehr vorsichtig zu Werke. Er läßt die negativen Informationen beispielsweise indirekt durchblicken. Er stellt einem Mitarbeiter eine Frage. Wird sie objektiv beantwortet, muß der Mitarbeiter eine Schwäche zugeben. Es geht aber auch noch indirekter. Der Manager fragt beispielsweise einen Mitarbeiter, der einen Sachbericht für ihn erstellen muß: »Wäre es vielleicht besser, die Folgerungen so abzufassen?« Der Chef hat dem Mitarbeiter nicht geradeheraus gesagt, daß sein Bericht, so wie er abgefaßt ist, untragbar ist. Wenn aber der Mitarbeiter den Hinweis aufnimmt, zeigt dies, daß die Botschaft angekommen ist. Man kann eine negative oder kritische Reaktion auch versüßen, wenn man eine Kritik zwischen zwei Komplimente packt. So macht man es den Mitarbeitern leichter, die Kritik zu akzeptieren.

Beim 5,5-Ansatz kommt das Feedback nicht offen, ehrlich und freimütig. Dies kann bei den Mitarbeitern zu Mißverständnissen führen, weil die Botschaft wahrscheinlich nicht deutlich wird.

Führungspraxis

Wer nach 5,5 führt, führt »reaktiv«. Man kommt voran, aber immer im Gleichschritt mit anderen, und wagt sich nie zu weit vor. Der 5,5-Manager ist ein Anhänger der *Strategie der kleinen Schritte.* Wandel vollzieht sich nach und nach in vielen kleinen Schritten, nicht etwa durch das Verfolgen einer bestimmten Richtung oder zielorientierter Experimente. Hieraus entsteht zwar kein Chaos, aber auch nichts Einheitliches. Die Ergebnisse sind eher auf Konformität ausgerichtet und stellen nichts Halbes und nichts Ganzes dar. Die 5,5-orientierte Führungskraft wird als konservativer, konventioneller und von seinem Handeln her gemäßigter Typ eingestuft.

Gemäß seiner Denkungsart wird dieser Manager keine direkten *Befehle* oder *Anweisungen* erteilen. Damit die Arbeit erledigt wird, wird er vielmehr *kommunizieren.* Seine formale Autorität will er nicht ausspielen. Lieber bittet er und überzeugt er, um die Menschen dazu zu bringen, gerne zu arbeiten.

Planung: »Ich weiß, was meine Mitarbeiter wollen und nicht wollen. Darauf stelle ich mich in meiner Planung ein.«

Organisation: »Ich erkläre die Ziele und den Terminplan und verteile dann die einzelnen Aufgaben. Dabei vergewissere ich mich noch einmal, daß die Mitarbeiter das, was ich von ihnen verlange, auch für richtig halten. Ich fordere sie dazu auf, jederzeit zu mir zu kommen, wenn sie etwas nicht verstehen.«

Unterweisung: »Ich halte mich über die Leistungen meiner Mitarbeiter auf dem laufenden und spreche mit ihnen von Zeit zu Zeit über die Fortschritte. Wenn jemand Schwierigkeiten hat, versuche ich möglichst, den Arbeitsdruck zu verringern, indem ich, wo nur möglich, eine andere Arbeitsaufteilung vornehme.«

Steuerung und Überwachung: »Ich treffe mich zwanglos mit meinen Mitarbeitern, und wir reden darüber, wie alles läuft. Ich betone meistens die guten Punkte und will möglichst keinen kritischen oder negativen Eindruck machen. Dennoch ermuntere ich meine Mitarbeiter dazu, sich ihrer Schwachstellen bewußt zu werden. Meine Mitarbeiter wissen, daß ich ihre Gedanken und Gefühle in meinen Entscheidungen berücksichtige.«

Stellenbesetzung: »Ich suche die Leute so aus, daß sie zu uns passen.«

Management by Objectives (Führen durch und mit Zielvereinbarung): »Ziele werden danach ausgerichtet, was die Mitarbeiter zu akzeptieren bereit sind. Ich ermuntere meine Mitarbeiter zu eigenen Vorschlägen, damit sie sich entweder weniger anstrengen müssen, um ein bestimmtes Ergebnis zu erzielen, oder damit der Druck gemildert wird und sich Streß und Frustration damit verringern.«

Leistungsbewertung: »Ich versuche, meine Mitarbeiter auf die Bereiche hinzuweisen, in denen sie gute Leistungen erbringen. Positive Anregungen motivieren. Kritik aber wirkt demotivierend.«

Bei dieser Sachorientierung braucht er die Bedürfnisse der Menschen nicht zu opfern. Er vollführt einen Balanceakt, gibt etwas von dem einen auf, um etwas von dem anderen zu bekommen. Wenn der Chef weniger auf Leistung drängt und Haltung und Gefühle seiner Mitarbeiter berücksichtigt, kann er auch davon ausgehen, daß die Mitarbeiter die Lage akzeptieren und relativ zufrieden sind. Bei dieser Orientierung geht der Manager davon aus, daß die Menschen pragmatisch denken und sowieso wissen, daß sie sich im Interesse der Leistung in einem vernünftigen Rahmen anstrengen müssen. Der 5,5-orientierte Manager bevorzugt formlose und unbekümmerte Gespräche. Man gibt und man nimmt. Er legt Wert auf Einzelgespräche. Leutseligkeit den Mitarbeitern gegenüber wird dem 5,5-Manager als wahre demokratische Einstellung ausgelegt. Zu einer echten Beteiligung der Mitarbeiter führt dieses Verhalten aber kaum. Auf der anderen Seite besteht die Tendenz, auf Konferenzen zurückzugreifen, wenn es um Problemlösungen geht. Er hat es lieber, wenn Entscheidungen in der Gruppe, in Sonderausschüssen oder Projektteams gefällt werden. So verteilt sich die Verantwortung für unpopuläre Entscheidungen auf mehrere Schultern. Er sieht sich in seiner Führungsrolle als Katalysator oder Vereinfachungsfigur. Er sieht sich als einen Menschen, der den Mitarbeitern mit seinen Verhandlungsfähigkeiten zu einer Mehrheitsmeinung verhilft. Für ihn ist es sehr wichtig, alle bei der Stange zu halten.

Konsequenzen

Aus einem 5,5-Führungsstil erwachsen folgende Konsequenzen:

Auswirkung auf die Produktivität
Als Folge dieses Ansatzes wird die Bürokratie immer stärker. In einer bürokratischen Organisation ist genau festgelegt, wie etwas getan werden muß und nicht getan werden darf. Man braucht also nicht mehr viel nachzudenken. Urteilskraft ist nicht mehr gefragt. Regeln und Vorschriften sind maßgebend für Status und Prestige. Politik, Vetternwirtschaft und Kompromisse verringern die Fähigkeit der Organisation, sich zu ändern, wenn ein Wandel notwendig ist, oder Entscheidungen zu treffen, die aufgrund der Konkurrenzsituation erforderlich werden. Da sich Bürokratien veränderten Umständen immer nur sehr langsam anpassen, werden sie eines Tages nicht mehr in der Lage sein, konkurrenzfähige Produkte oder Dienstleistungen anzubieten.

Auswirkung auf die Kreativität
Ein nach 5,5 führender Manager wird durch sein Verhalten kaum zu Kreativität oder Innovation anspornen. Kreatives Denken ist uncharakteristisch für einen Konformisten. Einem 5,5-orientierten Manager fehlt das unabhängige Urteil oder das abweichende Denken, das für kreatives Tun unabdingbare Voraussetzung ist.

Auswirkung auf die Zufriedenheit
In einer bürokratischen Organisation wird ein 5,5-orientierter Manager wahrscheinlich zufrieden sein, weil sein bevorzugter Führungsstil den Erwartungen der Organisation entspricht. Führungskraft und Unternehmenskultur passen zueinander. Konformität ist ein zuverlässiger Schlüssel zum eigenen Fortkommen. Wenn aber das Leistungsprinzip gilt, muß dieser Manager davon ausgehen, daß seine im Moment auf gleicher Stufe stehenden Kollegen schneller befördert werden als er.

Auswirkung auf die Karriere
In einem bürokratischen System, in dem die Dienstjahre zählen, hat ein 5,5-orientierter Manager dieselben Chancen wie alle anderen, an die Spitze zu gelangen. In Organisationen, in denen sich die Bürokratie noch nicht ganz durchgesetzt hat, kann sich ein 5,5-Manager eine bescheiden erfolgreiche Karriere erhoffen. Allerdings wird er bis zu seiner Pensionierung kaum über die mittlere Führungsebene hinauskommen.

5,5-Verhalten erkennen

Die folgenden Begriffe und Wörter kennzeichnen den 5,5-orientierten Manager im Tagesgeschäft:

- Paßt sich an
- Vorsichtig
- Schließt Kompromisse
- Konformist
- Weicht aus, wenn er angegriffen wird
- Zweckmäßig
- Indirekt
- Mag Erprobtes und Bewährtes
- Verhandelt
- Zieht den Mittelweg vor
- Richtet sich in seinem Handeln nach Präzedenzfällen
- Zurückhaltend
- Packt negative Bemerkungen zwischen positive Bemerkungen
- Mildert Meinungsverschiedenheiten ab
- Schlägt sich auf die Seite der Mehrheit
- Hält es bei Streitfragen mit beiden Parteien
- Schluckt andere Meinung im Interesse des »Fortschritts«
- Prüft, woher der Wind weht
- Quasselt
- Wartet ab und stellt fest, wo die anderen stehen

Anregungen zum Wandel

Im folgenden geben wir dem 5,5-orientierten Manager einige Anregungen zum Wandel.

Motivation

- Überlegen Sie: Läßt sich aus den Reaktionen, die Sie von anderen bekommen, Respekt ableiten, oder spiegelt sich darin nur die Billigung Ihrer auf dem Bestreben nach Konformität beruhenden Handlungen? Achtung kann man sich verdienen. Dazu muß man aber den Unterschied erkennen, der zwischen der Darlegung der eigenen inneren Überzeugung und der Darlegung von Gedanken liegt, die der andere hören will.

Initiative

- Wenn Sie feststellen, daß etwas getan werden muß, dann handeln Sie, wie es die Situation erfordert. Verlassen Sie sich nicht allzusehr auf das Althergebrachte, auf Präzedenzfälle und bisher übliche Gepflogenheiten.
- Packen Sie die Probleme an! Warten Sie nicht, bis Sie grünes Licht oder Zustimmung von einem anderen erhalten, ehe Sie etwas unternehmen. Handlungsinitiative nötigt Respekt ab.

Fragen

- Sie müssen gründlicher vorgehen, wenn Sie nicht uninformiert bleiben wollen. Wenn Sie meinen, etwas gelernt zu haben, sollten Sie Zusatzfragen stellen, um sicherzugehen, daß Sie den Gesamtzusammenhang verstanden haben und über die wesentlichen Einzelheiten Bescheid wissen.
- Wenn Sie etwas schriftlich niederlegen, sollten Sie sich fragen, warum Sie das Schriftstück so und nicht anders abgefaßt haben. Wollten Sie das Ganze attraktiv oder schmackhaft gestalten? Wenn dem so ist – was wollten Sie wirklich damit erreichen? Stellen Sie diese Fragen auch anderen und überprüfen Sie, ob deren Interpretation mit der Ihren übereinstimmt.

Standpunkt

- Wer nur ungern eine klare Stellung bezieht, kann seine Hemmnisse überwinden, wenn er von der Voraussetzung ausgeht, daß sich andere für seine wahre Meinung interessieren. Sie brauchen also Ihre Überzeugungen nicht erst so zu überarbeiten oder zu gestalten, daß sie den anderen angenehmer werden. Sie werden auf sehr viel Spontaneität stoßen, wenn Sie sagen, was Sie wirklich denken.

Konflikt

- Meinungsverschiedenheiten können zur Innovation führen, und Innovation ist wertvoll. Man kann durchaus verschiedener Meinung sein und dann die Hintergründe und Beweggründe für diese Meinungsverschiedenheit offen und aufrichtig sondieren. Man kann durchaus anderer Meinung sein, ohne unangenehm zu werden.
- Daß sich zwei Parteien in einer Meinungsverschiedenheit als erklärte Feinde gegenüberstehen, ergibt sich aus der unterschwellig vorhandenen Meinung ».. und sie haben nicht recht«. Diese feindseligen Gefühle lassen sich verringern, wenn man um Hintergrundinformationen bittet oder sein Gegenüber dazu auffordert, seine Bedenken und Zweifel zur vertretenen Position darzulegen. Tun Sie dasselbe für die Gegenpartei, auch wenn Sie nicht ausdrücklich darum gebeten werden.
- Es ist möglich, sachlich zu bleiben und sachlich fundierte Schlüsse zu ziehen. Es geht nicht darum, als Gewinner die Arena zu verlassen, Punkte für sich zu verbuchen oder möglicherweise das Gesicht zu verlieren. Bei Offenheit und Aufrichtigkeit geht es in einem Konflikt nicht mehr um »alles oder nichts«.

Entscheidungen

- Sie müssen vor allen Dingen erkennen, daß es Entscheidungen gibt, die nur Sie treffen können. Natürlich können Sie Informationen verlangen. Für das Ergebnis sind aber nur Sie entscheidend. Es ist nicht richtig, anderen die Verantwortung über den Input hinaus aufzuerlegen.

- Sie werden an Achtung gewinnen, wenn Sie Entscheidungen unverzüglich treffen. Das wird nämlich von Ihnen erwartet.
- Wenn Sie Entscheidungen bekanntgeben, werden sie von den Betroffenen besser verstanden, wenn Sie auch die Gründe erläutern, die zu dieser Entscheidung geführt haben. Es ist auch gut, wenn Sie andere die von Ihnen untersuchten Alternativmöglichkeiten und die Gründe für Ihre Ablehnung wissen lassen.
- Sie müssen dazu bereit sein, Ihre Entscheidung zum Nutzen aller zu revidieren, wenn andere Fehler in der Argumentationslogik finden und aufgrund dessen die Entscheidung nicht akzeptieren können.
- Sie sollten einmal überprüfen, wieviel Sie delegieren und an wen Sie delegieren. Natürlich ist es wichtig, gerecht zu delegieren und die Last möglichst gleich zu verteilen. Das vernünftigste Kriterium für effektive Delegation ist immer noch, daß Probleme von denen in die Hand genommen werden sollten, die über die besten Mittel zu ihrer effektiven Bewältigung verfügen.
- Teamarbeit, die sich an der Meinung der Mehrheit orientiert, kann durchaus in die richtige Richtung gehen, weil zwei Köpfe häufig besser sind als nur einer. Zwei Köpfe können die Sache aber auch verschlimmern, wenn Teamarbeit als Kompromiß und Überspielen von Differenzen verstanden wird. Vielleicht konzentrieren Sie sich mehr auf die Gründe, aus denen die Mehrheit eine gegebene Richtung einschlagen will, und auf die Bedenken und Zweifel derjenigen, die mit dieser Richtung nicht einverstanden sind. Man kann sehr viel erfahren, wenn man Vorbehalte und Zweifel gründlicher hinterfragt.
- Mehrheitsentscheidungen können auch schaden, wenn eine solche Entscheidung nur dadurch entsteht, daß sich viele sagen: »Schließen wir uns an, damit wir auch weiter miteinander auskommen.« Hinter der Entscheidungsbildung durch eine Gruppe steht aber eigentlich die Idee, daß mehrere Menschen gemeinsam denken und analysieren, sich offen und aufrichtig äußern und dann die beste Lösung finden können. Diese beiden Vorgehensweisen sollte man nicht miteinander verwech-

seln. Wer führungsstark ist, wird dafür sorgen, daß sich die letztere Alternative in der Entscheidungsbildung durchsetzt.

- Streben Sie nach einem uneingeschränkten Konsens. Jedes Mitglied, das den uneingeschränkten Konsens des Teams mitträgt, übernimmt auch die Verantwortung für die Folgen. Jedes Teammitglied weiß also genau, was zu tun ist, wie es zu tun ist und mit wem es zu tun ist, ohne daß es ihm noch einmal ausdrücklich gesagt werden muß. Auch ein Nachprüfen ist hoffentlich unnötig. Aus diesen Gründen muß man unbedingt jegliche Bedenken ausräumen. Nur so kann man einen uneingeschränkten Konsens erreichen.

Kritik

- Aufgrund des Feedback können Sie Ihre Planung überprüfen, ehe Sie sie umsetzen. So lassen sich unnötige Fehler vermeiden oder auf ein Minimum reduzieren.
- Kritik ist ganz besonders wertvoll, wenn sie kritisch ist und Zweifel auslöst, wahrscheinlich sogar wertvoller als positive Äußerungen und Bemerkungen, die die Zuversicht verstärken. Feedback bekommt man zum einen, wenn man darum bittet und dann unvoreingenommen zuhört. Bitte Kritik nicht öffentlich akzeptieren, aber im stillen abtun oder ignorieren! Fragen Sie sich lieber: »Höre ich hier eine vernünftige Interpretation, oder halte ich mich selbst zum Narren?«
- Wenn Sie Ihren Mitarbeitern zeigen, daß Sie Feedback und Kritik erwarten, spornen Sie wahrscheinlich die Mitglieder Ihres Teams dazu an, die eigentlichen Probleme, die der Produktivität im Wege stehen, zu lösen.

Zusammenfassung: 5,5-Orientierung

»Ich versuche, ein gleichmäßiges Arbeitstempo beizubehalten. Ich nehme alles mehr oder weniger für bare Münze und überprüfe Tatsachen, Überzeugungen und Positionen, wenn sich offenkundige Diskrepanzen ergeben. Meinungen, Haltungen und Ideen drücke ich vage aus und komme anderen möglichst auf halbem

Wege entgegen. Im Konfliktfall bemühe ich mich um eine für alle Seiten faire Lösung. Ich suche nach praktikablen Entscheidungen, die von anderen akzeptiert werden können. Bei Verbesserungsvorschlägen reagiere ich mit informellem oder indirektem Feedback.«

Kapitel VII
9,9

Bei diesem Führungsstil verbindet sich eine hohe Sachorientierung, 9, mit einer hohen Menschenorientierung, 9. Diesen Führungsansatz finden wir in der rechten oberen Ecke des Grids. Im Gegensatz zu anderen Führungsansätzen geht die 9,9-Orientierung davon aus, daß es keinen immanenten Widerspruch zwischen dem Organisationszweck Produktion und den Bedürfnissen der Menschen gibt. Eine effektive Integration ist möglich, indem man die Menschen und ihre Ideen in die Bestimmung der Arbeits- und Leistungsstrategien einbezieht. Das höchste Integrationsniveau läßt sich nur durch die entsprechende Führung erreichen. Die Führung wird den Bedürfnissen reifer Menschen gerecht und veranlaßt den Menschen dazu, sich durch Beiträge, die über das Normale hinausgehen, für die Unternehmensziele zu verpflichten. Die Bedürfnisse der Menschen werden erfüllt, weil man vernünftige und reife Beziehungen untereinander herstellt. Dies ist für die Verwirklichung der Organisationsziele wesentlich. Eine 9,9-Orientierung hat also zum Ziel, Mitwirkung, Mitsprache, Einsatz und Engagement für die Arbeit im Team zu fördern.

Motivation

Ausgangspunkt der 9,9-Führungstheorie ist die notwendige *Verbindung* zwischen dem Bedürfnis der Organisation nach Produktion und den Bedürfnissen des Menschen nach sinnvoller und lohnender Arbeit. Wer führt, will zum Unternehmenserfolg beitragen, indem er andere so beteiligt, daß auch sie einen Beitrag leisten können. So »wird alles möglich«. Dieser Geist ist anstekkend. Jeder kann nur »gewinnen«. So ruft man Begeisterung, freiwilliges Tun, Spontaneität und Offenheit hervor. Leistung und Fürsorge aus dem echten Wunsch, anderen zu helfen, sind im Höchstmaß vorhanden. Dies ist grundlegend für Kreativität, Engagement und Zusammenhalt.

Die Leistungsmotivation unter 9,9 rührt aus dem Willen, die eigenen Fähigkeiten so auszubilden, daß ein positiver Beitrag erbracht werden kann. Deswegen verfolgt der 9,9-Manager die Kurz- und Langfristziele des Unternehmens mit derselben Begeisterung, als ob es seine eigenen wären. Gute Leistungen bringen sehr viel Befriedigung. Der Manager freut sich an seiner Arbeit und ist stolz darauf, einen guten Beitrag leisten zu können. Je erfolgreicher er beim Vorantreiben der Unternehmensziele ist, desto mehr findet er persönliche Erfüllung. Wenn sich die Entgeltfindung im Unternehmen nach denselben Wertvorstellungen richtet, wird der Manager auch den entsprechenden finanziellen Lohn erhalten, der sich aus dem Unternehmenserfolg ergibt (siehe dazu Kapitel X).

Ein 9,9-orientierter Manager hütet sich davor, seinen eigenen Weg auf Kosten anderer oder auf Kosten der Unternehmung zu verfolgen. Damit würde er nur Argwohn und Mißtrauen hervorrufen, und er könnte letztlich im Umgang mit anderen nicht mehr aufrichtig sein. Beziehungen, in denen man immer auf der Hut sein muß, behindern den Fortschritt und führen zu negativen Verhaltensweisen, die in vielen Organisationen leider gang und gäbe sind: Man betreibt Politik, setzt sich über andere hinweg, hält Informationen zurück. Es gibt viele Möglichkeiten, auf Kosten anderer voranzukommen. Für einen 9,9-orientierten Manager sind alle gleichwertig. Er geht mit seinem Chef genauso um wie mit seinen Kollegen oder Mitarbeitern.

Die Motivation zum Verzicht auf eigennütziges Handeln könnte man als aufgeklärtes Eigeninteresse oder altruistischen Egoismus bezeichnen. Manager, die so führen, können im Hinblick auf berufliches Vorankommen und finanziellen Erfolg sehr viel erwarten. Wenn sie außerdem noch die Wettbewerbsfähigkeit des Unternehmens auf diese Weise verstärken, sind sie persönlich sehr viel besser abgesichert als in Unternehmen, in denen aufgrund verzögerter Handlungen der Mitarbeiter die Wettbewerbsfähigkeit geschwächt wird.

Konfliktmanagement

Konfliktverhütung

9,9-orientierte Manager lassen Meinungsverschiedenheiten zu. Sie verfügen über Möglichkeiten, für Probleme vernünftige Lösungen zu finden, ohne dabei Animositäten auszulösen.

Frühe Einbindung. Andere werden früh in den Prozeß zur Lösung von Problemen eingebunden, die sie selber betreffen. So ergibt sich die Möglichkeit, zusätzliche Informationen zu sammeln. Man kann Alternativen feststellen, das Für und Wider abwägen und manchmal sogar Probeläufe oder Experimente durchführen.

Standpunkte und Perspektiven austauschen. Dieses Verfahren erweist sich gerade dann als besonders nützlich, wenn die Menschen miteinander relativ offen umgehen und ihre Vorbehalte und Zweifel offen nennen können. Die Differenzen kommen auf den Tisch und werden von allen Seiten beleuchtet. So kann jeder die Stärke der jeweiligen Überzeugungen des anderen abschätzen. Logisch falsche Schlüsse und verzerrte Perspektiven können so festgestellt und bewältigt werden. So lassen sich auch inkorrekte Informationen ausschalten. Wer so verfährt, verringert die Wahrscheinlichkeit des Ausbruchs eines zerstörerischen Konfliktes.

Offenlegung sämtlicher Informationen im Rahmen der eigenen Stellenbeschreibung. Offenlegung sämtlicher Informationen heißt, nichts zurückzuhalten, was für die Problemlösung von Belang sein könnte. Das betrifft Daten und die logische Entwicklung eigener Gedanken, aber auch Einstellungen, Gefühle, Ahnungen und Intuition - also alle Aspekte, die dem anderen bessere Einblicke vermitteln. Die Selbstoffenbarung ist erst dann vollständig, wenn sämtliche aufgabenrelevanten Informationen und Anhaltspunkte genannt worden sind. Informationen privater oder vertraulicher Natur gehören nur hierhin, wenn sie sich direkt auf die Organisationsleistung auswirken.

Eindeutige Kommunikation. Es gibt Wörter und Sätze, die etwas nur sehr vage ausdrücken und schwer zu verstehen sind. Auf der anderen Seite kann man sich aber auch präzise ausdrücken und Zusammenhänge verdeutlichen. Es gibt neutrale Wörter und aufrührerische Wörter. Je nach Zusammenhang kann sich der Sinn verändern. Was in einem Zusammenhang richtig ist, ist in einem anderen vielleicht sogar falsch. Die Wahl der Worte bestimmt, wie die Aussage von anderen interpretiert wird. Sie hat also einen großen Einfluß auf deren Verständnis, deren Gefühle und Einstellungen.

Herr Ganter geht beispielsweise mit einem Vorschlag zu seinem Chef und kommt ohne dessen Einverständnis zurück. Herrn Teller erzählt er: »Der Chef hat sein Veto eingelegt.« Wenn er die Geschehnisse richtig beschrieben hätte, hätte er sagen müssen: »Der Chef hat einen Haken an der Sache gefunden, über den ich nicht nachgedacht hatte. Deswegen sind wir übereingekommen, daß die Idee nicht vernünftig war.« Beide Beschreibungen schildern dasselbe Geschehen, aber auf signifikant verschiedene Weise.

Kriterien entwickeln. Gut ist es, wenn man sich zuerst einmal darauf einigt, wie eine vernünftige Lösung aussehen könnte, ehe man sich mit den eigentlichen Lösungsmöglichkeiten befaßt. So lassen sich Konflikte vermeiden, und es entstehen bessere Lösungen.

Wenn zwei Menschen verschiedene Kriterien zur Bewertung der Qualität einer Lösung ansetzen, kann sich die Meinungsverschiedenheit zu einem Konflikt verschärfen. Der eine schlägt beispielsweise eine Lösung vor, die sich langfristig auswirkt, kurzfristig aber etwas teurer wird. Der andere ist aber nur an den kurzfristigen Kosten interessiert. Also bewerten sie die Lösung anhand verschiedener Kriterien. Diese Meinungsverschiedenheit ließe sich vermeiden, wenn man sich zunächst einmal auf den Zeitraum einigt, für den die Lösung gelten soll.

Konfliktbewältigung

Konfrontation. Viele Konflikte führen dazu, daß Menschen Informationen zurückhalten, die Motivationen der anderen mißverstehen und manchmal sogar die Präsenz von Spannungen und feindseligen Gefühlen ableugnen. Bei einer offenen Konfrontation lassen sich solche Reaktionen weitgehend vermeiden. Der Begriff Konfrontation hat zwei verschiedene Bedeutungen. Da sich dieser Begriff leider nicht gut durch einen anderen Begriff ersetzen läßt, müssen wir unbedingt zwischen diesen beiden verschiedenen Bedeutungen unterscheiden können.

Konfrontation gilt auf der einen Seite mehr als Wettstreit, auf der anderen aber als noch nicht ganz offener Kampf. Diese Konfrontation beruht auf dem Konzept, widerstreitende Meinungen scharf hervortreten zu lassen. Bei dieser Art von Konfrontation will man die eigene Stärke an der Stärke des anderen messen. Unterschwellig geht man davon aus, daß sich der Standpunkt einer Partei gegenüber einer anderen Partei durchsetzen wird. Dies ist eine Konfrontation im Sinne von Kampf. Hier wird der 9,1-Ansatz zur Beendigung von Differenzen praktiziert.

Konfrontation im Sinne von Herausstellung und Vergleichen der Gegensätze hat eine ganz andere Bedeutung. Hier werden Konflikte gelöst, indem man sich auf die Differenzen konzentriert. Die verschiedenen Meinungen kommen offen auf den Tisch. So können sich die streitenden Parteien direkt um eine Lösung bemühen. Auch die Emotionen, die einen Konflikt normalerweise begleiten - Wut, Angriffslust, Furcht, Angst, Zweifel und Enttäuschung -, lassen sich so bewältigen.

Die entgegengesetzten Meinungen werden in den Brennpunkt gerückt. So lassen sich Diskrepanzen überprüfen und ausräumen. Keiner geht von vornherein davon aus, daß sich sein Standpunkt durchsetzen muß. Natürlich kann es trotzdem sein, daß ein Standpunkt den Sieg davonträgt, weil die Gegenpartei zu dem Schluß gekommen ist, daß triftige Gründe für die Akzeptanz dieses Standpunktes vorhanden sind. Es kann aber auch sein, daß sich kein Standpunkt durchsetzt. Aus dem Vergleich der Gegensätze kann eine neue Position hervorgehen. In diese Position haben beide Seiten jeweils einen Teil eingebracht. Hinzukommen können aber auch noch neue Elemente. Dadurch ist die neue Position den früher vertretenen überlegen. Möglich ist auch, daß man eine völlig andere Lösung findet.

Ein Beobachter mag glauben, daß beide Ansätze ziemlich ähnlich sind. Ob es nun Konfrontation im Sinne von Kampf oder Konfrontation im Sinne von »Gegensätze herausarbeiten und miteinander vergleichen« ist. Es besteht jedoch ein sehr wichtiger Unterschied, der häufig nur von denen erkannt wird, die in eine Konfrontation verwickelt sind. In einer Konfrontation im Sinne von Kampf geht es darum, wer seinen Willen durchsetzt - die Vertreter der einen Seite fühlen sich von den Vertretern der anderen Seite bedroht. Nachgeben heißt bei dieser Art von Konfrontation, durch die eigene Schwäche zur Akzeptanz der Position des anderen gezwungen zu werden.

Haben wir aber eine Konfrontation im Sinne von Herausstellen und Vergleichen der Gegensätze, ist zunächst einmal gegenseitiges Vertrauen unter den Parteien vorhanden, die versuchen, die Differenzen zu bewältigen. Vertrauen heißt, es ist der gute Wille und die Achtung vor dem anderen vorhanden, ob er derselben Meinung ist oder nicht. Es geht nicht darum, über den anderen den Sieg davonzutragen. Wichtig ist nur, daß eine vernünftige Lösung gefunden wird.

Alle sind offen und bereit, die jeweiligen Alternativen durchzudenken. Sie sind kritisch und realistisch in der Abschätzung von Konsequenzen und gehen offen und ehrlich miteinander um. Dieses Verhalten ist bei der Suche nach vernünftigen Lösungen wesentlich. Wenn unter diesen Umständen ein Mensch seine eigene Position zugunsten einer anderen aufgibt, ist dies weder Kapitulation noch Gesichtsverlust. Es ist kein Zeichen für Schwäche. Darin zeigt sich statt dessen der unbedingte Wille, über die Beseitigung von Bedenken und Zweifeln aufgrund logischer Schlüsse und Argumente zu einer optimalen Lösung zu gelangen.

Der Unterschied zwischen diesen beiden Inhalten des Begriffes Konfrontation läßt sich einfach und deutlich ziehen. Bei der ersten Art der Konfrontation geht es um die Beantwortung der Frage: »Wer hat recht?«, bei der zweiten um die Frage: »Was ist richtig?«

Die eigenen Bedürfnisse und Erwartungen kennen. Viele Konflikte entstehen nur daraus, daß ein Mensch die persönlichen Bedürfnisse oder Ziele des anderen nicht kennt und ihnen deswegen auch nicht entsprechen kann. Es lassen sich eine ganze Reihe von Konflikten vermeiden, wenn man einander mitteilt, welche Bedürfnisse bestehen. Die Vorgesetzte Frau Antel ist beispielsweise der Meinung, daß ihre Mitarbeiter unbedingt anklopfen müssen, ehe sie ihr Büro betreten. Sie wird sich also über Herrn Braun ärgern und negativ auf ihn reagieren, wenn er unangemeldet hereinstürzt. Herr Braun kann aber nicht kooperieren, wenn er nicht weiß, daß Frau Antel diese Art der Achtungsbezeugung erwartet.

Nur wenn man die Erwartungen der Menschen kennt, kann man sie in das Geben und Nehmen der Beziehungen im Alltag einbinden. Man muß sie aber auch darauf aufmerksam machen, wenn solche Erwartungen der Leistung entgegenstehen.

Wenn der Konflikt weiterschwelt

Wenn die bis jetzt eingesetzten Mittel nichts genützt haben, kann man weitere Schritte unternehmen, um den Konflikt zu beenden oder ihn zumindest auf ein zu bewältigendes Maß zu begrenzen.

Gefühlen Luft machen. Eine Partei oder auch beide Parteien können versuchen, ihren innerlich aufgestauten Spannungen Luft zu machen, indem sie zum Beispiel ihre Frustrationen und Enttäuschungen vor einem Dritten offenlegen. Manchmal lassen sich die Spannungen so weitgehend abbauen, und man kann sich wieder vermehrt der eigentlichen Problemlösung zuwenden.

Prüfung und Feedback von neutraler Seite. Manchmal verstricken sich die beiden gegensätzlichen Parteien so in ihr Problem, daß sie jegliche Objektivität verlieren. Sie müssen auf einen Dritten zurückgreifen, um die Meinung eines Außenseiters zu erhalten. Der »neutrale Dritte« kann ein anderer Manager sein, ein Mitarbeiter aus einer Stabsabteilung oder ein Berater - immer ist es jemand, den der Ausgang des Konfliktes persönlich nicht betrifft.

Wenn sämtliche Bemühungen scheitern. Wenn der Konflikt weiterschwelt, aber unbedingter Handlungsbedarf besteht, ist es unter Umständen nötig, sich auf eine Position zurückzuziehen, die von den Prämissen früher erzielter Einigungen ausgeht. Wenn es absolut zu keiner Einigung kommt, oder wenn der Streitpunkt von außerordentlich überragender Wichtigkeit ist, bleibt unter

Umständen nur noch eine einzige Alternative – nämlich ein Rücktrittsgesuch einzureichen.

Verhaltenselemente

Initiative

Wer sich in seinem Führungsverhalten nach 9,9 orientiert, ergreift gerne die Initiative. Der 9,9-Manager setzt sich für die Organisation ein. Der Manager ist dynamisch und tatkräftig. Er ist arbeitsmäßig hoch belastbar. Er arbeitet aus eigenem Antrieb. Spontan und mit Begeisterung ergreift er Initiativen, zieht andere mit und gewinnt ihre Beteiligung und ihr Engagement.

Nicht alle Initiativen haben die gleiche Priorität. Also plant der 9,9-orientierte Manager. Er setzt Prioritäten und handelt dann entsprechend, wobei er die Richtung immer wieder überprüft, damit ein vernünftiger Weg gegangen wird. Bei Problemen, die gleich wichtig, aber von verschiedener Dringlichkeit sind, berücksichtigt er diesen Faktor bei seinen Überlegungen. Bei zwei gleich wichtigen Problemen erhält das Problem, bei dessen Lösung der größere Nutzen zu erwarten ist, den Vorrang. Sind die Nutzenaspekte gleich, entscheidet er sich für das Anliegen, das mit einem geringeren Kostenaufwand erledigt werden kann. Initiative erwartet er von allen Mitgliedern des Teams. Sie können von außen an das Team herangetragen werden oder im Team selbst entstehen. Das Team ist also nicht ausschließlich von seinem Führer abhängig. Wo der Geist der Spontaninitiative vorherrscht, wird es nicht vorkommen, daß jemand sagt: »Das ist nicht mein Problem. Soll sich jemand anders damit befassen.«

Fragen

Er stellt umfassende Fragen und geht dabei immer in die Tiefe. So sorgt er dafür, daß sämtliche Aspekte analytisch beleuchtet werden. Damit erhöht sich die Wahrscheinlichkeit, daß die eigentlichen Probleme voll verstanden werden. Den 9,9-Manager könnte man so charakterisieren: »Ihm kann man nichts vormachen.« Oder: »Er weiß, wovon er redet.« Er legt Wert auf die Entwicklung von Fakten und Daten. Widersprüche gräbt er genauso aus wie untermauernde Anhaltspunkte. Er trennt ganz klar zwischen Tatsachen und Meinungen. Er will alles ganz genau verstehen. Das ist seine gesunde Neugier.

Auch das Stellen von Fragen kann in zwei Richtungen gehen. Mitarbeiter dürfen ihrem Chef genauso Fragen stellen, wie der Chef seinen Mitarbeitern Fragen stellt. Fragen, die von einem 9,9-Ansatz ausgehen, sind ganz bestimmte Fragen. Es sind offene Fragen: »Wie stellt sich die Situation aus Ihrer Warte dar?« »Welchen Sinn sehen Sie darin?« »Was wissen Sie darüber?«

Bei der Reaktion auf eine Frage ergeben sich ganz selbstverständlich weitere Fragen. Fakten, Daten und Anhaltspunkte werden auch daraufhin untersucht, ob sie folgerichtig sind oder zu anderen Daten im Widerspruch stehen. So formt sich allmählich ein allgemeines Verständnisbild. Einzelinformationen werden zu einem kohärenten Gesamtbild zusammengefügt.

Alle hören offen und aktiv zu. Der Zuhörer weiß, daß seine eigenen Annahmen durch Interpretation den anderen Standpunkt verzerren können. Alles, was zum Thema gehört, läßt sich aussprechen. Keiner geht das Risiko ein, mißverstanden zu werden. Wenn die Teilnehmer das, was andere gesagt haben, mit eigenen Worten richtig wiedergeben können, haben sie einander verstanden. Ergeben sich Mißverständnisse, kann man sie ausräumen. Man zieht auch schriftliche Quellen heran, um das Problem in seiner ganzen Komplexität zu verstehen. Der Manager liest Schriftstücke aufmerksam und aktiv. Beim Lesen stellt er sich Fragen: »Warum hat der Autor dies gesagt? Ich kenne Ausnahmen, warum werden sie nicht präsentiert?« »Dieser Punkt wird mit sehr viel Überzeugungskraft vorgetragen. Ich glaube fast, er versucht, mich zu überreden, nicht aber, mir etwas beizubringen.« »Dies ist eine so radikale Aussage, daß ich sie nicht ohne Widerspruch stehenlassen kann.« Zur Sicherheit wird ein 9,9-orientierter Manager das Schriftstück an einen Mitarbeiter weitergeben und ihm sagen: »Schauen Sie, ich habe mich damit befaßt, aber ich möchte gern, daß Sie das Ganze noch einmal gründlich durchgehen. Dann können wir unsere Meinungen dazu miteinander vergleichen und feststellen, was sich daraus machen läßt. Meine

Meinung werde ich Ihnen erst sagen, wenn Sie die Möglichkeit gehabt haben, Ihre eigenen Schlüsse zu ziehen.«

Fragen aus einer 9,9-Orientierung gehen auf ein einziges Motiv zurück. Ihnen ist das Bestreben eigen, Einvernehmen zu erzielen. Dieses Bestreben hat das ganze Team. Alle sind gleichzeitig damit befaßt, Fakten, Daten und Anhaltspunkte auszugraben und zu überprüfen. Auf diese Weise gewinnt die Informationssuche eine höhere Qualität, weil alle die Tatsachen prüfen, und das Problem von mehreren Perspektiven her beleuchtet wird. Dabei kommt mehr heraus, als wenn jemand nur einsam und alleine für sich nachdenkt.

Gründlichkeit und Tiefe der Informationssuche sind Kernstück einer 9,9-orientierten Führung. »Vorarbeit ist eine Voraussetzung für Partizipation«, kann man auch sagen, wenn man ausdrücken will, daß die Problemlösung nie besser sein kann als die Gedanken, die zu einer Schlußfolgerung geführt haben, und die Gedanken sind durch den verfügbaren Informationsinput begrenzt. Zusätzlich hat jeder Beteiligte Zugang zu den Gedanken und Einsichten. So hat er eine Grundlage für das Ergreifen von Initiative.

Standpunkt

Informationen und Ideen werden ohne Zögern präsentiert. Man entwickelt Überzeugungen und drückt sie aus. Man diskutiert Bedenken logisch und überzeugend. Dieser Ansatz – »Ich sage, wie die Dinge sind« – wird als wahr und echt empfunden. Der Manager muß für Begleitumstände sorgen, die es seinen Mitarbeitern ermöglichen, das Problem zu begreifen und gleichzeitig ein berechtigtes Eigeninteresse an den Ergebnissen zu entwickeln. Menschen legen ein methodisches, sinnvolles und zielorientiertes Verhalten an den Tag, wenn sie hochgesteckte, aber auch realistische Ziele erreichen wollen, deren Zweck sie begriffen und mit denen sie sich einverstanden erklärt haben. Man darf also von folgender Voraussetzung ausgehen: Wenn Einzelpersonen, die ihre Tätigkeit koordinieren müssen, Zweck und Ziel der Organisation und auch ihr eigenes berechtigtes Interesse an Leistung kennen, kann man sich mehr auf Selbstkontrolle und Selbstführung verlassen. Mit Hilfe effektiver Führung können die einzelnen Mitarbeiter ihre wechselseitigen Bemühungen miteinander verknüpfen.

Konsequenzen

Wie sich eine 9,9-orientierte Führung insgesamt auswirkt, wird im folgenden beschrieben:

Auswirkung auf die Produktivität
Hier kommen mehrere Bedingungen zusammen. Es ist dafür gesorgt, daß sich die Produktivität auf einem hohen Niveau bewegt. Ein positives Klima entsteht, wenn die einzelnen Teilnehmer klare Zielvorstellungen haben, die entsprechenden Kenntnisse und das entsprechende Wissen besitzen und klare Überzeugungen hegen. Nur so kommt man zu einer vernünftigen Konfliktlösung und zu einer effektiven Entscheidungsbildung. Wenn deutlich dargestellt wird, »wer was *mit* wem tut«, weiß man genau, welche Arbeitskonstellation sich für welche Fälle eignet, ob 1/0, 1/1 oder 1/alle (siehe Kap. IX). So werden sämtliche Ressourcen genützt. Eine vernünftige, konstruktive Kritik wird möglich ohne Verschwendung der Ressource Mensch.

Auswirkung auf die Kreativität
Wir dürfen auch ein hohes Niveau an Kreativität erwarten. Dies gilt besonders im Hinblick auf den Synergie-Effekt, der sich aus einer leistungsfähigen Teamarbeit ergibt. Die Neigung zu eigenständigem Denken ist ausgeprägt vorhanden. So lassen sich meistens mehrere verschiedene Lösungsansätze bewerten, ehe die endgültige Maßnahme zur Lösung eines Problems beschlossen wird. Durch intensive Informationssuche wird sichergestellt, daß das Problem so genau wie möglich identifiziert wird. Oberflächliche Definitionen werden nicht akzeptiert. Die Mitglieder vertreten ihre Standpunkte, und sie legen ihre Ideen offen auf den Tisch. Sie sind bereit, sie in Frage stellen oder korrigieren zu lassen. Der Konfliktlösungsansatz gestattet es den Mitgliedern, verschiedener Meinung zu sein. Sie äußern aber auch die damit

einhergehenden Gefühle. So können Antagonismen gar nicht erst entstehen. Die konstruktive Kritik ist für sie ein Lernprozeß. Sie lernen, wie sie ihre Effektivität im Beitrag zu den Unternehmenszielen erhöhen können.

Auswirkung auf die Zufriedenheit
Ein 9,9-orientierter Mensch findet Erfüllung, wenn er seinen Beitrag leisten kann. Mit diesem Führungsansatz hat er die Möglichkeit, vieles zu bewegen. Er findet bleibende Erfüllung in seinem Beruf.

Auswirkung auf die Karriere
9,9-orientierte Menschen gelten bei ihren Vorgesetzten als äußerst zuverlässig. Sie sind in der Lage, die Interessen des Unternehmens erfolgreich zu verfolgen und voranzutreiben. Forschungsarbeiten bestätigen, daß Manager mit einer 9,9-Orientierung in einer Organisation am schnellsten vorankommen.

9,9-Verhalten erkennen

9,9-orientiertes Verhalten wird durch folgende Begriffe charakterisiert:
- Offen und geradeheraus
- Zuversichtlich
- Entscheidungsfreudig
- Entschlossen
- Arbeitet gern
- Sondiert
- Konzentriert sich auf das eigentliche Thema
- Zieht durch
- Sorgt dafür, daß Streitfragen offen auf den Tisch kommen
- Vertraut auf das eigene Können
- Hohe Normen
- Identifiziert die zugrundeliegenden Ursachen
- Innovativ
- Aufgeschlossen

- o Positiv
- o Prioritäten sind klar
- o Nachdenklich
- o Setzt anspruchsvolle Ziele
- o Spricht aus, was er denkt
- o Spontan
- o Steht seinen Mann
- o Fördert Mitsprache und Mitwirkung
- o Selbstlos

Zusammenfassung: 9,9-Orientierung

»Ich setze meine ganze Kraft ein, und andere folgen mir begeistert darin. Ich suche nach Informationen und überprüfe ihre Stichhaltigkeit. Ich begrüße Meinungen, Einstellungen und Ideen, die von meinen eigenen abweichen, und höre zu. Ich überprüfe meine eigenen Tatsachen, Überzeugungen und Positionen und die anderer ständig auf ihre Stichhaltigkeit. Ich halte es für wichtig, meine Sorgen und Überzeugungen offen auszusprechen. Ich reagiere auf vernünftigere Ideen anderer und ändere meine Meinung. In Konfliktfällen versuche ich, die Gründe festzustellen und die Lösung bei den tieferliegenden Ursachen anzusetzen. Ich lege großen Wert auf vernünftige Entscheidungen. Ich bemühe mich darum, Verstehen, Einsehen und Übereinkunft herbeizuführen. Ich unterstütze Feedback, das auf Gegenseitigkeit beruht, um die Abläufe zu verbessern.«

Kapitel VIII
Grundsätze als Handlungsbasis für die 9,9-Orientierung

Die Situationen, mit denen Manager konfrontiert werden, sind von ihrer Art her immer einmalig. Selbst wenn immer dieselben Elemente in die Arbeit eingehen – Geld, Material, Maschinen und Ausrüstung, Grundstücke und Gebäude –, ist das Ergebnis immer anders, in der Menge, in der Verfügbarkeit, in der Qualität und sogar bei den Menschen, die sich mit jedem neuen Erlebnis ändern.

Jede Situation ist einmalig

Wer vernünftig führen will, muß jeden Menschen als einmaliges Individuum behandeln. Entsprechend braucht jeder Mensch auch eine ihm entsprechende Führung, damit er sich für die Bedürfnisse der Organisation nach Produktivität und Kreativität einsetzt. Dieser Einsatz und dieses Engagement bleiben, wenn jeder einzelne darin in hohem Maße persönliche Erfüllung findet und von Streßerlebnissen frei bleibt. Er will gefordert werden und Spitzenleistungen erzielen. In dieser Hinsicht ist keine Kompromißlösung möglich. Jeder fühlt sich von selbst zur Höchstleistung einfach *hingezogen,* wird aber nicht dazu gedrängt. Worauf es ankommt, ist, daß jede Situation – ob Sachen oder Menschen betroffen sind – anders ist und entsprechend auch anders gemeistert werden muß. Das »spürt« jeder. Es entspricht schließlich dem gesunden Menschenverstand. Deswegen finden auch die Schulen soviel Anklang, die »Flexibilität«, »Kontingenztheorien« und »situative Führung« propagieren. Die Befürworter dieser Stile gehen aber davon aus, daß es keine gleichbleibenden *Grund-*

sätze für verschiedene Situationen gebe. Dem stehen aber sämtliche Erfahrungen in allen Wissensgebieten entgegen. Gelten für einen Papierflieger etwa andere aerodynamische Prinzipien als für ein Flugzeug mit mehreren Düsentriebwerken? Gelten für eine gesunde Ernährung eines sechsmonatigen Säuglings etwa andere Prinzipien als für die gesunde Ernährung eines Erwachsenen? Wenn dem so wäre, könnte der Papierflieger nicht fliegen, und der Säugling müßte sich auf einen schlechten Gesundheitszustand und eine ungünstige Entwicklung gefaßt machen. Die Prinzipien bleiben gleich – für den Papierflieger wie für das Düsenflugzeug, nur die *Anwendung* ist eine andere. Dasselbe gilt für die Ernährung des Säuglings und die des Erwachsenen. Vom Prinzip her braucht der Mensch Eiweiß, Kohlehydrate, Vitamine, Mineralien, Spurenelemente und Ballaststoffe zum Leben. Unterschiedlich ist die Nahrungszufuhr. Der Säugling bekommt die Flasche, der Erwachsene nimmt ein dreigängiges Mahl zu sich. In beiden Fällen aber werden dieselben Prinzipien, allerdings auf verschiedene Situationen, angewandt.

Wenn man akzeptiert, daß es einen vernünftigen Weg zur Ausübung von Führung gibt, muß man auch akzeptieren, daß effektives Verhalten auf wissenschaftlichen Prinzipien beruht. Diese wissenschaftlichen Prinzipien haben für die Verhaltenswissenschaften dieselbe Gültigkeit wie für alle anderen Wissensbereiche auch. Wir wissen, daß viele Naturphänomene auf physikalischen Gesetzen beruhen und durch sie erklärt werden können. Biologische Prinzipien liegen den Phänomenen des Lebens zugrunde, wodurch sie vorhersagbar werden. Analog müssen also auch Prinzipien der Führung einem effektiven Management zugrunde liegen, Richtlinien für vernünftiges Verhalten bieten und die Ereignisse genauso vorhersagbar machen.

Wenn solche Prinzipien in der Physik, in der Biologie oder in den Verhaltenswissenschaften außer acht gelassen werden, darf man davon ausgehen, daß sich schädliche Nebenwirkungen und falsche operationale Konsequenzen ergeben werden. Die Schwerkraft ist ein konstantes physikalisches Prinzip.

Dieses physikalische Prinzip wirkt sich aber auf Konstruktionen in der Raumfahrt genauso aus wie auf Konstruktionen im Unterwasserbereich. Ein Kettenraucher kann die biologischen Prinzipien, die die Anreicherung des Blutes mit Sauerstoff bestimmen, durchbrechen, allerdings nicht, ohne gleichzeitig seine Lebenserwartung zu verkürzen. Manager, die sich in der Führung nicht an die Prinzipien der Führung halten, müssen sehr schnell entdekken, daß ihre Taktik zum Verlust von Arbeitsmoral, Kreativität und Arbeitszufriedenheit führt. Damit läßt auch die Leistung nach, und ein Schaden entsteht für das gesamte Unternehmen.

So wie man sich an die Prinzipien der Aerodynamik, der Ernährungswissenschaften, der Physik und der Biologie halten muß, wenn man vernünftige Ergebnisse erzielen will, muß man sich auch in der Führungspraxis an die Prinzipien halten, die einem effektiven Führungsverhalten zugrunde liegen. Man kann Prinzipien doch nicht nur deswegen aufgeben, weil man vor einer neuen Situation steht.

Was also sind die Grundsätze, die einer effektiven Führung zugrunde liegen? Wir können über die Prinzipien berichten, die mit Bestleistungen beim Vorgesetzten und bei den Mitarbeitern einhergehen. Dabei greifen wir auf Forschungsarbeiten aus mehr als 20 Wissenschaftsdisziplinen zurück (Blake/Mouton, 1978).

Grundsätze als Handlungsbasis

Ein Mensch kann die verhaltenswissenschaftlichen Prinzipien verstehen und konsequent anwenden, um produktive Ergebnisse mit und durch Menschen zu erzielen. *Vielseitigkeit* erfordert den Einsatz einer Skala von Fähigkeiten zur Anwendung derselben Prinzipien auf verschiedene Situationen.

Zwischen *Prinzipien* und *Taktiken* ist ein wichtiger Trennungsstrich zu ziehen. Die Taktiken diktieren, *wie* das Prinzip in verschiedenen Situationen angewandt wird. Eine vielseitige Führungspersönlichkeit erkennt beispielsweise, daß der vernünftigste Weg zur Bewältigung eines Konfliktes darin besteht, die verschiedenen Parteien und ihre Differenzen miteinander zu konfrontieren, um so die Ursachen zu identifizieren und zu beseitigen. Er tut dies aus zwei Gründen. Meinungsverschiedenheiten lassen sich klären, wenn man bessere Einsichten gewinnt. Zum anderen werden dadurch Spannungen abgebaut. Wer Spannungen abbaut, die sich aus einem Konflikt in einer gegebenen Situation ergeben, kann davon ausgehen, daß sich die vorhandene Energie auf die Bewältigung der Sachprobleme richtet. Spannungen zu lösen ist gesünder, als mit ihnen zu leben.

Soll dies nun heißen, daß ein vielseitiger Manager ganz rigide nach Prinzip handelt, ohne die Besonderheiten der Situation zu berücksichtigen, auf die er dieses Prinzip anwendet? Nein, keineswegs. Der vielseitigen Führungskraft geht es darum, ein gesundes Prinzip in einer für die besondere Situation geeigneten Weise anzuwenden. Bei einem neuen Mitarbeiter geht er beispielsweise bei Meinungsdiskrepanzen, die zu einem Konflikt führen könnten, anders vor als bei einem Konflikt, der sich mit einem schon erfahreneren Mitarbeiter ergibt. Bei einem neuen Mitarbeiter wird der Manager zuerst einmal die Ereignisse überprüfen, die zu ihren Differenzen geführt haben. So lassen sich die Ursachen für den Konflikt identifizieren, die ohne Überprüfung wahrscheinlich weder dem Chef noch dem Mitàrbeiter aufgefallen wären. Der langjährige Mitarbeiter versteht im Gegensatz dazu ganz genau, warum eine bestimmte Maßnahme unternommen wird. Es wäre Zeitverschwendung, wenn man bei ihm dasselbe Verfahren anwenden würde, das für einen neuen Mitarbeiter erforderlich ist. Bei längerer Zusammenarbeit kommen beide viel schneller auf den Kern ihrer Differenzen. Auch die Ursachen und Ursprünge können sie viel schneller untersuchen. In beiden Fällen ist die *Konfrontation* die Grundlage für eine offene Aussprache. Das Prinzip bleibt dasselbe. Die Anwendung aber ist je nach Umständen verschieden.

Prinzipien als Grundlage einer 9,9-Führungsorientierung

Welche Prinzipien muß man einhalten, um zu einer vernünftigen Führung zu gelangen? Der folgende Katalog gründet auf den Ergebnissen vieler angewandter Wissenschaften. Die Aussagen werden von der Sozialpsychologie, der Soziologie, Anthropologie, Psychohygiene, Psychotherapie, Psychiatrie, den politischen Wissenschaften, der Geschichte und durch Feldstudien zum Unternehmenserfolg untermauert (Blake/Mouton, 1978). Auch für die Umkehrschlüsse liegen gesicherte Beweise vor. Die negativen Aspekte, die sich aus der Nichteinhaltung dieser Prinzipien ergeben, stammen aus der Kriminologie und Strafvollzugslehre sowie aus Untersuchungen über die Auswirkungen von Kolonialsystemen, Sklaverei, Leibeigenschaft und anderen Formen der Repressionen.

Die einzelnen Prinzipien werden jeweils durch Hintergrundaussagen ergänzt. Werden sie tagtäglich angewandt, sind die Interaktionen zwischen Chef und Mitarbeiter von Vertrauen und gegenseitiger Achtung geprägt. Vertrauen und Respekt sind also mit anderen Worten das Endergebnis vernünftigen Verhaltens. Vernünftiges Verhalten ist auch im operativen Sinne produktiv und kreativ. Produktivität, Kreativität, persönliche Erfüllung und Gesundheit werden am besten gefördert, wenn diese Prinzipien angewandt werden. Die Einhaltung dieser Prinzipien ist eine wertvolle Facette einer 9,9-orientierten Führungsstrategie.

- *Befriedigung durch Leistung ist die Motivation, die menschlicher Aktivität Charakter verleiht und Produktivität und Kreativität unterstützt.* Wenn sich Menschen für den Erfolg einer Organisation einsetzen, sind sie dazu motiviert, die Maßnahmen zu ergreifen, die für ihren Erfolg wesentlich sind. Erfüllung durch Leistung heißt, persönliche Zufriedenheit zu erlangen, indem man Dinge tut, die nützlich und unverwechselbar sind und mit denen man anderen produktiv hilft. In solchen Beiträgen findet der Mensch seine Erfüllung. Die Zufriedenheit, die sich aus der Leistung ergibt, scheint ein Grundmotiv zu sein.
- *Offene Kommunikation ist für die Übernahme von Eigen- und Mitverantwortung wesentlich.* Bei offener und freier Kommunikation haben die Organisationsmitglieder Zugang zu Informationen, die für ihre Interessen, Zuständigkeiten und Verantwortlichkeiten relevant sind. Die Mitglieder der Organisation können nur dann Höchstleistungen erbringen, wenn ihnen die für ein vernünftiges Denken erforderlichen Informationen zugänglich sind.

- *Konflikte werden durch direkte Konfrontation gelöst. Verstehen, Einsehen und Einvernehmen sind Grundlagen für kooperative Bemühungen.* Meinungsverschiedenheiten müssen zwangsläufig entstehen, wenn Menschen zusammenkommen und ihre Ideen offen miteinander teilen. Die Alternativen müssen eingegrenzt werden. Aus mehreren Möglichkeiten ist eine Alternative auszuwählen. Wenn ein Konflikt intensive Formen annimmt, können das gegenseitige Vertrauen und der Respekt voreinander schweren Schaden nehmen. Die Kommunikation ist verzerrt. Unter Umständen leidet darunter auch das Verantwortungsgefühl.
  Konfrontation heißt, Differenzen mit einem Problemlösungsansatz anzugehen und die zugrundeliegenden Tatsachen, logischen Gedankenfolgen oder Emotionen (Vorurteile, vorgefaßte Meinungen oder Antagonismen), die für diese Differenzen verantwortlich sind, zu identifizieren. Werden Konflikte durch offene Konfrontation gelöst, und werden die Ursachen von allen verstanden, fühlen sich die Parteien dafür verantwortlich, die vernünftigste Antwort zu finden und dazu alle notwendigen Anstrengungen zu unternehmen.
  Entscheidungen, die zu Verstehen und Einvernehmen führen, sind möglich, wenn sich die Mitglieder offen an der Lösung des Konfliktes beteiligen. Das wiederum erzeugt Überzeugung und Einsatz für die Ergebnisse. So werden alle Kräfte zur Realisierung einer Lösung mobilisiert.
- *Wer sein Handeln vor sich selbst verantwortet, hat die höchste Stufe der Reife erreicht. Dies ist aber nur möglich, wenn die Eigenverantwortung durch Delegation von Befugnissen gefördert wird.* Die Fähigkeit zur maximalen Leistung hängt davon ab, ob ein Mensch freiwillig und spontan bereit ist, Initiative zu ergreifen. Dieses Potential läßt sich aber nur dann voll ausschöpfen, wenn die Befugnis zum eigenverantwortlichen Handeln bis in die unterste Ebene der Organisation gilt. Nur dann können diejenigen, die die Gelegenheiten zu mehr Produktivität und Kreativität erkennen, diese Chancen auch ergreifen.
- *Mitwirkung bei der Problemlösung und Entscheidungsbildung stimuliert aktives Engagement für Produktivität und kreatives Den-*

ken. Aus einer Perspektive gesehen, ist Mitwirkung ein Menschenrecht. Mitwirkung gehört zur Freiheit, zur Selbständigkeit und zur Eigenverantwortung. Die Mitarbeiter setzen sich mit all ihren Fähigkeiten offen und gerne ein. Die Mitwirkenden spüren ein Eigeninteresse am Ergebnis, am Ausgang einer Entscheidung oder Maßnahme. Das, was sie gemeinsam geschaffen, woran sie Anteil haben, unterstützen sie auch. Wenn im Gesamtteam Verstehen und Übereinkommen erzielt sind, ist ein Grundsatz entstanden, der ohne Vorbehalte gestützt wird. Eine solche Mitwirkung, die alle einbindet, stimuliert die Art von kreativem Denken, das zu optimalen Lösungen führt.

- *Führen heißt Führen mit und durch Zielvereinbarungen.* Produktivität und Kreativität werden gefördert, wenn sich die einzelnen für die Verwirklichung von Zielen einsetzen, auf die sie sich verpflichtet haben. Management by Objectives (MbO) ist die beste Methode zur Durchsetzung einer allgemeinen Zielorientierung, d.h. Führungsziele identifizieren, sich auf die zu verfolgenden Ziele einigen und die entsprechenden konkreten Maßnahmen zur Verwirklichung dieser Ziele einleiten. Wenn man sich auf das Ziel verpflichtet, fühlt man sich zu dem Ziel hingezogen, man strebt danach, es zu erreichen, denkt darüber nach, wie man es verwirklichen kann, und strengt sich entsprechend an. Wenn Zielsetzung, Zielvereinbarung und MbO-Prozeß vernünftig gehandhabt werden, bilden die Ziele des einzelnen und die Ziele der Organisation eher ein integriertes, harmonisches Ganzes.
- *Der Lohn hängt von der Leistung ab.* Für die Belohnung der individuellen Leistung gelten zwei Kriterien. Erstens: Fördert die Leistung die Aussichten der Organisation auf Erfolg? Zweitens: Führt die Leistung dazu, daß der Manager eine stärkere Führungspersönlichkeit wird? Das ist unter dem Ausspruch: »Der Lohn hängt von der Leistung ab«, zu verstehen.

  Wenn der Lohn von der Leistung abhängt, erfahren die Mitglieder der Organisation das Beförderungs- und Entgeltsystem als fair und gerecht. Der wichtigste Punkt ist: Nur wenn der Lohn die persönliche Leistung anerkennt, wird die Bereitschaft zur Leistung verstärkt.

- *Normen und Standards führen zu persönlichen Spitzenleistungen und Spitzenleistungen der Organisation.* Unser Verhalten wird zum großen Teil von Normen und Standards geregelt, an die sich jeder von uns hält. Wenn Normen und Standards hoch gesteckt sind, fühlt sich der Mensch dazu angespornt, nach Spitzenleistungen zu streben, und findet gleichzeitig Befriedigung in seiner Arbeit.
- *Erfahrungen und Lernen ergeben sich aus konstruktiver Kritik.* Konstruktive Kritik heißt, einen Schritt Abstand zu gewinnen oder eine Aktivität zu unterbrechen, um sich mit den Geschehnissen zu befassen, um alternative Möglichkeiten zur Verbesserung der Leistung zu erkunden und vorauszusehen, welche Aktivitäten negative Konsequenzen haben werden, und sie dementsprechend zu vermeiden.
  Konstruktive Kritik ist mehr oder weniger die »natürliche« Art, darüber nachzudenken, was geschehen ist. Wenn die Mitglieder Kritik verstehen und sie auch fähig einsetzen, läßt sich die Lerngeschwindigkeit und damit auch die Entwicklungsgeschwindigkeit erhöhen.

Zusammenfassung

Eine Organisation kann die Leistung ihrer Mitglieder erhöhen, wenn sie diese Grundsätze täglich anwendet. Dies führt dann wiederum dazu, daß gegenseitiges Vertrauen und gegenseitige Achtung als Grundlage der Beziehungen unter den Mitgliedern der Organisation aufrechterhalten bleiben. So wird es auch möglich, den Einsatz der finanziellen, technischen, natürlichen und sonstigen Ressourcen zu maximieren. Ein Verstoß gegen die Prinzipien der Physik in der Konstruktion einer Brücke oder eines Gebäudes wird zur Katastrophe führen - zum Einsturz des Bauwerks. Ein Verstoß gegen die Prinzipien einer vernünftigen Führung wird zu einer ähnlichen Katastrophe führen - Einsturz der Organisation.

In diesem Kapitel haben wir die einer 9,9-Orientierung zugrunde liegenden Grundsätze identifiziert und dargelegt, daß diese

Prinzipien - je nach Umständen - taktisch verschieden angewandt werden. In Kapitel IX gehen wir auf die Taktik der 9,9-Arbeit im Team ein. Hier entwickeln wir Leitlinien dafür, wer an der Problemlösung, an Problemlösungsschritten und Konfliktlösungsprozessen beteiligt werden sollte und wie die konstruktive Kritik zur Verbesserung der Effektivität in der Problemlösung eingesetzt wird. In Kapitel X befassen wir uns damit, wie man durch Praktizierung von Management by Objectives und den Einsatz entsprechender Entlohnungssysteme zur Verwirklichung des Unternehmenszwecks motivieren kann.

Kapitel IX
Taktiken der 9,9-Arbeit im Team

Ein Team richtig zu führen und erfolgreiche Teamarbeit zu bewirken ist ein wichtiger Aspekt des Managerverhaltens, weil die 9,9-Orientierung die Vereinbarung der Bedürfnisse und Ansichten des Menschen mit Produktion und Leistung zum Ziel hat.

Leitlinien für die Partizipation

Bei einer 9,9-orientierten Problemlösung und Entscheidungsbildung muß jeder Beteiligte gründliche Informationssuche betreiben und seinen Standpunkt klar vertreten. Wie schon in Kapitel VII erwähnt, ergibt sich aus dem Begriff »jeder Beteiligte« die Notwendigkeit, Mitsprache und Mitwirkung näher zu untersuchen.

Die Tabelle 9-1 vermittelt einen Überblick darüber, wann 1/0, 1/1 oder 1/alle angebracht ist. In diesen Richtlinien finden Sie Antwort auf folgende Frage: »Unter welchen Bedingungen ist welcher Ansatz der effektivste – 1/0, 1/1 oder 1/alle?« Die linke Spalte enthält die Situationskriterien, mit deren Hilfe der Manager abschätzen kann, wann 1/0, 1/1 oder 1/alle die vernünftigste Handlungsgrundlage bildet. Die Voraussetzungen für 1/mehrere und 1/alle sind so ähnlich, daß wir sie hier nicht in getrennten Spalten aufgeführt haben. 1/mehrere heißt auf jeden Fall mehr als 1/1 und weniger als 1/alle, da »alle« das gesamte Team definiert.

Ein Vorgesetzter sollte *ohne* vorherige Beratung mit anderen handeln, wenn die Kriterien für eine gute Entscheidungsbildung und Problemlösung in der linken Spalte den Angaben in der 1/0-Spalte entsprechen. Paarweise Aktionen werden notwendig,

Tabelle 9-1: Wann ist 1/0, 1/1 oder 1/alle angebracht?

	Ansatz		
Kriterien	1/0, wenn	1/1, wenn	1/alle (oder auch 1/mehrere), wenn
1. Zuständigkeit	Ich	Er oder sie, wir beide	Wir
2. Zeit zur Kontaktaufnahme	Nicht vorhanden	Vorhanden	Vorhanden
3. Kompetenz des Urteils	Voll vorhanden	Einigermaßen vorhanden	Nicht genügend vorhanden
4. Konzentration der Informationen	Nicht erforderlich	Vertikal oder horizontal	Nötig, horizontal und vertikal
5. Synergie	Nicht möglich	Möglich	Möglich
6. Kritik	Niemand sonst betroffen	Zwei sind vom Problem betroffen	Problem hat Auswirkung auf alle
7. Bedeutung für das Team	Gering	Gering	Groß
8. Betroffensein und Mitsprache anderer	Bedeutungslos	Hilfreich, wichtig	Notwendig, wichtig
9. Folgen für andere	Keine	Vorhanden	Vorhanden

	Ansatz		
Kriterien	1/0, wenn	1/1, wenn	1/alle (oder auch 1/mehrere), wenn
10. Wissen um Zweck und Beweggründe bei anderen	Ist wahrscheinlich nicht notwendig	Notwendig	Notwendig
11. Koordination der Bemühungen	Unnötig	Vertikal oder horizontal nötig	Vertikal und horizontal nötig
12. Änderung von Normen/Maßstäben für das Team	Nicht wichtig	Nicht wichtig	Wichtig
13. Darstellung des Problems in anderen Gremien	Nein	Sachdienlich	Sachdienlich
14. Delegation	Möglich	Unwahrscheinlich	Unwahrscheinlich
15. Möglichkeiten zur Führungsentwicklung	Nein	Vorhanden	Vorhanden

Quelle des Originals: *Grid Team Building,* Scientific Methods, Inc., Austin, Texas 1984. Nachdruck mit freundlicher Genehmigung.

wenn die linke Spalte den Angaben in der Spalte 1/1 entspricht. 1/mehrere- oder 1/alle-Aktionen sind angeraten, wenn die Kriterienspalte der Spalte 1/alle oder 1/mehrere entspricht. Bei den ersten sechs Kriterien geht es darum, die Qualität der Entscheidung durch effektive und effiziente Nutzung der menschlichen Möglichkeiten zu maximieren.

1. *Zuständigkeit.* Wenn ein Mensch sich mit einem Problem befaßt und sagen kann: »Ich bin allein für das Problem verantwortlich und bin fähig, es zu lösen«, sollte er im Alleingang (1/0) handeln und selbst Initiative ergreifen. Wenn dem einzelnen jedoch die Kapazität zur Bewältigung des Problems fehlt, oder wenn sich das Problem übergreifend auf zwei Verantwortungsbereiche erstreckt, ist eine 1/1-Situation gegeben. Handelt es sich um ein übergeordnetes Problem, bei dem sich jeder mit einem Teilproblem befassen muß, aber niemand das Problem in seiner Gesamtheit allein lösen kann, ist die 1/alle-Konstellation der beste Ansatz zur Lösung dieses Problems.

2. *Zeit zur Kontaktaufnahme.* Wenn aus irgendwelchen einsichtigen Gründen keine Zeit bleibt, mit anderen Kontakt aufzunehmen, handelt ein einzelner im Alleingang (1/0). Wenn es aber vorteilhafter ist, sich mit anderen zu beraten, und genügend Zeit bleibt, sich mit einem, aber nicht mit allen Kollegen zu beraten, haben wir es mit einer 1/1-Situation zu tun. Wenn genügend Zeit vorhanden ist und es vorteilhafter ist, wenn sich mehrere an der Lösung beteiligen, stehen wir vor einer 1/mehrere- oder 1/alle-Konstellation.

3. *Kompetenz des Urteils.* Ein Manager hat unter Umständen genügend fundierte Erfahrung, um ein vernünftiges Urteil abgeben zu können. Ceteris paribus handelt er solo, also 1/0. Wenn seine Erfahrung allein jedoch nicht genügt und er nur eine weitere Person braucht, die zu einem noch vernünftigeren Urteil beitragen kann, haben wir eine 1/1-Konstellation. Wenn aber, um ein vernünftiges Urteil abgeben zu können, die Intelligenz und das Wissen aller Teammitglieder erforderlich sind, sollte die Handlungsweise 1/alle sein.

4. *Konzentration der Informationen.* Wenn alle notwendigen Informationen zur Ausführung einer Handlung bei einer Person vorhanden sind, ist eine 1/0-Handlungsweise die geeignete. Wenn von zwei Kollegen jeder teilweise die notwendigen Informationen besitzt, ist wahrscheinlich eine Konzentration der Informationen

auf einer 1/1-Basis notwendig. Dabei kann es sich um das Paar Chef-Mitarbeiter oder auch um ein Kollegenpaar handeln. Eine 1/alle-Konzentration der Informationen wird notwendig, wenn jedes einzelne Mitglied unterschiedliche Informationsbruchteile beitragen kann und diese Informationsstücke zu einem Ganzen zusammengefaßt werden müssen, um einen vollständigen Überblick zu bekommen.

5. *Synergie.* Der Begriff Synergie trifft zu, wenn sich alle Teammitglieder mit einem bestimmten Problem befassen und die gemeinsame Lösung besser ist als die Lösung, die ein Teammitglied allein, zwei oder mehrere Teammitglieder hätten entwickeln können. Arbeit im Team wird wünschenswert wegen der Synergiemöglichkeiten, die entstehen, wenn sich mehrere oder alle Mitglieder des Teams mit einem bestimmten Problem befassen oder es überprüfen. Mit einem Teamführer, der sich die Meinungen seiner Mitarbeiter in Anwesenheit von anderen anhört, eröffnen sich maximale Zugangsmöglichkeiten zu den jeweiligen Gedankengängen. Unter dieser Art der offenen Führung kommen Meinungsverschiedenheiten an den Tag. Die Beweggründe für Standpunkte und Einwände werden offengelegt. 1/0 ist jedoch die Regel, wenn man nicht mit Synergie rechnen kann. 1/1 gilt, wenn nur ein zusätzlicher Mitarbeiter einen Beitrag leisten kann.

6. *Kritik.* Der Wert der Entscheidung läßt sich durch Gespräche verstärken, in denen es um die Fähigkeiten des Teams bei der Lösung von Problemen geht. Wenn sich ein Problem nicht in die Teamarbeit einpassen läßt, sollte man sich auf 1/0-Weise selbstkritisch damit befassen. Die Diskussion sollte in einer 1/1-Konstellation durchgeführt werden, wenn zwei Menschen daraus etwas über die Effektivität des Teams lernen können. Eine 1/alle-Konstellation gilt, wenn das ganze Team davon profitieren kann. Im übrigen gibt es viele Techniken der konstruktiven Kritik, die es den Mitgliedern eines Teams erlauben, leistungsbezogene Ergebnisse zu untersuchen. Das Konzept der konstruktiven Kritik wird an anderer Stelle in diesem Buch ausführlich erörtert.

Die Kriterien 7 bis 13 haben mit der Akzeptanz zu tun, also damit, inwieweit die Mitglieder des Teams bereit sind, eine gefällte Entscheidung auch auszuführen:

7. *Bedeutung für das Team.* Wenn sich die Handlungsweise nicht auf das gesamte Team auswirkt, sondern nur auf einen Teamangehörigen, sollte die 1/0-Konstellation gewählt werden – es sei denn, dieser Mensch führt die Entscheidung nicht aus. Wenn sich die Entscheidung betrieblich auswirkt, wie zum Beispiel bei einer Umschichtung der Unterstellungsverhältnisse in der Organisation, sollte das ganze Team begreifen, worum es geht. Je mehr es bei einer bestimmten Handlungsweise um eine Änderung des Zieles, der Richtung, der Art oder der Verfahrensweisen des Teams geht, desto mehr ist die Teilnahme und Mitwirkung aller Teammitglieder erwünscht.

8. *Betroffensein und Mitsprache anderer.* Es kann nötig sein, daß das Problem und die Lösung voll begriffen werden müssen, um die Zustimmung derjenigen zu erlangen, die die Entscheidung ausführen müssen. Wenn die zu treffende Maßnahme andere Teammitglieder nicht betrifft, gilt die Konstellation 1/0. Ist nur ein weiteres Mitglied betroffen, ist ein Gespräch mit diesem Teammitglied notwendig (1/1). Wenn die Maßnahme aber das ganze Team betrifft, sollten alle das Für und Wider besprechen, bis alle die, deren Interessen betroffen sind, die Sache voll begreifen. So werden Zweifel und Vorbehalte ausgeräumt, und alle sind in der Lage, zuzustimmen und die Entscheidung mitzutragen.

9. *Folgen für andere.* Diejenigen, die in ihrer zukünftigen Handlungsweise von einer Entscheidung betroffen sind, müssen die Sache durchdenken und die Auswirkungen erörtern, um sicherzugehen, daß das Ganze begriffen wird und daß sie sich dafür engagieren. Je größer die Zahl der Teammitglieder, die selbst ein berechtigtes Interesse an der Handlungsweise haben, desto notwendiger ist es auch, daß sie die Entscheidung erörtern.

10. *Wissen um Zweck und Beweggründe bei anderen.* Es gibt manche Probleme, zu denen andere keinen Beitrag leisten können. Sie können jedoch davon profitieren, wenn sie die Beweggründe für die Analyse oder die Lösung verstehen. Wenn die anderen die Beweggründe aber schon kennen oder sie für sie nicht wichtig sind, sollte im Alleingang gehandelt werden (1/0). Oft werden die Beweggründe für eine Handlungsweise aber mindestens für einen anderen wichtig sein. Darum sollte man in einem

solchem Fall auf eine 1/1-Konstellation zurückgreifen. Die übrigen können vielleicht nicht zur Lösung beitragen, müssen aber die Beweggründe und den Zweck kennen. In einer solchen Situation sollten die Beweggründe auf einer 1/alle-Basis bekanntgemacht werden.

11. *Koordinierung der Bemühungen.* Oft kann und sollte man im Alleingang handeln (1/0), weil eine Koordinierung nicht nötig ist. Wenn jedoch Koordinierung nötig ist, sollte man die Sache auf einer 1/1-Basis regeln. Manchmal sind mehrere, wenn nicht sogar alle Teammitglieder an der Durchführung einer Entscheidung beteiligt. In diesem Fall müssen die Koordinierungsstrategien auf einer 1/alle-Basis erarbeitet werden.

12. *Änderung von Normen/Maßstäben für das Team.* Normen/Maßstäbe, die die Leistung innerhalb eines Teams beeinflussen, müssen vielleicht festgelegt, modifiziert oder ganz geändert werden. Hier müssen alle Mitglieder beteiligt werden, da jeder das entsprechende Wissen braucht und sich für die Normen/Maßstäbe engagieren muß. Da sich jedes Mitglied des Teams an teamorientierte Normen/Maßstäbe hält, dürfte eine 1/0-Aktion unwahrscheinlich sein, wenn es um eine wichtige Abänderung der Normen geht. Eine solche Entscheidung steht nur dann auf einem festen Fundament, wenn sich alle Teammitglieder ausdrücklich auf eine neue Norm oder neue Maßstäbe einigen. Das gilt besonders, wenn die neue Norm/der neue Maßstab eine alte ablösen oder modifizieren soll.

13. *Darstellung des Problems in anderen Gremien.* Manchmal vertritt ein Mitglied sein Team in einem anderen Gremium. Hier dürften die übrigen Mitglieder nur wenig oder gar nichts zu einer Entscheidung beizutragen haben. Sie brauchen aber die Informationen und werden also hinzugezogen, um das Verstehen zu vergrößern.

Die beiden nächsten Aspekte befassen sich mit der Nutzung der Teamarbeit für die Führungsentwicklung:

14. *Delegation.* Ein Problem sollte immer dann von einem Mitarbeiter auf der nächstniedrigen Ebene gelöst werden, wenn dieser die notwendigen Kenntnisse und das nötige Urteilsvermögen besitzt, um das Problem bewältigen zu können, oder wenn man

damit die Führungseffektivität des Mitarbeiters fördert. So kann er seine Fähigkeiten an immer größeren Problemen erweitern und mehr Verantwortung übernehmen. Eine 1/0-Situation wird also von einem Teammitglied auf ein anderes verlagert (Konstellation 0/1). Im übrigen gewinnt der Chef so mehr Zeit für Dinge, die nur er lösen kann.

Hier gibt es eine Faustregel: Man sollte ceteris paribus zur 0/1-Konstellation übergehen, wenn erstens Mitarbeiter mit dem Problem genauso gut oder noch besser fertig werden können als der Chef, zweitens der Mitarbeiter so seine Führungseffektivität verstärken kann, drittens der Chef delegieren, aber nicht etwa abdanken will und viertens die dadurch dem Chef zur Verfügung stehende Mehrzeit es ihm erlaubt, sich wichtigeren Problemen als den delegierten zuzuwenden. Bedingung ist, daß der Mitarbeiter gute Aussichten auf Erfolg hat.

15. *Führungsentwicklung.* Die Teammitglieder beteiligen sich an der Analyse von Führungsproblemen, auch wenn sie von den Informationen her wenig beizutragen haben. Sie werden beteiligt, damit sie ihr Wissen vermehren und das Urteilsvermögen entwikkeln können, das sie für die Meisterung solcher Probleme in der Zukunft brauchen. Wenn ein Problem keine Auswirkungen auf die Führungsentwicklung hat, sollte es unter sonst gleichen Umständen auf 1/0-Weise gehandhabt werden. Wenn die Auswirkungen auf die Führungsentwicklung nur eine Person betreffen, sollte man sich an eine 1/1-Konstellation halten. Wenn sich Auswirkungen einer Führungsentwicklung für das ganze Team ergeben, ist 1/alle angeraten.

Teamarbeit in der Matrixorganisation

Das Konzept der Matrixorganisation ist in den vergangenen Jahren auf vermehrtes Interesse gestoßen. Hier sind zumindest zwei verschieden strukturierte Möglichkeiten vorhanden. Es kann sein, daß ein Mitarbeiter mehr als einen Chef hat. In der Linie untersteht er zum Beispiel einem Chef und aus einer Fachfunktion heraus berichtet er an einen anderen Vorgesetzten. Möglich ist auch, daß ein Mensch mehreren Teams angehört. Häufig ist die Zugehörigkeit zeitlich begrenzt. Manchmal ist sie aber mehr oder weniger permanent, wenn ein Mitarbeiter beispielsweise einem Projektteam, einem Sonderteam zur Einführung von Neuprodukten auf dem Markt oder einer sonstigen abteilungübergreifenden Gruppierung angehört.

In Matrixstrukturen wird noch mehr Wert auf Teamarbeit gelegt. Das einzelne Mitglied kann sein spezielles Fachwissen einbringen und dann die Gruppe wieder verlassen. Kann dieser Mensch nicht effektiv mit anderen zusammenarbeiten, bleibt seine Leistungsfähigkeit zwangsläufig begrenzt. Möglich ist auch, daß ein Mitglied nicht mit der Tatsache fertig wird, daß er zwei Chefs hat. Auch darunter kann die Effektivität leiden.

Matrix-Teamarbeit unter Zuhilfenahme von 9,9-Partizipation befähigt die Mitglieder, signifikant zur Organisationseffektivität beizutragen. Die 15 Kriterien zur Beantwortung der Frage »Wer soll partifizieren?« gelten gleichermaßen für die Zusammenstellung eines Teams in einer Matrixorganisation.

Schritte zur Problemlösung

Ein Problem ist immer dann vorhanden, wenn sich das angestrebte Ergebnis aufgrund bestimmter Umstände nicht einstellen kann oder wenn eine Diskrepanz besteht zwischen dem, was »ist«, und dem, »was sein sollte«. Viele Manager erkennen das klassische Problemlösungsmodell: Problem definieren, alternative Lösungen entwickeln, Alternativen bewerten, die erstrebenswerteste Alternative auswählen und diese Alternative in die Praxis umsetzen. Für jeden Schritt gibt es mehrere verschiedene Variationen. Diese sind aber relativ unwichtig. Diese rationale Beschreibung der Problemlösung als eine Folge von taktischen Schritten ist zwar durchaus nützlich. Da aber die menschliche Seite außer acht gelassen wird, ist die Nützlichkeit entsprechend begrenzt.

Der Ansatz, der sich aus einer vernünftigen Anwendung der 9,9-Prinzipien ergibt, weicht vom klassischen Modell weit ab, da er sich auf zusätzliche Überlegungen stützt, die es zu beachten gilt, wenn eine optimale Lösung gefunden werden soll.

Vermeintliches oder tatsächliches Problem
Zunächst einmal muß der Manager sicher sein, daß das vermeintliche Problem auch das tatsächliche Problem ist. Häufig ist das Problem, das Manager vermeintlich lösen, nicht auch das eigentliche Problem. Es gibt keine Garantie dafür, daß die Lösung des vermeintlichen Problems zur Lösung des tatsächlichen Problems beiträgt.

Ein Problem, das in vielen Unternehmen empfunden wird, ist zum Beispiel die Schwierigkeit in der Kommunikation. Man meint: »Wir müßten nur unsere Kommunikationsprobleme lösen, dann würden sich alle anderen Schwierigkeiten von selber geben.« Also hat ein Unternehmen nach dem anderen mit Medienprogrammen begonnen: Werkszeitungen, Videopräsentationen, Rhetorikprogramme für Manager, Meckersitzungen, Seminare zum Thema »Zuhören« usw. Was stellen sie fest? Sosehr sie sich auch bemühen, die Kommunikationsschwierigkeiten zu lösen – die Probleme bleiben bestehen. Die Schwierigkeiten in der Kommunikation waren lediglich ein Symptom.

Hinter dem Kommunikationsproblem steckt wahrscheinlich ein Mißbrauch von Macht und Autorität innerhalb der gesamten Hierarchie. Wer versucht, das reale Problem mit einem Medienblitz zu lösen, trägt wenig zur Problembewältigung bei.

Ein weiteres Beispiel ist ein Unternehmen mit recht großem Grundbesitz, das mehrere Betriebsstätten aus wirtschaftlichen Gründen in einem Teilbereich des Grundstückes zusammenfaßte. Es war einfacher und billiger, die neue Halle gleich neben der schon bestehenden errichten zu lassen. So konnte man auch auf die übrige schon existierende Infrastruktur zurückgreifen. In diesem Fall galt es Energie einzusparen. Dieses empfundene Problem hat man erfolgreich gelöst.

Es wurde aber das falsche Problem gelöst. Durch die Zusatzhalle ist ein chronischer Engpaß entstanden. Das Unternehmen war in seinen Expansionsmöglichkeiten eingegrenzt. Das tatsächliche Problem war nicht erkannt. Man hätte einen Rahmenplan erstellen und darin schrittweise Expansionsmöglichkeiten berücksichtigen sollen. So wäre das Unternehmen auch in der Lage gewesen, sich ergebende Chancen zu ergreifen. Eine Blaupause für den langfristigen Ausbau der Infrastruktur hätte das »Problem« gelöst. Die Lösung von empfundenen Problemen erfordert im Vergleich zu realen Problemen weniger Diagnose und weniger Planung und bringt auch weniger Kurzfristrisiken mit sich. Bleibt das reale Problem aber ungelöst, werden sich negative Nebenwirkungen zeigen. Letztendlich werden die Organisation oder die Verantwortlichen dazu »gezwungen«, entweder aufzugeben oder das tatsächliche Problem zu bewältigen. Auf diese Idee kommen sie meistens erst nach sehr viel unnötiger Frustration und unnötigen Kosten.

Das eigentliche Problem schon am Anfang zu identifizieren ist eine unbezahlbare Führungsfähigkeit. Auf der Sachseite bedeutet dies den effektiven Einsatz verschiedener Entwicklungs-, Planungs- und Finanztechniken. Auf der menschlichen Seite braucht man effektive Fähigkeiten zur Verhaltens- und Organisationsdiagnose.

Wenn Manager diese Fähigkeiten zur effektiven Verhaltens- und Organisationsdiagnose erwerben, werden sie nicht länger die akut empfundenen vermeintlichen Probleme lösen, sondern ihre Aufmerksamkeit den realen Problemen zuwenden.

Wer ist für welches Problem zuständig?

Ein zweites wichtiges Kennzeichen für die Definition des Problems ist die Fähigkeit, die Mitarbeiter zu identifizieren, die über das entsprechende Wissen verfügen und auch die Verantwortung für die erfolgreiche Bewältigung des Problems übernehmen können. Die Frage »Wessen Problem ist es?« ist keineswegs leicht zu beantworten, auch wenn sie oberflächlich gesehen eine eindeutige Antwort verlangt. Wenn die »falschen« Menschen das Problem lösen, wird das Problem wahrscheinlich nicht lange gelöst bleiben. Eine dauerhafte Lösung findet sich eher, wenn man die »richtigen« an der Lösung beteiligt.

Auf die Frage der Zuständigkeit sind wir schon in Kapitel VII und auch in diesem Kapitel eingegangen. Wir haben schon ausgeführt, wann sich welche Teamkonstellation - 1/0, 1/1 und 1/alle - eignet. Hier brauchen wir also nur die Taktik noch einmal kurz zu rekonstruieren.

Das Problem geht vielleicht nur einen etwas an. Dieser eine ist der Chef oder ein Mitarbeiter im Team. In jedem Fall verfügt er allein über die Fähigkeit und Ressourcen zur Lösung des Problems. Andere können zur Lösung nichts weiter beitragen. Sie hinzuzuziehen wäre Zeitverschwendung. Dieselbe Grundlogik gilt auch für andere Gruppierungen. Vom Problem betroffen sind beispielsweise nur zwei Mitglieder des Teams - ein Vorgesetzter und ein Mitarbeiter oder zwei Kollegen -, es können aber auch mehrere oder sogar alle Teammitglieder betroffen sein. In manchen Fällen müssen zusätzlich externe Kräfte mit ihrem Wissen zur Bewältigung des Problems hinzugezogen werden. In Tabelle 9-1 wird die Frage »Wessen Problem ist es?« unter dem Punkt »Zuständigkeit« beantwortet. Sie vermittelt einen Überblick darüber, welche Konstellation die jeweils bestgeeignete Lösungsstrategie bildet. Das reale Problem identifizieren und feststellen, wer am Lösungsverfahren teilnimmt, sind also die wichtigen ersten beiden Schritte.

Nun bleibt nur noch die »Umsetzung« der Lösung. Dieser Prozeß besteht jedoch nicht nur in der Ausführung einer Reihe von Schritten, sondern ist weitaus komplizierter. Der Ausführungsansatz ist vom Charakter her partizipativ. Hier können verschiedene Standpunkte auftauchen, die Kommunikationsprobleme entstehen lassen und sich eventuell zu Streit oder Konflikt ausweiten können. Diese »Prozeß«-Probleme müssen gemeinsam mit dem inhaltlichen Problem gelöst werden. Alle Teilnehmer müssen sich bewußt sein, wie wichtig folgende Verhaltensweisen sind: Offenheit und Ehrlichkeit, effektive Informationssuche und Fragen, Standpunkt klar und deutlich vertreten, Konfrontation der kollidierenden Meinungen, Bildung der Entscheidung auf der Grundlage von Verstehen und Übereinkunft bei ständiger, maßnahmenbegleitender konstruktiver Kritik.

Kriterien für eine vernünftige Lösung entwickeln

Ehe man die Problemlösungsalternativen entwickelt, sollte man die Kriterien festlegen, an denen die verschiedenen Lösungsmöglichkeiten gemessen werden. So läßt sich feststellen, ob eine Lösung vernünftig ist. Auch unerwünschte Nebenwirkungen treten so zutage. Wird dieser Schritt ausgelassen, kommen Eigeninteressen ins Spiel, die die Auswahl der vernünftigsten Alternative erschweren. Wenn sich die Teilnehmer zunächst einmal auf die Kriterien für eine vernünftige Lösung einigen, können sie sich anschließend auf die Art und Weise der Lösung selbst konzentrieren, ohne noch darüber nachzudenken, welche Lösung sich aus privater Perspektive mehr oder weniger vorteilhaft darstellt.

Alternativen entwickeln
Grundlegend ist eine vernünftige Prüfung der gesamten Skala der zur Verfügung stehenden Optionen, ehe man sich für einen bestimmten Maßnahmenkurs entscheidet. So werden auch Möglichkeiten erkannt, die man ansonsten nie berücksichtigt hätte. Die Wahrscheinlichkeit wächst, daß sich auf diese Weise die beste Lösung abzeichnet.

Auswahl der unter den gegebenen Umständen besten Lösung
Wenn die Kriterien für die Bewertung einer vernünftigen Lösung feststehen, die richtigen Menschen an der Suche nach der Lösung beteiligt und alle verfügbaren Optionen und Alternativen überprüft sind, kommt der eigentliche Test. Wird man sich auf den vernünftigen Ansatz einigen und ihn in die Praxis umsetzen können?

Die für die Lösung des Problems Verantwortlichen werden sich wahrscheinlich nicht einig darin sein, welches die beste Lösung darstellt. Diese Meinungsverschiedenheiten können sich aufgrund unterschwellig vorhandener Aspekte und Eigeninteressen entwickeln. Manchmal haben die Teilnehmer auch einfach nicht genug Hintergrundwissen, das es ihnen erlaubt, die wahrscheinlichen Folgen der einzelnen Alternativen zu »erspüren«. Aus einer 9,9-Orientierung heraus bewältigt man dieses Problem, indem man die verschiedenen Meinungen miteinander konfrontiert und Bedenken offen auf den Tisch legt.

Planung der Durchführung
Auch Schwierigkeiten, die sich bei der Umsetzung ergeben können, müssen im Kreis der an der Problemlösung Beteiligten besprochen werden. Die für die Ausführung Verantwortlichen ver-

fügen über die entsprechenden Fähigkeiten und haben sich auch auf die Umsetzung der Lösung verpflichtet. Im Tagesgeschäft können aber auch andere Probleme auftauchen. Sie können sich um die Umsetzung nicht mehr kümmern, und die Implementierung »stirbt«. Wenn man aber von vorneherein davon ausgeht, daß sich zusätzliche Zwänge aus anderen Förderungen ergeben werden, wird es möglich, diese Probleme zu bearbeiten und gleichzeitig die Lösung für das erste Problem zu implementieren.

Ein weiteres Hindernis erhebt sich, wenn die Ressourcen zur Problemlösung nicht verfügbar sind und sich niemand darum bemüht hat, die nötigen Ressourcen sicherzustellen. Auch diesen Aspekt der Implementierung kann man voraussehen. Man prüft also nach, ob die entsprechenden Ressourcen vorhanden sind. Man läßt bestimmte Spielräume, damit man auch mit unvorhergesehenen Engpässen bei den Ressourcen fertig wird.

Konstruktive Kritik
Ist die Lösung durchgeführt, muß man als nächstes überprüfen, wie das Ganze funktioniert hat. Auch an diesem Prozeß werden wieder alle beteiligt, die auf irgendeine Weise mit dem Problem zu tun hatten. Nach Beendigung des Projekts untersuchen sie den gesamten Prozeß und stellen fest, wo sie in den verschiedenen Phasen des Problemlösungszyklus auf Grenzen gestoßen sind. Auf diese Manöverkritik gehen wir später in diesem Kapitel noch ausführlich ein.

Konfliktlösung

Das Team setzt sich aus sehr fähigen und verantwortungsbewußten Menschen zusammen. Dennoch werden sie sich stark für ihre wohlüberlegten Standpunkte engagieren. Das kann zu einem Konflikt führen. Ein Team begrüßt den Konflikt – nicht etwa aus Freude am Kampf, sondern weil der Konflikt Kreativität freisetzt und so zu besserer Leistung führt. Die Möglichkeit zur Erzielung von noch mehr Engagement fordert die Teammitglieder dazu heraus, effektive Wege zur Konfliktbewältigung zu entwickeln.

Lösung eines Konfliktes in 1/1-Konstellation

Wenn ein Chef mit einem Mitarbeiter in Konflikt gerät (oder wenn unter zwei Teammitgliedern ein Konflikt entsteht), sollte er die folgenden konkreten Schritte unternehmen, um die verschiedenen Meinungen miteinander zu konfrontieren und die Schwierigkeiten aus dem Wege zu räumen:

- Sie sprechen mit dem Mitarbeiter und beschreiben ihm seine Denkweise, allerdings so, daß der Mitarbeiter sich nicht persönlich angegriffen oder herabgesetzt fühlt.
- Hören Sie dem Mitarbeiter zu, wie er seine Ideen und seine Gefühle äußert. Nehmen Sie dabei nichts als selbstverständlich hin. Seien Sie bei der Beantwortung von Fragen aufrichtig und geradeheraus, damit bei ihm kein Argwohn in bezug auf Ihre Position entsteht oder um diesen Argwohn zu entkräften. Stellen Sie die Fragen so, daß Sie aus den Antworten die Einstellungen des Mitarbeiters klar erkennen und verstehen können.
- Stellen Sie die Denkweise des Mitarbeiters in bezug auf verschiedene Maßnahmenkurse in Frage, allerdings erst, wenn Sie gemeinsam mit dem Mitarbeiter seine Grundwerthaltungen, Bedürfnisse und Grundeinstellungen klar herausgearbeitet haben.
- Fragen Sie genau nach Gründen, Motiven und Ursachen. So gewinnt der Mitarbeiter eine klare und möglicherweise andere Perspektive des Problems.
- Präsentieren und fordern Sie Daten, logische Argumente und Gegenargumente. So können Sie die eigene Objektivität und die Objektivität des Mitarbeiters überprüfen.
- Helfen Sie dem Mitarbeiter dabei, die operationalen Folgen der von ihm bevorzugten Lösung zu erkunden.
- Lassen Sie sich vom Mitarbeiter in der Erkundung der Folgen der von Ihnen bevorzugten Lösung helfen. Führen Sie die Diskussion konsequent fort, damit Sie zu einer Einigung gelangen können. Einseitig dürfen Sie das Problem nur beenden, wenn sich kein Lösungsweg finden läßt.
- Sorgen Sie dafür, daß der Prozeß der Überlegungen in bezug auf die Ergebnisse offenbleibt und nicht von vorneherein fest-

gelegt ist. Damit lassen Sie den Mitarbeiter tatsächlichen Einfluß auf das Ergebnis nehmen.

- Suchen Sie immer wieder nach neuen Definitionen des Problems. So kommt immer - schon auf beinahe selbstverständliche Weise - die vernünftigste Lösung zum Zuge.

Konflikte lassen sich häufig auf einer 1/1-Grundlage lösen, weil sie nur zwei Menschen angehen und auf diese beiden Menschen begrenzt sind. Dies gilt jedoch nicht immer.

Lösung eines Konfliktes in einer 1/alle-Konstellation
Manchmal erfaßt ein Konflikt das ganze Team. Diese Situation ergibt sich, wenn jeder eine andere Lösung hat und niemand bereit ist, die Lösungen des anderen zu akzeptieren. Diese Situation wird sogar noch intensiver, wenn Mitglied A meint, eine persönliche Niederlage zu erleiden, falls die Lösung der Person B akzeptiert werde. Bei solchen Spannungen zwischen A, B, C und D hört man häufig die Meinung, daß hier bestenfalls ein Kompromiß zu erzielen sei. Schlimmstenfalls gerate man in eine Sackgasse. Wenn aber die Gegensätze vom Team offen miteinander konfrontiert werden, wird eine Lösung möglich. Die offene Konfrontation hat sogar den Vorteil einer besseren Lösung. Gleichzeitig bleiben die einzelnen Mitglieder engagiert und können ihr Teamverhalten verstärken.

Dieser Prozeß bedarf meistens der Anregung des Chefs. Der Chef beginnt und legt das Dilemma dar: »Wir sind alle verschiedener Ansichten, und jeder von uns hat eine andere Lösung parat. Irgendwo gibt es aber eine objektivere Sicht und auch eine richtige Lösung für das Problem. Wir müssen sie nur finden. Wir müssen also einen Schritt zurückgehen und versuchen zu verstehen, warum wir an diesen toten Punkt gelangt sind. Herr B, wie sehen Sie das Problem? Welche Unterschiede sehen Sie zwischen Ihrer Sicht, meiner Meinung und den Standpunkten der übrigen?« Herr B fängt an. Rund um den Tisch legt jeder seine Meinung dar, bis alle die Positionen und Ansichten sämtlicher Teammitglieder gehört und verstanden haben. Dies ist der erste Schritt zur Überwindung subjektiver Gefühle. So läßt sich bei jedem einzelnen Mitglied eine größere Bereitschaft erzielen, die Ansichten der übrigen objektiv zu überdenken. Manchmal entsteht die Blockade aus persönlichen Feindschaften zwischen bestimmten Mitgliedern. Das »Problem« wird nicht deswegen zur Streitfrage, weil die Mitglieder es nicht bewältigen können, sondern weil sie die Kontroverse als Nahrung für ihre feindseligen Emotionen brauchen. Diese Situation löst man am besten so: Man bringt die Befürworter von »Schwarz« auf der einen und die Anhänger von »Weiß« auf der anderen Seite dazu, den Antagonismus in ihren Beziehungen untereinander zu erkennen. Sie sollen offen prüfen, was sie selbst zur Steigerung dieser Feindschaft tun, und sie dann beenden. Selbst wenn der Chef von dieser Kontroverse nicht direkt betroffen ist, greift er leitend in die Diskussion ein und hilft den Antagonisten, ihre Differenzen herauszuarbeiten. Die Neinsager fordert er auf, ihre Gründe zu erklären. Aus den Reaktionen kann man ablesen, ob sie die Situation richtig verstanden haben. Falls nicht, stellt der Chef weitere Fragen, damit die Meinungsverschiedenheiten miteinander konfrontiert werden. Er präsentiert Tatsachen und Gegenargumente und zieht logische Schlüsse. Er hilft ihnen dabei, ihre Objektivität zu überprüfen. Sobald sie ihre eigenen Werthaltungen und inneren Einstellungen erkannt und verstanden haben, kann der Chef wieder auf ihre Denkweise und Logik im Hinblick auf die verschiedenen möglichen Maßnahmenkurse eingehen. Er sondiert die Gründe, Motive und Ursachen. So gewinnen sie eine klare und vielleicht andere Perspektive.

Ein Konflikt unter den Teammitgliedern bricht aber nicht unbedingt nur dann aus, wenn subjektive Einstellungen oder Antagonismen vorhanden sind. Es kann auch sein, daß es an Zielen für das Team fehlt, für die sich die Mitglieder einsetzen und engagieren können. Unter diesen Umständen verfolgt jedes Teammitglied seine eigene Version des Teamziels und gleichzeitig seine privaten Ziele. Diese können miteinander kollidieren. Hier muß man mit der Lösung so ansetzen: Es geht darum, daß sich die Mitglieder auf die Gesamtziele des Teams verpflichten und sich dafür engagieren und ihre individuellen Ziele an den Zielen des Teams ausrichten – und zwar so, daß die gegenseitige Hilfestellung zunächst möglich und dann Realität wird.

Ein strukturierterer Ansatz zur Eingrenzung der Meinungsverschiedenheiten ist die 4-3-2-1-Methode. Hier wird jeder Teilnehmer gebeten, eine schriftliche Positionsaussage abzugeben. Diese Positionen werden dann untereinander ausgetauscht. Mit einem System von vier Punkten werden die einzelnen Elemente jeder Position bewertet. Folgende Kommentare können abgegeben werden:

4- »Ich bin mit diesem Teil der Aussage aus folgenden Gründen nicht einverstanden.«

3- »Ich möchte die folgenden Fragen zur Klärung der Bedeutung dieses Teils der Aussage stellen.«

2- »Ich bin mit diesem Teil der Aussage einverstanden, wenn sie folgendermaßen umformuliert wird.«

1- »Ich bin mit der Aussage, so wie sie hier steht, einverstanden.«

Die einzelnen Parteien tauschen nun ihre Feststellungen aus. Dies wird so lange fortgesetzt, bis so viele 4-, 3- und 2-Aussagen wie möglich in 1-Aussagen verwandelt sind. Die 1-Aussagen spiegeln allgemeine Einigung wider.

Wenn Teammitglieder effektiv zusammenarbeiten, ist es häufig unnötig, zu formaleren Methoden der Konfliktlösung zu greifen. Wenn man jedoch näher nachprüft, wie Menschen Konflikte vernünftig lösen, läßt sich erkennen, daß der Ansatz der 4-3-2-1-Methode sehr nahe kommt. Sie zerlegen das Gesamtproblem in seine Einzelteile und erörtern dann, wieviel Meinungsgleichheit und Meinungsverschiedenheit für die Einzelteile vorhanden ist. Häufig hört man die Mitglieder sagen:

»Nun sehen Sie, ich kann mit diesem Vorschlag einiggehen, wenn wir ihn geringfügig umformulieren.«

»Ich brauche mehr Informationen zu diesem Aspekt.«

»Ich bin mit diesem Teil nicht einverstanden – aus den folgenden Gründen . . .«

Mit diesen Überlegungen lassen sich auch komplizierte Streitfragen überprüfen. Die Bereiche, in denen weiterhin Meinungsverschiedenheiten bestehen, werden noch einmal gründlich überdacht. Man ergänzt die Sachinformationen und prüft nach, ob die logische Gedankenfolge stimmt oder nicht, revidiert sie entsprechend und legt die persönlichen Gefühle offen auf den Tisch.

Viele Manager erkennen zwar, daß die offene Konfrontation

den direktesten und besten Weg zur Lösung eines Konfliktes im Team oder eines Konfliktes zwischen zwei Menschen darstellt, scheuen sich aber vor der Einleitung einer solchen Erörterung. Dafür haben sie mehrere Gründe. Der wichtigste Grund ist die Furcht, daß die Diskussion ausufern könnte, daß der Konflikt, wenn er offen zugegeben wird, eskaliert und außer Kontrolle geraten könnte. Gegen die offene Konfrontation spricht auch die Sorge des Chefs, daß er ein schwaches Bild vermitteln könnte, wenn er eine solche Diskussion einleitet oder tatsächlich die Kontrolle verliert und dann nicht mehr in der Lage ist, die Differenzen auf leisere, subtilere, »privatere« Weise zu lösen. Manche Manager scheuen sich auch, weil sie eine ganz andere Werthaltung haben. Sie meinen, der Manager müsse genau wissen, welche Lösung er haben wolle, und müsse diese Lösung als *vollendete* Tatsache durchsetzen oder sie allen Betroffenen »verkaufen«. Häufig hört man auch, daß dieser Ansatz zuviel Zeit erfordere. Natürlich braucht man in der Lernphase, in der man sich die entsprechenden Techniken aneignet, mehr Zeit, weil mehr Tatsachen, Meinungen und Alternativen überdacht sein wollen. Da aber in dieser Art der offenen Diskussion nicht nur die »Symptome«, sondern die »Ursachen« aufgedeckt werden, entwickeln sich vernünftige, langfristige Lösungen. Die Probleme tauchen nicht immer wieder von neuem auf. Mit ein bißchen Übung wird man schließlich vernünftige Lösungen sogar in kürzerer Zeit finden als mit der alten Methode.

All dies sind zwar real existierende, aber nicht wirklich stichhaltige Gründe für die Meidung der Konfrontation als Mittel zur Konfliktlösung. Wer ein vernünftiges Führungsverhalten an den Tag legt, kann die Diskussion in die richtigen Kanäle leiten. Sie braucht nicht außer Kontrolle zu geraten. Sind die Spannungen identifiziert, lassen sich auch die Zwänge beseitigen, unter denen die einzelnen spürbar stehen. Der Chef, der eine solche Diskussion einleitet, steht nicht schwach, sondern stark da, weil der Chef zuversichtlich ist und die Fähigkeiten hat, den Einsatz der Ressourcen aller in Richtung einer Problemlösung zu lenken. Der Chef will keine vorgefertigte Lösung durchsetzen, sondern fordert die offene Diskussion. So bleibt das Teamengagement bestehen.

Man kann sich auf Beratung, Austausch von Standpunkten und eine einvernehmliche Beilegung der Differenzen konzentrieren.

Lernen im Team durch konstruktive Kritik

Ein 9,9-orientiertes Team schätzt die menschlichen Werte Offenheit und Aufrichtigkeit. Es ist experimentierfreudig. So kann es seine Effektivität durch ständiges Lernen immer weiter verbessern. Mit solchen Wertstellungen ergibt sich auch die realistische Möglichkeit, den Rücklauf zu nutzen. Das Feedback oder der Rücklauf sind entscheidende Faktoren. Die Teammitglieder lernen durch konstruktive Kritik. »Konstruktive Kritik« beinhaltet eine Reihe von nützlichen Möglichkeiten, sich mit betrieblichen Problemen zu befassen und sie zu lösen. Die Teammitglieder führen diese Gespräche einzeln oder in der Gruppe, während sie sich um die Erledigung ihrer Aufgaben bemühen.

Die Mitarbeiter an einem Projekt wissen häufig, daß ihre Leistung nicht befriedigend ist. Normalerweise bereitet es ihnen keine Schwierigkeiten, die Vorgänge - zumindest technisch - zu beschreiben. »Wir haben um 10 Uhr angefangen. Um 12 Uhr hätten wir fertig sein sollen, aber wir haben bis 12.30 Uhr gebraucht.« Oder: »Obwohl ich meine Informationen mit Haage und Enkel unbedingt austauschen mußte, haben sie nie mit mir oder miteinander gesprochen. Haage hat immer nur über Tietze nachfragen lassen. Als ich die Informationen schließlich hatte, war sie nutzlos geworden.« Diese Beschreibung ist eine Rekonstruktion des Ereignisses. Der Gang der Ereignisse wird so bewußtgemacht. Das ist wichtig, ist aber nur eine Seite der Münze.

Konstruktive Kritik als Lernansatz findet statt, wenn mindestens zwei Personen ihre jeweilige Beschreibung eines Ereignisses darlegen, das beiden direkt widerfahren ist. Wenn Haage, Enke, Hansen, Hollmann und die übrigen sich zusammengesetzt hätten und die Frage beantwortet hätten, warum die Information nutzlos war, als sie beim letzten anlangte, hätten sie mit konstruktiver Kritik versucht, ihre Lage zu verbessern. Die Menschen lernen auch aus konstruktiver Kritik, wenn zwei oder mehrere die Handlungsweise eines dritten beschreiben und jeder darlegt, welchen Sinn und welche Absicht er dahinter sieht. Man beschreibt die Ähnlichkeiten und Unterschiede und erörtert sie mit dem dritten. So lassen sich potentielle Mißverständnisse, Wahrnehmungsfehler oder andere ungeahnte Folgen einer Handlungsweise korrigieren.

Das Wann und Wie der konstruktiven Kritik
Konstruktive Kritik läßt sich zu Beginn, während und am Ende einer Maßnahme einsetzen.

Konstruktive Kritik zu Beginn einer Maßnahme. Es mag zwar widersprüchlich erscheinen, aber die konstruktive Kritik bietet selbst vor Beginn einer Maßnahme einen ausgezeichneten Lernansatz. Hier trägt sie zum Nachdenken über die zu beginnenden Maßnahmen bei. Man stellt fest, was jeder Teilnehmer weiß, mit welchen Vorkommnissen jeder rechnet, wie sie sich abspielen werden und was jeder erreicht sehen möchte. So läßt sich die menschliche Arbeitskraft besser einsetzen. Häufig kristallisieren sich so mögliche Probleme heraus, die man von Anfang an umgehen kann.

Ein Beispiel: Schiffbauer geben eine detaillierte Garantie auf das Schiff. In der Betriebsanleitung werden die technischen Besonderheiten des Schiffes aufgezählt. Eine bestimmte Leistung wird garantiert. Diese Leistungen kann der Eigner also rechtmäßig von seinem Schiff erwarten. Das gilt für Passagierschiffe genauso wie für Tanker, Frachter und sogar für kleinere Boote.

Der Eigner nimmt das Schiff in Empfang. Üblich ist, einen Kapitän zu ernennen und dann die Mannschaft zusammenzustellen. Bevor das Schiff ausläuft, braucht die Mannschaft einige Tage, um sich mit den Maschinen und den Betriebseigenschaften des Schiffes vertraut zu machen. Davon kann man sich nur aus erster Hand überzeugen. Man prüft die Konstruktion des Schiffes und beschäftigt sich mit seinen wahrscheinlichen Leistungsmöglichkeiten.

Das Schiff läuft zu einer Probefahrt aus. Es werden so viele Mängel wie nötig beseitigt. Die Tatsache, daß in der Garantie genau geschrieben steht, was der Eigner als Leistungsnormen von

Rechts wegen erwarten kann, wird vergessen, es sei denn, es taucht irgendwo ein schwerwiegender Mangel auf. Schwerwiegende Mängel und große Leistungsabweichungen werden dem Kapitän gemeldet. Ansonsten findet man sich mit vielen Mängeln ab. Die Mannschaft lebt damit, so gut sie kann.

Ganz anders sähe die Sache aus, wenn man von vorneherein mit konstruktiver Kritik an die Arbeit ginge. Der Kapitän wird ernannt, die Mannschaft zusammengestellt, genau so, wie es auch sonst üblich ist. Ehe man aber an Bord geht, nimmt man sich einige Zeit, um die Mannschaft zu einem Team zusammenzuschweißen. Die Crew oder das Team sieht sich genau an, welche Schiffsleistungen, Maschinenleistungen und welche Leistungen für sonstige Teile in der Garantieerklärung aufgeführt sind. Dann befassen sie sich mit den Betriebsanweisungen für die verschiedenen Ausrüstungsgegenstände und sehen sie sich kritisch auf Standard- oder Sonderaspekte an. Erst danach geht die Mannschaft an Bord, um sich mit den tatsächlichen Eigenschaften des Schiffes und seiner Ausrüstung vertraut zu machen. Während dieser Phase wird das Schiff und seine Ausrüstung auf seine Minimal- und Maximalleistung überprüft. Mit einer Durchschnittsleistung geben sie sich nicht zufrieden. Erst dann darf das Schiff in See stechen.

Maßnahmenbegleitende konstruktive Kritik. Konstruktive Kritik kann auch spontan oder planmäßig während einer Maßnahme geübt werden. Im folgenden wird die maßnahmenbegleitende konstruktive Kritik an einem Beispiel dargestellt:

Herr Frank wendet sich an Frau Sauer:	»Nun, kommen wir hier eine Minute auf Sie zurück, Frau Sauer. Sie meinen also, wir sollten die Diskussion fortsetzen und, wenn wir sehen, daß jemand eine bestimmte Verhaltensweise an den Tag legt, eingreifen und abstoppen und dieses Verhalten ausdiskutieren?«
Frau Sauer zu Herrn Frank:	»Genau, die Gelegenheit beim Schopfe packen und dann darauf hinweisen, wenn es passiert.«

Herr Frank zu Frau Sauer: ». . . sich gegenseitig während der Diskussion zu beobachten und abzuwarten, was dabei herauskommt . . . richtig?« (Allgemeine Zustimmung)

Herr Görken zu Frau Sauer: »Lassen Sie mich das mal ausprobieren. Mir ist aufgefallen, Sie haben da gerade blitzschnell einen Schluß gezogen . . .«

Frau Sauer zu Herrn Görken: »Das stimmt.«

Herr Görken zu Frau Sauer: ». . . gerade vor einer Sekunde . . . ich hatte folgendes gemeint . . . und ich kann Ihnen ein Beispiel geben. Ganz plötzlich sagen Sie: ›Ich hab's, es geht nicht so, sondern es geht so.‹ Sie gehen für uns alle zu schnell voran.« (Herr Görken hat ein kritisches Beispiel entdeckt und Frau Sauers Aufmerksamkeit sofort darauf gelenkt, gleich nachdem es geschehen ist.)

Frau Sauer zur Gruppe: »Nun leiten Sie daraus ab, daß ich eine Frau der Tat bin?« (Gelächter und Durcheinander) »Jetzt aber ernsthaft: Ich kann verstehen, warum ich Ihnen so vorkomme. Ich werde mich in Zukunft in acht nehmen; wenn Sie das wieder bei mir feststellen, dann sagen Sie es mir.«

Ein solches Feedback vergrößert die Wahrscheinlichkeit, daß Frau Sauer lernen wird, ihre eigene Effektivität zu stärken. Die Wahrscheinlichkeit wird größer, daß jedes Mitglied des Teams das eigene Verhalten überprüft und sich dazu genaue Fragen stellt. Jeder erkennt, wie er seine Gewohnheiten ändern kann, damit er mehr zur Effektivität des Teams in der Problemlösung beitragen kann.

Es folgt noch ein weiteres Beispiel dafür, wie man ein Verhalten, das die Verwirklichung der Ziele verhindert, mit Hilfe von konstruktiver Kritik durch ein Verhalten ersetzen kann, das die erfolgreiche Vollendung zum Ziel hat.

Zu dieser Gruppe gehören mehrere Mitglieder. Die eigentliche Interaktion findet zwischen Herrn Philips, Herrn Jansen und Frau Bader statt. Die Gruppe hatte sich schon darauf geeinigt, daß es besser sei, Kritik sofort im Laufe der Ereignisse auszusprechen und nicht bis zum Ende zu warten, wie das sonst immer üblich gewesen war. Man hatte eingesehen, daß es besser sei, Ereignisse im Hier und Jetzt anzuhalten und zu überprüfen. So könne man Sofortmaßnahmen zur Verbesserung ergreifen.

Frau Bader zu Herrn Jansen: »Irgendwie scheinen wir uns im Kreis zu bewegen. Herr Jansen, ich habe den Eindruck, daß Sie gar nicht verstehen, was Herr Philips Ihnen eigentlich sagen will. Es klingt eher so, als ob Sie ungeduldig darauf warten, daß er endlich fertig wird, damit Sie das Argument, das Sie inzwischen schon mehrere Male vertreten haben, noch einmal wiederholen können.«

Herr Jansen zu Frau Bader: »Ja, ich glaube, Sie haben recht. Ich habe mich so auf meinen eigenen Standpunkt versteift, daß ich versucht habe, Herrn Philips zu bearbeiten, anstatt mich wirklich darum zu bemühen, zu verstehen, warum er immer noch Widerstand leistet.«

Herr Jansen zu Herrn Philips: »Herr Philips, haben Sie das so empfunden, daß ich auf Sie eingehämmert habe?«

Herr Philips zu Herrn Jansen: »Damit haben Sie den Nagel auf den Kopf getroffen. Ich habe das Gefühl, Sie haben auch nicht ein einziges von den Worten gehört, die ich in den letzten Minuten ausgesprochen habe.«

Frau Bader zu Herrn Jansen: »Herr Jansen, wiederholen Sie doch mit eigenen Worten, was Herr Philips gesagt hat, wenn er seine Position noch einmal erläutert hat. Wir wollen sehen, ob Herr Philips dann das Gefühl hat, daß Sie seine Position verstehen.«

Bei dieser maßnahmenbegleitenden Kritik hat Herr Jansen an Herrn Philips vorbeigeredet. Ohne die Interventionen von Frau Sauer und ihren Vorschlag, zu überprüfen, was sich hier wirklich tut, wären wahrscheinlich zwei Dinge eingetreten. Zum einen hätte sich Herr Philips letzten Endes mit dem Gefühl des Unterlegenen zurückgezogen. Zum anderen hätte Herr Jansen in seiner Selbstgerechtigkeit das Gefühl gehabt, daß er seinen Standpunkt gegen andere Standpunkte, die nicht deutlich genug vertreten wurden, durchgesetzt hätte. Bei Herrn Philips hätte sich wahrscheinlich ein tiefer Groll aufgestaut - daß Herr Jansen ihn so rücksichtslos behandelt hat. Durch die maßnahmenbegleitende Kritik konnte die Blockade, die dem gegenseitigen Verstehen im Wege stand, schnell identifiziert werden. Wir können davon ausgehen, daß Herr Jansen und Herr Philips ihre gegenseitigen Standpunkte begriffen haben und dies letztlich zu einer qualitätsmäßig besseren Entscheidung geführt hat.

Diese maßnahmenbegleitende Kritik ist besonders nützlich zur Identifizierung von Problemen und Schwierigkeiten und zur Einführung von Korrekturmaßnahmen, ehe sich Probleme festsetzen und die Leistung hemmen.

Formlose, spontane, improvisierte Bemerkungen über die Geschehnisse haben schon allein deswegen ihren Wert, weil sie spontan kommen. Wird jedoch Spontaneität durch Impulsivität ersetzt, sind die Bemerkungen meistens nicht durchdacht und werden auch nicht bereitwillig von anderen akzeptiert. Herr Thomas sagt beispielsweise zu Herrn Bilger: »Sie sind dogmatisch, Sie wiederholen dauernd Ihre Meinung und hören mir überhaupt nicht zu.« Die Bemerkung von Herrn Thomas, daß man ihm nicht zuhört, mag zwar richtig sein. Mit dieser Bemerkung wird er aber Herrn Bilger kaum dazu bringen, besser zuzuhören. Herr Bilger wird sich eher geneigt fühlen, dieses Verhalten abzustreiten oder zu rechtfertigen. Solche Einwürfe verletzen und führen häufig zu Abwehrreaktionen. Hätte Herr Thomas zu Herrn Bilger gesagt: »Ich habe das Gefühl, daß meine Idee nicht angekommen ist . . .«, dürfte Herr Bilger eher sagen: »Wiederholen Sie sie bitte doch noch einmal, und ich will mich bemühen zu verstehen.«

Dieser Lernansatz funktioniert am besten, wenn die daran Beteiligten in der Lage sind, Feedback zu geben und zu nehmen (siehe Kapitel VII), und bereit sind, nötigenfalls konstruktive Kritik anzuwenden. Dann werden Fehlstarts vermieden und falsche Entscheidungen ausgeschaltet. Man kann eine Maßnahme in ihrer Gesamtheit überschauen und feststellen, wie sich die Leistungen in den nächsten Erfahrens- und Lernphasen verbessern lassen.

Konstruktive Kritik nach Abschluß einer Maßnahme. Konstruktive Kritik nach Abschluß einer Maßnahme versetzt die Teilnehmer in die Lage, die gesamte Erfahrung zu überprüfen, zu rekonstruieren und festzustellen, warum die Ergebnisse hinter den Erwartungen zurückgeblieben sind. Sie können zwischenmenschliche Einflüsse zurückverfolgen, kritische Entscheidungspunkte identifizieren und bewerten und sich wiederholende Muster nachprüfen. Diese Erkenntnisse sind wichtig, um entscheiden zu können, auf welche Weise sich vergleichbare Maßnahmen in der Zukunft besser durchführen lassen und welche Verfahrensweisen für die Zukunft ausgeschlossen bleiben sollten.

Die Skala dieser Manöverkritik reicht von halbherzigen Versuchen, festzustellen, was geschehen ist - oft nach schlechten Ergebnissen -, bis hin zu standardisierten Verfahren zur Bewertung geplanter Ereignisse. Beispiele dafür sind die vierteljährlichen Budgetüberprüfungen, die unregelmäßig durchgeführt werden.

Die Teilnehmer denken über eine abgeschlossene Maßnahme nach und ziehen ihre Schlüsse zur Leistung bei bestimmten kritischen Aspekten. Dabei geht es besonders um die eingesetzten Verfahren und um menschliche Faktoren, die die Effektivität gehemmt haben. Manchmal kann man mit einer solchen Manöverkritik auch Interaktionen der Teilnehmer zu einem Gesamtbild zusammensetzen und feststellen, wie sie sich auf Leistung und Ergebnisse ausgewirkt haben.

Fragebogen oder sonstige Instrumente zur Informationserhebung bieten einen guten Ausgangspunkt für die Abschlußkritik. Die Teilnehmer an einem Grid-Seminar beantworten nach einer Teamdiskussion, in der es um die Lösung eines Problems geht, mehrere Fragen. Eine Frage wollen wir hier als Beispiel herausgreifen. Zunächst arbeitet jeder allein. Jeder Teilnehmer kann insgesamt 100 Punkte auf die verschiedenen Alternativen in der linken Spalte verteilen. Er bewertet die Art der geübten Kritik nach seinen eigenen Beobachtungen.

Danach gibt jeder die Punktbewertungen bekannt, die dann als Diskussionsgrundlage für Unterschiede und Ähnlichkeiten in den Beobachtungen dienen. Sie einigen sich dann auf eine Team-Punktebewertung, die auf der rechten Seite verzeichnet wird.

Beurteilung durch den einzelnen		*Beurteilung durch das Team*
A ____	Wenig oder gar kein Interesse an der Analyse der Teamaktion.	A ____
B ____	Viele Komplimente, keine Untersuchung der Fehler.	B ____
C ____	Vorschläge, wie man anders oder ein bißchen besser handeln könnte, haben dazu geführt, daß das Team einigermaßen vorankam.	C ____
D ____	Schuldige wurden gesucht; destruktive Kritik.	D ____
E ____	Maßnahmenbegleitende Kritik während der Teamarbeit zur Verbesserung der Handlungsweise und als Lernschritt.	E ____

Wird mit der Manöverkritik nach Abschluß einer Aktion zu lange gewartet, wird man sich nur noch unvollständig oder bruchstückhaft an die Geschehnisse erinnern. Die Möglichkeit, wirklich aus dem Getanen zu lernen, rückt damit in weite Ferne. Die notwendigen Änderungen werden zwar identifiziert, aber kaum noch in die Tat umgesetzt. Den größten Nutzen erzielt man, wenn die Kritiksetzung sofort nach Abschluß einer Aktivität erfolgt.

Viele Unternehmen lassen einen Großteil des Nutzens der Manöverkritik in Form von konstruktiver Kritik ungenutzt vorübergehen. Meistens stürzen sich die Führungskräfte sofort in die nächste Aktivität, froh die Aufgabe hinter sich gebracht zu haben. Manche gehen auch von der Einstellung aus: »Was vorbei ist, ist vorbei. Was gestern war, ist schon Geschichte. Ändern läßt sich sowieso nichts mehr. Schau nach vorn und packe das nächste Projekt an.« Mit dieser Haltung weist man sogar die Auffassung von sich, daß man aus Erfahrung lernen könnte.

Die Rolle des Feedback in der konstruktiven Kritik

Mit konstruktiver Kritik will man manches Mal Geschehnisse intensiver beleuchten, um ähnliche Geschehnisse in Zukunft verhindern zu können. Die Fakten und Daten aber, die für die Untersuchung zusammengetragen werden müssen, haben keinen menschlichen Gehalt. Die Fakten sprechen von Maschinenstillstand, Geräte- oder Stromausfall. Es geht also um sachliche Informationen. Hier gelten die Menschen nicht als wichtiger Bestandteil der Leistung.

Vom Standpunkt der 9,9-Vielseitigkeit wird konstruktive Kritik vor allen Dingen dort eingesetzt, wo der Faktor Mensch das kritische Element bildet und die auftretenden Sachfaktoren auf menschliche Entscheidungen zurückzuführen sind, nicht aber auf menschenunabhängige Entscheidungen. Unter diesen Umständen sind die Primärdaten bei den Teilnehmern selbst zu erheben. Auf ihre direkte Erfahrung kommt es an. Das heißt also, daß konstruktive Kritik nur dann von Erfolg gekrönt ist, wenn diejenigen, die daran teilnehmen, ihre Beobachtungen, Erfahrungen und Gefühle einander offen mitteilen können und dabei immer die Problemlösung im Auge haben.

Feedback, dem destruktive Kritik zugrunde liegt oder das aus einer destruktiven Einstellung herrührt, führt zu Abwehr. Daraus wiederum kann sich ein Gegenangriff entwickeln. Menschen, die ursprünglich einander helfen wollten, beschimpfen und verachten sich plötzlich gegenseitig. Wer sich an einer Kritiksitzung beteiligt, muß also den festen Willen haben, Kritik nur auf konstruktive Weise zu üben.

Es gibt bestimmte »Regeln«, mit deren Hilfe sich bei konstruktiver Kritik ein maximaler Nutzen erzielen läßt.

Feedback kommt dann am besten an, wenn es beschreibend, nicht wertend und nicht bewertend ist. Ein nichtwertendes Feedback ist beschreibend. Es schildert und rekonstruiert, was sich in der gegebenen Situation abgespielt hat und welche Folgen sich aufgrund dieses Geschehnisses eingestellt haben. Dieses Feedback ist äußerst wertvoll. Es wird kaum zu Abwehr und Gegenangriff führen. Es wirkt meistens nicht verletzend und bewirkt auch keine subjektiven Gefühle des Nicht-Angenommen-Seins. Es kommt auch nicht als Androhung des Ausschlusses aus der Gemeinschaft an. Niemand kann daraus schließen, daß er an Beliebtheit verliert.

Je zeitnaher das Feedback, desto besser ist es. Wenn Ereignis und konstruktive Kritik zeitlich nah aufeinanderfolgen, kann der Mensch, dessen Verhalten beschrieben wird, die tatsächlichen Geschehnisse, Gedanken und damit einhergehenden Gefühle und Emotionen leichter rekonstruieren. Durch diese erhöhte Rekonstruktionsfähigkeit wird auch die Lernfähigkeit besser, weil der betroffene Mensch in der Lage ist, sich mit den Geschehnissen zu »identifizieren« und seine eigene Rolle darin zu begreifen.

Feedback sollte in kleinen Einheiten gegeben werden. Kleinlichkeit aber hat hier nichts zu suchen. Feedback kann spezifisch und konkret sein, sollte aber nicht über ein bestimmtes Mengenmaß hinausgehen. Nur so wird es auch völlig verstanden. Die Konzentration auf das Wesentliche ist besser als eine allgemeine Einschätzung, der es so an spezifischen Einzelheiten fehlt, daß man kaum verstehen kann, was mit diesem Feedback eigentlich vermittelt werden soll.

Auf der anderen Seite haben Bagatellen oder Dinge minderer oder gar keiner Bedeutung wenig mit den wichtigen Aspekten persönlicher Effektivität zu tun. Also können sie auch nichts zum persönlichen Lernprozeß beitragen.

Auf das konzentrieren, was ein Mensch ändern kann. Man sollte sich auf die Dinge konzentrieren, bei denen vernünftige Aussicht darauf besteht, daß der Mensch, wenn er das entsprechende Feedback bekommt, sich auch entsprechend ändern kann. Unnütz dagegen ist es, wenn man sich im Feedback auf Dinge konzentriert, die ein Mensch höchstwahrscheinlich sowieso nicht ändern kann. Da Feedback eine Grundlage für den Wandel bilden soll, ist es um so wertvoller, je mehr es sich auf Dinge bezieht, die sich ändern lassen. Es mag zwar bequemer sein, sich auf Charakteristika und Bedingungen zu konzentrieren, die keiner Änderung bedürfen. Im Zusammenhang mit der Erzielung eines Lerneffekts, der in vermehrte Effektivität mündet, ist dieses Verhalten jedoch nicht erstrebenswert.

Die eigenen Motive für aktives Feedback erkennen. Ein Mensch kann anderen am besten helfen, wenn er die zugrundeliegenden Motive kennt, die Feedback begünstigen. Ein Motiv ist häufig eine 9,9-Orientierung, in der der Wunsch besteht, etwas für andere zu tun, weil diesem Menschen am anderen liegt.

Manchmal liegt dem Feedback aber auch die Negativmotivation zugrunde, endlich einen Punktvorsprung zu gewinnen oder sich am anderen zu rächen. Dies ist eher das extreme Motiv eines 1,1-orientierten Menschen. Der 1,9-orientierte Mensch gibt positives Feedback, weil er sich beim Empfänger lieb Kind machen will. Wer aus einer 1,1-Haltung heraus handelt, will den Eindruck erwecken, er wisse, wie der Hase läuft, und er wolle die Dinge vorantreiben, obwohl bei ihm innerlich die Haltung vorherrscht: »Es ist mir doch völlig egal.« Ein 5,5-orientierter Mensch gibt Feedback, um den Empfänger wissen zu lassen, daß er eine hochgeschätzte Persönlichkeit ist. Auf diese Weise fällt auch für ihn ein Stück Popularität ab.

Der 9,9-orientierte Mensch ist im Gegensatz dazu durch den Wunsch motiviert, einen Beitrag zu leisten, weil ihm auch an der Effektivität seiner Mitmenschen liegt. Er will mit und durch sie Resultate erzielen.

Wann ist konstruktive Kritik angebracht?

Konstruktive Kritik sollte geübt werden,

- wenn man sich festgefahren hat und die Menschen nicht erkennen, warum sie keine Fortschritte machen;
- wenn die Arbeitspraktiken ziemlich formal sind und Bereitschaft zu informellerer und spontanerer Zusammenarbeit besteht;
- wenn ein neues Verfahren eingeführt wird;
- wenn sich eine Gruppe einer innovativen Tätigkeit zuwendet;
- wenn sich die Zusammensetzung einer Gruppe ändert, besonders wenn ein neuer Chef kommt;

- wenn sich die Mitglieder des Teams 9,9-Werthaltungen zu eigen gemacht haben und dazu motiviert sind, zu lernen, wie sie ihre Effektivität erhöhen können;
- wenn die Resultate hinter dem zurückbleiben, was erreicht werden könnte und sollte.

Konstruktive Kritik wird kaum helfen,

- wenn sich zwei oder mehrere Mitglieder übermäßig feindselig gegenüberstehen und die Gelegenheit zu destruktiver Kritik ergreifen würden;
- wenn eine Krise herrscht und die für Überlegungen im Team notwendige Zeit nicht vorhanden ist;
- wenn es sich um mechanische und routinemäßige Arbeit handelt, bei denen nur wenig Nutzen zu erwarten ist, wenn man sie untersucht und überprüft;
- wenn die Teilnehmer keine Erfahrung mit der Feedback-Methode von Angesicht zu Angesicht haben oder sich vor offener Kommunikation fürchten.

Stärken und Grenzen der konstruktiven Kritik

Die verschiedenen Formen der konstruktiven Kritik sorgen dafür, daß die Mitglieder, deren Tun auf dem Prüfstand steht, sowohl Lernende als auch Lehrende sind. So werden die Schlußfolgerungen auch meistenteils verwirklicht, weil man voll um die Auswirkungen des Gelernten weiß.

Eine Grenze liegt in der Schwierigkeit vieler Menschen, objektiv zu bleiben und sachlich zu beobachten, wenn sie selbst in das Tun verwickelt sind. Sie werden aufgefordert, sich selbst während ihres Mittuns zu beobachten. Sie werden zur Mitwirkung an der Problemlösung aufgefordert und sollen sich gleichzeitig mit den Fortschritten befassen. Ihre Reaktionen auf das Tun selbst und auf die daran beteiligten Menschen können auf ihr Denken, ihre Gefühle und damit auch auf ihr Tun abfärben. Dies ist eine Stärke und Grenze zugleich. Je mehr Gesichtspunkte bei der Analyse einer Tätigkeit zutage treten, desto größer wird die Wahrscheinlichkeit, daß die Menschen daraus lernen.

Beobachtung und Feedback erfordern Effektivität und gute, geschickte Kommunikation. Die Teilnehmer müssen diese Fähigkeiten entwickeln, damit sie den vollen Nutzen der konstruktiven Kritik ernten können.

Verallgemeinerungen
Wenn die Mitglieder des Teams Zweck und Kurz- oder Langfristziele einer Aktivität vorab identifizieren, diskutieren und erörtern, wie sich dieses Ziel am besten verwirklichen läßt, setzen sie eine Version der konstruktiven Kritik ein. Sie sorgen dafür, daß sich alle einig darüber sind, was geschehen soll. Damit machen sie die Bühne frei für effektive Leistung. Bei der maßnahmenbegleitenden Kritik wird die jeweilige Aktivität in ihrem Verlauf unterbrochen, damit die Mitglieder des Teams eine Analyse durchführen können und Feedback zu den Verfahrensweisen, Prozessen oder Reaktionen der Menschen geben und erhalten. So läßt sich feststellen, was die Leistung fördert oder was sie behindert. Zur Manöverkritik kommt es nach Abschluß der Aktivität. In der Abschlußkritik wird festgestellt, ob die Leistung zufriedenstellend war - und wenn ja, warum, wenn nein, warum nicht. Sind diese Fragen beantwortet, haben die Teilnehmer sowohl das gerade vollendete Projekt bewertet als auch bessere Einsichten dazu gewonnen, wie man bei zukünftigen Aktivitäten vorgehen sollte, um bessere Ergebnisse zu erzielen.

Die Grenzen der konstruktiven Kritik liegen darin, daß sie von einer 9,9-Werthaltung ausgeht: Offenheit, Freimütigkeit, Konfrontation im Konflikt, Freude am Experiment. Fehlen diese Wertvorstellungen, werden die Teammitglieder zwar die formalen Abläufe erfüllen, ihr Handeln wird aber kaum der Mühe wert sein. Wahrscheinlich müssen sich zunächst einmal die Wertvorstellungen ändern, ehe sich die Früchte konstruktiver Kritik ernten lassen.

Zusammenfassung

Bei einem 9,9-orientierten Ansatz zur Problemlösung im Team gibt es zahlreiche Möglichkeiten, die verschiedenen Interaktionen konstruktiv zu gestalten. Zunächst einmal geht es darum, wer an einer Problemlösung beteiligt wird. Häufig sind es nicht die »richtigen« Personen. Es sind zu viele, zu wenige oder die falschen beteiligt. Es kommt ganz auf die jeweilige Problemstellung an, um zu entscheiden, welche Konstellation sich am besten eignet - 1/0, 1/1, 1/mehrere oder 1/alle. Manche Probleme lassen sich nicht einmal in einer 1/alle-Konstellation lösen. Hier müssen Außenstehende hinzugezogen werden, um eine vernünftige Lösung finden und durchführen zu können. Wer Probleme ohne Mobilisierung der menschlichen Kräfte zu lösen versucht, läuft Gefahr zu scheitern.

Als nächstes muß man erkennen, daß das, was als Problem empfunden wird, nicht immer auch ein reales Problem ist. Eine Diagnosestrategie ist einer dem gesunden Menschenverstand entsprechenden Definition des Problems vorzuziehen.

Die Entwicklung von Kriterien für eine elegante Lösung bildet einen erstrebenswerten Schritt, weil damit Denken und Aufmerksamkeit auf die Eigenschaften einer optimalen Lösung konzentriert werden. Die Entscheidung zugunsten einer bestimmten Lösung kommt später, erst wenn Alternative A mit Alternative B, A und B mit C usw. im Lichte sämtlicher Kriterien verglichen und überprüft worden sind.

Die Bewertungen der einzelnen Alternativen gilt zunächst einmal als rationaler Schritt. Aber auch hier spielen menschliche Elemente in Form von Eigeninteressen und unterschwelligen Strömungen herein und verzerren die Wahl der Lösung. Dies trifft auch dann zu, wenn schon die Kriterien für eine vernünftige Lösung entwickelt worden sind. Wer nach einem 9,9-Ansatz verfährt, will den Teilnehmern dabei helfen, ihre Bedenken und Zweifel zu erklären und zu einer direkten Konfrontation im positiven Konflikt zu führen, damit jeder, der Widerstand leistet, die Gründe für seinen Widerstand erkunden und bewerten kann. Ist der Widerstand begründet, kann die Problemlösung davon profitieren. Ist er unbegründet, kann man ihn aus den Überlegungen ausschließen.

Die für die Durchführung notwendige Planung wird häufig außer acht gelassen. Das führt dazu, daß sich die für die Durchführung Verantwortlichen anderen Organisationszwängen beugen. So wird es ihnen unmöglich, eine an sich gute Lösung umzusetzen. Häufig hat man auch im Planungsstadium nicht an die Ressourcen gedacht, die für eine effektive Umsetzung vonnöten sind. Fehlen die Ressourcen, bleibt die Umsetzung der Lösung auf der Strecke.

Bei der Problemlösung will man die Betriebsergebnisse verbessern und aus dem Prozeß lernen. Hier setzt die konstruktive Kritik an. In diesem Prozeß gilt es Abstand von den eigentlichen Geschehnissen zu gewinnen und Stärken und Schwächen sämtlicher Entscheidungen von Anfang bis Ende auszuloten. So gewinnen die Beteiligten bessere Einsichten. Sie lernen, was für die zukünftige Problemlösung im Arbeitsverlauf beibehalten oder ausgeschaltet werden sollte.

Kapitel X
Ein 9,9-orientierter Ansatz zu Management by Objectives und zu einem leistungsmotivierenden Entlohnungssystem

Eine vernünftige 9,9-orientierte Führung bietet eine Grundlage zur Erfüllung des Bedürfnisses der Menschen, einen Beitrag zum Erfolg der Organisation zu leisten. Eine wichtige Anwendung liegt im Einsatz des Management by Objectives (MbO; Führen durch und mit Zielvereinbarungen) als Grundlage für das persönliche Anliegen, gute Leistungen zu erbringen und gleichzeitig die Ziele des Unternehmens zu verfolgen. Ein weiterer Aspekt ist die Verknüpfung von Entlohnungssystem und Leistung.

Führen mit MbO: Ziele setzen

Herausragende und großartigere Leistungen sind möglich, wenn sich Manager auf herausfordernde Ziele verpflichten, mit deren Verwirklichung sie zu den Organisationszielen beitragen. Weniger gute Leistungen werden erbracht, wenn es nur um die Erledigung der täglichen Routinearbeiten geht. Wer einem Mitarbeiter helfen will, sich realistisch erreichbare Leistungsziele zu setzen, braucht 9,9-Führungsfähigkeiten.

Konventionelle MbO-Ansätze
Management by Objectives wird häufig eingeführt, wenn das Topmanagement die Gültigkeit des Ansatzes einsieht und die Einführung einleitet. Zunächst einmal lernen die Führungskräfte eine Reihe von Verfahrensschritten. Als erstes lernen sie, Ziele mit ihren Mitarbeitern zu besprechen. Danach werden die Ziele aufgezeichnet und an ein Zentralbüro weitergeleitet, wo sie gesammelt und zusammengefaßt werden. Dies ist ein rein mechani-

scher und taktischer Vorgang. Hier werden Arbeitsanleitungen vermittelt, Formulare und sonstige schriftliche Materialien verteilt. Vielleicht steht auch ein MbO-Beauftragter zur Verfügung, der den Gruppen bei der Durchführung der einzelnen Schritte hilft.

Motivationsdynamik erzielen

Eine solche Vorgangsweise ist eher ein taktischer Ansatz gemeint als ein MbO-Prozeß, der auf Prinzipien gründet. Man beginnt nicht mit dem *Setzen* der Ziele, sondern geht gleich auf die *Dynamik* des Zielesetzens ein. Ziele, die Menschen dazu anregen, all ihre Energie für die Verwirklichung dieser Ziele einzusetzen, haben viele verschiedene Eigenschaften. Nur wenn diese Eigenschaften das Engagement derjenigen hervorrufen, die das Ziel erfüllen müssen, kann man davon ausgehen, daß ein MbO-Programm sinnvolle Ergebnisse zeitigt.

»Psychologisches Eigentum«. Das Konzept des Eigentums ist von allererster Bedeutung. Die Menschen sind am meisten zur Verwirklichung eines Zieles motiviert, wenn es ihnen »gehört«, wenn sie sich so dafür einsetzen, als wäre es ihr eigenes. Dann fühlen sie sich innerlich getrieben und verpflichtet, dieses Ziel zu erreichen.

Dieses Gefühl des Eigentums entwickelt sich *nicht* nach folgenden Aussprüchen:

»Tun Sie das!«

»Würden Sie bitte . . .«

»Es bleibt Ihnen überlassen.«

»Warum nicht den Versuch machen?«

Wer nach 9,9 handelt, läßt dem Menschen statt dessen die Möglichkeit, sämtliche Aspekte eines Zieles zu berücksichtigen. Wenn er alles überdacht hat, ist er auch davon überzeugt, dieses Ziel wirklich erreichen zu können. Der letzte Aspekt ist erreicht, wenn sich der Mensch aus eigenem Willen und Einsehen zur Verwirklichung dieses herausfordernden Zieles verpflichtet. Dann hat der Mensch es verinnerlicht. Das Ziel ist nun sein »eigenes«. Auch die folgenden Punkte haben Einfluß auf dieses Konzept des psychologischen Eigentums.

Klarheit. Ein Mensch, der ein Ziel erreichen soll, muß dieses Ziel klar vor Augen haben. Es kann durchaus passieren, daß der Chef das Ziel begreift und meint, die entsprechende Anleitung zur Verwirklichung des Ziels gegeben zu haben. Dem Mitarbeiter aber ist das Ziel unklar geblieben. In einem solchen Fall kann der Mitarbeiter nicht entscheiden, welche Maßnahme er ergreifen muß, um das Ziel sinnvoll zu verwirklichen. Wenn der Mitarbeiter das Ziel aber ganz genau versteht und weiß, was die Verwirklichung mit sich bringt, kann er sich mit all seinen Kräften für die Verwirklichung dieses Zieles einsetzen.

Sinn und Gehalt. Manchmal bildet eine Aktivität eine sinnvolle, zusammenhängende Einheit. Alle Einzelteile fallen zu einem vernünftigen Ganzen zusammen. Manchmal ist die Arbeit aber so in »mechanische« Einzelteile aufgesplittert, daß sie für den jeweiligen Mitarbeiter, der für die Durchführung der Aktivität verantwortlich ist, keinen Sinn mehr ergibt. Ob eine Aktivität in sich ein sinnvolles Ganzes bildet, spielt für den Erfolg des Konzeptes eine äußerst wichtige Rolle. Die Vermittlung von Bruchstücken wirkt weniger motivierend als die Vermittlung des Gesamtzieles. Hat der Verantwortliche ein Gesamtziel vor Augen, hat er auch das Gefühl, etwas vollendet zu haben, wenn das Ziel erreicht ist.

Signifikanz. Das Ziel ist klar und bildet ein sinnvolles Ganzes. Dennoch wird es nicht für wichtig gehalten. Es kann so trivial sein, daß sich folgende Einstellung herausbildet: »Was soll's?« Motivierend wirkt ein Ziel nur, wenn es auch signifikant ist. Die Signifikanz ist also eine wichtige Zieleigenschaft, auch wenn ein Einzelelement dieses Ziels nicht »wichtig« sein mag. Ein Beispiel ist der Ersatzreifen. Wenn er nie gebraucht wird, ist es auch nicht wichtig, ihn zu haben. Wenn man jedoch bei einem Reifenplatzer kilometerweit von einem Telefon entfernt ist, spielt der Ersatzreifen plötzlich eine außerordentlich wichtige Rolle. Im Alltag gibt es viele solcher Beispiele.

Schwierigkeitsgrad (Ferne). Ein Ziel, das sich mühelos erreichen läßt, motiviert nicht. Die Aufgabe, täglich zwei Gedecke in die Geschirrspülmaschine einzuräumen, birgt wohl kaum eine Herausforderung. Diese Aufgabe muß zwar erledigt werden, aufregend aber ist sie nicht. Auf der anderen Seite des Spektrums finden wir extrem hoch gesteckte Ziele, bei denen ein Scheitern sehr wahrscheinlich ist. Auch sie wirken demotivierend.

Wer Motivation erzeugen will, muß also die Ziele so setzen, daß sie unter Idealbedingungen auch erreichbar sind. Wer sieht, warum Umstände nicht ideal sind, hat auch nicht das Gefühl, gescheitert zu sein. Das Nichterreichen des Zieles hing mit Umständen zusammen, die außerhalb seiner Kontrolle lagen. So ist es also wichtig, anspruchsvolle, aber doch realistische Ziele zu setzen. Man muß sich klar sein, welche Anstrengungen in die Verwirklichung dieses Zieles zu setzen sind.

Manchmal kann auch ein äußerst schwieriges Ziel motivierend wirken, wenn man es in Einzelteile zerlegen kann und zunächst Unterziele anstrebt. So wird das Gesamtziel Schritt für Schritt erreichbar. Für einen Studenten mag das Ziel des Staatsexamens in weiter Ferne liegen und äußerst schwer erreichbar sein. Motivierend aber wirkt, wenn er sich zunächst einmal ein Unterziel setzt, das Vordiplom.

Zeitabstand zwischen Zielfestsetzung und Zielerreichung. Ein Ziel kann viel zu weit weg liegen. Es liegt so weit in der Zukunft, daß es unrealistisch wäre, sich nun dringend und sofort mit diesem Ziel zu befassen und darauf hinzuarbeiten. Ziele, die sich also nur langfristig verwirklichen lassen, sind meistens nicht sehr motivierend – es sei denn, sie lassen sich in eine Reihe von Unterzielen aufteilen, von denen jedes einzelne sinnvoll und innerhalb eines überschaubaren Zeitraumes zu verwirklichen ist.

Auch ein zu kurzfristig oder unmittelbar erreichbares Ziel kann kaum noch motivierend wirken. Es bringt zwar etwas, wenn man es erreicht, aber es führt nicht zu der Art von Engagement und Einsatzfreude, die sich aus der Verfolgung eines schwierigeren Zieles ergibt. Von der Zeitperspektive her ist ein Idealziel weit genug in der Zukunft angesiedelt, um noch erreichbar zu sein, aber nicht so weit in der Zukunft, daß das Gefühl der Dringlichkeit verlorengeht.

Zeigarnik-Effekt. Ein weiteres charakteristisches Merkmal eines Zieles läuft unter dem Namen Zeigarnik-Effekt oder »Erledigungs«-Effekt. Diese Erscheinung wurde nach einer deutschen Wissenschaftlerin benannt, die diesen Effekt entdeckte. Wenn sich ein Mensch persönlich engagiert und verpflichtet, erzeugt er mit seinen Bestrebungen, das Ziel zu erreichen, interne Spannungen, die auf ein erfolgreiches Ergebnis drängen. Wenn sich Hindernisse vor der Erreichung des Zieles auftürmen, wird der Mensch meistens nicht sagen: »Ich bin verkehrt.« Der Mensch wird statt dessen seine Bemühungen verstärken, dieses Ziel aus dem Wege zu räumen. Diese inneren Spannungen bilden einen Motivationsaspekt. Diese Motivation bedeutet, daß engagierte Menschen nicht einfach aufgeben, wenn sie auf Schwierigkeiten stoßen.

Feedback. Meßgrößen liefern die notwendigen Informationen, aus denen sich erkennen läßt, ob sich der Mensch mit seinen Leistungen dem Ziel nähert und innerhalb der Zeit bleibt. Ohne Feedback wäre alles Tun ein »Blindflug«. Fehlt das Feedback, ist die Motivation sehr viel niedriger als beim Vorhandensein von Feedback. Viele Unternehmen teilen beispielsweise ihr Wirtschaftsjahr in Quartale, Monate oder Wochen auf. Auf diese Weise haben sie die Informationen immer zur Hand. Sie wissen genau, ob die Ziele für ein gegebenes Wirtschaftsjahr erfüllt werden. Werden sie nicht erfüllt, werden Änderungen eingeleitet.

Betriebsziele lassen sich auf verschiedene Weise ausdrücken. Oft werden sie in die Form von Finanzkennzahlen gekleidet. Aussagen zu operativen Aspekten sind jedoch häufig besser, weil sie der Realität mehr entsprechen. Eine Fluggesellschaft, die immer pünktlich ist, befriedigt beispielsweise die Wünsche ihrer Kunden eher als eine Fluglinie, die von der Pünktlichkeit her zu wünschen übrigläßt. Die Fluggesellschaft kann sich ein Ziel setzen, beispielsweise in einem Zeitraum von drei oder sechs Monaten 90prozentige Pünktlichkeit bei Abflügen und Ankünften zu erreichen. Die Gesellschaft kann dann die tatsächliche Leistung ständig überwachen und überprüfen, um festzustellen, ob sie in die gewünschte Richtung geht und das gesteckte Ziel erreichen wird. Sind die Informationen über die Fortschritte vorhanden, kann man auch feststellen, ob zusätzliche Schritte eingeleitet werden müssen. Wenn ja, läßt sich auch feststellen und bestimmen, was zur Durchführung dieser Schritte erforderlich ist. Ohne Feedback zur tatsächlichen Leistung werden die Fortschritte auf das Gesamtziel hin geringer sein. Größere Fortschritte macht man, wenn ein genaues und häufiges Feedback vorhanden ist.

Es gibt bestimmte Arbeitsbereiche, in denen ein direktes Feedback nicht möglich ist. Um festzustellen, wie was gewirkt hat, muß man einen Schritt Abstand nehmen und auf indirekte Meßgrößen zurückgreifen. Ein Pharmavertreter nimmt beispielsweise keine Bestellungen auf. Er stellt den Ärzten nur die verschiedenen Arzneimittel vor und macht sie darauf aufmerksam. Er erklärt ihre Wirkungsweise und ihren Wert. Da der Arzt nicht direkt bei ihm bestellt, weiß er also nicht unmittelbar und auch nicht direkt, ob er mit seinen Bemühungen zum Umsatzziel seines Unternehmens beiträgt oder nicht. In diesem Fall braucht er indirektes Feedback. Er kann beispielsweise überwachen, welche Bestellungen von Apotheken und Krankenhäusern eingehen. Diese beiden sind die maßgebenden Abnahmestellen, wohingegen der Arzt als verlängerter Arm der Marketingbemühungen des Pharmaunternehmens gilt.

Der Zielgradient. Eine weitere interessante Eigenschaft eines Zieles ist der Zielgradient. Man engagiert sich mehr und mehr für ein Ziel, je näher man an seine Vollendung herankommt. Dies ist zwar verständlich, aber diese Zieleigenschaft kann auch unerwünschte Nebenwirkungen zeitigen.

Der Zielgradient greift beispielsweise, wenn die Häufigkeit der Ausbruchsversuche aus einem Gefängnis steigt, je näher der Gefangene an den Zeitpunkt seiner Entlassung heranrückt. Das Ziel, die Freiheit wiederzuerlangen, wirkt so zwingend, daß der Gefangene »es nicht mehr erwarten kann«. So tut er ausgerechnet das, was seine Gefangenschaft noch verlängert.

Der Stachanoff-Effekt - so benannt nach einem Russen - ist ein weiteres Beispiel. Hier geht es um ein Verhaltensmerkmal, das als erstes in sowjetischen Fabriken beobachtet wurde. Ein Ziel wird als Plansoll ausgedrückt. Das Plansoll besagt, welche Menge von einem Produkt in einem Monat hergestellt werden muß. Am Anfang des Monats geht die Arbeit langsam und lässig voran. Die Produktivität bleibt gering. Dabei bleibt es während der ersten rund 20 Tage des Monats. Dann stellt plötzlich jedermann fest, daß das Plansoll nicht erreicht werden kann, es sei denn mit »totaler« Anstrengung. In den letzten Tagen des Monats strengt man sich übermäßig an, und die Quote wird erreicht. Man braucht ja wohl nicht mehr zu erwähnen, daß die Menschen zu Beginn des nächsten Monats von ihrer Anstrengung erschöpft sind. Die Arbeit verlangsamt sich wieder auf ein beschauliches Maß, bis dasselbe Dilemma kurz vor Ende des nächsten Monats wieder auftritt.

Wie dieses Dilemma zu lösen ist, liegt auf der Hand. Man muß die zugrundeliegende Dynamik verstehen. Bei echtem Engagement für das Ziel wird es auch möglich, das Tempo der Aktivitäten zu steuern. Die Arbeit darf auf dem Weg zum Ziel nicht zur Erschöpfung führen. Werden die Bemühungen auf einem gleichbleibend hohen Niveau durchgeführt, wird das Gesamtergebnis besser und übertrifft sogar die gesetzte Quote.

Der Stackhanoff-Effekt ist viel weiter verbreitet, als man gemeinhin annimmt. Einem Universitätsstudenten ergeht es ähnlich. Den Anfang des Semesters läßt er ganz langsam angehen. Am Ende kommt er dann auf Hochtouren, um zumindest noch ein »gut« im Examen zu erreichen. Weihnachtseinkäufe am 24. Dezember und die Abgabe von Steuererklärungen zum letztmöglichen Termin sind weitere Beispiele für dieses Phänomen. Darum brechen die Verhandlungen zwischen Arbeitgebern und Arbeitnehmern kurz vor Vertragsabschluß zusammen. Wenn die Gewerkschaftsseite oder die Arbeitgeberseite den Erfolg winken sieht, stellt sie in letzter Minute noch Forderungen, die nicht akzeptierbar sind. Ähnliche Beispiele lassen sich auch in Industrieverhandlungen finden.

Zielprioritäten. Manchmal werden zwei oder mehr Ziele festgelegt, ohne sich der Tatsache bewußt zu sein, daß sie sich gegenseitig ausschließen. Wir haben beispielsweise zwei positive Ziele, von denen jedes auf seine Art gleich attraktiv ist. Ein Ziel ist, die Forschung und Entwicklung mit ausreichenden Mitteln auszustatten. Das zweite Ziel lautet, ein Neuprodukt auf den Markt zu bringen, das die bestehende Produktpalette ergänzt. Für beide Ziele zusammen reichen die Mittel aber nicht. Bei einer Aufteilung der Mittel dürfte kein Ziel richtig verwirklicht werden.

Manager stehen oft vor gleichwertigen Zielen, die sich miteinander nicht vereinbaren lassen. Sie haben keine Kriterien zur Lösung dieses Dilemmas. Am besten ist es, Prioritäten festzulegen und innerhalb des Zielsetzungsprozesses eine »Zielhierarchie« aufzustellen. Wenn die Zielhierarchie feststeht, können die Manager anschließend jedem Ziel die entsprechende Priorität zuweisen und dafür sorgen, daß die entsprechenden Bedingungen geschaffen werden, damit die vereinbarten Ziele auch verwirklicht werden können.

In dem gerade erwähnten Fall wird eine Führungskraft die Verantwortung für die Einstellung der Zielhierarchie zwischen den langfristigen Zielen in der Forschung und Entwicklung und dem kurzfristigen Ziel zur Ausweitung der Produktpalette übernehmen.

Teilnahme, Mitwirkung und Engagement:
Elemente der Zielsetzung innerhalb der 9,9-Vielseitigkeit
MbO heißt: Ziele setzen unter Teilnahme und Mitwirkung derjenigen, die an der Kontrolle und Durchführung der Ziele beteiligt sind. Durch dieses partizipative Konzept ergeben sich mehrere Vorteile:

- Ziele werden überdacht. So kann sie jeder selbst verstehen und die entsprechenden Einsichten gewinnen. Daraus entwickelt sich eine verbesserte Selbstführung.
- Das Durchdenken der Ziele fördert das Engagement für die tatsächlich wichtigen Punkte. Daraus ergibt sich die Verpflichtung auf den Erfolg.
- Durch offene und gegenseitige Aussprache und Partizipation, in der anerkannt wird, daß Chef und Mitarbeiter eine interdependente Rolle im notwendigen Tun zur Erreichung eines Zieles spielen, wird es möglich, die Leistungsmotivation auf ein hohes Niveau anzuheben.
- Ein 9,9-orientierter Chef legt Wert auf die Mitsprache und Mitwirkung seiner Mitarbeiter. Er achtet auf ihre Bedenken und Zweifel. Man kommt aufgrund gemeinsamer Einsichten zu einer gemeinsamen Lösung. So sichert sich der Chef die Verpflichtung seiner Mitarbeiter auf das Ziel.
- Unter diesen Voraussetzungen kann MbO, Führen durch und mit Zielvereinbarungen, einen wichtigen Beitrag zum Organisationserfolg leisten – auf der operativen Seite und durch eine echte Weiterentwicklung der Menschen.

Wie setzt man Ziele?
Mehrere Schritte sind beim Setzen von Zielen aus einer 9,9-Vielseitigkeit heraus zu beachten.

Fangen Sie mit der Erarbeitung der Ziele an, nicht mit der Bewältigung aktueller Probleme! Man kann beispielsweise am anderen Ende des »Hier und Jetzt« ansetzen. Das »andere Ende« wird dadurch definiert, was erreicht werden könnte. Die Identifizierung der Möglichkeiten ist der erste Schritt zur Formulierung von Zielen.

Am besten überdenkt man erst einmal die optimalen Ergebnisse und vergleicht sie dann mit dem, was im Moment praktikabel und realistisch erscheint. Wenn man zunächst über die vernünftigsten Möglichkeiten nachdenkt und sich vorstellt, wie die Situation aussehen wird, wenn die Ziele verwirklicht sind, fallen einem auch noch Chancen auf, die ansonsten unbemerkt bleiben würden. Verschiedene Datenquellen können das Nachdenken über die vernünftigsten Möglichkeiten fördern:

- Einsichten zu erstrebenswerten Ergebnissen, die sich aus der letzten Leistungsbesprechung und Beurteilung ergeben haben.
- Die Wahrnehmungen des Chefs zu den Bereichen, in denen ein Mitarbeiter seine Leistung verbessern muß, und zu den Chancen, die der Mitarbeiter alleine vielleicht nicht erkennt.
- Ein Vergleich der eigenen Stellenbeschreibung mit der gegenwärtig erbrachten Leistung kann auch auf notwendige Ziele hinweisen.
- Auch der Aufbau eines Teamdenkens und Teamverhaltens innerhalb der Organisationsentwicklung resultiert häufig in spezifischen Zielen zur Leistungsverbesserung.

Es liegt auf der Hand, daß nicht alle diese Idealformulierungen auch verwirklichbar sind. Manchmal wird ein »Idealziel« identifiziert, dann werden die spezifischen Schritte zur Erreichung dieses Zieles bewertet, und am Ende wird erkannt, daß es nicht realistisch ist. Dann mag es nötig sein, das Ziel fallenzulassen oder ein niedrigeres Ziel zu stecken, das sich dann auch verwirklichen läßt. Auch das vernünftigste Denken ist also immer an der Wirklichkeit zu messen. Fehlt diese Überprüfung, wird es zu einem rein *idealistischen* Denken und hat keinen Einfluß mehr auf das Verhalten.

In das »Hier und Jetzt« zurückgehen. Als nächsten Schritt bewegt man sich vom Ziel aus zurück und identifiziert die zur Verwirklichung notwendigen Schritte. Die an diesem Prozeß Beteiligten können ihre spezifischen Schritte vor endgültiger Verabschiedung überprüfen. Aus diesem Prozeß ergibt sich der Entwurf eines Operationsplanes. Aus diesem wiederum wird ein Plan für die zukünftigen Maßnahmen entwickelt. Diese Bewertung hat folgenden Vorteil: Hindernisse, die sich ansonsten unerwartet auftürmen und dann unüberwindbar scheinen, lassen sich voraussehen und schon jetzt als Problem lösen.

Charakterisierung des »Hier und Jetzt«. Beim letzten Schritt geht es darum, die vorherrschenden Bedingungen im »Hier und Jetzt« objektiv zu spezifizieren. Gibt es im »Hier und Jetzt« Hindernisse, die der Verwirklichung des Zieles entgegenstehen? Wenn ja, müssen diese Barrieren beseitigt werden. Eine detaillierte Analyse der aktuellen Situation bietet ein realistisches Bild der Ausgangslage. Mit dem Situationsbild hat man den Ausgangspunkt für MbO durch und mit Zielvereinbarungen.

Durchführung des MbO-Aktionsplans. Die Ziele sind identifiziert und vereinbart. Die Tätigkeit verschiebt sich nun auf das vereinbarte MbO-Maßnahmenprogramm. Das Management der Durchführung dieses Maßnahmenplanes – eine gesunde Mischung von Überwachung, Beratung, Ressourcenzuteilung und Selbstführung – bildet den letzten Schritt. Dieser letzte Schritt wird durch die schriftliche Niederlegung eines Aktionsplanes erleichtert. Die verschiedenen Schritte werden auch zeitlich geplant. Es werden Prüfpunkte festgesetzt. Es wird im voraus bestimmt, an welchen Punkten überprüft wird, ob die Fortschritte ziel- und zeitgemäß stattfinden. Auch Planungssitzungen werden von vorneherein eingeplant, damit man sich mit unvorhergesehenen Begleitumständen und eingetretenen Veränderungen befassen kann.

Das »Papier«-Programm. Wenn sich Manager so für das Setzen vernünftiger Ziele einsetzen, ist ein auf dem Papier stehendes Programm für die Steuerung und Überwachung des Prozesses nicht mehr wesentlich. Das schriftliche Programm wird zwar gebraucht, damit sämtliche Bemühungen zielgerichtet bleiben. Es wirkt aktivitätsunterstützend. Es ist keine Last, die man haßt und der man sich widersetzt. Der Unterschied ist auf den Motivationsunterbau einer vernünftigen Zielsetzungsaktivität zurückzuführen.

Ziele, die von Höchstleistungsnormen ausgehen, sind häufig nicht schwerer zu erreichen als Ziele, die von konventionellen oder mittelmäßigen Normen ausgehen. Es lohnt sich immer, nach solchen Zielen zu streben. Es kommt auf die Zielqualität an, die damit zu einem eigenständigen Motivationsfaktor wird und bewirkt, daß man sich den zusätzlichen Mühen gerne unterzieht.

Zusammenfassung: 9,9-orientiertes Management by Objectives
Menschen brauchen Ziele, die ihnen Richtung geben, sie zu Leistung anspornen und ihre Arbeit mit Sinn erfüllen. Ziele setzen ist ein Prozeß, in dem man ein Ziel identifiziert und sich dafür einsetzt, es zu erreichen. Wer ein Ziel erarbeiten kann, kann auch die Reihenfolge der Schritte feststellen, die es ihm ermöglichen, das Ziel ordnungsgemäß und wirtschaftlich zu erreichen. Er wird das Ziel eher verwirklichen können, wenn die einzelnen Schritte festgesetzt, im voraus vereinbart und so geplant werden, daß sie auch noch situationsgemäß angepaßt werden können. Der Weg zu einem Ziel sollte also gründlich geplant sein. Die spezifischen Schritte müssen von den Personen formuliert werden, die für ihre Ausführung verantwortlich sind. Sie erbringen Leistung, weil sie ein Ziel vor Augen haben, und setzen sich mit all ihrer Kraft für die Verwirklichung ein.

Ein MbO-Ansatz ist aber zum Scheitern verurteilt, wenn diese Zieleigenschaften mißachtet werden und ein mechanischer, auf dem Papier kontrollierter Prozeß daraus wird. Hier ist der Motivationsfaktor der Mitwirkung und des Einsatzes nicht vorhanden. Auf das Führungsverhalten wird also nur sehr wenig Einfluß ausgeübt. Die Erfüllung, der Lohn, der sich ergibt, wenn sich Menschen für vernünftige Kurz- und Langfristziele engagieren, geht dann sowohl für den einzelnen als auch für die Organisation insgesamt verloren.

Leistungsgerechte Entlohnung als Motivationsfaktor zur Erhöhung der Produktivität

Erfüllung durch Leistung ist die 9,9-Motivation. Diese Motivation liegt dem Streben nach Wandel zugrunde. Der Mensch will etwas besser machen, er will mehr leisten. MbO bietet Menschen einen Anhaltspunkt für die Richtung ihrer eigenen Bemühungen im Interesse der Organisationsziele, die sie erreichen wollen. Wie kann ein Unternehmen, das seine Führungskräfte anspornen will, diese Ziele zu verfolgen, auch das Entlohnungssystem im Sinne von MbO einsetzen? Das Grundprinzip ist folgendes: Manager neigen dazu, Dinge zu tun, für die sie belohnt werden. Auf der anderen Seite neigen sie dazu, Dinge zu vermeiden, die ihnen Nichtachtung oder Bestrafung einbringen.

Wenn eine Organisation ihre Mitarbeiter dafür belohnt, daß sie den erforderlichen Wandel zustande bringen, ist gleichzeitig der Ansporn vorhanden, das Unternehmen zu Spitzenleistungen zu führen, und der einzelne wird aufgrund seiner Leistung persönliche Erfüllung finden.

Leistungsgerechte Entlohnung

Vom Organisationsstandpunkt ist man sich überall einig, daß es eine gerechte Grundlage für die Entlohnung von Leistung geben muß. Dahinter steht folgende Idee: Menschen, die einen höheren Beitrag zur Verwirklichung der Organisationsziele leisten als ihre Kollegen, führen die Organisation zu mehr Erfolg. Weil dem so ist, muß ihnen in Form von Entlohnung mehr zustehen als ihren Kollegen. Das ist Entlohnung auf der Grundlage von Leistung. Leistung heißt, daß das Tun der Menschen gewichtet und bewertet und auf einer als Maßstab dienenden Skala verglichen werden kann. Auf der Bewertungsskala erscheinen die direkt erzielten Ergebnisse und weitere positive Arbeiten zum Nutzen der Organisation.

Es gibt viele Beispiele dafür, wie ein Beitrag zur Erhöhung der Zukunftseffektivität einer Organisation anerkannt wird. In der Wissenschaft wird die Leistung an Entdeckungen in der Grundlagenforschung, ihren Folgen für weitere Entdeckungen und ihren Auswirkungen auf die Zukunft der Wissenschaften und der Menschheit gemessen. Der Nobelpreis steht als Beispiel für die Belohnung von Leistung. Er wird für außerordentliche Verdienste um die Wissenschaft, die Literatur, die Medizin und den Frieden vergeben.

Hervorragende Leistungen im Film und der Schauspielkunst werden mit einem Oscar prämiert. Ähnliches gilt im Sport. Spieler, die Außerordentliches zum Erfolg ihrer Mannschaft beigetragen haben, werden öffentlich geehrt. In diesen Fällen sind die Leistungen natürlich ganz deutlich zu sehen. Sie ragen aus allen anderen heraus. In vielen Tätigkeitsbereichen werden persönliche Verdienste und Leistungen durch Belohnungen anerkannt, die sowohl symbolhaften als auch finanziellen Charakter haben.

Können wir dieselbe Achtung vor der Leistung auch in Wirtschaft und Industrie erwarten? In diesem Bereich sind die Menschen weniger sichtbar, und sie gehen hochvernetzten Aufgaben nach. Gilt dasselbe auch für die öffentlichen Verwaltungen und das Dienstleistungsgewerbe, zum Beispiel das Gesundheitswesen? Vom Motivationsstandpunkt her lautet die vernünftigste Voraussetzung so: Die beste Leistung wird auch mit dem höchsten Lohn belohnt usw. bis hinunter zum anderen Ende der Skala, wo die Menschen, die Ergebnisse verzögert oder behindert haben, entlassen oder bestraft werden. Der Mensch setzt seine Talente ein und wird entsprechend belohnt. Am höchsten belohnt wird also die Person, die auch das meiste zu den Produkten oder Dienstleistungen beiträgt, die eine Organisation in Verfolgung ihrer Ziele der Gesellschaft zur Verfügung stellt.

Unsere erste These lautet: Je größer die persönliche Leistung und je größer die Aussichten auf weitere Verbesserung, desto größer der angebotene Lohn.

Die zweite These lautet: Finanzieller Lohn wirkt persönlich motivierend auf die, die das meiste zur Förderung des Unternehmenserfolges tun. Aufgrund ihrer größeren Verantwortung und deshalb auch ihrer größeren Leistungsmöglichkeiten erhalten im allgemeinen diejenigen, die die finanziell erfolgreichsten Unternehmen führen, auch den höchsten Lohn. Dies soll nicht heißen, daß jeder Lohn ein finanzieller Lohn sein muß. Je nach Steuersystem können Vergütungen in anderer Form weitaus wertvoller sein als ihr Gegenwert in Geld. Die Taktiken ändern sich, nicht aber das Prinzip.

Motivation des einzelnen

Nun stellen wir die Frage vom anderen Ende her: »Wie sieht die Motivation vom Standpunkt desjenigen aus, der seine Leistung im System zur Beurteilung stellen muß?«

Um diese Frage zu beantworten, müssen wir auf Forschungsergebnisse zurückgreifen. Die wichtigste Quelle der Befriedigung für einen Menschen ist folgende: eine herausfordernde Arbeit tun und dafür belohnt werden. Leider sind aber an sich reizvolle Arbeiten nicht immer auch die Arbeiten, die in einer Organisation erledigt werden müssen. Wenn ein Mensch reizlose, aber notwendige Arbeiten verrichten muß, klaffen die Ziele des einzelnen und die der Organisation weit auseinander. Wenn die Mitarbeiter aber Interesse am Erfolg der Organisation haben, kann auch uninteressante Arbeit motivierend wirken. Arbeiten, die für einen Menschen überhaupt keine emotionelle Anziehungskraft haben, können Kreativität auslösen. Er versucht, Möglichkeiten zu finden, diese Arbeit zu automatisieren oder ganz einzusparen.

Das Ziel lautet zwar, daß alle Arbeit in einer Organisation sinnvoll sein soll und es keine langweiligen Arbeiten geben darf. Dieses Ziel ist jedoch unrealistisch. Man wird es wahrscheinlich nie vollkommen erreichen können. Davon unberührt aber bleibt die Tatsache, daß Arbeit auf der Grundlage von Leistung entlohnt werden soll.

Verwirklichung des Unternehmenszwecks durch leistungsgerechten Lohn

Organisationen können versuchen, die Einstellungen und Gefühle ihrer Mitarbeiter in Richtung einer 9,9-Orientierung zu lenken, indem sie sicherstellen, daß das System diejenigen belohnt, die das meiste zum Kurz- und Langfristerfolg eines Unternehmens beitragen. Die Frage lautet: »Was muß man in einem Entgeltsystem vermeiden, und wie stellt man ein leistungsgerechtes Entgeltsystem auf?«

Was in einem leistungsgerechten Entlohnungssystem zu vermeiden ist. Zunächst einmal sind generelle prozentuale Lohnerhöhungen für alle zu vermeiden. Wer sämtliche Löhne anhebt, behandelt jedermann gleich. Gerechtfertigt wird dieses Vorgehen meistens damit: »Niemand wird unfair behandelt.« In Wirklichkeit aber ist genau das Gegenteil der Fall. Diejenigen, die den größten Leistungsbeitrag erbracht haben, werden auf dasselbe Niveau herabgestuft wie diejenigen, die den geringsten Beitrag erbracht haben. Wer mehr leistet, erhält also relativ weniger Lohn für seinen Beitrag als derjenige, der weniger leistet.

Eine weitere irrige Praxis ist, in der Anhebung kleine Unterschiede zu machen, um so die Leistungen der einzelnen Mitarbeiter voneinander zu differenzieren. Die relative Position in der Lohnskala bleibt jedoch dieselbe. Die Menschen schauen nur darauf, was sie im Vergleich zum Kollegen mehr oder weniger bekommen haben. Wenn das Gehalt von X um 1000,- DM und das Gehalt von Y um 1100,- DM angehoben wird, bildet nicht die Anhebung von 1000,- DM, sondern der Unterschiedsbetrag von 100,- DM die Vergleichsgrundlage. Diese unterschiedlichen Beträge kommen sehr schlecht an, wenn sie nicht durch Leistung, sondern nur durch Seniorität, Freundschaft, Popularität oder Pflichteifer begründet sind.

Geheimnistuerei ist ein weiterer Faktor, den es zu vermeiden gilt. In den meisten Entgeltsystemen wird das Stillschweigen nur an zwei Punkten durchbrochen. Zum einen werden in Amerika die Gehälter der Vorstandsmitglieder in den Jahresberichten veröffentlicht. Zum anderen kann man auf Abschlüsse mit den Gewerkschaften zurückgreifen, in denen häufig die verschiedenen Gehaltsstufen und auch die Überstundenbezahlung genau festgelegt sind. Diese beiden Ausnahmen sind nur auf die Rechtslage zurückzuführen, nicht aber auf den Willen des Unternehmens, das Gehaltssystem durchschaubar zu machen. Sämtliche anderen Entgeltaspekte gelten meist als streng geheim.

Ein Grund, warum über Gehälter Stillschweigen bewahrt wird, liegt offen auf der Hand. Wenn Mitarbeiter ihre Gehälter miteinander vergleichen können, kommen häufig Beschwerden über wahrgenommene Ungleichbehandlung. Es werden wohl immer

Unterschiede zwischen der eigenen Beurteilung und der Beurteilung des Chefs bestehen. Der Chef beurteilt den relativen Wert für das Unternehmen anders als der betroffene Mitarbeiter selbst. Also geht man von dem Grundprinzip aus: Wenn man diese Differenzen vertraulich behandelt, lassen sich negative Gefühle und Einstellungen, Antagonismen, Eifersucht und Neid, die eine reibungslose Leistung beeinträchtigen, vermeiden.

Stimmt es aber, daß die Vorgesetzten die Leistung des Mitarbeiters objektiver beurteilen können als der Mitarbeiter selbst? Dies stimmt wahrscheinlich zum Teil, weil der Mitarbeiter bei der Selbstbewertung und bei der Eigenbeurteilung seiner Leistung häufig einer Selbsttäuschung unterliegt. Die Vergleiche werden durch die eigenen berechtigten Interessen beeinflußt. Auf der anderen Seite gehen aber auch subjektive Faktoren in die Bewertung durch den Vorgesetzten ein, zum Beispiel Vorlieben oder Abneigungen. Die subjektiven Faktoren sind also vorhanden, stehen aber in keiner Beziehung zur objektiven Leistung.

Am gerechtesten ist ein System, in dem Vorgesetzte ihre Beurteilungen offen abgeben und sich einer Korrektur stellen, wenn sich Ungleichbehandlungen ergeben. In einem solchen System wird auf qualitativ hochwertige Leistungsbeurteilungen Wert gelegt. Die Beurteilungssysteme sind so angelegt, daß sie einem Menschen zur Objektivität und zur Identifizierung von Faktoren verhelfen, die sich ändern lassen. Dies wiederum führt zu einer revidierten Einschätzung des Wertes des einzelnen in der Organisation.

Leistungsgerechtes Entgeltsystem in der Praxis. Es sollten möglichst objektive Kriterien eingesetzt werden, wodurch sich persönliche Leistung und Gewinnbeitrag zueinander in Beziehung setzen lassen. Dies heißt Aufteilung der gesamten Organisationsstruktur in funktionale Untereinheiten, von denen sich dann jede einzelne relativ unabhängig beurteilen läßt. Durch diese Unterteilung werden Ausgaben und Einkünfte meßbar. So lassen sich die Leistungen der einzelnen Einheiten untereinander vergleichen. Dies ist ein positiver Ansatz. Er gilt um so mehr, wenn in Entgeltentscheidungen auch die Bewertung einer Kooperation zwischen Untereinheiten in den Bereichen eingeht, in denen überlappende

Aktivitäten zwangsläufig oder erstrebenswert sind. Dies darf jedoch nicht dazu führen, daß man bei der Qualität, beim Management, bei der Entwicklung usw. Abstriche macht. Diese Abstriche dürften die langfristigen Ergebnisse zwar nicht sofort beeinträchtigen. Wenn sie es aber tun, kann dies zu erheblichen Verlusten finanzieller und anderer Art führen.

Wichtig ist auch, das Entgeltsystem der öffentlichen Revision zugänglich zu machen. Diesem Schritt stellen sich, wie schon erwähnt, erhebliche Widerstände entgegen. Ein offenes Entgeltsystem ist jedoch sehr wertvoll, weil es sich ganz klar auf die Notwendigkeit konzentriert, Ungleichheiten offen miteinander zu konfrontieren und auszuräumen.

Als drittes muß man sicherstellen, daß die unterschiedliche Behandlung auf zwei Kriterien beruht:

1. dem Wert der Arbeit eines Menschen im Hinblick auf die Förderung der Unternehmenseffektivität und
2. einer vergleichenden Beurteilung der Leistungen derjenigen, die im selben Bereich unter vergleichbaren Umständen arbeiten. Dieser direkte Vergleich von Person zu Person ist grundlegend. Er sollte ganz deutlich werden, weil diejenigen, die beurteilt werden, sich auch selbst so vergleichen. Nur durch einen solchen Vergleich ist es denjenigen, die die Leistung bewerten, möglich, die Leistung an einer Norm von »mehr oder weniger« zu messen.

Wichtig ist auch, den einzelnen Mitarbeiter nicht nur nach der gegenwärtigen Leistung, sondern auch nach seinem entwicklungsfähigen Potential zu beurteilen. Worum es dabei geht, wollen wir mit folgenden Fragen erläutern: »Wir haben zwei 100-m-Läufer. Welcher soll mehr gefördert werden: derjenige, der seine persönliche Bestzeit von 10 Sekunden erreicht hat, oder derjenige, der potentiell in der Lage ist, die 100 m in 9 Sekunden zu laufen?« Dieselbe Frage läßt sich auch im Management stellen. Von zwei Mitarbeitern, die zu einem gegebenen Zeitpunkt gleich gute Leistungen erbringen, muß derjenige mit dem höheren Potential auch die größeren Chancen erhalten. Geschieht dies nicht, wird der Mitarbeiter wahrscheinlich erkennen, daß man hier auf die Entwicklung seines Potentials keinen Wert legt, und er sucht sich eine Stelle in einem anderen Unternehmen, in dem seine Entwicklungsfähigkeiten mehr geschätzt werden.

Zusammenfassung: Leistungsgerechtes Entgeltsystem
Da Menschen dazu neigen, Dinge zu tun, für die sie belohnt werden, ist es wichtig, das Entgeltsystem der Organisation an einer 9,9-Orientierung auszurichten. Es geht um die Erfüllung der tatsächlichen Bedürfnisse der Organisation durch Leistung.

Wenn in Organisationen Leistung als primäres und wesentliches Bedürfnis gilt, braucht man nicht auf das Senioritätsprinzip als Grundlage für das Entgeltsystem oder auf Prestigestreben als Grundlage für Beförderungen zurückzugreifen. Gleiche Gehaltsanhebung für alle ist nicht mehr nötig. Menschen müssen im Vergleich zueinander nicht immer auf denselben Gehaltspositionen bleiben. Leistung und Verdienst stellen die beste Grundlage für ein leistungsgerechtes Entgeltsystem dar, wenn die Arbeit objektiven Leistungsmaßstäben unterliegt - Gewinn-, Kosten- oder Deckungsbeitragskriterien. Das Entgeltsystem soll »durchlässig« sein. Mitarbeiter werden direkt miteinander verglichen, ihr Potential beurteilt, begriffen und anerkannt.

Auswirkungen

In vielen Organisationen sind Management by Objectives und das Entlohnungssystem nicht miteinander integriert, und die Leistungsbewertung durch konstruktive Kritik ist von beiden Systemen abgekoppelt. So bleibt jedes einzelne System in seinen eigenen Annahmen verhaftet. Widersprüche tauchen auf zwischen den verschiedenen Motivationen beim Setzen von Zielen, bei der Leistungsbewertung und bei der Bezahlung und Beförderung.

Eine vernünftige Führung sollte erkennen, daß es sich hier nicht um unabhängige, sondern um interdependente Systeme handelt. Ein integrierter Ansatz zum Management der Ressource Mensch bei gleichzeitiger Förderung der Organisationsleistung wird möglich, wenn diese Interdependenz erkannt wird und ihr ein gemeinsames Bündel von Prinzipien zugrunde liegt.

Kapitel XI
Patriarchalischer Führungsansatz, Opportunismus und Führungsfassaden

In diesem Kapitel werden drei weitere Gitterstile erörtert: Der patriarchalische/matriarchalische Führungsansatz, Opportunismus und Führungsfassaden. Diese Stile sind Kombinationen aus zwei oder mehr Gitterstilen.

Patriarchalischer/matriarchalischer Führungsansatz

Der patriarchalische/matriarchalische Führungsansatz müßte im Verhaltensgitter durch einen Bogen gekennzeichnet werden, der die Ecke 1,9 mit der Ecke 9,1 verbindet. Bei diesem Ansatz herrscht eine hohe Sachorientierung, auf die eine hohe Menschenorientierung *aufgesetzt wird.* Es ist keine *Integration* der beiden Orientierungen wie bei 9,9, sondern eine additive Kombination der beiden Richtungen. Der Chef geht im Verhältnis zu seinen Mitarbeitern von folgender Einstellung aus: »Ich bin für sie verantwortlich und will ihnen in ihrer Karriere helfen [fast ein Vater/Mutter-Sohn/Tochter-Verhältnis]. Deswegen erwarte ich ihre Loyalität als selbstverständlich.« Im weiteren Verlauf dieses Kapitels werden wir uns damit begnügen, der Einfachheit halber jeweils von einem patriarchalischen Ansatz zu sprechen. Der matriarchalische Ansatz unterscheidet sich davon nur durch das Geschlecht der jeweils agierenden Führungskraft. Für einen Manager, der auf diese Weise führt, gibt es vielerlei Bezeichnungen, unter anderem gilt er als wohlwollender Autokrat.

Motivationen

Auf der Seite der Positivmotivationen steht der Wunsch nach Bewunderung und Liebe. Diese Reaktion bekommt er, wenn er ausgewählten Mitarbeitern seine Erfahrung, seine Beratung und seine leitende Hand zugute kommen läßt. Erfüllung bezieht er aus der Tatsache, daß er die Quelle der Weisheit und des Wissens ist, die andere nutzen dürfen. Wenn die Mitarbeiter dem entsprechen, was der patriarchalische Vorgesetzte von ihnen an Produktion erwartet, werden sie vom Chef belohnt, der wiederum von ihnen erwartet, daß sie seine Hilfe und seine leitende Hand schätzen und sie wiederum den Chef dafür belohnen.

Am negativen Ende steht die Angst, nicht streng genug zu sein und vielleicht die Kontrolle zu verlieren, wenn die Mitarbeiter ihren eigenen Willen durchsetzen und sich einfach nicht mehr danach richten, was ihnen gesagt wurde. Wenn die Mitarbeiter die Leitlinien und Anweisungen akzeptieren, fühlt sich der Chef ihnen aufgrund ihrer Loyalität herzlich zugetan. Wenn sie sich aber seinen Anweisungen und seiner Leitung widersetzen, faßt er diesen Widerstand als Untreue auf und meint, sie seien seiner Hilfe nicht mehr würdig. Der Ausspruch: »Da arbeitet man sich die Seele aus dem Leibe, und sie [die Mitarbeiter] wissen es nicht einmal zu schätzen«, drückt die Zurückweisung durch einen Mitarbeiter aus, der das Opfer des patriarchalischen Chefs nicht zu schätzen weiß und Ungehorsam übt. Da bei den Mitarbeitern die Neigung besteht, in Abhängigkeit zu verharren und den Wünschen des Chefs nachzugeben, werden die Mitarbeiter in ihrer Entwicklung behindert und gehemmt. Sie können keine selbständigen Gedanken, Urteile und Überzeugungen entwickeln.

Konfliktmanagement

Der erfolgreiche Patriarch versteht sich auf die Technik des Klonens. Die Mitarbeiter haben gelernt, genauso zu denken wie der Chef, genauso zu handeln wie der Chef, dieselben Freizeitaktivitäten zu genießen wie der Chef und sich sogar genauso zu kleiden wie der Chef. Irgendwann einmal aber werden sich die Mitarbeiter gegen dieses Eltern-Kind-Syndrom auflehnen, das ihnen zu viele Zwänge auferlegt. Sie fangen an, unabhängig vom Chef zu handeln. Dies ist für einen autoritären Patriarchen schwer zu tolerieren. Führungskräfte mit einer autoritär-patriarchalischen Orientierung haben ihre eigene Art, Konflikte zu bewältigen.

Konfliktverhütung. Der patriarchalische Vorgesetzte arbeitet verstärkt mit Lob und Komplimenten zur Belohnung für Gehorsam. So kann er Konflikte verhüten. Wenn es soweit ist, daß der Mitarbeiter Lob und Komplimente erwartet und sich in diesem Klima sicher fühlt, kann der patriarchalische Manager dem Mitarbeiter Lob und Komplimente als Zeichen seines Mißfallens entziehen. Wenn der Mitarbeiter weiterhin Widerstand leistet oder den Gehorsam versagt, wird ihn der Chef tadeln und läßt ihn wissen, daß er ein schlechtes Verhalten an den Tag gelegt hat. Der Chef wiederholt dann, was er vom Mitarbeiter will, und stellt ihm in Erwartung des Gehorsams ein Lob in Aussicht.

Konfliktbewältigung. Der Patriarch lenkt beispielsweise die Aufmerksamkeit von einer Meinungsverschiedenheit ab, indem er das Thema wechselt oder das Problem in einen anderen Kontext setzt. Auf diese Weise kann er den Konflikt reduzieren. Der Mitarbeiter kann dann nachgeben, ohne Schuldgefühle wegen seiner anderen Meinung haben zu müssen.

Wenn in einen Konflikt zwei oder mehr Parteien mit widerstreitenden Meinungen verwickelt sind und es dabei um Themen geht, die für den Chef von wesentlicher Signifikanz sind, greift der Chef mit einem Machtwort ein: »Ihr zwei setzt euch jetzt ins stille Kämmerlein und findet eine Lösung. Ansonsten könnt ihr euch auf erhebliche Folgen gefaßt machen.« Bei dieser Lösung steht die Konfliktausschaltung im Vordergrund. Außerdem geht er davon aus, daß die beiden Kontrahenten sich selbst aus dem Sumpf befreien und mit einem Willensakt ihre Meinungsverschiedenheit lösen.

Die Kontrolle ist wiederhergestellt, wenn der Mitarbeiter dem Chef seine Wertschätzung und Dankbarkeit für alles, was er getan hat, ausdrückt. Wer Mitarbeiter mit Belohnung und Bestrafung führt, hat das Modell der patriarchalischen Kindererziehung in das Unternehmen übernommen.

Wenn der Konflikt weiterschwelt. Wenn der Konflikt weiterschwelt und der Vorgesetzte die Kontrolle nicht wiederherstellen kann, wird der Mitarbeiter »verstoßen« und sozusagen »enteignet«. Diese Einstellung zeigt sich, wenn der Chef sagt: »Ich kann es einfach nicht glauben, wenn ich nur daran denke, was ich alles für Sie getan habe . . .« Nach außen hin wird die Zurückweisung allerdings wahrscheinlich nicht so deutlich ausgesprochen. Der Chef wird beispielsweise den Mitarbeiter nach außen hin loben, obwohl er eine nicht gerade vorteilhafte Versetzung durchgedrückt oder einen für ihn ungünstigen Schichtplan ausgearbeitet hat. Rache und Vergeltung wird er suchen, wenn der Mitarbeiter eine »echt« freiwillige Hilfe des Chefs abgelehnt hat. Ist der Bruch einmal da, wird er durch nichts mehr zu kitten sein. Der Mitarbeiter kann praktisch nichts mehr tun, um beim Boß wieder in Gnaden aufgenommen zu werden.

Im Anhang werden wir uns mit der patriarchalischen Führungsweise noch näher befassen und diesen Stil mit der 9,9-Orientierung vergleichen. Es bestehen riesige Unterschiede, die sich auch signifikant auf den Unternehmenserfolg auswirken.

Verhaltenselemente

Initiative. Der Chef ergreift sehr stark die Initiative bis zu einem Punkt, an dem er vertrauensvoll davon ausgehen kann, daß die Mitarbeiter das tun, was von ihnen verlangt wird, ohne daß man es ihnen noch einmal ausdrücklich wiederholen muß. Ab diesem Punkt kann er seine straffe Führung ein wenig lockern. Er kann davon ausgehen, daß die Mitarbeiter gelernt haben zu gehorchen und daß sie die ihnen aufgetragenen Aktivitäten korrekt verfolgen. Wenn jedoch etwas Außergewöhnliches passiert, besteht der Chef darauf, daß die Mitarbeiter ihm Mitteilung machen. Selbständig handeln dürfen sie nicht. Hier mag zwar ein gewisses Maß an Delegation hereinspielen, es ist aber eigentlich eine Pseudodelegation. Der Mitarbeiter darf nicht selbständig denken und urteilen oder die Lösung eines Problems selbständig definieren. Er darf nur als verlängerter Arm entsprechend den Weisungen des Chefs handeln. Mitarbeiter können dies jedoch falsch interpretieren und glauben, aus Eigeninitiative zu handeln. Auch den totalen Gehorsam deuten sie unter Umständen als Möglichkeit zur Eigeninitiative, weil sie inzwischen glauben, sie hätten das, was ihnen zu tun aufgetragen wird, selbst entdeckt. Diese Reaktion der Mitarbeiter erklärt, warum sich manche Menschen lieber führen lassen, warum es manchen Menschen lieber ist, wenn ihnen gesagt wird, was sie zu tun haben. Sie gehen darin so auf, das zu tun, was der Chef ihnen aufträgt, daß sie die Fähigkeit zum selbständigen Denken verloren haben.

Der patriarchalische Chef ist verantwortlich. Er sagt seinen Mitarbeitern, was sie zu tun haben, lenkt ihr Handeln und berät sie. Seine Fragen konzentrieren sich darauf, festzustellen, daß alles wie erwartet läuft. Seine Fragen sind nicht unbedingt direkt. Er bittet nicht um Berichte. Mit seinen Fragen aber läßt er seine Mitarbeiter genau wissen, was er von ihnen will. Fragen sind für den Patriarchen primäres Instrument der Lehre. Er will feststellen, ob der Mitarbeiter richtig reagieren kann. Gibt er die richtige Antwort, hat er seine Lektion gelernt. Gibt er die falsche Antwort, sind weitere Instruktionen vonnöten. Häufig geht der Patriarch indirekt auf Informationssuche. Er hört zu und beobachtet, um festzustellen, ob die Dinge auch so laufen, wie sie laufen sollen.

Der patriarchalische Manager hat ein sehr hohes Wissensbedürfnis, weil er es sich nicht leisten kann, unrecht zu haben oder von seinen Mitarbeitern zu lernen. Deshalb wird er sich häufig auf schriftliche Informationen verlassen, um sich auf dem laufenden zu halten. Es kann dabei um Sachinformationen gehen, um Regeln und Richtlinien, wenn sie im jeweiligen Fall von Bedeutung sind, um Maschinen und Ausrüstung, die in der Überwachung eine Rolle spielen. Der patriarchalische Chef gilt meistens als Mensch, der viel liest und immer gut informiert ist. Kein Detail ist ihm unwichtig. Nichts darf übergangen werden. Der Patriarch spürt einen Zwang, »alles wissen zu müssen«.

Standpunkt. Der autoritär-patriarchalische Chef hat starke Überzeugungen und vertritt sie nachhaltig. Dabei kommt häufig ein moralischer Unterton ins Spiel. Bei ihm heißt es häufig »muß«, »sollte«, »sollte nicht«, »müßte« und »müßte nicht«. Er fühlt sich geschmeichelt, wenn die Mitarbeiter seine Überzeugungen bewundern und respektieren. Die Mitarbeiter erkennen die tiefe Klugheit und Weisheit des Chefs an. Der Chef ist es wert, daß man ihm folgt.

Entscheidungen. Der patriarchalische Vorgesetzte ist der alleinige Entscheidungsträger, bis die Mitarbeiter Anpassung gelernt haben. Entscheidungen werden jedoch nicht als Befehle herausgeschrien. Ist die Entscheidung gefallen, was der Mitarbeiter zu tun hat, greift der Chef zur Lehre, zum Training, zur Beratung und zur Anleitung, um sicherzustellen, daß das von ihm angestrebte Ziel auch begriffen und voll akzeptiert wird. So macht der Manager keinen strengen und harten Eindruck, sondern kommt bei seinen Mitarbeitern als freundlicher, herzlicher und hilfsbereiter Mensch an, selbst wenn der Mitarbeiter das Gelehrte nur imitierend oder mechanisch aufnimmt. Deswegen muß er häufig Rücksprache mit dem Chef nehmen. Da er nur die mechanische Seite gelernt hat, kann er keine Eigeninitiative ergreifen. So führt der Mitarbeiter also das aus, was der Chef von ihm erwartet, und wird so wohl nie selbständig denken und sich auf seine eigene Analyse und seine eigene Urteilskraft verlassen können.

Konstruktive Kritik. Der Chef kann es sich nicht leisten, sich dem Feedback seiner Mitarbeiter offen zu stellen, da Rückmeldungen mit negativem Charakter auf Schwäche schließen lassen würden. Der patriarchalische Vorgesetzte ist stolz auf seine angebliche Unfehlbarkeit. Rückmeldungen gibt es also nur in einer Richtung: vom Chef nach unten. Die Mitarbeiter verstehen dies und begrenzen ihre Reaktionen auf Schwächen oder Stärken des Ablaufs. Gilt die Devise: »Vater weiß es am besten«, kann man von den Kindern nur wenig oder gar nichts lernen. Deshalb nehmen die Mitarbeiter bei Kritik folgenden Standpunkt ein: »Hingehen, sich alles anhören, aber bloß nichts sagen!«

Der Patriarch scheut sich eigentlich nicht, seinen Mitarbeitern Feedback durch eine Erörterung ihrer Leistung zu geben. Es ist Pflicht des Vorgesetzten, an die Mitarbeiter weiterzugeben, was sie zu ihrem eigenen Besten wissen müssen. Dann können sie von der Klugheit und der Leitung profitieren, die der Chef ihnen angedeihen läßt.

Dieser Feedback-Ansatz wird manchmal auch als »Führung mit Zuckerbrot und Peitsche« bezeichnet. Der Mitarbeiter erhält seine Anweisungen und wird, wenn er sich diesen Anweisungen gehorsam fügt, durch ein Lob belohnt. Bleibt der erwartete Gehorsam aus, wird der Mitarbeiter getadelt. Anschließend kommt wieder das Zuckerbrot: »Im Grunde genommen sind Sie völlig in Ordnung, also machen wir, daß wir weiterkommen.«

Führungspraxis

Der patriarchalische Vorgesetzte behandelt seine Mitarbeiter wie eine große Familie. Er sagt ihnen, wie sie eine neue Aktivität anzugehen haben, und belohnt oder tadelt - je nachdem, was erforderlich und erstrebenswert ist. Mitarbeiter werden zwar dazu ermuntert, selbst Verantwortung zu übernehmen, sie werden sich aber vor Eigeninitiativen scheuen. Die Mitarbeiter lernen sehr schnell, daß der Chef nur dann zufriedenzustellen ist, wenn sie ein Problem genau so meistern, wie er es ihnen aufgetragen hat und wie er es selber bewältigt hätte.

Planung: »Ich überlege im voraus, was erreicht werden muß, und sorge dann dafür, daß die Beteiligten unabhängig zur selben Schlußfolgerung kommen wie ich.«

Organisation: »Ich gestalte die Arbeitsbedingungen so, daß jeder spürt, daß ich seine Bemühungen schätze.«

Unterweisung: »Ich erteile selten Befehle oder stelle unvernünftige Forderungen. Ich diskutiere vielmehr den Handlungsbedarf bis zu dem Punkt, an dem sie ihn genauso sehen wie ich.«

Steuerung und Überwachung: »Ich belohne diejenigen, die die Dinge genauso sehen wie ich, und entziehe denjenigen, die nicht kooperieren, die Belohnung. Wenn jemand auszubrechen versucht, locke ich ihn mit dem Versprechen einer Belohnung, wenn er noch einmal versucht, das Ganze richtig zu machen.«

Stellenbesetzung: »Ich lege Wert auf Mitarbeiter, auf deren Loyalität ich mich verlassen kann.«

Management by Objectives (Führen durch und mit Zielvereinbarungen): »Ich bestimme und überprüfe die Ziele, die mein Mitarbeiter meiner Meinung nach erreichen sollte, und weise ihn auf die Vorzüge hin, die sich aus der Verwirklichung dieser Ziele ergeben.«

Leistungsbeurteilung: »Ich erkenne gute Leistung an und lasse meine Mitarbeiter zu ihrem eigenen Besten wissen, was sie falsch machen.«

Ein Ergebnis dieser Führungsweise wird ganz deutlich, wenn man den Chef sagen hört: »Meine Mitarbeiter scheuen es, Verantwortung zu übernehmen und zu akzeptieren. Sie sind tüchtig und intelligent. Ihr Wissen ist enorm, aber bei allem und jedem fragen sie bei mir zurück, auch wenn sie das eigentlich gar nicht zu tun brauchen. Den Ball auffangen und loslaufen – das tun sie einfach nicht. Ich kann mir kaum vorstellen, wie sie jemals Erfolg haben wollen.« Dem Manager ist hier wohl entgangen, daß die Mitarbeiter es ihm recht machen wollen und das Bedürfnis haben, lieber einmal zuviel nachzufragen als einmal zuwenig, weil der Chef nicht genügend Vertrauen in ihre Fähigkeit zum selbständigen Handeln setzt.

Konsequenzen

Auswirkung auf die Produktivität. Als Folge dieser patriarchalischen Überwachung ist eine mäßige bis hohe Produktivität zu erwarten. Die Mitarbeiter fühlen sich dazu motiviert, die vom Chef gesetzten Normen zu erreichen. Mehr als das von ihnen Erwartete werden die Mitarbeiter jedoch wahrscheinlich nicht leisten, auch dann nicht, wenn ihr Produktivitätspotential weit über dem festgesetzten Niveau liegen mag.

Betont der Manager Qualität, wird der Mitarbeiter Wert darauf legen, Fehler auszuschalten. Wenn dem Chef wenig an Qualität liegt, wird auch den Mitarbeitern wenig daran liegen. Mit anderen Worten heißt das: Langfristig werden die Mitarbeiter sich danach richten, was von ihnen erwartet wird, und werden sich hüten, sich in Aktivitäten zu engagieren, die beim Chef entweder nicht gefragt sind oder Stirnrunzeln bei ihm hervorrufen könnten.

Auswirkung auf die Kreativität. Da der patriarchalische Vorgesetzte das Denken für seine Mitarbeiter übernimmt, besteht bei den Mitarbeitern nur geringe oder gar keine Hoffnung auf Kreativität oder Innovation. Sie werden sich nicht zutrauen, etwas zu tun, was vielleicht unangebracht oder inopportun sein könnte. Die beim Mitarbeiter geförderte Abhängigkeit erstickt die Kreativität.

Ratgeberrolle – ein Sonderfall. Selbstverständlich ist es erstrebenswert, die Erfahrungen langjähriger Mitarbeiter zu nutzen und sie in der Entwicklung von Nachwuchsführungskräften einzusetzen. Ein Mentor-Schützling-System kann hier zu guten Erfolgen führen. Soll dieses Verfahren von Erfolg gekrönt sein, muß allerdings die Falle des patriarchalischen Führungsansatzes vermieden werden. Der Schützling darf nicht abhängig werden. Das Verfahren darf auch nicht zu Ablehnung/Neid unter den Kollegen führen. Solche Folgen könnten den Erfolg dieses Modells der Führungsentwicklung zunichte machen.

Wenn das Mentor-Schützling-Modell funktionieren soll, muß auf jeden Fall sichergestellt sein, daß der Mentor keine persönlichen Bedürfnisse nach Liebe und Anerkennung befriedigt. Wer als Schützling für dieses Verfahren ausgewählt wird, muß wirklich die höchsten Qualifikationen besitzen. Er muß es verdienen, von diesem Schnellkurs profitieren zu dürfen. Die sich daraus ergebenden Möglichkeiten dürfen weder vom Schützling noch für den Schützling ausgenutzt werden. Das würde nämlich zu einer ungerechten Karriereförderung führen.

Auswirkung auf die Zufriedenheit. Bei einem konsequent patriarchalischen Führungsansatz läßt sich eine äußerst stabile Organisation mit minimaler Fluktuation erreichen. Die Mitarbeiter gewöhnen sich im Laufe der Zeit daran, die an sie gestellten Forderungen fügsam zu befolgen. Als Lohn für Fügsamkeit und Gehorsam winken wirtschaftliche und persönliche Sicherheit. Deshalb lassen sich die Mitarbeiter lieber führen, als eigenständig zu handeln. Buckelnden Mitarbeitern wird viel Gutes getan: Sie werden gut bezahlt. Die Sozialleistungen des Betriebes sind vorbildlich. Ihnen stehen Sport- und Freizeitanlagen zur Verfügung. Betriebliche Altersversorgung ist selbstverständlich. Sogar Firmenwohnungen werden ihnen gegen eine geringe Miete zur Verfügung gestellt, ganz zu schweigen von der persönlichen Anerkennung, die sie erhalten. Obwohl diese Fürsorge für das persönliche Wohlergehen nicht direkt mit der Leistung oder Produktivität zu tun hat, erhöht sie das Wohlbefinden der Mitarbeiter. Sobald ein Mensch so angebunden ist, gibt es für ihn kein Entrinnen mehr. »Ich gehöre meiner Firma mit Haut und Haar« – so lauten die Gefühle, die sich bei einer patriarchalischen Führung breitmachen.

Die schlimmsten Aufstände und Kämpfe haben sich jedoch gerade in den Organisationen ereignet, in denen dieser patriarchalische Führungsstil ausgiebig praktiziert wurde. In scheinbar beständigen und alteingesessenen Organisationen erhoben sich Wellen des Unmuts und der Rache gerade gegen das Management, das seine Mitarbeiter lange Zeit so »gut« behandelt hat. Dieser Wechsel von gehorsamer Fügsamkeit zu aufrührerischer Vergeltung scheint gegen alle Logik zu sprechen. Deswegen wird eine Erklärung notwendig. Eine Führung, die nicht auf die Gedanken und Fähigkeiten der Mitarbeiter achtet, ruft Enttäuschung, Widerstand und ein Gefühl der Entfremdung hervor. Solche Gefühle lassen sich aber nur sehr schwer direkt artikulieren gegenüber einem Arbeitgeber, der den Mitarbeitern, die seinen einseitigen Forderungen nachkommen, wirtschaftliche, soziale und persönliche Sicherheit bietet. Die Folge davon ist, daß die gefühlsmäßigen Reaktionen auf die vielen Demütigungen heruntergeschluckt und unterdrückt werden. Sie sind und bleiben aber vorhanden. Groll und Unruhe schwelen weiter, während man sich nach außen hin gelehrig und ergeben zeigt. Unter solchen Umständen kann selbst der geringste Anlaß zu einem plötzlichen Haßausbruch führen. *Die Formel lautet: Frustrationen aufgrund von Abhängigkeitsverhältnissen schüren Haß.* Man möchte sich gerne widersetzen, man möchte gerne angreifen, kann es aber nicht, weil man fürchtet, Anerkennung und Sicherheit zu verlieren. Mit dem patriarchalischen Führungsansatz ist es also nicht gelungen, das Grundproblem zu lösen, nämlich Produktion durch Menschen zu erreichen. Und doch ist diese Haltung als Führungsansatz immer noch weit verbreitet.

Auswirkung auf die Karriere. Bei Vorgesetzten gilt der patriarchalische Manager als Mann, der in der Lage ist, ohne Meinungsverschiedenheiten und zerstörerische Konflikte andere zu überwachen. Deshalb wird ein solcher Manager wahrscheinlich nicht schnell, aber doch stetig die Managementleiter heraufklettern.

Patriarchalisches Verhalten erkennen

Die folgenden Wörter und Sätze kennzeichnen ein patriarchalisches Führungsverhalten:

- o Wohlwollender Diktator
- o Herablassend
- o Gibt ständig Ratschläge
- o Erfüllt seine Verpflichtungen
- o Erwartet blinde Loyalität
- o Vater (Mutter) weiß es am besten
- o Freundlich anspruchsvoll
- o Wacht neidisch über seine Vorrechte
- o Führt durch inspirierenden Eifer
- o Führt seine Herde
- o Weckt Schuldgefühle bei Menschen, die anderer Meinung sind
- o Märtyrer
- o Moralapostel
- o Gönnerhaft
- o Perfektionist
- o Predigerhaft
- o Macht Vorschriften
- o Selbstgerecht
- o Hat die »Tugend für sich gepachtet«
- o Toleriert Meinungsverschiedenheiten im kleinen Kreis
- o Haßt öffentliche Herausforderung

Anregungen zum Wandel
Hinter der patriarchalischen Haltung steht der Wunsch nach Macht und absoluter Herrschaft und gleichzeitig das Bedürfnis, geliebt und akzeptiert zu werden. Für diejenigen, die er führt, bedeutet dies, daß sie vom Chef abhängig werden. Was der Chef sagt, gilt. Wenn sie das Verlangte getan haben, gelten sie beim patriarchalischen Chef als brave Kinder. So fühlt sich der Chef noch mehr dazu motiviert, seine Mitarbeiter zu »steuern«. Der Patriarch muß sich also hauptsächlich auf einen Wandel in Richtung einer 9,9-Orientierung konzentrieren. Dann wird er sich auch bewußt, daß seine Mitarbeiter immer abhängig geblieben sind. Seine Art der »Hilfestellung« hat die Mitarbeiter in ihrer Fähigkeit zur Initiative und zur Leistung eingeschränkt. Mit dem absoluten Willen zur Steuerung anderer kann man Mitarbeiter kaum dazu befähigen, Selbständigkeit und Eigenverantwortung

zu entwickeln. Wer ergebnisorientiert führt und eine offenere Partizipation fördert, entwickelt die Achtung und Problemlösungsfähigkeiten der Mitarbeiter.

Opportunismus

Ein Opportunist ist ein Mensch, der sich sämtliche Gitterstile zu eigen macht und seinen Handlungen keinerlei Prinzipien zugrunde legt. Er geht von folgender Grundeinstellung aus: »Als erster ankommen, dann bleibt immer noch Zeit, das eigene Handeln oder das Projekt so zu frisieren, daß man als Staatsmann, Held oder starke Führungspersönlichkeit dasteht.« Dies ist Situationismus in Reinkultur. Jede Handlung geschieht aus »taktischen« Gründen. Nur das Vorankommen ist wichtig.

Motivationen
Auf der positiven Seite ist beim Opportunisten die Motivation festzustellen, herauszuragen, Nummer eins zu sein. Er will an der Spitze stehen, weil die Spitze im Scheinwerferlicht liegt. In dieser Position bekommt man Aufmerksamkeit und Anerkennung.

Der Opportunist versucht, jegliches Handeln zu vermeiden, das unbemerkt bleiben könnte. Er will nicht einer von vielen sein. Er will auch nicht auf die zweite Stelle zurückverwiesen werden.

Der Opportunist unterscheidet sich in seinen Motivationen ganz deutlich von der 9,1-Orientierung, in der Herrschaft und absolute Kontrolle angestrebt werden, oder vom 5,5-orientierten Menschen, der nach Popularität strebt und »in« sein will. Auch das *Leistungs*motiv aus der 9,9-Orientierung fehlt, weil es ihm nicht darum geht, die Dinge besser zu gestalten. Ihm geht es lediglich darum, Nummer eins zu sein.

Wenn man vom Verhaltensgitter ausgeht, gibt es viele verschiedene Möglichkeiten, auf eine Situation zu reagieren. Von daher mag man schließen, daß das Verhalten des Opportunisten unvorhersagbar ist. Auf einige Opportunisten trifft dies auch zu, sie sind jedoch eher die Ausnahme als die Regel.

Opportunisten mögen zwar sämtliche Gitterstile praktizieren, dennoch ist ihr Verhalten durchaus vorhersagbar. Das gilt für sie genauso wie für alle anderen Grid-Orientierungen. Jeder hegt irgendwo Eigeninteressen, an die man appellieren kann. Jeder hat irgendwo einen wunden Punkt, mit dem man drohen kann. Der eine bringt den anderen zur Kooperation, weil er ihm verspricht, im Austausch dafür bei der Förderung seiner Eigeninteressen zu helfen. Er sichert die Kooperationswilligkeit, weil er einen wunden Punkt kennt oder damit droht, diesen wunden Punkt offenzulegen. Solche Menschen gelten als »Meister der Manipulation«. Um ihr Verhalten voraussagen zu können, muß man jedoch wissen, welchen *Stellenwert* der Opportunist denjenigen beimißt, mit denen er umgeht. Er hat es beispielsweise mit einem Menschen höheren Ranges oder höherer gesellschaftlicher Prominenz zu tun. Sein Gegenüber ist reicher oder in der Öffentlichkeit mehr geachtet. Der Opportunist schmeichelt sich bei ihnen ein, um ihre wohlwollende Aufmerksamkeit zu gewinnen, oder versucht, sich bei ihnen lieb Kind zu machen, um ihre Zuneigung zu gewinnen. Dahinter steckt natürlich der Grund, daß ihm der Höherstehende bei seinen Aufwärtsbestrebungen besser helfen kann als andere.

Ein patriarchalischer Vorgesetzter ist für die Aufmerksamkeiten eines Opportunisten natürlich besonders anfällig. Der Chef hat aus seiner Perspektive eine positive Motivation. Er will seinem Mitarbeiter beibringen, wo es langgeht. Er will die wohlwollende Aufmerksamkeit anderer auf seinen Schützling lenken, der »im Kommen ist«. Ist der Mitarbeiter Opportunist, wird der patriarchalische Chef zum Opfer seiner eigenen »Schöpfung«. Der frühere Mitarbeiter wird den Chef überstrahlen oder sogar im Stich lassen, sobald er seine »Dienste« nicht mehr braucht.

Der Opportunist ist immer auf Möglichkeiten aus, anderen Menschen gleichen Ranges zu helfen. Immer ist mit seiner Hilfe jedoch eine Bedingung verbunden. Der andere fühlt sich verpflichtet, im Gegenzug auch etwas zu tun. Kollegen werden also sozusagen wie ein Bankkonto behandelt. Wenn man jetzt eine Einlage macht, kann man später etwas abheben - mit Zinsen. Auch wunde Punkte läßt der Opportunist im Umgang mit Kollegen nicht außer acht. Er achtet genau auf ihre Schwächen, um auch dort Ansatzpunkte zu finden. Dies geschieht alles im verborgenen. Der Opportunist achtet genau darauf, daß andere sich nicht bewußt werden, was er über sie weiß. Dieses Wissen aber wird er, wenn es sich vorteilhaft erweist, nutzen, um vielleicht in der Zukunft Druck ausüben und so seine eigene Position fördern zu können. Der Opportunist geht mit seinen Mitarbeitern meistens sehr streng und fordernd um. Er übt Druck aus, damit er selber auf der Leiter hochklettern kann. Mitarbeiter werden ausgeschaltet, wenn sie ihm nicht mehr nutzen oder ihm in die Quere kommen.

Der Opportunist geht also ganz verschieden mit Menschen um. Dennoch zeigt sich ein deutliches Verhaltensmuster, da er an die Spitze gelangen will: Er schmeichelt sich ein und gibt sich liebenswürdig, nötigt, bezwingt, bändigt und schaltet aus – alles hängt davon ab, mit »wem« er es zu tun hat.

Konfliktmanagement

Der Opportunist möchte Konflikt möglichst vermeiden. Er schreckt nicht vor dem Konflikt zurück, wenn er da ist. Dazu hat er folgenden Grund: Wenn die Gefühle hoch hergehen, wird es schwierig, die Situation unter Kontrolle zu halten oder abzuschätzen, was andere tun oder nicht tun werden. Deshalb ist es riskant zu versuchen, sie zu »nutzen«. Aus diesem Grunde zieht der Opportunist es vor, bei Meinungsverschiedenheiten auf eine offene Konfrontation oder Polarisierung zu verzichten.

Konfliktverhütung. Der Opportunist ist ein Menschen»experte«. Er stellt ihre Vorlieben und Abneigungen, Präferenzen und Vorurteile, Bedürfnisse und Wünsche und ihre wunden Punkte fest. So manövriert er sie in ihren Reaktionen zu einem »Ja« oder »O. K.«, ohne dabei jedoch Zwang auszuüben. Im Umgang mit diesen verschiedenen Haltungen gibt sich der Opportunist fürsorglich unterstützend und liebenswürdig. Er unterstützt sogar ihre Überzeugungen, obwohl er persönlich zu einer ganz anderen Richtung neigt. Im Umgang mit Gleichrangigen fährt der Opportunist die weiche Tour, klopft auf die Schulter und macht sich bei ihnen lieb Kind. Bei Mitarbeitern wird ein Konflikt wahrscheinlich gar nicht erst entstehen, weil Gehorsam und Fügsamkeit gefordert sind und Widerstände sofort unterdrückt werden. Wenn die Widerstände bleiben, wird der Mitarbeiter ausgeschaltet.

Konfliktbewältigung. Bei einem Konflikt mit einem Menschen höheren Ranges macht der Opportunist zunächst einen Rückzieher und bemüht sich darum, doch noch mit beiden Füßen auf dem Boden zu landen. Bei Gleichrangigen geht der Opportunist ganz geschickt vor und versucht, ein Thema zu entpolarisieren: »Wollen wir beide doch vernünftig sein.« Er versucht, vernünftig auf den anderen einzugehen. Bei näherer Überprüfung stellt man jedoch fest, daß der Opportunist ein Pferdehändler ist. Er arbeitet immer mit Zukunftsversprechungen. Er verspricht viel, löst sein Versprechen aber nur ein, wenn es ihm persönlich Nutzen bringt.

Bei Konflikten mit Mitarbeitern kapituliert er entweder oder kehrt ihnen den Rücken. Das tut er aber keineswegs scharf und entschlossen - das würde auf den Opportunisten ein schlechtes Licht werfen. Statt dessen wird die Aufgabe des Mitarbeiters eingeschränkt, erforderliche Informationen werden ihm vorenthalten oder bestimmte Aufgaben an andere übertragen. So bringt er die Mitarbeiter dazu, von selbst zu gehen. Er wird nicht *direkt* entlassen, sondern kündigt selbst.

Verhaltenselemente
Initiative. Der Opportunist ergreift Initiative auf der Grundlage eines kalkulierten Risikos. Das gilt besonders, wenn er dem entsprechen will, was Vorgesetzte offensichtlich wollen. Diese Art der Initiative nützt ihm auf lange Sicht gesehen selbst, auch wenn sie kurzfristig gesehen dieses Ergebnis nicht zeitigen kann: einen Gefallen tun, jemandem helfen, über einen Fauxpas hinwegsehen, immer das tun, was einem als Sprungbrett zu einer jeweils höheren Position dienen kann. Bei Mitarbeitern begrüßt er Initiative, überwacht sie aber sehr streng. So stellt er sicher, daß die Mitarbeiter die Projekte so voranbringen, daß der Opportunist schließlich seinen Nutzen daraus ziehen kann. Das Verdienst steckt sich der Vorgesetzte an den Hut, selbst wenn die Leistungen durch die Mitarbeiter erbracht wurden. Er ist der egoistische Star, der seine persönliche Bedeutung häufig noch durch angeberische Äußerungen über seine Leistungen verstärkt.

In der eigenen Falle läßt sich der Opportunist nicht fangen. Er denkt voraus. Immer hat er Eventualpläne zur Verfügung, um mögliche Notfälle zu meistern. Sind andere unentschlossen – ob Chef oder Kollegen –, ergreift der Opportunist die Initiative und bringt sie dazu, seinen vorfabrizierten Lösungen zuzustimmen. Der Opportunist bietet eine positive Alternative an und lenkt so die Aufmerksamkeit von Inkonsequenzen oder Widersprüchen in seinem bis dahin zur Schau gestellten Verhalten ab. Diese Vorausplanung und Einbeziehung von Eventualplänen gehört beim Opportunisten zum Weg an die Spitze. Dieses Denken hat wenig mit dem Vorausdenken zu tun, das einer 9,9-Orientierung eigen ist.

Informationssuche. Ein Opportunist lebt immer im Alarmzustand. Immer fragt er sich: »Was ist dabei für mich drin?« Informationen sucht er nicht aus Wissensbegierde oder Interesse. Er will nur wissen, wer was zu wem sagt, wer auf dem aufsteigenden Ast ist, mit wem man sich am besten zeigt oder wer die Vorteile in seiner Hand vereinigt. Der Opportunist ist darauf aus, alles über Menschen und ihre Beziehungen untereinander zu erfahren. So kann er die Stärke nutzen und den Fallen entgehen.

Standpunkt. Der opportunistischen Führungskraft mag man vorwerfen, ihr mangele es an Glaubwürdigkeit. Die Rhetorik steht in keiner Beziehung zu den persönlichen Überzeugungen, da der Opportunist immer die Wertvorstellungen und Überzeugungen vertritt, die auf andere anziehend wirken. Er vertritt zwar einen klaren Standpunkt. Seine Position wird aber von der Politik der Situation diktiert, nicht von den Prinzipien oder Werthaltungen, die für vernünftige und produktive menschliche Beziehungen gelten. Wenn es dem Opportunisten angebracht erscheint, einen Standpunkt zu vertreten, der einem früheren Standpunkt widerspricht, macht ihm dies überhaupt nichts aus. Er sagt einfach, die Situation habe sich geändert. »Ich habe darüber nachgedacht und bin (jetzt) zu diesem Entschluß gekommen.« Im übrigen vertritt der Opportunist je nach Zuhörerschaft verschiedene Meinungen. Eine Erklärung für möglicherweise auftauchende Diskrepanzen hat er immer bereit.

Wenn er einen Standpunkt vertritt, ist dies bei ihm immer ein Mittel zum persönlichen Weiterkommen. Ihm geht es nicht darum, zu besseren Einsichten über vernünftige Lösungen für den Unternehmenserfolg zu kommen.

Entscheidungen. Auch an die Entscheidungsfindung geht er auf ähnliche Weise heran. Er flüstert einen Gedanken oder eine Idee ein und läßt den anderen die Entscheidung »treffen«. Das gilt besonders für höherrangige Personen. Anschließend beglückwünscht der Opportunist diesen Menschen zur Klugheit seiner Entscheidung.

Ein Opportunist fordert Gleichrangige zu Offenheit und Ehrlichkeit auf, ohne ihnen diese Offenheit oder Ehrlichkeit zurückzugeben. Auf diese Weise wird die Bildung einer einhelligen Entscheidung beschleunigt, ohne daß er sich zunächst auf eine Position festlegen muß.

Entscheidungen, in denen es um Mitarbeiter geht, werden einseitig getroffen. Der Opportunist verkündet die Entscheidung und gibt genau an, wer was wann und wie zu tun hat.

Der Opportunist umgibt sich häufig mit »schwachen« Mitarbeitern, die er beaufsichtigen muß. So hat er die Kontrolle über die Aktivitäten, macht nach außen aber einen anderen Eindruck. Der Mitarbeiter ist eine Gallionsfigur, die zwar auf eigenen Namen handelt, aber tatsächlich detaillierte Entscheidungen des Chefs ausführt. Der Opportunist braucht eine ständig wachsende Anhängerschaft, um an die Spitze zu gelangen. Er sucht auch die Mitarbeiter, die zwei oder drei Führungsebenen unter ihm stehen, noch selbst aus. Opportunisten streben nach Anerkennung. Sie applaudieren dem, der sie auf den Führungsposten berufen hat, und erhalten sich so seine Freundschaft. Für die Teamarbeit kann dies jedoch katastrophal werden, weil auch die Mitarbeiter auf den tieferen Führungsebenen lieber treu und fest zum »Big Boß« stehen als zu ihren jeweiligen direkten Vorgesetzten. Diese direkten Vorgesetzten fühlen sich in ihrer Autorität untergraben, obwohl ihnen die Verantwortung übertragen wurde.

Konstruktive Kritik. Bei Höher- oder Gleichrangigen ist der Opportunist mit Komplimenten, Achtungs- und Zuneigungsbezeugungen schnell bei der Hand. Er macht eigennützige Bemerkungen, um jeweils die Punkte zu verstärken, die seine Gesprächspartner an sich selbst am meisten bewundern. Bei schweren Entscheidungen zeigt er Mut. Er ist brillant, wenn Intelligenz etwas gilt. Er ist mitfühlend, wenn ein Mensch menschliche Gefühle zeigt. Bei Mitarbeitern bleibt seine Kritik auf negative oder kritische Bemerkungen beschränkt.

Um Feedback bemüht sich der Opportunist nur dann, wenn es aller Wahrscheinlichkeit nach positiv ist. Rückmeldungen, die auf Schwächen, Grenzen oder Fehler hinweisen könnten, geht er aus dem Weg.

Führungspraxis
Die Praxis der Mitarbeiterführung brauchen wir hier nicht noch einmal zu beschreiben, weil sich der Opportunist meistens im Umgang mit seinen Mitarbeitern an die Strategien hält, die wir schon im Kapitel zur 9,1-Orientierung behandelt haben.

Konsequenzen
Auswirkung auf die Produktivität. Für den Unternehmenserfolg wichtige Handlungen werden als Mittel zur Förderung der eigenen Position eingesetzt, nicht aber als Beitrag zum Organisationserfolg. Der Opportunist ist also nur dann an Produktivität interessiert, wenn er sie als Mittel zur Verfolgung anderer Zwecke einsetzen kann.

Auswirkung auf die Kreativität. Der Opportunist ist meistens sehr kreativ. Er findet immer Möglichkeiten, zum richtigen Zeitpunkt am richtigen Ort zu sein oder festzustellen, was andere gerne hören wollen. Mit einer kreativen Problemlösung hat dies allerdings nichts zu tun.

Auswirkung auf die Zufriedenheit. Menschen, die einem Opportunisten in einer Organisation auf seinem Weg nach oben helfen können, sind meist sehr »zufrieden«, weil sie sich nützlich erweisen können oder weil sie glauben, der Opportunist schaffe auch für sie ein günstiges Klima. Diejenigen aber, die unter Kontrolle stehen, also Mitarbeiter oder Kollegen, sind zu dieser Hilfe verpflichtet. Sie entwickeln deswegen Gefühle der Ablehnung und Bitterkeit.

Der Opportunist reagiert auf ein und dieselbe Person einmal mehr, einmal weniger freundlich. Sein Gegenüber bekommt damit zwei Botschaften. Manchmal gilt er beim Chef als »O. K.« und manchmal als »nicht O.K.«. Der Mitarbeiter wird unsicher, verläßt sich viel zu sehr auf seinen Chef und verliert dadurch die Eigeninitiative. Der Opportunist behandelt jeden Mitarbeiter anders. Die weniger gut Behandelten werden neidisch auf die besser Behandelten. Das führt dazu, daß die Mitarbeiter gegeneinander arbeiten. Sie ziehen in Verfolgung eines gemeinsamen Zieles nicht an einem Strang. Der unterbewertete Mensch hat das Gefühl, er würde sich ins eigene Fleisch schneiden, wenn er einem in höherer Gunst stehenden Kollegen hilft. Das fördert zwar dessen Karriere, benachteiligt aber seine eigene. Also verzichtet er lieber auf die Unterstützung des anderen.

Auswirkung auf die Karriere. Ein Opportunist kann auf kurze Sicht erstaunliche Leistungen vollbringen. Aus der Langfristperspektive aber sieht die Sache schon anders aus. Er tut nämlich nur das, was ihm selbst dient. Er »benutzt« das Unternehmen und seine Menschen, um an die Spitze zu gelangen. Wenn sein Handeln gleichzeitig auch dem Unternehmen nützt, O.K., aber wenn es nur ihm selbst nützt, sagt er: »Was soll's?« Andere werden sehr kritisch und behalten lieber vieles für sich. So schützen sie sich davor, auf diesen Schwindel »hereinzufallen«. Darunter leiden Offenheit und auch spontane Kooperation. Der Opportunist läuft ein weiteres Risiko. Wird er von anderen durchschaut, werden sie versuchen, seine Taktiken zu blockieren. Es kann durchaus passieren, daß sich andere sein Verhalten nicht mehr gefallen lassen und ihn auf die Knie zwingen. Früher oder später wird der Opportunist seine Glaubwürdigkeit verlieren. Da er »allen alles sein will«, macht er sich verdächtig. Andere sehen seine Inkonsequenzen, seine Widersprüche. Er ist nicht mehr vertrauenswürdig. Sein Ansatz mag also kurzfristige Erfolge bringen, langfristig aber schießt er ein Eigentor.

Seine fragwürdige Integrität hindert den Opportunisten häufig daran, tatsächlich an die Spitze zu gelangen. Wer opportunistisch führt, gilt meistens als Springer. Er hüpft von einem Job in einen anderen, benutzt andere als Sprungbrett und kommt immer wieder einen Schritt voran, bis auch die nächsten jeweils die Glaubwürdigkeitslücke, die das Vertrauen untergräbt, erfahren und entdecken.

Opportunistisches Verhalten erkennen

- Ist allen alles
- Hält sich von rangniedrigeren Menschen fern
- Strebt nach Aufmerksamkeit
- Sonnt sich im Scheinwerferlicht
- Baut seinen Ruf durch Prahlerei auf
- Berechnend
- Macht sich bei anderen lieb Kind
- Erweist anderen Gefälligkeiten, knüpft aber immer Bedingungen daran
- Läßt sich schwer festnageln
- Schmeichelt sich ein
- Kennt die wunden Punkte anderer und weiß sie auszuschlachten
- Wechselt Loyalitätsverhältnisse je nach Nützlichkeit
- Läßt Namen fallen, um Eindruck zu schinden
- Hinter seinen Worten steckt keine Überzeugung
- Jede Handlung wird gründlich vorher überlegt
- Verspricht alles, hält aber nur das, was ihm Nutzen bringt
- Tut alles, was dem eigenen Fortkommen dient
- Aalglatt
- Sprungbrettphilosophie
- Buckelt nach oben, tritt nach unten
- Steckt sich möglichst alles an den eigenen Hut
- Ergreift nur Initiativen, die ihn gut dastehen lassen
- Ergreift die Initiative, um Vorgesetzten ihren Willen zu tun
- Ihm ist wichtig, Nummer eins zu sein
- Was bringt mir das?

Anregungen zum Wandel

Ein Opportunist steht vor zwei Schlüsselproblemen, wenn er versucht, sich zu ändern und zu einer 9,9-orientierten Effektivität zu gelangen. Zunächst einmal muß er seine Werthaltung zur Sache und zur Leistung ändern. Er sieht Produktion oder Leistung als Mittel zur persönlichen Bereicherung. Er muß aber Produktion als Zweck an sich erkennen. Was produziert wird, erfüllt das Verlangen des Verbrauchers nach Gütern und Dienstleistungen und das Bedürfnis der Unternehmung nach Gewinnen. Die Lösung von Problemen, die die Produktivität behindern, kann als solche eine sehr erfreuliche und befriedigende Tätigkeit sein. Die Problemlösung fordert den Menschen mit seinen Fähigkeiten heraus.

Genauso muß er seine Werthaltungen zum Menschen ändern. Ergebnisse erzielen mit und durch andere - mit jedem, dazu gehört auch der Vorgesetzte - und sich mit allen Kräften für den *Erfolg des Unternehmens einsetzen* ist etwas ganz anderes, als andere nur als Sprungbrett für das eigene Fortkommen zu sehen.

Wird die Produktivität in die richtige Perspektive gerückt und geht er davon aus, daß vorgesetzte Kollegen und Mitarbeiter in der Lage sind, sich für den Unternehmenserfolg einzusetzen, ist ein Wandel von einer opportunistischen Einstellung zu einer 9,9-Orientierung möglich.

Führungsfassaden

Wir führen den Begriff der Führungsfassaden ein, um manipulatives Handeln von den schon präsentierten authentischeren Orientierungen zu unterscheiden. Wie in der Architektur bezeichnet der Begriff *Fassade* die Vorderseite oder die Front eines Gebäudes. Manchmal erweckt die Front einen *falschen* Eindruck. Sie stimmt nicht mit dem überein, was hinter der Front tatsächlich existiert.

Mit einer Führungsfassade verhält es sich ähnlich. Sie ist eine Tarnkappe oder ein Deckmantel, unter dem sich die wahre Einstellung verbirgt. Die wahren Absichten sind aus der Vorderseite nicht ersichtlich. Sie bleiben verborgen. Eine Führungsfassade ist also eine Täuschung.

Motivationen

Den reinen Theorien - 9,9; 1,9; 9,1; 5,5; 1,1 und die patriarchalische Orientierung - liegt eine gemeinsame Eigenschaft zugrunde. Hinter allen stecken ehrliche Absichten. Niemand will einen anderen ausnutzen oder ihn wissentlich verletzen.

Wer eine Fassade schafft, will etwas auf indirektem oder hinterhältigem Wege erreichen. Er ist davon überzeugt, daß das Ziel anders überhaupt nicht zu erreichen wäre. Also geht er lieber ein Risiko ein. Er versucht zu manipulieren. Auf der negativen Seite steht die Angst, dabei erwischt zu werden.

Bei allen Führungsfassaden versucht der Mensch, seine wirklichen Gedanken zu verbergen, vermittelt aber einen ehrlichen Eindruck. Im Innersten ist dieser Mensch verschlossen, gibt sich nach außen aber den Anschein der Offenheit und Ehrlichkeit. Warum? Wäre er wirklich offen und ehrlich, würden die anderen seine wahren Absichten verstehen, und die trügerische Fassade würde deutlich. Also kann es sich der »Tarnkappenträger« nicht leisten, als verschlossener Mensch und Heimlichtuer zu gelten, denn das erregt Argwohn und Zweifel oder macht andere zumindest neugierig.

Der Fassadenbauer ist unter anderem deswegen schwer zu erkennen, weil er nicht in allen Führungsaspekten auf Fassaden zurückgreift. Manchmal kann er auch mit vernünftigem Tun die Unterstützung derjenigen erlangen, die eine Arbeit ausführen müssen. Er braucht nicht auf Manipulation oder Täuschung zurückzugreifen und seine wahren Absichten zu verbergen. Die Fassaden kommen immer erst dann ins Spiel, wenn der Manager seine Ziele durch offene Führung nicht erreichen kann.

Die bei einem einzelnen gegebenen Führungsfassaden brauchen nicht unbedingt konsequent zu sein. Er bedient sich von Zeit zu Zeit verschiedener Kunstgriffe. Welche er anwendet, hängt davon ab, was funktionsfähig oder im Kontext der Organisationserfordernisse legitim ist. Oberflächlich gesehen gibt er sich meistens wie ein 9,9- oder 5,5-Manager. Weniger häufiger greift er auf 1,9 oder 1,1 und praktisch nie auf 9,1 zurück.

Einer Fassade liegt unterschwellig das Ziel zugrunde, das Streben nach Kontrolle, Herrschaft und Dominanz zu vertuschen. Der authentische 9,1-orientierte Manager will die Aufgabe bewältigen und Leistung erbringen. Durch Arbeit beweist er, daß er seine Position verdient hat, daß er herausragt und der Achtung anderer wert ist. Was den 9,1-Fassadenbauer vom echten 9,1-orientierten Manager trennt, ist sein Streben nach Macht und nach der Möglichkeit, diese Macht auch auszuüben. Der echte 9,1-Manager will hingegen einen Beitrag zur Organisation leisten.

Es ist außerordentlich wichtig, genau zwischen der offenen und strebsamen echten 9,1-Orientierung und einer Fassade mit einem 9,1-orientierten Hintergrund zu unterscheiden. Wer nicht zum Bauern auf dem Schachbrett eines fassadenorientierten Managers werden will, muß sich des Unterschiedes zwischen Gewalt und Manipulation bewußt sein.

Ein Unterschied besteht auch zwischen den Motiven eines Opportunisten und den Motiven eines fassadenorientierten Managers. Der Opportunist will an der Spitze gesehen werden und sonnt sich im Glanz. Der fassadenorientierte Manager aber zieht seine Befriedigung daraus, daß er die Fäden zieht, ohne daß sich andere seines Einflusses bewußt werden. Der Fassadenbauer versucht, den Chef aus seiner Position als zweiter Mann zu kontrollieren, und setzt dabei verschiedene Manipulationspraktiken ein: Er schmiert dem Chef Honig um den Bart, beglückwünscht ihn zu seiner Klugheit, seiner Vernunft, seinem tiefsinnigen Denken – je nachdem, was der Chef hören will. Der Fassadenbauer will nicht zur Nummer eins werden, er will nur die Nummer eins kontrollieren. Beim Opportunisten ist es anders. Er mag sich zwar ähnlich verhalten, will aber selbst an die Spitze gelangen.

Sich nicht exponieren. Auf der Negativseite wird der Fassadenbauer von dem Wunsch getrieben, sich bloß nicht zu exponieren. Er will seine wahren Ziele verbergen und hält sich mit spontanen Reaktionen zurück. Seine inneren Gedanken und Motive enthüllt er nicht. Der Fassadenspieler reagiert nicht aus Intuition oder Überzeugung, sondern verläßt sich auf Analyse, Prüfung und Diagnose, um so zu kalkulieren, welche Reaktion von ihm erwartet wird, damit er einen persönlichen Nutzen daraus ziehen kann.

Es gibt viele Möglichkeiten, die wahren Absichten unter einem Tarnmantel zu verbergen. Seine Intentionen behält er für sich. Er läßt sich gar nicht auf Diskussionen ein, in denen andere Fragen stellen könnten. Also besteht auch keine Gefahr, daß man ihn zu seinen Motiven befragen könnte. Eine weitere Taktik ist, sich mit der eigenen Reaktion auf ein Problem zurückzuhalten und so zu tun, als ob man es gar nicht bemerke. Der Unterschied zwischen einer 1,1-Orientierung und dieser gleichgültigen Haltung besteht darin, daß der Fassadenbauer die Probleme bemerkt, aber trotzdem versucht, sie zu ignorieren, während der Manager mit einer echten 1,1-Einstellung sich von solchen Problemen tatsächlich nicht berühren läßt. Eine dritte Möglichkeit ist folgende: Er spricht so, als ob er die Meinungen anderer reflektiert. Die anderen merken aber gar nicht, daß keine Reflexion vorhanden ist. Auf diese Weise kann er seine persönlichen Meinungen und Einstellungen verborgen halten. Fragen beantwortet er mit einer Gegenfrage. So weicht er Problemen aus.

Möglich ist auch, mit Halbwahrheiten zu reagieren, die sich durchaus positiv interpretieren lassen. Dann erscheint die zugrundeliegende Motivation legitim. Er greift aber auch zur direkten Lüge. Eine Fassadenlüge ist aber meistens eine Lüge, die man nicht nachprüfen kann. Man bezieht sich beispielsweise auf das Versprechen eines früheren Kollegen, der die Firma verlassen hat, keineswegs aber auf einen wirklichen Kollegen, der die Sache richtigstellen könnte. Vielleicht bezieht er sich auch auf ein handgeschriebenes Dokument, von dem keine Kopien existieren und auf das man auch nicht mehr zurückgreifen kann, weil alles schon längst vernichtet wurde.

Ruf aufbauen und erhalten. Der Fassadenbauer ist nicht nur darauf aus, seine eigenen wahren Absichten zu verbergen, sondern baut sich auch einen positiven Ruf auf, damit er seine Täuschung aufrechterhalten kann. Aufgrund seines Rufes kommen seine Absichten immer anders an, als sie wirklich sind. Er baut eine Nebelwand auf. So werden seine wahren Ambitionen wahrscheinlich nicht erkannt, und er kann den Anschein der Integrität aufrechterhalten.

Verfolgung eines guten Zwecks. Seit Machiavelli gibt es viele Schriften darüber, wie man seinen *Ruf zur Erlangung von Kontrolle, Herrschaft und Dominanz einsetzt.* Seinen Ruf baut man sich durch die Tugend guter Taten auf. Man setzt sich für allgemein anerkannte, gute Zielsetzungen ein. Der Fassadenbauer ehrt diejenigen, die sich durch Höchstleistungen hervortun, und wird so selbst mit Höchstleistungen identifiziert. Mit hochfliegenden Überzeugungen setzt er sich für gesellschaftlich allgemein anerkannte Ideale ein. Er arbeitet für soziale Bewegungen und Institutionen, die sich um die Würde des Menschen kümmern, das Leiden der Menschheit lindern wollen und deswegen bewundert werden. All das kann aber Fassade sein. Ob es sich um eine Fassade handelt oder nicht, hängt von den Absichten ab.

Genauso gibt es auch Organisationen, die nur als Aushängeschild dienen. Das Aushängeschild soll den wahren Organisationszweck verbergen. Die Tarnung ist nötig, weil die wahren Absichten nicht herauskommen dürfen. Kommen sie heraus, ist der gesamte Organisationszweck vereitelt. Der Tarnkappenträger schmückt sich auch gerne mit Namen und Taten geachteter Menschen und plustert so seine eigene Person auf. Wenn der Fassadenstratege berühmte Namen fallenlassen kann oder sich der Unterstützung eines wichtigen Meinungsträgers versichert, ist er in seinen persönlichen Ambitionen wieder einen Schritt weitergekommen.

Sorge um andere. Der Manager zeigt seine Sorge um die Bedürfnisse und Meinungen anderer. Dies kann eine subtile Form der Einflußnahme sein. Er legt sehr viel Wert darauf, sein Interesse am anderen kundzutun, will unbedingt alle Vornamen wissen und andere mit Vornamen anreden. Er ist ein guter Zuhörer und ermuntert andere dazu, über sich selbst zu sprechen. Er sagt seinem Zuhörer aber nie, er habe unrecht, weil er jegliches Streitgespräch vermeiden will. Dazu eine Aussage: »Ich habe es mir zum Prinzip gemacht, festzustellen, was meinen jeweiligen Gesprächspartner am meisten interessiert. So kann ich entsprechende Fragen stellen und ihn zum Reden bringen. Damit wird er nicht nur positiv eingestimmt, sondern er fühlt sich auch wichtig. Da er mir freundlich gesinnt ist, wird er mir auch viel eher das geben, was ich später von ihm will.« Wenn diese Handlungsweise auf einer fundierten Grundlage beruht, läßt sich das Verhalten richtig als 9,9- oder als 1,9-Orientierung einstufen. Wenn aber das zugrundeliegende Motiv das Herausfinden privater Ansichten oder die persönliche Bereicherung ist und diese Einstellung verborgen bleibt oder falsch wahrgenommen wird, können wir von einer Fassade ausgehen.

Bluff. Eine weitere Fassade ist die Projektierung eines falschen

Images von Macht und Autorität. Der Bluffende will stärker erscheinen als seine Gegner, obwohl ihm die wahre Stärke zur Untermauerung seines Images fehlt. Er blufft oder schüchtert andere ein. Diese Strategie kann für einen Fassadenbauer sehr wertvoll sein, um sich erfolgreich durchzusetzen. Ein solcher Manager tut auch Dinge, die eigentlich unnötig wären. Er fliegt beispielsweise zu einem Geschäftspartner, um dort einen Handel persönlich mit ihm abzuschließen. Genausogut hätte er das Ganze per Brief oder Telefon erledigen können. Für das eigene Image ist der Firmenjet beeindruckender als die Benutzung eines normalen Verkehrsflugzeuges. Er läßt den Geschäftspartner an Bord kommen und verhandelt im Flugzeug. Das macht doch viel mehr Eindruck als ein Treffen in einem Hotel oder im Büro. Er bringt einen Assistenten oder eine Sekretärin mit, der man die Details überlassen kann. Damit erweckt er den Eindruck, daß er auch auf die Detailarbeit Wert legt, seine eigenen Bemühungen aber auf die Hauptsache konzentriert. Auch Juristen und sonstige Experten stehen Gewehr bei Fuß zur Verfügung. So demonstriert der Fassadenbauer seine Bedeutung. Auf solche Äußerlichkeiten wird in den Vorstandsetagen immer mehr Wert gelegt. Man braucht sie, weil man meint, die eigene »Überzeugungskraft« untermauern und verstärken zu können.

Für den Aufbau und die Aufrechterhaltung einer Führungsfassade gibt es mindestens zwei Gründe. Zum einen besitzt das gegenseitige Vertrauen keinen Eigenwert. Es ist jedoch wichtig, einen vertrauenserweckenden Eindruck zu vermitteln. Man schafft also den Eindruck des Vertrauens, der Zuversicht und der Achtung als Grundlage für die zwischenmenschlichen Beziehungen. So lassen sich persönliche Ziele leichter erreichen. An der Ethik aber werden Abstriche gemacht, um ein Ziel zu erreichen. Der Fassadenbauer läßt sich in seinem Handeln nicht von allgemeingültigen ethischen Normen leiten.

Ein weiterer Faktor kommt ins Spiel, wenn ein Mensch nach einem Ziel strebt, das jenseits seiner Fähigkeiten und Fertigkeiten liegt. Also baut man eine Fassade auf, um Tricks und Betrug zu verbergen. So lassen sich auch Ziele erreichen, die man auf ehrlichem Wege und mit ehrlicher Leistung nie hätte verwirklichen können. Hier heiligt der Zweck die Mittel. Bei beiden Strategien werden allgemeingültige ethische Grundsätze mißachtet. Diese Mißachtung ist aber genau kalkuliert und geschieht wissentlich.

Fassadenverhalten zeigt sich auch, wenn die eigentlichen Motive verborgen werden, und auch dann, wenn man sich die eigentlichen Motive nicht eingesteht. In der Psychiatrie und klinischen Psychologie kennen wir diese gedanklichen Tricks, zu denen der Mensch greift. Seine eigenen Motivationen werden ihm jedoch selbst nicht klar. Er kann sie nicht identifizieren und anderen auch nicht beschreiben. Würde er mit seinen Selbsttäuschungen konfrontiert, würde er sie ableugnen. Er rationalisiert, projiziert, rechtfertigt und kompensiert.

Fassadenartiges Verhalten kann sich auf all diese Faktoren, auf nur einige oder auch auf eine Mischung beziehen. Um die Sache noch weiter zu komplizieren, kann das Verhalten auch Elemente der reinen Theorien enthalten. Kommen diese Elemente der reinen Theorien hinzu, wird die Subtilität der Täuschung (er täuscht sich selbst und andere) noch größer.

Konfliktmanagement

Die Konfliktbewältigung ist ein kritischer Bereich zur Orientierung des persönlichen Verhaltens. *Ein Manager mit einem Fassadenverhalten geht dem Konflikt nicht aus dem Wege.* Sein Ziel besteht jedoch nicht darin, den Konflikt nach einem 9,9-orientierten Ansatz zu lösen oder ihn in einer 9,1-Haltung zu unterdrükken. Er benutzt den Konflikt vielmehr zur Verfolgung eigener Zwecke. Einem geschickten Drahtzieher stehen hier mehrere Möglichkeiten zur Verfügung.

Er läßt sich nicht in einen direkten Konflikt verwickeln, in dem er direkt angreifbar wäre. Auch in der Offensive geht er äußerst vorsichtig vor. Dazu die Aussage eines Managers: »Besser ist es, eine kleinere Änderung zu fordern und Schritt für Schritt vorzugehen, als zu versuchen, auf das Ganze zu zielen und damit Widerstände, Abwehrreaktionen und offenen Konflikt auszulösen.« Ein 5,5-orientierter Manager glaubt, ein Problem sei realistisch bewältigt, wenn ein Kompromiß herauskommt. Der Fassadenspieler betrachtet den Kompromiß als ein Manöver, als ein taktisches, kurzfristiges Nachgeben zum Unterlaufen von Widerständen. So gibt er sich den Anschein von Vernunft. Ein guter Fassadenspieler hat einmal gesagt: »Ich lasse mich auf Kompromisse ein, um mit meinen wahren Absichten unterzutauchen. Irgendwann später tauche ich dann wieder auf, und die zweite oder dritte Runde gewinne dann meistens ich.«

Bei Meinungsverschiedenheiten zitiert er auch dann »Prinzipien«, wenn es gar nicht um Prinzipien geht. Er hält sich an eine »Alles-oder-Nichts«-Strategie, anstatt wirklich mit einer Problemlösungsorientierung an die Sache heranzugehen. Er gibt dem Ganzen einen wichtigen Anstrich, weil »eine Prinzipienfrage tangiert« sei. Bei näherer Überprüfung stellen sich die »Prinzipien« dieses Managers mit einer Führungsfassade häufig als Dogma heraus, das er in ein »Absolutum« verwandelt hat. Selbstgerecht sagt er: »Bleib dran! Übe Geduld! Talent setzt sich immer durch! Kein Anlaß zur Sorge!« Das sind Worte, die der Fassadenspieler nach außen hin gebraucht, obwohl er ganz genau weiß, daß er dem Menschen, mit dem er spricht, eine unangenehme Aufgabe übertragen wird.

Der Fassadenstratege nutzt Konflikte zwischen anderen für sich aus. Zunächst einmal bleibt er neutral, bis klar ist, welche Parteien sich in diesem Konflikt gebildet haben. Sind die Grenzen gezogen, nimmt er in diesem Konflikt selbst Stellung und schlägt sich auf die Seite der stärkeren Fraktion. Bei einem Konflikt unter Kollegen, bei der eine Seite ganz klar den Sieg davontragen wird, bleibt der Fassadenstratege nicht draußen. Die Gründe für die Aufgabe seiner Neutralität liegen klar auf der Hand. Er fragt sich: »Was passiert anschließend?« Was passiert, wenn er selbst neutral bleibt, während die anderen diese Sache auskämpfen? Nach Beendigung des Kampfes weiß der Sieger sehr wohl, wer ihn unterstützt und wer ihn nicht unterstützt hat. Bleibt er neutral, setzt er sein Ansehen beim Sieger aufs Spiel. Unterstützt er aber den Sieger, ist ihm der Sieger verpflichtet. Auch im Hinblick auf den Bezwungenen gilt, daß dieser genau weiß, wer ihm die Unterstützung versagt hat und ihn einen Unterlegenen werden ließ. Der Unterlegene empfindet allerdings keine Verpflichtung gegenüber denjenigen, die ihm nicht zu Hilfe gekommen sind.

Wer erfolgreich eine Fassade aufbaut, weiß genau, wie wichtig Konflikt und Kämpfe sind, um seine eigene Position behaupten zu können. An der Oberfläche aber vermeidet dieser Manager den Eindruck der Kampfesfreude. Er versucht, Ungeduld, Ärger und Temperamentsausbrüche zu unterdrücken. Lieber bleibt er immer ruhig und rational denkend. Was zählt, ist der Endsieg und dann die Fähigkeit, den Verlierer davon zu überzeugen, sich auf die Seite des Siegers zu schlagen. In dieser Hinsicht muß man sich also an die Regeln des Wettbewerbs halten und sich den Anstrich der Konformität geben, um keine ungebührliche Aufmerksamkeit zu erregen.

Eine andere Einstellung herrscht vor, wenn es um einen Konflikt zwischen Mitarbeitern geht. Die in den Konflikt verwickelten Personen erhalten die Gelegenheit, einander direkt zu konfrontieren und sich direkt gegenseitig anzuklagen. Bei solchen Streitsachen fungiert der Vorgesetzte als unvoreingenommener Schlichter, als Urquell der Gerechtigkeit. Bei seinen Mitarbeitern gilt er als fairer Administrator, der Achtung verdient hat.

Verhaltenselemente

Beim Fassadenstrategen können verschiedene Gitterstile in der Führung durchscheinen. Ein Fassadenbauer ist immer dann am Werk, wenn seinem Verhalten das Motiv der Täuschung zugrunde liegt. Es ist häufig schwierig zu erkennen, ob jemand einen echten Stil verfolgt oder ob seine innere Meinung mit seinem Verhalten nach außen nicht übereinstimmt. Wir beschreiben im folgenden die für einen Fassadenstrategen typischen Elemente. Wer sie kennt, kann Fassadenverhalten besser erkennen.

Initiative. Für den Fassadenstrategen ist typisch, daß er Initiative ergreift und so lange weiter macht, bis der Erfolg gesichert ist. Dies ist ein brutaler Ansatz, auch wenn es an der Oberfläche nicht so aussieht. Er handelt schnell, wenn er daraus einen Vorteil ziehen kann. Der Fassadenstratege gibt das Interesse am Menschen nur vor. Emotional engagiert er sich nicht für sie. Menschen werden vielmehr benutzt. Bündnisse werden genauso schnell geschlossen wie gebrochen. Es kommt immer auf die Umstände an. Von Hindernissen läßt er sich nicht abschrecken. Wenn eine

Maßnahme nicht zum Erfolg führt, versucht er es mit einem anderen Weg, bis sein Ziel gesichert ist.

Ähnlich läßt sich der Fassadenstratege auch nicht durch Ausführungsschwierigkeiten oder äußere Zwänge einschüchtern. Für neue Facetten und neue Chancen, die ihm zusätzliche Hebelkraft verleihen, ist er immer empfänglich. Autorität und Tradition werden beiseite gewischt oder in Frage gestellt, wenn sie zu Hindernissen werden. Möglicherweise erhält er auch den Status quo aufrecht. Es kommt immer darauf an, wo er seinen eigenen Nutzen findet.

Fragen. Ein Fassadenstratege ist meistens gut informiert. Ihm persönlich nützt es, wenn er genau weiß, was vor sich geht, wo jeder einzelne steht usw.

Bei neutralen Themen ist er in der Informationssuche offen. Es gibt für ihn nichts zu gewinnen und auch nichts zu verlieren, wenn er sein Verständnisniveau zeigt und sich um die Tatsachen bemüht.

In anderen Situationen »nutzt« er Fragen, um sich einen guten Ruf aufzubauen. Dies tut er bei Menschen, die stolz auf ihre Fachkenntnisse sind und ihr Wissen unbedingt weitergeben wollen. Der Fassadenstratege hört dann mit scheinbarem Interesse zu und dankt ihnen für die nützlichen Informationen, auch dann, wenn er sie schon längst kennt. Selbst hier zieht der Mensch mit einer Führungsfassade einen Trennungsstrich zwischen Information und Rat und Beratung. Rat und Beratung sieht er primär aus der Perspektive des persönlichen Gewinns oder Verlustes. Er richtet sich danach, ob sein Rat den Einfluß auf andere oder seine Akzeptanz bei anderen erhöht.

Der Fassadenspieler legt Wert darauf, daß andere sich wichtig fühlen. Er wird aber Menschen, die rangmäßig über oder unter ihm stehen, nicht um Ratschläge bitten. Diese Bitte würde ihn ja als schwach erscheinen lassen. Unerbetene Ratschläge will er sowieso nicht annehmen, weil er sich damit dem Ratgeber verpflichtet. Der Fassadenspieler geht ganz anders auf Informationssuche, wenn es sich um ein emotionsgeladenes Thema handelt oder es um berechtigte Eigeninteressen anderer geht. Jetzt stellt der Fassadenspieler keine offenen Fragen mehr. Er fürchtet sich davor, daß andere seine wahren Absichten entdecken könnten. Im übrigen hält er Informationen, die er auf indirekte Weise herauskitzelt, für genauer, weil er den Informationsgeber über den Zweck, zu dem er die Informationen einsetzen will, im dunkeln läßt.

Unter diesen Umständen ist die Informationssuche indirekt und vorsichtig. Er verpackt seine Fragen in andere Dinge oder läßt sogar Bemerkungen fallen, die andere unbedingt meinen verbessern zu müssen. Wenn sie ihn korrigieren, geben sie dem Fassadenspieler die erwünschten Informationen. Unter Umständen läßt er die Informationssuche auch durch einen Dritten ausführen. Diesem Dritten werden die gewünschten Informationen bereitwillig erteilt, weil man meint, er habe kein besonderes Interesse an der Situation. Man weiß auch nicht, daß er die Informationen, die er so erfährt, an den Fassadenstrategen weiterleitet.

Standpunkt. Auch der Fassadenbauer vertritt seine Überzeugungen, aber auf eine besondere Weise. Er bringt sie nur an, um seine Manövrierfähigkeit aufrechtzuerhalten. Wahrscheinlich wird er sich auf anonyme Autoritäten berufen oder die öffentliche Meinung als Quelle zitieren. Diese Überzeugungen kann er auch ohne weiteres fahrenlassen, ohne von seiner wahren Meinung Abstand nehmen zu müssen. Er legt seine Überzeugungen nie eindeutig klar, damit man ihm nie nachweisen kann, er habe unrecht gehabt. Er vertritt sie aber auch nicht so fest, daß er als stur oder trotzig gelten könnte. Er drückt seine Überzeugungen zwar aus, hält sich aber immer andere Alternativen offen. So kann man ihm nie eine falsche Meinung nachweisen, wenn es gilt, den Kurs zu wechseln. So werden ihm zwar nicht alle Gewinne zuteil, aber wenigstens erleidet er auch keine Verluste. Nach außen hin gibt er sich den Anschein einer 5,5-Orientierung. Bei der 5,5-Orientierung gilt Flexibilität im Vertreten von Standpunkten. Dem Fassadenbauer liegt an der Erhaltung seiner Manövrierfähigkeit, um seine verborgenen Ziele voranzutreiben. Als weitere Möglichkeit bleibt ihm der Rückgriff auf hochfliegende Überzeugungen und der Einsatz für allgemeingültige Wertideale. Niemand kann gegen solche Positionen etwas einzuwenden haben. Ihm verleiht diese Fassade Stärke und Überzeugungskraft.

Auch Rat geben ist eine zweischneidige Sache. Was ist, wenn die vom Fassadenstrategen angeratene Handlungsweise fehlschlägt? Fehlschläge lösen Enttäuschung aus. Der Ratgeber setzt sich der Kritik und vielleicht auch Vorwürfen aus. Außerdem zeigt sich dann, daß man sich auf sein Urteil nicht verlassen kann. Wenn er andererseits Maßnahmen empfiehlt, die zu einem Erfolg führen, bekommt er vielleicht ein Lob. Die Belohnung für einen Ratschlag, der sich als erfolgreich erwiesen hat, erreicht, wie schon Machiavelli gesagt hat, selten dieselben Dimensionen wie die Strafe, die auf einen falschen Ratschlag folgt. Langfristig wird sich der Fassadenspieler also vor den möglichen Risiken des Ratgebens hüten. Hier hält er sich lieber bescheiden zurück. Übereifer scheint ihm nicht angebracht. Wenn er doch einmal einen Rat erteilt, soll der Empfänger das Gesagte aus eigenem Urteil und aus eigenem freien Willen heraus akzeptieren.

Der Fassadenstratege sichert sich die positive Aufmerksamkeit seines Chefs, indem er die Überzeugungen seines Vorgesetzten unterstützt. Dabei verbirgt er die Tatsache, daß er persönlich anderer Meinung ist. Dieses Verhalten macht sich bezahlt, wenn der Chef über Beförderungen oder Versetzungen nachdenkt und sich an diejenigen erinnert, die »richtig« denken, und sie dafür belohnt. Der »Jasager-Taktik« liegt nicht das Bedürfnis nach Anerkennung zugrunde, wie wir es bei einer echten 1,9-Orientierung finden. Es ist vielmehr ein krummer Weg. Er will nicht auf dem Umweg über Leistung vorankommen, sondern nur auf dem krummen Wege, indem er sich bei seinem Chef einschmeichelt und so tut, als sei er mit ihm tatsächlich einer Meinung. Durch angstmachende Bemerkungen rät dieser Fassadenstratege zur Vorsicht. So macht man einen Menschen oder ein Team auf höchst subtile und effektive Art bewegungsunfähig. Die Leute sollen Angst haben, sich auf einen bestimmten Weg festzulegen. Man will bestimmte Maßnahmen verhindern, indem man zunächst einmal blockiert, um die Folgen zu erkunden. Bemerkungen wie: »Das würde uns der Chef nie abnehmen«, »Das kostet zuviel« und »Das hat in Betrieb X auch nicht funktioniert« sind Beispiele für solche angsteinflößenden Ratschläge, die eine *logische* Lösung des Problems verhindern können. Charakteristischerweise werden solche Bemerkungen nicht mit Gründen oder Beweisen untermauert. Trotzdem gewinnt der Gesprächspartner den Eindruck, daß er so das Risiko eines möglichen Scheiterns vermeiden kann.

Solche angsteinflößenden Bemerkungen lösen bei den Betroffenen persönliche Angst vor einer vorgesehenen Maßnahme aus. Aus der Perspektive des Menschen, der diese Warnung hört, erscheint sie realistisch, beruht aber in Wirklichkeit auf einer falschen Einschätzung der Folgen einer vorgeschlagenen Maßnahme.

Entscheidungen. Wer sein Handeln unter einer Fassade versteckt, muß immer ganz genau wissen, was sich tut. Die wichtigsten Entscheidungen behält er sich selbst vor. Die Schlüsselentscheidungen müssen bei ihm bleiben - 1/0 -, weil er herrschen und dominieren will, ohne dabei aber den Organisationszweck zu berücksichtigen.

Die Delegation bleibt immer unvollständig. So kann der Fassadenstratege seine Kontrolle aufrechterhalten. Gleichzeitig sieht es aber so aus, als ob er seine Mitarbeiter in die Selbständigkeit entläßt. Auf der anderen Seite möchte er auch den Ruf genießen, eine Führungskraft zu sein, die Weisungsbefugnisse delegiert und die Mitarbeiter richtig einsetzt. Die Delegation scheint immer nur vollständig, ist es aber in Wirklichkeit nicht. Die rechtlichen Grenzen werden nicht genau abgesteckt. Damit sorgt er für Unsicherheit. Niemand weiß genau, mit welchen Befugnissen er arbeiten kann. Mit einer anderen Taktik schafft er überlappende Verantwortungsbereiche. In beiden Fällen stehen sich die Mitarbeiter gegenseitig im Weg. Keiner hat genügend weitreichende Befugnisse, um über eine Maßnahme alleine zu entscheiden. Als dritte Taktik werden nicht alle fachlichen Informationen weitergegeben, so daß trotz Delegation keine Entscheidungen getroffen werden können. Man gibt gerade soviel Informationen weiter, daß sich die Mitarbeiter informiert fühlen. Verwischte Kompetenzgrenzen, überlappende Verantwortungsbereiche und Teilinformationen - all diese Aspekte führen bezüglich der endgültigen Entscheidung in die gleiche Richtung: nach oben. Schließlich müssen die Mitarbeiter um Hilfe bitten. So verstärkt der Manager die Kontrolle und fällt die endgültige Entscheidung selbst. Bei geschickter Verfolgung dieser Strategien führen die Menschen ihre Schwierigkeiten bei der Entscheidungsbildung auf das System, nicht aber auf die Führung zurück.

Eine weitere Möglichkeit zur Kontrolle besteht darin, mit Mitarbeitern oder Kollegen immer nur jeweils einzeln zu sprechen. Er vermeidet die Interaktion überall dort, wo ein freier Austausch von Ideen und Meinungen herrscht. Die von den Mitarbeitern benötigten Informationen zur Koordinierung ihrer Arbeit bekommen sie nur vom Chef. So kann der Chef seine Kontrolle aufrechterhalten. Auf der anderen Seite können Kollegen oder Mitarbeiter die Handlungsweise des Chefs nur sehr schwer verfolgen.

Sehr viel Gewicht legt der Fassadenspieler auf Cliquen und die informellen Kommunikationskanäle einer Organisation. Er weiß genau, wo sich welche Cliquen gebildet haben und wer zu ihnen gehört. Er weiß, an welchen strategischen Punkten er die Gerüchteküche um Informationen anzapfen kann. Er hört die Buschtrommeln. Er beeinflußt die wichtigsten Cliquenmitglieder und kann sich so viel Mühe sparen, weil sich die meisten nach der Clique richten. Widerstände lassen sich häufig reduzieren oder ausräumen, wenn er vor einer Entscheidung die Mitglieder der Clique konsultiert. Er manipuliert die Handlungsweise der Clique und kann so Sanktionen über die Menschen verhängen, die die Absichten des Fassadenspielers zu durchkreuzen drohen.

Teamarbeit. Nicht das Individuum, sondern Arbeitsteams, Informationsgruppen und Cliquen bilden die Bausteine einer modernen Organisation. Für einen Fassadenstrategen ist die Gruppe eine wichtige Einheit, die er verstehen und zu seinem persönlichen Nutzen einsetzt. Gruppenkonferenzen sind von seinem Standpunkt dazu da, seinen Einfluß auf mehr als eine Person gleichzeitig geltend zu machen. In dieser Hinsicht ist die Gruppe ein bequemes Mittel zur Förderung der Eigeninteressen. Das Wissen um Machtstrategien und Gruppendynamik ist für ihn eine unabdingbare Voraussetzung zur Erzielung persönlicher Vorteile aus der Arbeit in der Gruppe. Wo Ausschüsse eingesetzt werden, wird die Verantwortung für riskante Veränderungen oder Innovationen auf die Gruppe übertragen. Der Fassadenstratege unterstützt die geringfügigeren Änderungen, die höchstwahrscheinlich zu einem Erfolg führen werden und die er später für sich als erfolgreiche Bewährung auslegen kann. In Brainstorming-Sitzungen lassen sich die Ressourcen anderer leichter anzapfen. Ideen werden geboren, aber nicht bewertet. So kann sich der Fassadenstratege die Ideen anderer später relativ leicht an den eigenen Hut stecken. In solchen Sitzungen ist er nicht dazu gezwungen, die Ideen anderer negativ zu beurteilen oder sich zur Problemlösung in der Gruppe zu verpflichten. Er macht sich auf geschickte Weise die Arbeit oder Ideen anderer zu eigen und kann sie dann später als seine eigenen präsentieren.

Hier zeigt sich, daß der Fassadenstratege in Gruppensituationen noch stärker manipulieren und manövrieren kann als in Einzelsituationen. Wahre Teamarbeit, d.h. echte gemeinsame Problemlösung, wechselseitiges Handeln, sachliche Konfrontation und das Aufarbeiten von Problemen, wird als zu riskant angesehen.

Interaktionen zum Zwecke der Problemlösung kann er nur mit Mißtrauen betrachten. In Situationen, in denen das Handeln im Team angebracht erscheint, geht es ihm wieder darum, nur den Anschein zu erwecken. Eine tatsächliche Interaktion will er vermeiden. Also erkundet er schon vor der Konferenz die Meinungen und versichert sich vorher des Engagements der Betroffenen. So kann er das Ergebnis leichter beeinflussen und Einstimmigkeit ohne offene Debatte und Überlegungen erzielen. Er besetzt einen Ausschuß möglichst nur mit seinen eigenen Verbündeten. Mitarbeiter mit wahrscheinlich anderen Meinungen werden erst gar nicht hinzugezogen. Im Team werden dann die kleineren Probleme, auf die es eigentlich gar nicht so sehr ankommt, ausgiebig diskutiert. Die wirklich großen Probleme behält er sich alleine vor. Dabei fällt er die Entscheidung einseitig.

Hier ist die Aussage eines Managers dazu, wie sich unter dem Deckmantel der Teamaktion die Kontrolle sichern und dafür sorgen läßt, daß letztlich die vom Manager gewünschte Richtung eingeschlagen wird: »Um einen Teil der Organisation daran zu hindern, mehr Einfluß zu gewinnen als andere Teile der Organisation (wodurch meine eigene Macht eingeschränkt wird), sorge ich dafür, daß die Probleme lange über den Zeitpunkt hinaus weiterschwelen, an dem eine Entscheidung hätte fallen können. Das läßt sich sehr leicht bewerkstelligen. Man läßt die Situation offen und gibt vor, keine übereilte oder funktionsunfähige Entscheidung treffen zu wollen, sondern zunächst einmal alle möglichen Alternativen zu überprüfen, ehe ein bestimmter Schritt getan wird. Damit wird die stärkere Fraktion geschwächt, und man tut der schwächeren Partei nicht weh. Wenn ich dann schließlich die Entscheidung treffe, ist jeder erleichtert und dazu bereit, mir auf meinem Weg zu folgen. Sie sind froh, endlich etwas tun zu können.« Da die Fähigkeiten zum Handeln im Team bei vielen Menschen nicht allzu hoch ausgebildet sind, hat der clevere Fassadenstratege mit einer Gruppe meistens leichtes Spiel.

Konstruktive Kritik. Konstruktive Kritik als Lernregelkreis zwischen Chef und Mitarbeiter ist dem Fassadenstrategen unbekannt und unwillkommen. Er nutzt Feedback hauptsächlich als Kontrollmethode. Dabei setzt er Lob und Strafe ein. Auch der patriarchalisch orientierte Manager arbeitet mit Lob und Strafe, er tut dies zum »Besten des Mitarbeiters«, während der Fassadenstratege nur zur Förderung seiner Interessen zu diesen Mitteln greift.

Man erwirbt sich Ansehen, indem man den anderen aufbaut. Dazu wird das Instrument Lob ganz geschickt eingesetzt. Der Fassadenbauer gewährt Anerkennung und betont die guten Seiten des Menschen. Dies wird ihm als Fürsorge für den anderen ausgelegt. Einem Menschen mit einer echten 1,9-Orientierung liegt tatsächlich am Menschen. Er möchte sie lieben und von ihnen geliebt werden. Der Manager mit einer 1,9-Fassade will sie jedoch benutzen.

Von Machiavelli bis Carnegie lautet die einhellige Empfehlung: »Geh verschwenderisch mit Lob und Beifall um, auch dann, wenn es keinen Hinweis darauf gibt, daß das Lob verdient ist.« Lob und Komplimente vermitteln ein Gefühl der Wichtigkeit und des Stolzes. Ein Mensch, der gelobt wird, mag und bewundert diejenigen, von denen er das Lob erhalten hat. Mit Lob und Komplimenten kann man sich also Einfluß und Liebe kaufen. Allerdings muß man darauf achten, nicht in Schmeicheleien abzugleiten. Schmeichelei kann zum Bumerang werden. Der Fassadenstratege paßt auf. Er läßt sich nicht leicht durch Schmeicheleien anderer in die

Irre führen. Direktes, negatives Feedback oder direkte Kritik bergen viele Gefahren. Schon Carnegie hat gesagt: »... selbst wenn man kritisch eingestellt ist und Kritik tatsächlich gerechtfertigt ist, sollte man sie vermeiden.« Warum? Er erklärt das so:

»Wenn wir mit Menschen zu tun haben, sollten wir immer daran denken, daß wir es nicht mit Wesen zu tun haben, die nur aus Logik bestehen. Wir stehen Menschen mit Gefühlen gegenüber, Menschen, die voller Vorurteile sind und sich von Stolz und Eitelkeit leiten lassen ... Kritik ist ein gefährlicher Funke - ein Funke, der leicht eine Explosion im Pulverfaß des Stolzes entzünden kann ...«

Carnegie meint also, daß Kritik ein viel zu gefährliches Spielzeug für einen Menschen sei, der Freunde gewinnen und andere beeinflussen wolle. Wer sich der Kritik enthält, könne auch die mit Kritik verbundenen negativen Reaktionen vermeiden. Der Täuschungsakt selbst sei nicht weiter wichtig. Hier handelt es sich aber um Manipulation, weil die negative Information zurückgehalten wird. Der Empfänger hätte aus der negativen Information vielleicht etwas lernen können. Da man sie ihm aber vorenthält, wird er irregeführt.

Beim Instrument der Strafe läßt sich ein etwas anderer Aspekt erkennen. Der Fassadenstratege wird möglichst nie selbst bestrafen. Er handelt anders als der authentische 9,1-Manager, der direkt bestraft. Der Mensch mit einer 1,9-Führungsfassade wird das Bestrafen delegieren. Wenn aufgrund der Delegation unklar bleibt, wer die Entscheidung zur Strafe gefällt und das Strafmaß festgesetzt hat, ist es dem Manager gelungen, sich erfolgreich hinter seiner Fassade zu verstecken. Von Henry Ford heißt es beispielsweise, er sei mit Lob äußerst großzügig gewesen, habe sich aber beim Strafen auf »Strohmänner« verlassen.

Führungspraxis

Da Lob und Strafe als Mittel zur Etablierung und Aufrechterhaltung der Kontrolle über die Mitarbeiter sehr wichtig sind, sieht die Führungspraxis des Fassadenstrategen ähnlich aus wie die des patriarchalisch orientierten Managers. Deswegen gehen wir hier auf die Einzelheiten nicht noch einmal ein. Dem Leser wird empfohlen, die entsprechenden Abschnitte im ersten Teil dieses Kapitels nachzulesen.

Konsequenzen
Folgen für die Organisationen. Letzten Endes dient der Fassadenstratege nur seinen eigenen Interessen, nicht aber den Interessen des Unternehmens. Man kann also davon ausgehen, daß er die Produktivität als Mittel zum eigenen Vorankommen betont, aber darauf verzichtet, wenn seine eigenen Interessen mit den Zielen der Organisation nicht übereinstimmen.

Die Kreativität wird meistens im Keime erstickt, da der Fassadenstratege die offene Konfrontation, die für das Erkennen origineller Lösungen wesentlich ist, für zu riskant hält. In einer solchen Situation könnte ihm die Kontrollbasis entzogen werden. Auch die Wahrscheinlichkeit des Widerstandes oder der Auflehnung – die durch eine echte 9,1-Orientierung gefördert wird – wird geringer, weil es weniger Konfrontationen gibt, in denen es tatsächlich um »alles oder nichts« geht. Der Fassadenstratege sorgt also dafür, daß Situationen gar nicht erst eintreten, in denen er sichtbar den Sieg davonträgt oder andere sichtbar eine Niederlage einstecken müssen.

Die Zufriedenheit, die aus dieser Art der Führung erwächst, ist direkt abhängig davon, wie erfolgreich der Fassadenstratege in der Täuschung seiner Mitarbeiter ist. Sehr zufrieden ist er, wenn ihm diese Täuschung gelingt. Gar nicht zufrieden ist er, wenn man ihn durchschaut. Das Vertrauen geht verloren, wenn die Mitarbeiter den Widerspruch zwischen den beiden »Ebenen« des Verhaltens eines Fassadenstrategen spüren. Die Mitarbeiter merken dann, daß dem Chef die Mitarbeiterinteressen eigentlich gar nicht am Herzen liegen. Sie sind lediglich Marionetten, die hilflos an den Fäden des fassadenorientierten Chefs hängen. Sie können dann kaum noch oder gar nicht mehr beurteilen, wo sie wahrhaft stehen. Sie haben ihren Halt verloren und fühlen sich dementsprechend nicht mehr sicher.

Persönliche Folgen. Solange der Fassadenstratege seine Pläne sorgfältig schmiedet, wird er auch in der Organisation vorankommen. Das Risiko besteht nur darin, daß die einzelnen Manöver nach den entsprechenden Erfolgserlebnissen immer komplizierter werden. Der Fassadenstratege ist selbst von seiner persönlichen Fähigkeit zur Manipulierung anderer so beeindruckt, daß er sich auf immer kompliziertere Manöver einläßt, bis eines Tages der Punkt gekommen ist, an dem endlich jemand seine Fassade durchlöchert, feststellt, was wirklich vor sich geht, die Bremse zieht und dem ganzen Spiel ein Ende setzt.

Nicht selten merken die Mitarbeiter eines Fassadenstrategen, daß sein Ansatz nicht ganz echt ist. Sie entdecken kleine Diskrepanzen, die Zweifel wecken. Die Beobachter seines Verhaltens werden immer skeptischer. Sie glauben nicht mehr an die Integrität des Fassadenstrategen. Hier ist den Leistungen des Fassadenspielers schließlich eine Grenze gesetzt.

Die Selbstachtung des Fassadenstrategen steigt mit jeder erfolgreich abgeschlossenen Manipulation. Er profitiert, wenn er andere täuschen und reinlegen kann. Das macht ihm Spaß. Seine Selbstachtung sinkt aber ins Bodenlose, wenn er mit Beweisen konfrontiert wird, die er nicht ableugnen kann, wenn er in seinem hinterhältigen Tun erwischt wird und damit auch die Kontrolle, Herrschaft und Dominanz verliert.

Führungsfassaden erkennen

Die folgenden Worte und Aussprüche charakterisieren den Fassadenstrategen:

- Blinder Ehrgeiz
- Berechnend
- Geht indirekt vor
- Hochstapler
- Spielt Rollen um des Effektes wegen
- Listig und verschlagen
- Spielt ein Doppelspiel
- Der Zweck heiligt die Mittel
- Genießt die Macht hinter dem Thron
- Falsches Aushängeschild
- Versteckt sein wahres Gesicht
- Heuchler
- Indirekt

- o Manipuliert
- o Verträgt Lob, aber nicht Kritik
- o Überentwickeltes Gefühl der persönlichen Macht
- o Gerieben
- o Tendiert zum Bluff
- o Legt Wert auf guten Ruf
- o Übertritt die Regeln, will jedoch als Staatsmann gelten
- o Will sich nicht exponieren

Anregungen zum Wandel
Der Fassadenstratege strebt hauptsächlich nach Dominanz, Herrschaft und Kontrolle, indem er sein wahres Wesen verbirgt und andere täuscht. Um zu einer 9,9-Orientierung zu gelangen, ist folgendes Problem zu lösen. Der Fassadenstratege muß bereit sein, sich selbst und seine Motive durchschaubarer zu machen. Da der Fassadenstratege immer Angst davor hat, daß jemand seine Verkleidung durchschaut, sollte er es zunächst mit größerer Offenheit versuchen und so einen Wandel bewirken. Er wird sich dabei entspannter fühlen und spontaner reagieren können. Mit einer solchen Einstellung wird die gemeinsame Problemlösung leichter.

*

Zusätzlich zu den eigentlichen Gitterorientierungen, dem patriarchalischen Führungsansatz, dem Opportunismus und den Führungsfassaden lassen sich drei weitere Führungstheorien - von allerdings geringerer Bedeutung - erkennen. Sie werden hier der Vollständigkeit halber erwähnt.

Pendelstil

Unter dem »Pendelstil« versteht man die wechselseitige Praktizierung der 9,1- und der 1,9-Orientierung, allerdings nicht gleichzeitig, sondern nacheinander.

Das Pendel schlägt weit aus. Der Manager übt nach 9,1 Druck

auf die Mitarbeiter aus, um mehr Leistung zu erzielen. So weckt er Unmut und Widerstand unter seinen Mitarbeitern. Er erkennt diese negative Haltung und greift übermäßig korrigierend ein. Er nimmt jeden Druck zurück und geht nun hauptsächlich auf die Gedanken, Gefühle und die Haltung der Mitarbeiter ein. Die Produktion geht zurück, aber die persönlichen Beziehungen gestalten sich wieder reibungslos. Der Manager kehrt zu seiner alten Sorglosigkeit zurück und führt wieder nach 9,1. Wieder streben die Spannungen einem Höhepunkt zu, und er steckt erneut zurück.

Am besten läßt sich eine solche Pendelführung vor und nach Betriebsratswahlen beobachten, wenn ein Unternehmen beispielsweise gewerkschaftsunabhängige Vertreter durchbringen will. Die Vorgesetzten sagen dann: »Die Würfel sind gefallen. Die Unternehmensleitung möchte sichergehen, daß die Unabhängigen die Wahl gewinnen. Laßt in den nächsten Monaten die Zügel locker. Nehmt es mit den Pausen, den Arbeitsanzügen und den Arbeitshandschuhen nicht so genau. Kümmert euch um die Mitarbeiter. Stellt fest, wo sie der Schuh drückt. Nehmt jede Gelegenheit wahr, den Mitarbeitern zu zeigen, daß die Unternehmensleitung etwas für sie übrig hat.«

Wenn die Wahl so ausgegangen ist, wie es das Management wollte, heißt es zu denselben Vorgesetzten:

»Seht zu, daß wieder mehr geleistet wird. Die weiche Welle ist vorbei.« Die Pendelführung kann auch durch die Konjunktur mit ihrem Auf und Ab begünstigt werden. In Rezessionszeiten werden fieberhafte Aktivitäten entwickelt, um mehr Ausstoß bei gleichzeitiger Kostensenkung zu erreichen. Kosten werden eingeschränkt, der Verbrauch von Materialien wird überwacht, Mitarbeiter werden entlassen. Gesundschrumpfen heißt die Devise, dann wieder lockerlassen, um die Gunst der Mitarbeiter zurückzugewinnen, dann wieder auf erhöhte Leistungen drängen. So schwingt das Pendel von Hart nach Weich, von Weich nach Hart. Die Betroffenen empfinden die Maßnahmen als eiskalt und unmenschlich, weil sie immer wieder zu erhöhtem Druck führen. Manchmal tritt tatsächlich aufgrund solcher Entscheidungen zur Produktionsverbesserung eine günstigere Ertragslage ein. Die zwischenmenschlichen Beziehungen sind jedoch so gestört, daß man förmlich sieht, wie sich der Sturm zusammenbraut. Sobald sich die Konjunktur wieder erholt hat und auch die Lage des Unternehmens wieder besser geworden ist, achtet man nicht mehr so genau auf die Einhaltung der angeordneten Rationalisierungsmaßnahmen. Die Führungskräfte fühlen sich veranlaßt, nicht mehr so streng zu sein und sich wieder um die Gedanken, Gefühle und Einstellungen ihrer Mitarbeiter zu kümmern. Sie schwenken wieder auf einen 1,9-Stil um. Die Mitarbeiter sollen sich schließlich darauf verlassen können, daß die Führung menschenorientiert denkt. Die strenge Kontrolle läßt nach und verschwindet schließlich ganz. Unrentable Praktiken schleichen sich wieder ein. Ohne die Peitsche der wirtschaftlichen Bedrohung im Nacken werden solche »weichen« Ansätze gerne übersehen oder für selbstverständlich gehalten. Sobald ein gewisses Vertrauensverhältnis und der Arbeitsfrieden wiederhergestellt sind, führen harte Zeiten wiederum zu härterem Durchgreifen. Man will die während der Hochkonjunktur erlittenen Produktions- und Effizienzverluste wieder wettmachen.

Die Mitarbeiter werden allmählich merken, woher der Wind weht. Die Pendelausschläge der Führung legen den Grundstein zur Selbstzerstörung. Die Mitarbeiter glauben der Führung immer weniger. Die Gewerkschaften gewinnen als Bollwerk gegen dieses ständige Auf und Ab immer mehr an Attraktivität. Eine solche Pendelführung entsteht meistens dann, wenn Führungskräfte die Bedürfnisse der Menschen und der Produktion als zwei Enden einer Wippe sehen. Ein Ende steht »oben«, das andere »unten«. Würden sie die beiden Enden statt dessen als zwei Seiten ein und derselben Münze auffassen, könnten sie diese Probleme mit einem 9,9-Ansatz lösen.

Gegengewichte schaffen

Auch bei diesem Führungsansatz geht es um die Anwendung von 9,1 und 1,9. Die Linienorganisation geht von einer 9,1-Orientierung aus und erzielt damit die üblichen negativen Reaktionen:

Minderwertigkeitsgefühle und Angriffslust. Solche Gefühle sollen sich aber nicht festfressen oder sich plötzlich mit katastrophalen Folgen Luft machen. Also wird eine Stabsabteilung beauftragt, das Betriebsklima ständig zu beobachten und verstimmten Mitarbeitern die Gelegenheit zu geben, ihren Gefühlen Luft zu machen, Dampf abzulassen. So dient die Stabsabteilung als Sicherheitsventil, damit das System nicht plötzlich unter großem Druck explodiert. Die Mitarbeiter in solchen Stabsabteilungen arbeiten unter der Bezeichnung Kontaktbüro, Personalvertreter oder auch Vertrauensleute. Sie sollen Kontakt zu den Mitarbeitern halten und den Unzufriedenen eine Aussprache ermöglichen und Rat zuteil werden lassen. In manchen Unternehmen sind solche Stabsabteilungen noch mehr verfeinert worden. Man hat Psychiater, Psychologen, Theologen und andere Fachleute, die sich auf die Kunst des Zuhörens verstehen, eingestellt, damit die Mitarbeiter ihren Gefühlen Luft machen können. In der Armee wurde dieser ausgleichende Führungsansatz schon im Zweiten Weltkrieg praktiziert. Dem meckernden Soldaten wurde gesagt: »Geh zum Kaplan und laß dir helfen.« Diese »Lösung« ist seitdem durch eine noch intensivere Ausbildung von Militärpfarrern zu Beratern weiter verstärkt und verfeinert worden.

Ein Beispiel für die praktische Durchführung des Schaffens von Gegengewichten kommt von Western Electric und seinen Hawthorne-Werken. Dort entstand die nondirektive Beratung am Arbeitsplatz. Die Mitarbeiter wurden in einer Untersuchung nach dem Zusammenhang zwischen Arbeitsleistung und Arbeitsplatzbeleuchtung gefragt. Während das Experiment lief, wurde den Forschern klar, welche Wirkung von diesen Interviews auf die an dem Experiment beteiligten Menschen ausging. Die Mitarbeiter konnten ihren Gefühlen Luft machen und waren danach in der Lage, ihre Leistung zu steigern. Die Unternehmensleitung erkannte dies und ging noch einen Schritt weiter. Um die Arbeitsmoral aufrechtzuerhalten, machte sie die Interviews zum *Bestandteil* ihrer Führungsweise. Dahinter stand die Idee, Berater anzustellen, die von der Werksleitung bezahlt wurden. Jeder Mitarbeiter sollte sich an sie wenden können, ohne befürchten zu müssen, daß den Vorgesetzten über seine Aussagen berichtet würde. Die

Berater sollten die Unternehmensleitung nur von den allgemeinen Tendenzen in Kenntnis setzen, zum Beispiel wenn sich eine feindselige Haltung gegenüber dem Management aufzubauen schien. So konnten die Arbeiter freimütig über ihre Probleme sprechen, weil sie ja keine Angst zu haben brauchten, daß ihre Worte weiterberichtet werden würden.

Hier wurde der »harte« 9,1-Ansatz der Linie durch einen »weichen« 1,9-Ansatz der Personalabteilung ausgeglichen. Es gibt aber auch noch andere Möglichkeiten, ein Gegengewicht zu schaffen. In manchen Organisationen hat sich die Linie auf eine 1,9-Position eingestellt. Die Vorgesetzten sind nicht bereit, über ihre Mitarbeiter Leistungsbeurteilungen abzugeben. Hier muß die »harte« 9,1-Personalabteilung die Bewertung übernehmen und die Verantwortung dafür tragen, wer befördert wird und wer nicht. Hier zeigt sich also ein umgekehrtes Bild. Die Stabsabteilung muß die schwache Führung in der Linie wettmachen.

Wir müssen bei diesem Führungsansatz kritisch vermerken, daß die Verantwortung für die Produktion und für die Menschen nicht als einheitlicher Führungsaspekt gesehen wird. Das eine läßt sich vom anderen nicht trennen. Das müssen diejenigen, die führen, einsehen. Hier aber geht man von zwei getrennten Verantwortungsaspekten aus, von der Verantwortung für die Produktion auf der einen und der Verantwortung für die Menschen auf der anderen Seite. Ob in der Industrie, den Streitkräften oder anderswo – überall hat diese Art des »Dampfablassens« einen großen Nachteil: Es werden nur die Symptome behandelt, nicht aber die Ursachen. Die Spannungen lassen zwar im Augenblick nach, aber die Führung, die für die Erzeugung dieser Spannungen verantwortlich ist, bleibt unverändert bei der 9,1-Linie.

Der zweigleisige Führungsansatz

Unter diesem Ansatz versteht man eine Trennung von Produktions- und Menschenorientierung, wobei der Manager gleichermaßen für beides verantwortlich bleibt. Ein Manager orientiert sich in seiner täglichen Arbeit am 9,1-Ansatz. Alle sechs oder zwölf Monate legt er seine Produktionsorientierung ab und wendet sich der Menschenorientierung zu, um sich mit seinen Mitarbeitern zu beraten. Allerdings geht es ihm hauptsächlich um die allgemeine Gefühlshaltung und nur ganz selten auch um arbeitsbezogene Dinge. Er führt sie nur durch, weil sie so vorgesehen ist, und konzentriert sich nur darauf, solange er Menschenorientierung zeigen muß. Führungskräfte in der Linie sehen diese Art der Beratung meistens als eine Aufgabe, die erledigt werden muß. Sie führen sie nicht durch, weil sich damit die Arbeitsleistung verbessern läßt, sondern weil es ihnen von der Personalabteilung innerhalb der Firmenrichtlinien so vorgeschrieben ist.

In Organisationen mit diesem Führungsansatz ist es möglich, daß die Betriebsspitze an einem Tag der Woche, zum Beispiel montags, zusammenkommt, um über Gewinn-und-Verlust-Fragen oder über zweckmäßige Arbeitsabläufe zu beraten. An einem anderen Wochentag, etwa mittwochs, trifft sich dieselbe Gruppe wieder, diesmal, um über menschliche Probleme zu diskutieren. Die Montagsbeschlüsse lösen Produktionsprobleme, allerdings nur von den technischen Aspekten her. Auch wenn diese technischen Probleme eng mit menschlichen Problemen zusammenhängen, denkt man nicht an die Folgen für die Mitarbeiter. Das Entsprechende gilt für die Mittwochskonferenz. Die menschlichen Probleme, die an diesem Tag behandelt werden, können sich sehr wohl auf die Produktion auswirken. Man denkt aber nur an die Bedürfnisse der Menschen allein. Die menschlichen Probleme werden montags auf den Mittwoch verschoben. Die Produktionsprobleme werden mittwochs auf den nächsten Montag verschoben. Beide Problemkreise werden getrennt voneinander, aber mit der gleichen Gewichtung behandelt. Auch hier geht man davon aus, daß es sich um zweierlei verschiedene Problemkreise handelt. Der innere Zusammenhang wird häufig nicht richtig erkannt.

Kapitel XII
Wandel in der Organisation

Wir haben alle Kapitel in diesem Buch mit Anregungen abgeschlossen, wie ein Mensch mit stärkeren und effektiveren Führungsmöglichkeiten experimentieren kann. Nun wollen wir uns darauf konzentrieren, wie man für eine gesamte Organisation Wandel bewirken kann. Wir haben Ihnen die 9,9-orientierten Prinzipien vorgestellt, damit Sie erkennen können, welche Praktiken in Ihrer Organisation vorherrschen, wo man auf Traditionen, Präzedenzfälle oder etablierte Gepflogenheiten zurückgreift. Sie haben wahrscheinlich große Lücken und Unterschiede zwischen dem Geschehen in Ihren Organisationen und dem Geschehen entdeckt, das zu erwarten ist, wenn diese Prinzipientaktik nicht angewandt wird. Bei solchen Lücken und Diskrepanzen leiden Produktivität und Qualität genauso wie Zufriedenheit und Kreativität.

Hier geht es uns darum, wie sich der Wandel in der Organisation einleiten läßt. Wie wendet man sich von den Führungspraktiken, die tief in der Geschichte der Organisation verwurzelt sind, ab? Wie lassen sich stärkere und effektivere Praktiken auf der Grundlage von Prinzipien kultivieren? Vom Wandel zu reden ist gut und schön. Eine Organisation zu verändern ist sehr viel schwerer, als sich selbst zu ändern. Wer sich selbst ändern will, braucht dazu niemandes Erlaubnis. Wer aber eine Organisation verändern will, braucht ein hohes Maß an Kooperation mit anderen.

Organisationsweiten Wandel auf der Grundlage von Prinzipien zu bewirken ist sehr viel komplizierter und subtiler. Deshalb wollen wir uns in diesem Kapitel mit den verschiedenen Aspekten des Wandels befassen. Diese Aspekte müssen begriffen und bewältigt werden, wenn die Bemühungen zum Wandel der Organisation von Erfolg gekrönt sein sollen.

Zunächst müssen Sie sich die Frage stellen, wer Sie im Verhältnis zu anderen in der Organisation sind, d.h.: »Wer hat die oberste Leitungsposition? Wer hat Handlungsvollmacht?« Wenn Sie diese Position innehaben, haben Sie ganz andere Möglichkeiten zum Bewirken von Wandel als jemand, der nicht in leitender Position tätig ist. In diesem Kapitel beleuchten wir die Einleitung eines Organisationswandels aus beiden Konstellationen.

Haben Sie Handlungsvollmacht?

Diese Frage läßt sich ganz klar beantworten. Wenn Sie an der Spitze stehen, sind Sie auch derjenige, der Handlungsvollmacht hat. Dies heißt: Über Ihnen steht niemand mehr. Sie brauchen sich von oben keine Zusage oder Genehmigung mehr zu holen. Sie mögen Beziehungen zu anderen unterhalten, bei denen Sie sich Rat oder Hilfe holen, aber Sie übernehmen die Verantwortung für Entscheidungen letztlich alleine. Wenn Sie Vorstandsvorsitzender oder Leiter einer Regierungsbehörde sind, tragen Sie meistens auch die alleinige Verantwortung. Als Vorstandsvorsitzender werden Sie noch einen Aufsichtsrat über sich haben. Bei bestimmten spezifischen Problemen mag es nötig sein, seine Genehmigung einzuholen. Letzten Endes aber sind Sie derjenige, der für den Einsatz der Organisationsressourcen verantwortlich ist und einen Gewinn erwirtschaften muß. Wenn Sie beschließen, die notwendigen Schritte zur Einführung vernünftiger Verhaltensprinzipien in den Organisationsalltag zu tun, können Sie dies aus Ihren eigenen Befugnissen heraus selbständig entscheiden.

Man muß allerdings klar zwischen der Person an der Spitze und einer Person mit Leitungsfunktion unterscheiden, weil es sich dabei nicht immer um ein und dieselbe Person handelt. Die Situation ist nicht ganz so deutlich, wenn Sie beispielsweise Geschäftsführer einer Tochtergesellschaft, Leiter einer Betriebsstätte, Distrikt- oder Bereichsleiter sind. Unter diesen Umständen können beide Möglichkeiten vorliegen. Der Stellenbeschreibung nach tragen Sie die Verantwortung. Ob Sie aber tatsächlich der Hauptverantwortliche sind, hängt davon ab, ob Sie Handlungsvollmacht und Alleinzeichnungsberechtigung haben. Haben Sie diese Befugnisse nicht, sind Sie wahrscheinlich auch nicht der Hauptverantwortliche. Es gibt natürlich auch Ausnahmen, zum Beispiel: Sie machen klar, was Sie haben wollen. Ihre Wünsche und Argumente werden überprüft, aber die Zustimmung erfolgt mehr oder weniger auf Routinebasis. Dann sind Sie zwar nicht dem Titel, aber der Funktion nach mit entsprechenden Vollmachten ausgestattet. Wenn Sie nicht an der Spitze stehen, sind Sie auch nicht der Hauptgesamtverantwortliche, weil Sie nicht die Befugnis haben, die Einleitung eines Organisationswandels gutzuheißen.

Für denjenigen, der nicht in oberster Leitungsfunktion tätig ist, stellt sich die Einleitung des Wandels als ein ganz anderes Problem dar. Dies soll keineswegs heißen, daß Ihr Einfluß begrenzt ist. Ihre Ideen können reges Interesse bei anderen hervorrufen. Es liegt aber wahrscheinlich nicht in Ihrem Befugnisbereich, eine Organisationsentwicklung einzuleiten. Sie erkennen aber die Bedeutung einer vernünftigen Entwicklung. Gehen wir einmal aus Gründen der Vereinfachung davon aus, daß weder *Sie* noch *Ihr Chef* in gesamtverantwortlicher Position tätig sind. Dies heißt also, daß Sie zum verantwortlichen Unternehmensleiter keine direkten Beziehungen haben.

Mundpropaganda ist sehr nützlich, wenn man bei anderen Interesse für die Organisationsentwicklung wecken will. Gut ist auch, wenn man die entsprechende Fachliteratur verbreitet und andere Unternehmen besucht, die sich schon in der Organisationsentwicklung engagiert haben. Möglich ist auch die Teilnahme an einem öffentlich ausgeschriebenen Grid-Seminar, um sich ein eigenes Urteil bilden zu können. Dann können Sie auch Mundpropaganda betreiben und Ihrem Chef nahelegen, dasselbe zu tun. Seine direkten Erfahrungen mit den Möglichkeiten der Organisationsentwicklung können als Grundlage dienen, weitere Menschen auf den höheren Organisationsebenen für diesen Ansatz zu interessieren, bis der an der Spitze stehende verantwortliche Leiter erreicht ist.

Nun können wir überlegen, wie Sie Organisationswandel bewirken können, wenn Sie selbst an der Spitze stehen und die Gesamtverantwortung tragen.

Die neun Grundprinzipien haben wir in diesem Buch schon dargelegt. Sie werden erkennen, daß diese Prinzipien für die mitmenschlichen Beziehungen schwer zu praktizieren sind, wenn sie nicht von allein eingehalten werden. Deshalb ist zunächst einmal das Grundverhalten zu ändern, das das menschliche System in einer Organisation charakterisiert. Es geht nicht nur um die Änderung des einzelnen oder des Teams.

Aus dieser Erkenntnis ist das Konzept der Organisationsentwicklung entstanden. Die Organisation ist die Einheit, bei der der Wandel ansetzen muß. Der einzelne kann sich Stück um Stück ändern. Ein Organisationswandel insgesamt wird diesen Vorgang erleichtern und verstärken, wenn es sich um einen integrierten Ansatz handelt, der zu einem Umdenkprozeß führt. In diesem Prozeß geht es darum, die Operationsleistung des gesamten Systems zu optimieren.

Drei Ansätze zur Organisationsentwicklung (OE)

Für die Einleitung des Wandels in der Organisation gibt es drei völlig verschiedene Ansätze. Wir befassen uns in den folgenden Abschnitten mit den Annahmen, die den einzelnen Ansätzen zum Wandel zugrunde liegen.

An Techniken orientierte Organisationsentwicklung (OE)
Die an Techniken orientierte OE versucht, Wandel durch Einführung einer neuen Technik zu bewirken. Ein sehr gutes Beispiel für eine an Techniken orientierte Organisationsentwicklung ist Management by Objectives, Führen durch und mit Zielvereinbarungen. Anders als der 9,9-Ansatz ist MbO an vielen Stellen zu einem rein mechanischen System geworden. Vorgesetzte und Mitarbeiter führen Zielsetzungsgespräche. Der Mitarbeiter muß Rechenschaft darüber ablegen, ob er diese Ziele erreicht hat oder nicht. Das an Techniken orientierte Management by Objectives ist kompliziert und mit viel Papierarbeit verbunden.

Weitere Beispiele für diese Art der Organisationsentwicklung sind Job Enrichment, Einführung flexibler Arbeitszeiten, Qualitätszirkel und Erhebungen und Meinungsumfragen. Bei diesen Ansätzen konzentriert man sich auf ganz bestimmte Techniken. Führungskräfte werden stückweise in neue Managementmethoden eingeführt. Man verschwendet aber kaum oder gar keine Mühen darauf, Manager zu befähigen, ihren eigenen Führungsstil zu untersuchen und zu lernen, zwischen vernünftigen und unvernünftigen Prinzipien als Grundlage für den Einsatz dieser Techniken zu unterscheiden.

Ein 9,1-orientierter Manager wird die MbO-Techniken wahrscheinlich voll und ganz annehmen, allerdings nicht etwa, weil er darin eine Möglichkeit sieht, seinen Mitarbeitern zu einer verbesserten Leistung zu verhelfen. Die 9,1-orientierte Führungskraft sieht darin vielmehr eine Managementtechnik, die es ihr ermöglicht, die Mitarbeiter verstärkt unter Kontrolle zu halten, indem sie sie zum Einverständnis mit den Zielen zwingt und sie dann dazu vergattert, diese Ziele auch zu verwirklichen.

Führung durch Zielvereinbarung ist auch für den 1,9-Manager ein anziehendes Konzept. Er fordert die Mitarbeiter dazu auf, ihre Ziele selbst zu setzen, und zwar so, daß sie sie auch erreichen können. Er hilft ihnen nicht etwa dabei, zu überlegen, welche Zielsetzungen für sie wichtig sind. Ein solches Verhalten sieht ein 1,9-orientierter Manager als Eingriff, der zu Widerständen führen muß. Sein Eingreifen könnte sogar zu einer ernstlichen Meinungsverschiedenheit führen. Dies gefällt einem 1,9-Manager gar nicht, weil er in einem Konflikt persönliche Zurückweisung riskiert.

Ähnliche Verzerrungen des MbO-Konzeptes zeigen sich bei Führungskräften, die aus 1,1 oder 5,5 heraus handeln. Das gleiche gilt für den Patriarchen und Opportunisten usw. Uns geht es um folgende Aussage: Jeder an Techniken orientierte Ansatz zum Wandel verzerrt sich in Richtung des Gitterstils, an dem sich die Person, die die Technik implementiert, orientiert. Dies gilt um so mehr, wenn Techniken stückweise eingeführt werden. Das führt zu folgendem Ergebnis: Viele eigentlich vernünftige Wege zur Stärkung der operationalen Effektivität verlieren ihren Wert durch die Art und Weise ihrer Einführung. Eine an Techniken orientierte Organisationsentwicklung hat sich immer wieder als unzulänglich erwiesen. Da Führungskräfte sich der Auswirkung ihrer Gitterorientierung auf den Einsatz dieser ansonsten neutralen Technik nicht bewußt sind, nehmen sie beharrlich immer wieder einen neuen Anlauf.

Am Prozeß orientierte Organisationsentwicklung (OE)
Ein weiterer Ansatz zur Erhöhung der Verhaltenseffektivität in Organisationen ist die am Prozeß orientierte Organisationsentwicklung. Dieser Ansatz, bei dem Führungskräfte ihr eigenes Verhalten untersuchen, ist im Grunde genommen vernünftig. Die Schwächen dieses Ansatzes liegen in der Art und Weise des Lernens. Deswegen bleibt dieser Ansatz auch meistenteils ineffektiv.

In einer am Prozeß orientierten Organisationsentwicklung befassen sich die Gruppen mit dem Verhalten jedes einzelnen Mitgliedes und lassen ihm das entsprechende Feedback zuteil werden. So verhilft man dem einzelnen zu mehr Effektivität. Es geht hier also um Sensitivity-Training oder T-Gruppen, Rollenspiele oder auch die Veranstaltung von Psychodramen. Zu diesen Trainingssitzungen zieht man einen externen Experten hinzu, der der Gruppe bei der Selbstfindung helfen soll.

Der Katalysator oder Förderer des Wandels verfolgt dabei verschiedene Ansätze. Er führt Interviews mit den Mitgliedern der Gruppe durch und erhebt Daten bei ihnen, um festzustellen, wie sie ihre Gruppe selbst sehen. Der Katalysator faßt dann die Schlußfolgerungen und Berichte zusammen, die daraufhin von der Gruppe diskutiert werden. Manchmal trifft der Katalysator auch ohne vorhergehende Interviews mit der Gruppe direkt zur offenen Diskussion zusammen und hilft den einzelnen Mitgliedern dabei, Tatsachen und Gefühle über die Gruppe und die einzelnen Mitglieder offen zu äußern.

Bei diesen Ansätzen leidet die katalytische Lernweise im Gruppenprozeß unter drei Schwächen. Eine Schwäche hat ihre Wurzeln in der Mittlerrolle, die der Katalysator oder Förderer des Wandels spielt. Die Teilnehmer haben nicht gelernt, eine offene Kommunikation auf Grundlage ihrer eigenen Fähigkeiten selbst einzuleiten. Der Katalysator ist die Krücke, die ihnen diese offene

Kommunikation ermöglicht. Der Katalysator ist da, er gibt die Sicherheit, daß alles okay ist. Deswegen lernen die Gruppenmitglieder nie, offen miteinander zu kommunizieren.

Die zweite Schwäche haben wir bei der an Techniken orientierten Organisationsentwicklung schon kennengelernt: Der wichtige Schritt, zunächst einmal die Theorien und Prinzipien des Verhaltens zu erlernen, wird übersprungen. Man verläßt sich auf die normal vorhandene Klugheit des Managers, ohne dabei zu bedenken, daß dadurch die Schwierigkeiten ja erst entstanden sind.

Die dritte Schwäche besteht darin, daß man Organisation hier wieder in mehrere Teile aufteilt. Es wird eine Grenze gezogen zwischen Verhalten und Leistung. Man geht davon aus, daß persönliche Einsichten genügen, um verbesserte Praktiken auf operationaler Ebene, eine bessere langfristige Planung und eine bessere Finanzanalyse zu erreichen. Der eigentlich notwendige nächste Schritt wird bei diesem Ansatz also nicht getan. Ein integraler Ansatz wird nicht erreicht.

Folgende Erfahrungen haben sich mit einer am Prozeß orientierten Organisationsentwicklung ergeben. Die Teilnehmer halten dieses Verfahren für nützlich und sind zuversichtlich, daß sie damit ihre Probleme lösen können. Dies ist die Frühreaktion. Später ergibt sich eine andere Reaktion. Sie haben zwar untersucht, was für die Erhöhung der eigenen Effektivität relevant ist, können das Erlernte aber nicht umsetzen, wenn kein Katalysator oder Förderer des Wandels vorhanden ist. Das Problem liegt also darin, ob ein Katalysator vorhanden ist oder nicht. Ist ein Katalysator in einer gegebenen Situation präsent, können die Teilnehmer sein Modell benutzen und sich zur Verbesserung der Diskussionseffektivität auf ihn verlassen. Fehlt der Katalysator, sind sie anscheinend unfähig, das Erlernte umzusetzen.

An der Theorie orientierte Organisationsentwicklung (OE)

Die an der Theorie orientierte Organisationsentwicklung geht von einem anderen Voraussetzungsbündel zur Verwirklichung von Führungseffektivität aus. Zunächst einmal gilt, daß die Menschen sich so verhalten, wie sie es am besten wissen. Deswegen müssen Menschen zunächst einmal lernen, aus welchen Elementen effektives Verhalten besteht. Wird dieses Lernen mit direkten Erfahrungen gekoppelt – das gilt besonders für Initiative, Fragen, Standpunkt vertreten usw. –, kann sich ein Mensch im Umgang mit anderen vernünftige, dem Modell entsprechende Verhaltensprinzipien zu eigen machen und sein bis dahin übliches Verhalten, das er jetzt als unvernünftig erkennt, ändern.

Das Verhaltensgitter – Grid – ist ein wichtiger Ansatz zur Organisationsentwicklung. Die Strategie des Wandels geht davon aus, daß der Mensch lernt, systematischer über effektives Verhalten nachzudenken, persönliche Einsichten entwickelt und diese Einsichten in konkretes Handeln zur Förderung der eigenen Effektivität umsetzt. Bei diesem Ansatz gibt es also keine mechanische Präsentation von Techniken ohne Einsichten in die Annahmen des Menschen, die diesen Techniken zugrunde liegen. Probleme mit rein subjektiv erfahrenen Interaktionsprozessen sind häufig. Hier können diese Probleme nicht auftauchen, weil ein objektiver Bewertungsrahmen vorhanden ist.

Wer Wandel auf diese Weise sieht, erkennt, daß die Kultur der eigenen Organisation auch aus Betriebsgewohnheiten besteht, die ohne weiteres Nachdenken oder systematische Analyse einfach übernommen wurden. Sie werden nicht etwa deswegen beibehalten, weil sie vernünftig sind, sondern weil sie typisch dafür sind, wie man dies in der Vergangenheit gehandhabt hat. Die Grid-Organisationsentwicklung beruht also auf folgenden Voraussetzungen: Zunächst befassen sich *in einem ersten Schritt alle* Führungskräfte einer Organisation mit den Grid-Theorien, so daß jeder genau erkennt, wie er Produktion mit und durch Menschen zu erreichen sucht. Anschließend erlernen die Führungskräfte die Fähigkeiten, die zur Anwendung vernünftiger Verhaltensprinzipien notwendig sind und damit zur Lösung der wichtigsten Probleme der Organisation führen.

Die Grid-Organisationsentwicklung ist ein integraler Ansatz zur Unternehmensleistung. Sie ist die Grundlage für die Vereinigung sämtlicher Aspekte der Organisation in ein beherrschbares, kohärentes Ganzes.

Phasen der Grid-Organisationsentwicklung (OE)

Ehe wir die sechs Entwicklungsstufen oder -phasen detailliert beschreiben, müssen wir uns unbedingt damit befassen, wie die Grid-Organisationsentwicklung in eine Organisation eingeführt wird. Die Art der Einführung stellt die Weichen für den Erfolg.

Vorstufen zur organisationsweiten Einführung einer Grid-Führungs- und Organisationsentwicklung
Hier stecken wir in einem Dilemma. Wie soll man der gesamten Organisation die Bedeutung der Grid-Organisationsentwicklung bewußtmachen? Wir wollen keinen Zwang ausüben, sondern überzeugen. Wer die Mitarbeiter zur Teilnahme abkommandiert, handelt eher nach 9,1 und verletzt damit die Grundprinzipien eines 9,9-Ansatzes. Hier ist es am besten, eine ganze Reihe von Vorläuferschritten zu unternehmen, die die notwendigen Erklärungen enthalten und die Mitarbeiter an die Möglichkeiten der Grid-Organisationsentwicklung heranführen. Mit diesen Schritten kann die Organisation die Auswirkungen der Grid-OE methodisch testen, ohne sich ihr gleichzeitig zutiefst zu verpflichten. Wenn man diese Schritte sorgfältig plant, erhalten die Mitarbeiter die Chance, sich allmählich durch eine Reihe für sich selbst sprechender Erlebnisse aus eigenen Stücken zu engagieren und zu entwickeln. Orientierung ohne Verpflichtung – die Chance, die Wassertemperatur zu prüfen, ehe man ins Bad steigt – erzeugt ein Bewußtsein für die Möglichkeiten, aus denen heraus dann auch eine überzeugte Entscheidung getroffen werden kann. Wir greifen hier einige Schritte und Aktivitäten heraus:

- *Fachliteratur* – erklärt, wie die angewandten Verhaltenswissenschaften zur Stärkung von Organisationen eingesetzt werden.
- *Auslese* – Ausgewählte Mitarbeiter gewinnen einen Einblick in die Phase 1 und das Verhaltensgitter, ohne daß sich die Organisation zu mehr verpflichtet.
- *Grid-Modell-Seminar* – gibt der Organisation die Möglichkeit zum Praxistest. Sie lernt, was geschieht, wenn die gesamte Organisation die Phase 1 durchmacht.
- *Grid-OE-Seminar* – gibt einigen Führungskräften fundierte und

tiefgehende Einblicke in die Grid-Organisationsentwicklung als Ganzes und bietet so eine Grundlage für die Bewertung und möglicherweise die Empfehlungen für die nächsten Schritte.

- *Teamaufbau-Modell-Seminar* – Das Team an der Unternehmensspitze erfährt direkt, wie das Verhaltensgitter angewandt wird, und erhöht in dieser direkten Anwendung die Effektivität des Teams und auch die Effektivität der einzelnen Mitglieder. Aufgrund der eigenen Erfahrungen können die Teilnehmer die möglichen Auswirkungen der Phase 2 beurteilen, wenn sie auf die gesamte Organisation angewandt wird.
- *OE-Lenkungsausschuß* – Nach Durchführung dieser Schritte wird ein OE-Lenkungsausschuß ernannt. Er soll sich mit den Strategien und Taktiken für eine Langfrist-OE beschäftigen. Die Ausschußmitglieder kommen aus verschiedenen Organisationsbereichen und Leitungsebenen. Der Schwerpunkt liegt bei Mitgliedern aus der Spitze der Linie. Der Ausschuß soll die Organisationsentwicklung insgesamt im Auge behalten. Der Leitungsschwerpunkt liegt bei der Linie. Der Ausschuß muß aber auch die Stäbe einbeziehen, die in der Lage sind, bei diesen Bemühungen unterstützend mitwirken zu können.

Ist die Entscheidung zugunsten der Grid-Organisationsentwicklung gefallen, geht es zunächst ins Grid-Seminar, Phase 1.

Grid-Seminar

In der Eingangsphase der Organisationsentwicklung erlernen alle Organisationsmitglieder das Verhaltensgitterkonzept und bewerten mit seiner Hilfe den eigenen Führungsstil während des Besuchs eines fünftägigen Seminars.

Die beste Wirkung wird erzielt, wenn alle Führungskräfte teilnehmen. Einige Unternehmen haben die Organisationsentwicklung inzwischen auch auf technische Hilfskräfte, gewerbliche Arbeitnehmer und sonstige Mitarbeiter ohne Führungsfunktion ausgedehnt. Die Entscheidung zur Ausdehnung des Grid-Konzeptes auch auf Nicht-Führungskräfte kann jedoch auch zu einem späteren Zeitpunkt fallen.

Ziele des Grid-Seminars. Das Grid-Seminar verfolgt vier spezifische Ziele:

- Verbesserte Selbsterkenntnis
  - Das Verhaltensgitter als Denk-, Analyse- und Vergleichsrahmen begreifen;
  - Einsichten gewinnen, wie andere den eigenen Gitterstil beschreiben;
  - vermehrte Objektivität und Selbstkritik in bezug auf das eigene Arbeitsverhalten;
  - Führungswertvorstellungen überprüfen;
  - einheitliche Sprachregelung für die Bezeichnung des Verhaltens schaffen.
- Erfahrungen sammeln mit erfolgreicher Problemlösung im Team
  - Möglichkeiten zur Erhöhung der Effektivität erproben und revidieren;
  - den Einsatz konstruktiver Kritik untersuchen;
  - Normen für Offenheit und Ehrlichkeit entwickeln;
  - Notwendigkeit für aktives Zuhören überprüfen.
- Lernen, gruppenübergreifende Konflikte zu meistern
  - Hemmnisse zwischen Teams erkennen;
  - Konflikte innerhalb von Teams überprüfen, Quellen des Mißtrauens und Argwohns bei anderen Teams feststellen;
  - Möglichkeiten zur Reduzierung oder Ausschaltung von Konflikten zwischen Gruppen erkunden.
- Auswirkungen auf die Organisation erfassen
  - Die Auswirkung der Arbeitskultur auf das Verhalten begreifen;
  - die Grid-Organisationsentwicklung und mögliche Ergebnisse schätzen lernen.

In diesen Seminaren wird hart gearbeitet. Gut 30 Vorbereitungsstunden sind vor der eigentlichen Seminarwoche aufzuwenden. Meistens beginnt das Seminar an einem Sonntagabend und geht bis zum folgenden Freitag. Die Teilnehmer arbeiten in Gruppen an Projektlösungen, untersuchen ihr Verhalten und stellen fest, was sich verbessern läßt.

Ein Höhepunkt des Lernens wird erreicht, wenn jeder Teilnehmer in seinem Führungsstil von den übrigen Teammitgliedern konstruktiv kritisiert wird. Ein weiterer Höhepunkt ist, wenn die

Führungskräfte den dominierenden Stil ihrer eigenen Organisationskultur kritisch beleuchten. Ein dritter Höhepunkt ist erreicht, wenn sich die Teilnehmer Schritte zur Erhöhung der Leistungsfähigkeit der Gesamtorganisation überlegen.

Grid-Seminare sollen den Führungskräften dazu verhelfen, ihre Effektivität auf viele verschiedene Arten zu erhöhen. Zwei Ansätze sind nützlich bei der Bewertung der tatsächlichen Auswirkung. Der eine ist quantitativer Art und umfaßt Feldforschung und statistische Analysen. Der andere ist qualitativer Art und schließt subjektive Aussagen ein.

Quantitative Untersuchungen. Die folgenden Daten aus der Feldforschung fassen typische Änderungen des individuellen Verhaltens zusammen:

- *Beförderungspraktiken* nach der Grid-Organisationsentwicklung: Leistung geht vor Seniorität.
  - Die der Beförderung vorausgehende Zugehörigkeit zur Firma ist 2,8 Jahre kürzer.
  - Die Beförderungsrate für höhere Positionen innerhalb des Unternehmens, aber außerhalb des Werkes, ist um 31 Prozent gestiegen.
- *Verhaltensänderungen* in Richtung auf gesündere zwischenmenschliche Beziehungen
  - Kommunikation zwischen Vorgesetzten und Mitarbeitern um 62 Prozent besser;
  - Arbeit mit anderen Gruppen um 61 Prozent besser;
  - Beziehungen zu Kollegen um 55 Prozent besser;
  - Nivellierung in einer Studie um 48 Prozent, in einer anderen um 21,8 Prozent höher;
  - Ziele setzen um 22 Prozent besser;
  - Aufgeschlossenheit gegenüber Einflußnahme um 20 Prozent erhöht;
  - Delegation um 14 Prozent höher.

Diese Änderungen gehen alle in eine 9,9-Richtung. Es zeigt sich also, daß sich das Führungsverhalten nach der Teilnahme an einem Grid-Seminar entscheidend verändert.

Qualitative Aussagen. Stellvertretend für viele Meinungen greifen wir einige typische Teilnehmerreaktionen heraus:

- *Theorien führen zu Verstehen und Einsicht* - »Jetzt sehe ich eine Möglichkeit, ganzheitlich besser zu werden und nicht nur stückchenweise. Ein vernünftiger theoretischer Rahmen.«
- *Grid-Seminare fördern die persönliche Entwicklung.* - »Ich kenne meinen Führungsstil jetzt viel besser und habe eine Richtschnur, an der ich mich zur Verbesserung meiner Effektivität orientieren kann.«
- *Konstruktive Kritik ist der zentrale Aspekt für gute Problemlösung.* - »Hier habe ich für mich selbst am meisten gelernt, besonders weil die einzelnen Teilnehmer und Gruppen durch Erfahrung lernen und wir ständig von positiver Kritik und positiver Verstärkung begleitet wurden.«
- *Offenheit und Aufgeschlossenheit sind die Grundlage vernünftiger, zwischenmenschlicher Beziehungen.* - »Die durch das Seminar geschaffene Aufrichtigkeit und Offenheit ist ein hochbedeutsamer Faktor dafür, daß nützliche und tiefgehende Diskussionen mit den Teammitgliedern geführt werden können.«
- *Bessere Teamarbeit zählt zu den lohnenden Ergebnissen.* - »Ich habe synergistisches Tun erlebt und begreife nun, daß das Endergebnis einer kooperierenden Gruppe mehr ist als die Summe der Ergebnisse aus der Arbeit des einzelnen.«
- *Sich selbst in der richtigen Perspektive, die eigenen Leistungen objektiv sehen.* - »Das Seminar zwang mich, mich selbst auch durch die praktische Grid-Erfahrung in einem Team kritisch anzuschauen. Es hat mir gezeigt, wie manche meiner Überzeugungen der Unternehmung im Grunde genommen schaden können.«

Selbsttäuschung bei der Selbsteinschätzung

Ein wesentliches Hindernis für den Wandel ist die Selbsttäuschung. Sie läßt sich folgendermaßen erkennen: Vor Besuch des Grid-Seminars beschreiben sich die Manager selbst und wählen die Grid-Aussagen aus, die ihrer Meinung nach ihr eigenes Führungsverhalten reflektieren. Während des Seminars erhält jeder Teilnehmer schriftliche Rückmeldung von den anderen Kollegen zu seinem Haupt- und Ersatzstil. Sie beschreiben seinen Führungsstil bei der Problemlösung und Entscheidungsbildung, wie sie ihn während der Woche beobachtet haben. Der Rücklauf kommt in den entsprechenden Elementen: Initiative, Fragen, Standpunkt usw. So erhält jeder Teilnehmer eine maßgeschneiderte Beschreibung seines spezifischen und konkreten Verhaltens. Danach prüfen die Teilnehmer ihr persönliches Verhalten noch einmal. Sie nehmen eine Neubewertung der Gitteraussagen vor und beschreiben so wieder, welchen Haupt- und welchen Ersatzgitterstil sie der eigenen Ansicht nach praktizieren.

Aus Tabelle 12-1 wird ersichtlich, daß zwischen der ersten Selbsteinschätzung und der zweiten erhebliche Unterschiede liegen. Vor dem Seminar schätzten sich 67,9 Prozent aller Teilnehmer als Führungskräfte mit 9,9-Orientierung ein. Nach dem Seminar waren es nur noch 16,5 Prozent.

Tabelle 12-1: *Selbsteinschätzung des eigenen Hauptgitterstiles vor und nach dem Besuch des Seminars*

	Selbsteinschätzung zum Hauptgitterstil in %	
Gitterstile	Vorher	Nachher
9,9	67,9	16,5
9,1	10,7	36,8
5,5	18,9	41,5
1,9	2,2	4,2
1,1	0,3	1,0

Worauf läßt sich dieser Unterschied von 51,4 Prozent zurückführen? Dafür gibt es mehrere Erklärungen:

- *Besseres Verständnis.* Ein gründlicheres Begreifen der Konzepte ermöglicht eine objektivere Sicht.
- *Selbsttäuschung.* Wenn ein Mensch in sein Inneres schaut, wird er das, was er findet, nicht richtig beurteilen. Er sieht sich seine Vorsätze an. Die meisten Menschen haben gute Vorsätze, die normalerweise mit einer 9,9-Orientierung Hand in Hand gehen, aber der Mensch wird wahrscheinlich nicht sein wahres Verhalten sehen, das seinen guten Absichten widersprechen mag und es auch oft tut.

- *Neue Fakten und Daten.* Wenn die Menschen Feedback dazu erhalten, wie ihr Verhalten von anderen gesehen wird, lernen sie wahrscheinlich Dinge über sich selbst, die sie vorher noch nie wahrgenommen haben. Mit diesen neuen Informationen können sie sich selbst objektiver sehen und fühlen sich so motiviert, sich in Richtung eines effektiveren Verhaltens zu ändern.

Teilnehmerzusammensetzung im Seminar. Es kommt vor, daß sich alle Führungskräfte eines Unternehmens mit der Organisationsentwicklung befassen. Es ist aber selten, daß alle gleichzeitig an einem Seminar der Phase 1 teilnehmen können. In der Zusammensetzung der einzelnen Teilnehmergruppen geht man vom Konzept des *diagonalen Schnitts* aus.

Eine nach dem Konzept des diagonalen Schnitts zusammengesetzte Grid-Gruppe setzt sich nicht aus einem Vorgesetzten und seinen direkten Untergebenen zusammen. Vorgesetzter und Mitarbeiter können zwar am selben Seminar teilnehmen, sie werden aber nie derselben Arbeitsgruppe angehören. Eine Arbeitsgruppe besteht aus sechs bis zehn Führungskräften aus der Linie und dem Stab, Führungskräften aus dem technischen und kaufmännischen Bereich und Werkmeistern. Die Gruppenmitglieder gehören verschiedenen Altersgruppen und verschiedenen Betriebsbereichen an. Die einzige Bedingung für die Gruppenzusammenstellung ist, daß jedes Grid-Team, soweit das möglich ist, eine Miniaturnachbildung der Organisation bilden sollte. Diese Gruppenzusammensetzung ermöglicht nicht nur den Gedankenaustausch zwischen verschiedenen Funktionen, sondern auch zwischen verschiedenen Führungsebenen.

Wenn ein solches Grid-Seminar angesetzt wird, erhebt sich fast immer die Frage, ob die Führungskräfte der unteren Ebenen effektiv zusammen mit Führungskräften der höheren Ebene teilnehmen könnten. Man will damit sagen, daß Führungskräfte der unteren Stufen meistens Praktiker seien und deshalb vielleicht nicht so schnell lernen könnten wie Führungskräfte mit Universitätsstudium. Das stimmt aber nicht. Die Führungskräfte auf den unteren Ebenen haben häufig genauso viele praktische Erfahrungen im Umgang mit Menschen wie alle anderen auch. Wenn

Menschen, die sich von unten hochgearbeitet haben, die Gelegenheit erhalten, zusammen mit Akademikern zu lernen, werden sie besser verstehen können, wie Akademiker denken, wie sie ein Problem analysieren, Alternativen formulieren, Vor- und Nachteile gegeneinander abwägen und zu einer Entscheidung kommen. Für jemanden, der von unten kommt, ist dies allein schon Weiterbildung.

Auch Mitarbeiter ohne Vorgesetztenfunktion werden häufig in die Grid-Organisationsentwicklung einbezogen. Das trifft besonders auf hochtechnisierte, wissensorientierte Unternehmungen zu. Hier setzen sich Arbeitsgruppen also aus Führungskräften der oberen Ebenen, Fachleuten und gewerblichen Arbeitnehmern zusammen. Dies ist ganz besonders wünschenswert. Die Teilnehmer gewinnen einen Einblick in die Kluft zwischen Führungs- und Ausführungsebenen. Beobachter haben dies oft hervorgehoben. Hier wird ein wichtiger Beitrag zur Stärkung der Organisationsintegration geleistet.

Eine andere wichtige Frage bezieht sich auf die Mindestvoraussetzungen, die ein Teilnehmer mitbringen sollte, um von der Teilnahme an einem Grid-Seminar profitieren zu können. Der formale Ausbildungsstand ist weit weniger wichtig als die Fähigkeit, Konzepte zu begreifen. Sicherlich gibt es Grenzen, aber jemand, dessen Lesefähigkeiten auf Hauptschulniveau sind, hat normalerweise auch die Fähigkeit, die man braucht, um von einem Grid-Seminar profitieren zu können.

Ein Nachteil dieses Konzepts des diagonalen Schnittes rührt eher aus der endgültigen Auswahl der Teilnehmer her als aus der Methode selbst. Wenn die Unternehmensebenen zu weit voneinander entfernt sind – in einer großen Unternehmung beispielsweise Vorstandsmitglied und Schichtführer –, dürften es die Teilnehmer schwer finden, einfach und verständlich miteinander umzugehen. Das Konzept des diagonalen Schnitts ist natürlich erstrebenswert. Bei der Mischung der Teilnehmer sollte man aber darauf achten, daß nicht mehr als vier Führungsebenen vertreten sind.

Manchmal wird gefragt, ob die Mitarbeiter, die sowieso kurz vor der Pensionierung stehen, auch in diese Entwicklungsmaßnahme einbezogen werden sollten. Ein Mitarbeiter kurz vor der Pensionierung werde doch wahrscheinlich keinen Wert darin sehen, sich innerhalb der kurzen Zeit, die ihm noch bleibt, enger an die Organisation zu binden. Andererseits aber freuen sich viele Manager kurz vor der Pensionierung am Lernen schlechthin. Sie begrüßen die Chance, mit anderen zusammen lernen zu können. Aus diesen Gründen sollten ältere Mitarbeiter auf jeden Fall zur Teilnahme eingeladen werden.

Die genaue Zahl der Seminarteilnehmer läßt sich schwer festlegen. Es gibt aber einige Grundregeln. Es kommt darauf an, das richtige Gleichgewicht zwischen der Teilnahme an Organisationsentwicklungsmaßnahmen und der Aufrechterhaltung der Organisationsleistung zu finden. Die Arbeit darf nicht liegenbleiben, weil zu viele Mitarbeiter gleichzeitig an den Seminaren teilnehmen. Viele Unternehmungen haben inzwischen festgestellt, daß bei einer Teilnehmerzusammenstellung nach dem Konzept des diagonalen Schnitts etwa 10 Prozent aller Mitarbeiter von ihrem Arbeitsplatz fernbleiben können, ohne daß die Organisationsleistung Schaden erleidet. Das Konzept des diagonalen Schnitts garantiert, daß keine Unternehmenseinheit ernstlich dezimiert wird.

Allerdings sollte diese 10-Prozent-Faustregel nicht auch automatisch in Großunternehmungen angewandt werden. Man muß sich also fragen, welche Teilnehmerzahl bei einem solchen Seminar nicht überschritten werden sollte. Die maximale Teilnehmerzahl liegt bei etwa 75 Teilnehmern bei zwei Seminarbetreuern in einer innerbetrieblich durchgeführten Maßnahme. Das Optimum liegt bei 40 bis 60 Teilnehmern. Großunternehmen sollten sich überlegen, mehrere Seminare gleichzeitig oder hintereinander laufen zu lassen.

Motivation zur Umsetzung mit »1A-Projekten« nutzen

1A-Projekte sind Aktivitäten, die Manager sofort nach Rückkehr an die Arbeit nach dem Grid-Seminar, Phase 1, implementieren können. Es sind Aktivitäten, die sich entweder aus den Endstufen des Seminars ergeben oder spontan angegangen werden. Im folgenden Absatz führen wir einige Beispiele an:

»Ich bin zum erstenmal seit einem Jahr in die Instandhaltungsabteilung gegangen und habe mich mit ihnen zusammengesetzt und über ihre Probleme gesprochen. Sie waren überrascht und auch erfreut, mich zu sehen. Ich bin nämlich derjenige, der immer sofort zum Telefon greift und sich beschwert, wenn etwas schiefläuft.«

»Mir wurde nun klar, daß ich Josef, der sich dauernd beschwerte, aus dem Wege gegangen bin. So beschloß ich, mich mit ihm und den Leuten aus dem Marketing zu einer Besprechung über das Terminproblem zusammenzusetzen. In ganz kurzer Zeit haben wir eine Checkliste erstellt und ein Rückkopplungssystem aufgebaut. Wir greifen inzwischen routinemäßig darauf zurück, um einen reibungslosen Arbeitsablauf aufrechtzuerhalten.«

»Ich stand vor einem Leistungsbewertungsgespräch. In der Vergangenheit waren diese Gespräche immer sehr oberflächlich gelaufen. Ich habe mich entschlossen, meinen Vorgesetzten als Quelle anzuzapfen und ihm offen die Bereiche darzulegen, in denen ich mehr Hilfe brauchte. Für ihn kam mein Verhalten einer Änderung um 180 Grad gleich. Offensichtlich aber hat er die Chance begrüßt, einmal ›Tacheles‹ zu reden. Wir haben uns beide zu bestimmten Dingen verpflichtet, und wenn wir diese Versprechungen einhalten, werden wir zu einer produktiveren Beziehung kommen.«

»Mir ist klargeworden, daß ich durch meine zu häufigen Dienstreisen zu viele Probleme geschaffen habe. Vor mir selbst habe ich die Reisen damit gerechtfertigt, daß ich so mehr Erfahrungen aus erster Hand vor Ort sammeln kann. Mir ist gar nicht klargeworden, daß ich damit die Lösung für viel zu schwierige Probleme an andere abgeschoben hatte. Dieses Problem habe ich effektiv lösen können, indem ich meine Reisepläne eingeschränkt habe. Was bei mir an Reisen fehlt, haben meine Mitarbeiter durch mehr Reisen wettgemacht. Das wäre von Anfang an die richtige Lösung gewesen.«

Dies sind Beispiele für 1A-Projekte. Überall zeigt sich ein Wandel in der Einstellung zur Initiative. Der eine ergreift mehr Initiativen als in der Vergangenheit, der andere weniger. In allen Fällen aber wird die Initiative an die Bedürfnisse der Organisation angepaßt. In anderen Beispielen hören wir von besserer Informationssuche und effektiverer konstruktiver Kritik. Schwieriger scheint es, einen Wandel im Vertreten von Standpunkten, in der Konfliktlösung, in der organisierten Teamarbeit und der Entscheidungsbildung einzuleiten. Dazu bedarf es meistens der Teamentwicklung, wie sie unten beschrieben wird.

Phase 2: Teamentwicklung
In Kapitel IX haben wir schon berichtet, wie wertvoll eine gute Arbeit im Team für die Erhöhung der Organisationseffektivität ist. Die Phase 2, die Teamentwicklung, folgt nach der Teilnahme am Grid-Seminar. Sie richtet sich spezifisch auf die Diagnose ganz besonderer und konkreter Hemmnisse für eine vernünftige Teamarbeit und identifiziert Verbesserungschancen in den bestehenden Teams zwischen Chef und Mitarbeitern.

Ziele bei der Teamentwicklung
- Überholte Traditionen, Präzedenzfälle und Gepflogenheiten durch eine gesunde Teamkultur ersetzen;
- Verbesserung der eigenen Objektivität im Arbeitsverhalten;
- Konstruktive Kritik als Lernmittel und zur Verbesserung der Betriebsergebnisse einsetzen;
- Normen für Spitzenleistungen setzen;
- Ziele setzen für die Leistung des Gesamtteams und des einzelnen.

Zentrale Themen sind Problemlösung und Entscheidungsbildung. Auch geht es darum, wann die Teamarbeit welche Form annehmen sollte, ob 1/0, 1/1 oder 1/alle. Damit sind die Facetten, die tiefgehend untersucht werden, aber noch nicht erschöpft. Es geht um die Erfahrungen der einzelnen Teammitglieder mit den Beiträgen anderer, um die Einstellungen und Werthaltungen zur effektiven Teamarbeit und um die Identifizierung besonderer Probleme in der Teamarbeit, die die Effektivität hindern. Hier werden spezifische Probleme zur Meisterung dieser Hemmnisse erarbeitet. Schließlich setzt sich das Team Ziele für die Zukunft. Ein Follow-up drei oder vier Monate später ist ein nützlicher zusätzlicher Schritt.

Die Teamentwicklung beginnt, wenn alle Mitglieder eines Führungsteams im Unternehmen die Phase 1 hinter sich gebracht haben und bereit sind, die erlernten Grid-Konzepte auf die eigene Teamkultur anzuwenden. Initiiert wird diese Phase durch den Unternehmensleiter und die ihm unterstellten Mitarbeiter. Von da setzt sich die Arbeit bis auf die unteren Ebenen fort. Jeder Manager setzt sich mit seinen Mitarbeitern zusammen. Sie bilden zusammen ein Team. Sie erkunden die entsprechenden Leistungsbarrieren und erstellen Pläne zu ihrer Überwindung.

Die Grid-Teamentwicklung ist eine Fünf-Tage-Maßnahme, die meistens während der Arbeitszeit am Arbeitsplatz ausgeführt wird. Die einzelnen Maßnahmen lassen sich auch in verschiedene Teile aufteilen und nötigenfalls über einen längeren Zeitraum hinweg durchführen.

Auswirkung. Die Teamentwicklung kann sich erheblich auf die Leistung des Teams auswirken, wie das folgende Zitat zeigt:

»Die Phase 1 ist so, als ob man einen Scheck bekommt. Eingelöst wird er in der Phase 2 ... Während der Durchführung der Phase 2 hat die Automobilsparte eine Gewinnsteigerung von 300 Prozent erreicht, eine erheblich höhere Gewinnsteigerung als in den übrigen Sparten der Organisation, obwohl wir zugestehen müssen, daß andere Faktoren, wie Marktbedingungen, Erhöhung der Werkskapazität, Wirtschaftslage usw., auch ihren Teil dazu beigetragen haben. Und doch war die Unternehmensleitung der Überzeugung, daß das Zusammenfallen der Phase 2 mit dem erheblichen Aufschwung in der Automobilsparte mehr als Zufall war. Sie glaubt, daß die Phase 2 erheblich zum Leistungsbild beigetragen hat, auch wenn es nicht möglich war, diese Aspekte genau zu messen.«

In den Phasen 1 und 2 fallen unter anderem die Kommunikationsbarrieren zwischen den Menschen:

»In der Vergangenheit habe ich bei der Budgeterstellung ausgerechnet, welche Summe für jede Abteilung zur Verfügung steht ... Meine Mitarbeiter haben sich natürlich beklagt: ›Warum haben wir nur so viel zugestanden bekommen?‹ Ich habe geantwortet: ›Nun, so ist es, meine Herren, ich bin hier der Chef.‹ Jetzt aber, nachdem wir letztes Jahr die Grid-Seminare besucht haben, passiert so etwas nicht mehr. Vielleicht müssen wir uns in der Sparte Fleisch mit einer geringeren Gewinnspanne zufriedengeben. Wir wissen, daß wir das irgendwoanders wieder wettmachen müssen. Die Gruppe kommt zu einer Entscheidung. Dieses Jahr brauchten wir anderthalb Stunden zur Festlegung des Budgets. Vor den Grid-Seminaren haben wir uns ganze acht Stunden damit herumgeschlagen. Aber jetzt sind wir engagiert . . .«

Ein Marketing-Manager hat es so ausgedrückt:

»Ich habe nie gewußt, daß unsere Abteilung wirklich als Team zusammenarbeiten kann. Die Grid-Phase 1 war großartig, aber es bedurfte wirklich der Phase 2, damit alles herauskam. Sicherlich war ich aufmerksamer geworden, genauso wie die anderen auch. Aber als es wirklich darauf ankam, waren wir in der Lage, miteinander zu arbeiten, Probleme zu lösen, uns zu öffnen und wirklich miteinander zu kommunizieren. Es war sicherlich nicht leicht, aber es war auf jeden Fall die Sache wert.«

Phase 3: Entwicklung gruppenübergreifender Beziehungen

Beim dritten Schritt geht es darum, eine bessere Problemlösung an den Schnittstellen zwischen einzelnen Gruppen zu erzielen und die Arbeitseinheiten, zwischen denen Arbeitsbeziehungen bestehen, einander näherzubringen. Diese Phase 3 wird notwendig, wenn sich die einzelnen Abteilungen und Einheiten für ihre Aufgaben allein verantwortlich fühlen und die Auswirkungen ihres Handelns auf die Gesamtleistung des Unternehmens oder ihre Beziehungen zu anderen Einheiten nicht beachten. Die Menschen reagieren mehr im Interesse ihrer einzelnen Abteilungen und mißachten die Interessen der Gesamtorganisation. Innerhalb der Abteilungen glaubt man, daß man damit dem Unternehmen selbstlos dient. Wenn man sich also hauptsächlich mit der eigenen Abteilung beschäftigt, wird man anderen Abteilungen wohl weniger Aufmerksamkeit widmen, als notwendig ist, um zu Aktion und Koordination zu gelangen. Die eine Abteilung fragt: »Warum sind die bloß so langsam? Warum können sie uns nicht die Dienstleistungen erbringen, die wir brauchen? Dafür sind sie doch da. Die lassen uns doch absichtlich im Stich.«

Die Bedeutung eines integrativen Ansatzes zur Organisationsentwicklung wird deutlich, wenn man sich klarmacht, in wie viele künstliche Divisionen die industrielle Welt eingeteilt ist. Aufgeteilt wird zwischen Herstellung und Marketing, Personal und Betrieb, der zentralen Konstruktion und Entwicklung und den einzelnen Betriebsstätten, der Produktion und der Instandhaltung usw. Aufgrund all dieser Trennungen soll ein besserer Personaleinsatz möglich werden. Spezialisten, die das Fachwissen zur Bewältigung der Probleme in den Teilelementen haben, werden hinzugezogen. Man muß jedoch auch über diese Grenzen hinweg integrieren. Man kann aber nicht davon ausgehen, daß jeder auch das versteht, was auf der anderen Seite der Grenze vor sich geht. Deswegen entstehen so viele Mißverständnisse, Mißtrauen, Argwohn. Das führt schließlich zu mangelnder Koordinierung und dazu, daß jeder sich sein eigenes Reich aufbaut.

Besonders offenkundig wird das Problem, wenn die Zersplitterung noch weiter geht. Häufig sind beispielsweise in der Personalabteilung ganz bestimmte Mitarbeiter für die Leistungsbeurteilung zuständig und andere für Beförderung und Entgeltsysteme – als ob sich diese drei voneinander trennen ließen. Eine wieder getrennte Unterabteilung ist die Mitarbeiterauslese, die wiederum nur indirekt mit Training und Entwicklung verbunden ist. Hinzu kommt, daß die Spezialisten in diesen einzelnen Bereichen höchstens oberflächlich oder auch nur mechanisch mit den Mitarbeitern in der Linie verbunden sind. Dabei ist es in vieler Hinsicht die Linie, die die Verantwortung nicht nur für die Implementierung, sondern auch für den Entwurf der Subsysteme haben sollte, unter denen die Führung praktiziert wird.

Würde man die Künstlichkeit dieser Aufteilung verstehen, würden diejenigen, die die Entscheidungen treffen, wissen, daß Aus- und Weiterbildung und Leistungsbeurteilung so eng miteinander verknüpft sind, daß man sie einfach nicht voneinander trennen und in verschiedene Schubladen stecken kann. Sie würden wissen, daß das Entlohnungssystem und die Leistung im Betrieb so eng miteinander verknüpft sind, daß eine Interdependenz besteht. Durch all diese Trennungen entstehen Subsysteme, die im schlechtesten Fall sich gegenseitig widersprechen und im besten Fall die benötigte Koordinierung nicht bewirken.

In einem integralen Ansatz wird es möglich, die Subsysteme so zu entwerfen, daß eine kohärente Organisationsbasis zur Stärkung der Gesamtleistung entsteht. Dies ist ein Ziel, das mit der Entwicklung der gruppenübergreifenden Beziehungen als zentrale Aktivität in Phase 3 verfolgt wird.

An den Schnittstellen entstehen häufig Frustrationen, die sehr schnell in offene Feindseligkeit und tiefverwurzeltes Mißtrauen und Argwohn umschlagen können. Solche Einstellungen können sich recht leicht zwischen verschiedenen Gruppen entwickeln. Einmal hervorgerufen, können sie sich zu einem erbarmungslosen Kampf um Sieg oder Niederlage ausweiten. Die notwendige Zusammenarbeit wird geopfert, Informationen werden zurückgehalten, Anforderungen werden als unverschämte Befehle aufgefaßt. Wenn man die Mitarbeiter fragt, wo ihr Problem liegt, antworten sie: »Schlechte Kommunikation!« Zuerst muß man sich aber mit den tieferliegenden Problemen der gruppenübergreifenden Beziehungen befassen, ehe man tiefgreifende Änderungen auf eine effektivere Kommunikation hin erreichen kann.

Ziele der Entwicklung der gruppenübergreifenden Beziehungen

- Mit Hilfe eines systematischen Rahmens Organisationsprobleme der Gruppen untereinander aufdecken.
- Problemlösungs- und Entscheidungstechniken anwenden.
  - Entpolarisierung von Feindseligkeiten;
  - die oberflächlich harmonischen oder neutralen Beziehungen aufdecken, die die gruppenübergreifenden Schwierigkeiten bei der Problemlösung verdecken;
  - sich einem Kompromiß widersetzen, wenn Differenzen nicht auf vernünftige Weise gelöst werden können.
- Einsatz von Konfrontation zur Identifizierung der Zentralprobleme, die einer Lösung bedürfen.
- Schritte zur stetigen Verbesserung der Zusammenarbeit und Koordinierung zwischen den Gruppeneinheiten und Follow-up vorsehen.

An dieser Phase 3 nehmen nur die Gruppen teil, deren wirksame Leistung und Koordinierung tatsächlich behindert sind. Diese Phase ist kein Universalbaustein, an dem automatisch alle Gruppen teilnehmen. Die Entwicklung an den Schnittstellen wird normalerweise lokal nach Veränderung des Teamaufbaus in der Phase 2 durchgeführt. Manche Schnittstellenprobleme können jedoch so akut sein, daß man sich ihnen schon früher zuwenden muß.

Auswirkungen. Das folgende Beispiel zeigt, wie die Phase 3 zur Bewältigung chronischer Schwierigkeiten zwischen der Arbeitgeber- und der Arbeitnehmerseite beiträgt:

»Die Phase 3, Entwicklung der Zusammenarbeit zwischen Arbeitgeber- und Arbeitnehmerseite, hat vor anderthalb Jahren begonnen und sich bis jetzt als sehr erfolgreich erwiesen. Wir haben in dieser Zeit alle wichtigen Aspekte der Arbeitgeber-Arbeitnehmer-Beziehungen analysiert. Als Ergebnis haben sich beide Seiten auf Ideale und auf eine ganze Reihe von Maßnahmenschritten auf diese Ideale hin geeinigt. Unter anderem ging es um Überstunden, Arbeitsleistung, Beschwerden, das Senioritätsprinzip, das Recht auf einen bestimmten Arbeitsplatz, die Tarifvereinbarung, Arbeitsfluktuation, Arbeitsplatzbewertung, Kommunikation, Arbeitsentgelt, die betriebliche Altersversorgung und die Unternehmensziele.

Insgesamt gesehen hat die Arbeit innerhalb dieser Phase 3 dazu gedient, gegenseitiges Vertrauen und gegenseitige Achtung auf beiden Seiten zu schaffen, auf der Seite der Arbeitgebervertreter und auf der Seite der Gewerkschaftsvertreter. Dadurch gewannen wir ein hervorragendes Forum zur freimütigen Erörterung unserer Probleme. Viel Althergebrachtes ist zusammengebrochen. Eine neue Kultur hat sich herausgebildet. Das neue Klima wird von zwei besonderen Aspekten geprägt. Die größte Verbesserung wurde beim Zuhören erzielt, dabei, zu versuchen, den Standpunkt der anderen Seite zu verstehen. Zweitens haben dieser Aspekt und das Wesen der Phase 3 an sich (das Management trägt vor, wie es sich selbst begreift und wie es den Gewerkschaftsstandpunkt zu verschiedenen Problemen begreift; die Gewerkschaften tragen vor, wie sie sich selbst und das Management sehen) dazu geführt, daß beide Seiten objektiver geworden sind. Wutausbrüche, wie sie in den ersten Stadien üblich waren, kommen nur noch selten vor.

Wir wollen damit allerdings nicht sagen, daß beide Seiten sich immer einig sind. Es kommen Meinungsverschiedenheiten vor, aber man geht rational an sie heran. Beide Gruppen vertrauen darauf, daß sich jeder dafür engagiert, eine vernünftige und akzeptable Lösung zu finden.«

In den ersten drei Phasen der Organisationsentwicklung geht es um die Stärkung des Verhaltens, um es den Mitarbeitern zu ermöglichen, ihre Effektivität zu verbessern. In den letzten drei Phasen ist der Erfolg schon wahrscheinlicher. In diesen letzten Phasen geht es um die *fundamentale Wirtschaftslogik,* auf der eine Firma beruht. Hier stehen die vernünftigen Leitlinien auf dem Prüfstand. Sie werden nötigenfalls verbessert. Dieser Schritt geht der *Planung* voraus, da Planung nie besser sein kann als die Annahmen, von denen sie ausgeht.

Die Phasen 1 bis 3 leisten einen wichtigen Beitrag zur Spitzenleistung in der Organisation. Alleine reichen sie jedoch nicht aus, um das Maß an Spitzenleistung zu erreichen, das Unternehmungen offensteht, die sich auf eine systematische Entwicklung der Wirtschaftslogik stützen. Wer das gesamte Potential einer Organisation ausschöpfen will, muß ein Modell dafür haben, wohin sich das Unternehmen im Vergleich zum aktuellen oder historischen Stand entwickeln soll.

Aufstellung eines idealen strategischen Organisationsmodells: Phase 4

Am besten eignet sich das Leitungsteam einer Organisation für diese fundamentale Aufgabe. Das Geschäftsführerteam prüft alle gegenwärtigen Praktiken und sortiert überholte und unrentable Gepflogenheiten aus. Sie formulieren ein strategisches Ersatzmodell. Das Modell geht von der Definition der zukünftigen Geschäftstätigkeiten des Unternehmens aus. Diese Geschäftstätigkeit ist ausgerichtet auf das Bedürfnis der Gesellschaft nach Produkten und Dienstleistungen, auf das Bedürfnis der Mitarbeiter nach Sicherheit und Erfüllung in der Arbeit durch Mitsprache, Mitwirkung, Mitverantwortung und Engagement und auf das Bedürfnis der Aktionäre, eine vernünftige Kapitalrendite zu erzielen.

Ziele beim Entwurf eines idealen strategischen Organisationsmodells

- Minimale und maximale Finanzziele des Unternehmens festlegen.

- Art und Weise der zukünftigen Unternehmenstätigkeiten festsetzen.
- Reichweite, Merkmale und Art der zu durchdringenden Märkte definieren.
- Eine Struktur zur Organisation und Integration der Geschäftstätigkeiten festlegen.
- Die Entwicklungsbedürfnisse identifizieren, damit das gegenseitige Vertrauen erhalten bleibt und ein Nachlassen der Anstrengungen vermieden wird.
- Die Geschäftspolitik als Orientierungsrahmen für zukünftige Entscheidungen festlegen.

Das Leitungsteam beschäftigt sich Schritt für Schritt mit der Logik der Organisation, der Diagnose und dem Entwurf eines optimalen Unternehmensmodells. Bei der Beschäftigung mit der Logik geht es um die Überprüfung der gegenwärtigen Unternehmensgrundkonzepte. Man beginnt dabei mit den Schriften von Managern, die als erste eine Managementsystematik entwickelt haben.

Man einigt sich im Team auf »reine« Managementlehren und spezifiziert dann im nächsten Schritt die operationalen Eigenschaften eines Modells für die Restrukturierung des Unternehmens. Die Phase 4 geht zu Ende, sobald dieses strategische Unternehmensmodell von der nächsthöheren Ebene geprüft und bewertet und vom Aufsichtsrat genehmigt worden ist.

Auswirkungen. Die durch die Phase 4 eintretenden Änderungen werden im folgenden Zitat beschrieben:

»Weitere wichtige Ergebnisse der Organisationsentwicklung sind zu überprüfen. Sie liegen im Bereich der Strategie. Man ist weitgehend davon überzeugt, daß die strategischen Einsichten, die während der Phase 4 erfolgten, nützlich gewesen sind und die Unternehmung in die richtige Richtung gelenkt haben.

Das Team hat ein klares und deutliches Bild ... der Führung gezeichnet, ohne Rationalisierungen oder Entschuldigungen. Sie haben einfache, präzise Aussagen gemacht, um das heutige Modell zu beschreiben. Nach demselben Schema haben sie dann Aussagen dazu formuliert, wie eine hypothetische, ideale Organisation ... funktionieren würde. Mit Hilfe dieses Idealmodells wurde die Aufmerksamkeit auf die notwendigen Veränderungen der Geschäftspolitik gerichtet. Alle Teilnehmer haben sich zur Handlung aufgrund der Konzepte und Prinzipien, auf die man sich geeinigt hat, verpflichtet. Zur Untermauerung dieser Konzepte und Prinzipien wurden einzelne Richtlinien erstellt, die die spezifische Grundlage der Führungstätigkeiten bilden.«

Phase 5: Die Umsetzungsphase
Phase 5 dient zur Umsetzung des in Phase 4 entwickelten Modells. Man braucht nicht das gesamte Organisationsgebäude niederzureißen und ganz von vorne anzufangen, um den Erfordernissen des Modells gerecht zu werden. Vielmehr wird ein Haus auf einem feststehenden Entwurf renoviert. Die Architekten und Ingenieure sehen sich das existierende Mauerwerk an, um festzustellen, welche Stellen stark und gesund sind und dem Plan entsprechen. Alles Baufällige und alles, was dem nicht entspricht, muß ersetzt werden. Das Brauchbare wird geringfügig verändert oder verstärkt, alles in Übereinstimmung mit dem Entwurf. In Phase 4 wird der Bauplan entwickelt. In Phase 5 werden die konkreten Aktionen identifiziert und implementiert, die zum Wechsel vom Alten auf das Neue notwendig sind.

Ziele in Phase 5

- Die existierenden Aktivitäten untersuchen, um die Lücken zwischen der tatsächlichen Operationsweise und der zu erwartenden Operationsweise bei Umsetzung des idealen strategischen Modells festzustellen.
- Feststellen, welche Teile gesund sind, welche Teile sich ändern und daher größtenteils beibehalten lassen, welche Teile nicht mehr gesund sind und deswegen abgerissen oder aufgegeben werden müssen. Feststellen, wo neue oder zusätzliche Tätigkeiten auszuführen sind, um den Forderungen des idealen Modells gerecht zu werden.
- Entwurf der Durchführungsmaßnahmen vom gegenwärtigen bis zum Idealmodell.
- Die Funktionsfähigkeit des Unternehmens während des Wandels auf das Idealmodell hin aufrechterhalten.

Eine Reihe von Schritten bildet die Grundlage für den Wandel der Organisation. Die Analyse des Unternehmens und seine Aufteilung in kleinste Einheiten stehen am Anfang. Die kleinstmögliche Einheit ist folgendermaßen gekennzeichnet: Es geht um die Gruppierung von miteinander in Zusammenhang stehenden Tätigkeiten, die für die Produktion einer erkennbaren Ertragsquelle die Grundfaktoren bilden und auch die Identifizierung mit den Kosten oder Ausgaben zulassen.

In einem weiteren Schritt wird das in diesen Tätigkeiten gebundene Anlage- und Personalvermögen festgestellt. Nach Durchführung dieser Schritte läßt sich dann feststellen, ob die durch diese Teileinheit identifizierte Geschäftstätigkeit den Funktionsspezifikationen des strategischen Modells entspricht. Zu jeder Teileinheit sind bestimmte Testfragen zu beantworten. Stimmt die gegenwärtige Kapitalrendite mit dem strategischen Modell überein? Falls das nicht der Fall sein soll: Gibt es steuerbare Unkosten oder Preisbildungsfaktoren, die geändert werden könnten, damit die festgelegten Kapitalrenditen auch wirklich erreicht werden? Stimmt dieses Geschäftsgebiet mit den im strategischen Modell identifizierten gesunden Zuwachsmärkten überein? Dies sind einige der typischen Testfragen, um entscheiden zu können, ob eine bestimmte Einzeltätigkeit in Verfolgung der Unternehmensentwicklung entweder ausgeweitet, verringert, verändert oder etwa abgeschafft werden sollte.

Da es hier um tiefgreifende Änderungen geht, trägt die Phase 5 häufig zu einem Quantensprung in der Produktivität bei. Die Ergebnisse in Abbildung 12-1 zeigen, welche Verbesserungsmöglichkeiten bestehen. Die Abbildung zeigt die Gewinnlage zweier voneinander unabhängiger Unternehmen. Die Firmen sind in zwei benachbarten Ländern tätig, den USA und Kanada. Unternehmen A führte die Grid-Organisationsentwicklung durch, Unternehmen B nicht. Beide Unternehmen gehören zu einer Muttergesellschaft, die in einem dritten Staat beheimatet ist. Sie sind in ähnlichen Geschäftsbereichen tätig und ähnlichen Konkurrenzverhältnissen auf vergleichbaren Märkten ausgesetzt.

In den fünf Jahren vor der Einführung der Grid-Organisations-

Abb. 12-1: Typische Auswirkung der Grid-Organisationsentwicklung
Gewinnveränderungen in %, Basiszeitraum 1961–1963

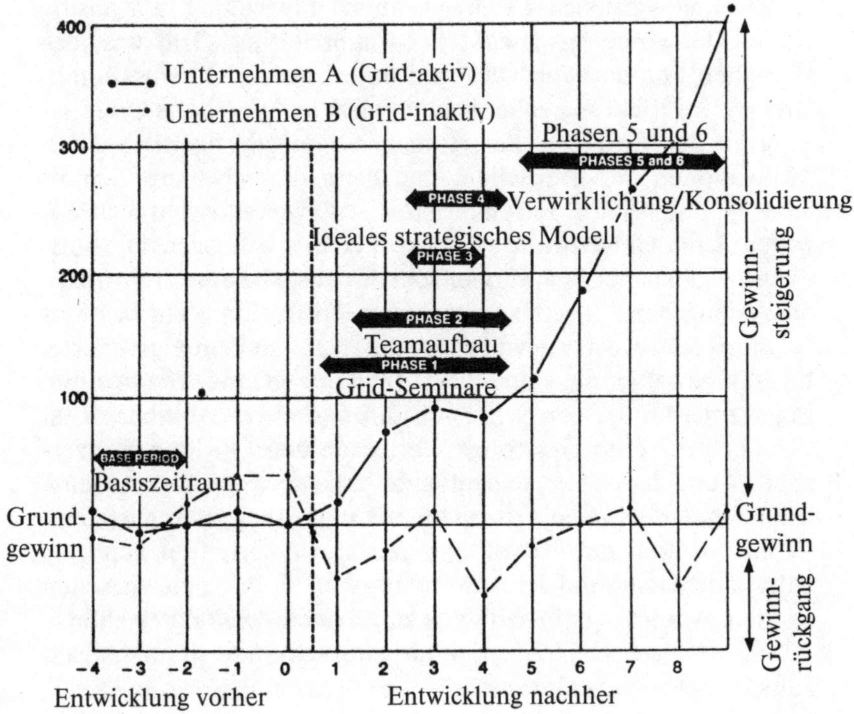

entwicklung hat das Unternehmen B etwas bessere Gewinne erwirtschaftet. Die Ergebnisse blieben aber innerhalb des allgemeinen Schwankungsrahmens. Nach Einführung der Grid-Organisationsentwicklung steigt die Gewinnkurve des Unternehmens A während der nächsten neun Jahre stetig an. Bei Ende der Untersuchung lag der Gewinn des Grid-Unternehmens um insgesamt 400 Prozent höher als der der Unternehmung B, die keinerlei Grid-Organisationsentwicklung durchgeführt hatte. Dem Unternehmen B ist es lediglich gelungen, seine Zahlen während des vierzehnjährigen Beobachtungszeitraumes zu halten.

Der Präsident des Unternehmens A gab folgende Erklärung, nachdem sich sein Unternehmen sechs Jahre lang der Grid-

Organisationsentwicklung unterzogen hatte. Seine Feststellungen zeigen, wie er den Wandel bewertet:

»Zweifellos hat sich die Organisationsentwicklung sehr positiv auf die Gewinne ausgewirkt ... Hauptziel des Grid war, das Verhalten und die Werthaltungen innerhalb der Organisation in eine andere Richtung zu lenken, nämlich auf eine hohe Orientierung an der Erfüllung der Aufgaben und gleichzeitig an den Motivationen der Menschen, und dann diese Neuerungen zu festigen und zu institutionalisieren ... Zweifellos hat sich ein wesentlicher Umschwung auf diesem Gebiet vollzogen. Die positiven Folgen haben sich vervielfacht durch ein besseres Informationssystem, den Einsatz konstruktiver Kritik, durch ein besseres Gewinn- oder Kostenbewußtsein, durch einige Planungsaspekte, Konfliktbewältigung, sinnvolle Mitwirkung in einer Gruppe und Engagement unter den Schlüsselführungskräften ... Aber es hat sich noch ein weiterer wichtiger Vorteil aus dem OE-Programm ergeben – und das ist eine wesentliche Verbesserung in den Arbeitsbeziehungen zwischen Arbeitnehmern und Arbeitgebervertretern.

Ein Großteil der Arbeit mit den Gewerkschaften kann als Durchbruch aufgrund der Anwendung von OE-Prinzipien gesehen werden. Am Erfolg dürften wohl kaum noch Zweifel bestehen.«

Auswirkungen. Hier hat ein Mitarbeiter sehr intensiv am Umsetzungsprojekt seines Unternehmens mitgearbeitet und seine Reaktionen zusammengefaßt.

»Als wir genau festlegen konnten, wie wir uns ändern müßten, um dem optimalen strategischen Modell gerecht zu werden, haben wir Management by Objectives praktiziert, allerdings ohne daß uns Schranken gesetzt waren durch ein blindes Akzeptieren des Status quo. Wir haben einiges gelernt:

1. wie man wissenschaftlich an die Führungsaufgabe herangeht und die Variablen selektiv analysiert und bewertet;
2. wie man von der Perspektive des Gesamtunternehmens ausgeht, anstatt sich auf funktionale oder abteilungsmäßige Gesichtspunkte zu verlassen;
3. wie man das gegenwärtige Geschäftsgebaren kritischer sieht und die gegenwärtigen Bemühungen immer unerfreulicher findet;

4. wie man eine neue Perspektive zur Rolle der Planung innerhalb einer effektiven Führungstätigkeit gewinnt;
5. wie man sich auf die erwarteten Ergebnisse konzentriert, indem man die Kapitalrendite als Grundlage für Geschäftsentscheidungen heranzieht und sich nicht wie früher auf den Gewinn- und Verlustanteil nach marktmäßigen Gesichtspunkten konzentriert;
6. wie man die tiefergehenden Auswirkungen effektiver Arbeit im Team für die Erstellung vernünftiger Umsetzungspläne begreift;
7. wie man grundlegendere Einblicke in die Dynamik des Widerstandes gegen den Wandel entwickelt.«

Konsolidierung: Phase 6

Die Phase 6 wird dazu benutzt, den während der Phasen 1 bis 5 erreichten Fortschritt zu stabilisieren und zu konsolidieren, ehe man sich in eine neue Periode des Wandels stürzt.

Ziele der Phase 6

- Dauernde kritische Bewertung des Wandels, um zu garantieren, daß die Tätigkeiten auch weiterhin wie geplant durchgeführt werden.
- Aufdeckung der Schwachstellen, die man nicht von vornherein in der Phase der Umsetzung vermutet hatte, und Durchführung von Korrekturmaßnahmen.
- Veränderungen im Wirtschaftsumfeld beobachten (Wettbewerb, Rohstoffpreise, Lohngefälle usw.) als Anhaltspunkte für notwendige grundlegende Änderungen des Modells.

Drei Aspekte des Wirtschaftslebens machen die Konsolidierungsphase innerhalb der Organisationsentwicklung so wichtig. Das Management des Wandels ist das Gegenteil des Management des Erprobten und Richtigen. Die Menschen neigen dazu, das Erprobte und Richtige immer wieder zu tun. Sie verlieren aber leicht das Interesse an etwas Neuartigem. Hier halten sie mit ihren Überzeugungen und ihrem Mut nicht Schritt. Sie lassen nach in ihren Bemühungen, das Neue so wie beabsichtigt durchzuführen, und können so unter Umständen scheitern. Ein zweiter Grund zur Konsolidierung des Fortschrittes besteht darin, immer wieder festzustellen, was neu ist, wo zusätzliche Verbesserungsmöglichkeiten liegen, um die Leistungen der Organisation noch weiter zu verbessern. Größere Umwälzungen in der Umwelt können außerdem dazu führen, daß im Modell spezifizierte Änderungen und in Phase 5 durchgeführte Veränderungen nicht mehr so günstig aussehen oder ungünstiger aussehen als ursprünglich angenommen. Jedenfalls bietet die Überwachung der Tätigkeiten innerhalb der Phase 6 die Grundlage für die Spezifizierung möglicher zusätzlicher Wandlungsbedürfnisse.

Die Strategien und Instrumente der Phase 6 ermöglichen es einer Organisation, ihre Stärken festzustellen und die Gewinne zu konsolidieren. Wichtig in Phase 6 ist, daß die Konsolidierung offen gemanagt werden muß und nicht sich selbst überlassen bleiben darf.

Auswirkung. Das folgende Zitat unterstreicht die Bedeutung der Aktivitäten in Phase 6: »Es ist wichtig, daran zu denken, daß das Grid keine Modeerscheinung ist, die ein paar Jahre ›in‹ ist und dann ins Abseits gerät. Das Programm ist so konstruiert, daß der letzte Schritt nie zu Ende ist. Das Unternehmen wird immer überwachen, was getan wird, immer beurteilen, wie weit es vom Ideal entfernt ist, und die notwendigen Schritte zur Verwirklichung des Ideals unternehmen.«

Zusammenfassung

Wandel ist wichtig, weil die Verhaltensprinzipien nur dann verwirklicht werden, wenn die Werthaltungen, auf denen sie beruhen, verstanden und geschätzt werden.

Am leichtesten ist es für den Verantwortlichen an der Spitze, den Wandel einzuleiten, und zwar aus zwei Gründen. Erstens: Er braucht sich bei niemandem die Genehmigung zu holen. Zweitens: Er kann die notwendigen Mittel zur Unterstützung dieses Prozesses des Wandels direkt zur Verfügung stellen und darüber bestimmen.

Es gibt eine an Techniken und eine an Prozessen orientierte

Organisationsentwicklung. Der dritte Ansatz geht von der Lerntheorie und Prinzipien aus. Die Führung wird mit diesen Theorien und Prinzipien in Einklang gebracht. Die Grid-Organisationsentwicklung wurde mit ihren sechs Phasen des Wandels als vollintegrierter Ansatz erläutert.

Vom Verhaltensstandpunkt her bringt die Grid-Organisationsentwicklung die Bemühung des einzelnen in effektive Teamarbeit ein und fördert die Entwicklung effektiverer Schnittstellen zwischen den einzelnen Organisationsteams. Vom Wirtschaftsstandpunkt her sind die Organisationsmitglieder in der Lage, ein System der Wirtschaftslogik, das zu guten Betriebsergebnissen und Betriebsgewinnen führt, zu entwickeln und umzusetzen.

Anhang A
Lösung der Widersprüche zwischen verschiedenen Führungstheorien

Die Dinge in der Welt um uns und in uns sind nicht notwendigerweise so, wie wir sie beschreiben, weil sie so »sind«, sondern sie sind so, weil sie uns aufgrund unserer Denkweise so erscheinen. Wir haben eine bestimmte Denkweise über die Dinge gelernt. Die Denkweise kann sich aber von einer vernünftigen oder objektiven Denkweise sehr unterscheiden. Unsere Aktivitäten im sozialen Umfeld, bei denen es um Führung, Macht und Autorität geht, basieren auf selbstgeschaffenen »*begrifflichen* Strukturen« (Formulierungen), die sehr tief in unserem Inneren stumm und unsichtbar verwurzelt sind. Stehen solche Formulierungen nicht im Einklang mit den äußeren Fakten, regelt der Mensch seine Angelegenheiten auf unvernünftige und ungesunde Weise. Stimmen die inneren Begriffe mit den äußeren überein, kann der Mensch seine Aktivitäten auf vernünftige, produktive, kreative, zufriedenstellende und gesunde Weise durchführen. Diese Verallgemeinerung dürfte für sämtliche Aktivitäten und Erfahrungen des Menschen gelten. In diesem Zusammenhang ist sie jedoch besonders relevant, da es uns darum geht, die solide Grundlage für die Auswirkung der Führung – in der Wirtschaft, im Finanzwesen, im Bildungswesen, in der Industrie, in der Medizin, in den Streitkräften usw. – zu verstehen.

In diesem Anhang* präsentieren wir aufbauend auf der Semantik eine allgemeine Grundlage für eine Theorie der Menschen-

* Teil 1 der Korzybski-Gedächtnis-Vorlesung, »Foundations for Strengthening Leadership« [Grundlagen für die Stärkung der Führung], Vortrag der Autoren vor dem Institute of General Semantics, 1982, veröffentlicht im General Semantics Bulletin, Nr. 50, 1983, S. 93–128.

führung. Überall dort, wo zwei oder mehr Menschen in eine Aktivität verwickelt sind, bedeutet Führung, einen Maßnahmenkurs zu beschließen und gleichzeitig Koordinierung zu erzielen. Die Bedeutung der Führung in unserem Alltagsleben kann man wohl kaum zu hoch bewerten. Ihren Einfluß finden wir beispielsweise in folgenden Begriffen: »Gott«, »König«, »Häuptling«, »Präsident«, »Vater«, »Chef«, »Hoherpriester«, »Ayatollah«, »Eltern«, »General«, »Lehrer«. Der Begriff »Führung« deutet auf etwas hin, das den Menschen über alle Jahrhunderte hinweg offensichtlich immer bedeutsam erschienen ist.

Uns geht es hier nicht um die Frage: »Was ›ist‹ Führung?« Ein kürzlich geführtes Gespräch zeigt uns, welchen Schwierigkeiten man begegnet, wenn man versucht, das eigentliche Wesen der Führung zu identifizieren.

»Wie lautet der Auftrag Ihrer Institution?« fragten wir einen Ausbilder in einer unserer Militärakademien. Es war entweder Annapolis oder West Point.

»Letzten Endes«, antwortete er, »jungen Menschen beizubringen, wie man führt.«

»Aber«, fuhren wir fort, »was heißt das, Menschen zu lehren, wie man führt?«

»Es heißt, daß Führer durch Befehle führen«, meinte er.

»Können Sie das erklären?« fragten wir.

»Mehr gibt es dazu nicht zu sagen«, antwortete er, »weiter kann man das gar nicht ausbauen. Führer führen durch Befehle.«

In diesem Gespräch scheint die Überzeugung durch, daß »Führung etwas Mystisches, Unbeschreibbares *ist*«. Wir wissen es besser. Uns geht es nicht darum, zu definieren, eine »Karte« zu zeichnen, die gültig darstellt, was in den eigentlichen Beziehungen zwischen Menschen vorgeht, die gemeinsam eine Aktivität verfolgen.

Im Führungsprozeß geht es um das Erzielen von Ergebnissen mit und durch andere. Mit welchen Begriffen man diesen Prozeß belegt – Management, Aufsicht, Leitung oder Administration –, spielt eigentlich keine Rolle. Immer geht es in diesem Prozeß um die Festlegung einer Richtung und die Möglichkeit der Koordinierung. Das Erleben dieser Prozesse im Alltag kann eine Skala emotionaler Reaktionen (semantischer Reaktionen) auslösen: Begeisterung, Apathie, Wut, Einsatzfreude, Selbstzufriedenheit, Gleichgültigkeit, Beteiligung usw. Diese verschiedenen Reaktionen, die die sogenannten »emotionalen« und »intellektuellen« Aspekte beinhalten, sagen uns, daß Führung auf viele verschiedene Weisen ausgeübt wird. Das Führungsverhalten kann verschieden charakterisiert werden: »überzeugend«, »strafend«, »stark«, »inspirierend«, »charismatisch« oder »tröstend«. Auch hieraus können wir wieder entnehmen, daß es sich um ein sehr komplexes menschliches Tun handelt.

Bei einer gründlichen Analyse der Führung müssen wir uns mit der Struktur der Sprache und des »Denkens« befassen, die in aristotelische und nichtaristotelische Orientierungen eingebunden ist. Durch Prüfung verschiedener Möglichkeiten zur Formulierung der Führungsanalyse demonstrieren wir durch experimentelle Forschung, welche Auswirkungen sich ergeben, wenn man sich bei der Konzeption der Führungstheorie und der Beschreibung der Führungspraktiken auf die aristotelische Logik stützt. Eine nichtaristotelische Formulierung effektiver Führungsprozesse führt im Vergleich zu signifikant anderen Schlußfolgerungen, die wir auch untersuchen werden. Nehmen wir ein Beispiel: das Cockpit in einem Flugzeug.

Als Flugzeugführer in einem modernen Jet kann der Captain die Ressourcen im Cockpit auf aristotelische oder nichtaristotelische Weise nutzen. Je nachdem, von welcher Logik er bei der Ressourcennutzung ausgeht, ergeben sich wichtige Unterschiede in der Sicherheit und der Pünktlichkeit. Wir werden diese Schlußfolgerung später noch verdeutlichen. Wir werden über ein Experiment berichten, das signifikante Auswirkungen auf die Ausübung einer effektiven Führung im Zusammenhang mit der Flugsicherheit hat. Die Schlüsselrolle, die die nichtaristotelische Logik für das positive Ergebnis dieses Experimentes hatte, wird im Verlauf unserer Abhandlung deutlich werden.

Wir möchten zunächst das Korzybski-Diagramm des Prozesses der Abstraktion von einem nichtaristotelischen Standpunkt aus beschreiben. Dieses Diagramm ist von zentraler Bedeutung für das Begreifen der Führung (siehe Abbildung A-1).

Abb. A-1: Der Prozeß der Abstraktion aus einer elektro-kolloidalen nichtaristotelischen Sicht. Quelle: Korzybski, A., »The Role of Language in Perceptual Processes« (Die Rolle der Sprache in Wahrnehmungsprozessen). Blake, R. R., und Ramsey, G. V. (Hg.), *Perception: An Approach to Personality,* Ronald Press, New York 1951, S. 170–205. Geringfügig überarbeitet von Blake und Mouton.

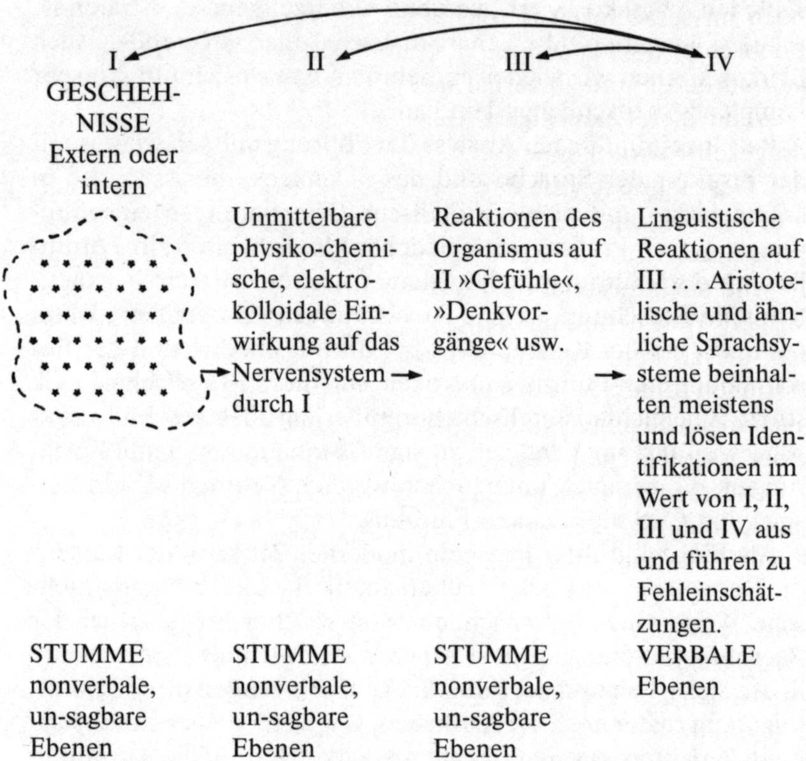

Die »Geschehnisse« auf der linken Seite dieser Abbildung sind Ereignisse oder Vorkommnisse, die »dort draußen« stattfinden. »Dort draußen« kann sich räumlich getrennt vom Beobachter oder in ihm selbst abspielen. Jedenfalls setzt das un-sagbare Geschehnis eine Kettenreaktion in Bewegung. Zunächst entsteht aus I eine physiko-chemische, elektro-kolloidale Einwirkung auf das Nervensystem. Die Aktivierung der Netzhaut, Ohrschnecken oder sonstiger sensorischer Mechanismen erfolgt auf der stummen Ebene II. Diese Reaktion ist immer noch nonverbal und unsagbar. Die Reaktionen des Organismus auf die sensorischen Reize der Ebene II erfolgen auf der stummen Ebene III in Form von »Gefühlen« und »Denkvorgängen«. Dazu gehören wahrscheinlich auch visuelle Vorstellungen. Auch diese Ebene liegt noch im sprachlosen Bereich. Auf der vierten Ebene setzt der Beobachter Sprachsysteme ein, um das Geschehen auf Ebene I auszudrücken und zu verbalisieren.

Wenn dieser natürliche Ablauf des Abstrahierungsprozesses umgekehrt wird, können die Formulierungen der Ebene IV zu den Geschehnissen die Perzeption des Beobachters so umgestalten, daß sie vom Geschehnis selbst sehr differieren. Bei Einbettung einer aristotelischen Logik in die Sprachstruktur der Ebene IV wird die Interpretation des Geschehnisses wahrscheinlich fehlerhafte Wahrnehmungen und ungeeignete Bewertungen enthalten, die zu Fehlannahmen, Verallgemeinerungen und auch zu Aktionen führen. Wir wollen uns nun mit einer Reihe von Untersuchungen befassen, die ihre Schlüsse zur effektiven Führung aus einer aristotelischen, elementaristischen Forschungsgrundlage bezogen haben. Diese Untersuchungen haben auf der rechten Seite der Abbildung A-1 angesetzt und dem, was »dort draußen« an der linken Seite war, vorgefaßte Meinungen »aufgepfropft«.

Angewandte aristotelische Logik in empirischen Untersuchungen zur Führung

Auch nach dem Zweiten Weltkrieg haben die US-amerikanischen Streitkräfte ihr Interesse an der Führung weiter verfolgt und in diesem Bereich gutdotierte Forschungsaufträge vergeben. Ein Forschungszentrum befand sich an der Ohio State University. Dort hat Prof. Edwin Fleishman Untersuchungen durchgeführt, die unter dem Namen *Ohio State Leadership Studies* bekannt geworden sind. Wir werden seine Forschungsarbeiten schematisch charakterisieren, um die aristotelische Logik, auf der sie aufbauen, deutlich sichtbar zu machen und um die Umkehr der natürlichen Reihenfolge im Abstraktionsvorgang, d.h. die Tatsache, daß am »falschen« Ende angesetzt wurde, aufzuzeigen.

Die Forscher begannen mit der Sammlung von über 1800 für die Ebene IV charakteristischen Abstraktionen zu Aspekten des Führungs*verhaltens*. Diese Informationen wurden rein empirisch erhoben. Der Arbeit lagen keine theoretischen Leitlinien oder systematischen Denkvorgänge zugrunde. Offensichtlich war man sich des geordneten Ablaufes des Abstraktionsprozesses kaum bewußt. Aus den vielen Aussagen wurden 150 ausgesondert und zu einem Fragebogen verdichtet. Wir greifen hier einige charakteristische Aussagen heraus: »Er legt Wert darauf, Termine einzuhalten«; »Er behandelt die ihm unterstehenden Mitarbeiter ohne Rücksicht auf ihre Gefühle«; »Er verlangt, über Entscheidungen seiner Mitarbeiter informiert zu werden« (Fleishman, 1960 und 1973). Der Fleishman-Fragebogen wurde Untergebenen in den Streitkräften und der Industrie vorgelegt. Die Probanden gaben an, in welchem Maß die einzelnen Aussagen der Führungsweise ihrer Vorgesetzten entsprachen.

Elementaranalyse
Die nächste von Fleishman, Hemphill und Kollegen gestellte Frage lautete etwa: »Zeigen sich bei den Aussagen bestimmte Häufungen, die man zu einer Gruppe zusammenstellen könnte, die sich aber wiederum von anderen Aussagen unterscheiden, die wiederum zu einer eigenen Gruppe zusammengestellt werden könnten? Wenn wir diese Häufungen identifizieren, können wir die gemeinsamen Elemente, die der Praxis der Führung zugrunde liegen, entdecken.«

Sie sind statistisch nach der Faktoranalyse vorgegangen, um gemeinsame Elemente zu identifizieren. Der Einsatz der Faktoranalyse setzt voraus, daß sich ein Prozeß, wie beispielsweise der Prozeß der Führung, aus einzelnen Elementen zusammensetzt, die sich voneinander abgrenzen lassen. Wir werden uns auf die beiden Elemente konzentrieren, die als wichtigste gelten, wohl wissend, daß zusätzliche Faktoren vorhanden waren, denen aber die statistische Signifikanz in der Charakterisierung der Führung abgesprochen wurde. Man ging davon aus, daß die beiden Hauptelemente in verschiedenen Mengen bei verschiedenen Führungskräften vorhanden sind. Also wurden Skalen konstruiert, um zu messen, in welchem Ausmaß die jeweiligen gegebenen Elemente vorhanden waren.

Etikettierung
Man hat schon im Übereinklang mit der aristotelischen Logik den Fehler begangen, die einzelnen Führungs»elemente« voneinander zu isolieren. Als nächster logischer Schritt war die »Etikettierung« an der Reihe. Unter anderem wurde der Begriff »auslösende Struktur« geprägt. Dabei geht es darum, was eine Führungskraft einem Mitarbeiter »zu tun« aufträgt. Die Strukturdimension ist in Abbildung A-2 dargestellt. Am hohen Ende sagt eine Führungskraft einem Mitarbeiter, was er tun soll, wo er es tun soll, wann er es tun soll und wie er es tun soll usw. Um das »Warum« kümmert er sich nur sehr selten, weil die Erklärung von Beweggründen nicht konsistent ist mit den übrigen Verhaltensweisen, die sich in dieser Aktivität finden.

Abbildung A-2: Strukturdimension der Führung

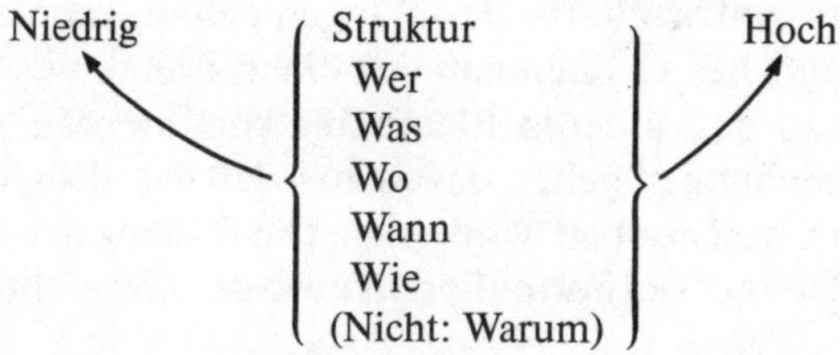

Das zweite Element, das in Abbildung A-3 dargestellt wird, wurde mit dem Begriff »Gegenleistung« belegt. Hier geht es darum, in welchem Maß eine Führungskraft seinen Mitarbeitern sozio-emotionale Unterstützung gewährt. Ein hohes Maß an Rücksichtnahme ist vorhanden, wenn der Führende herzlich mit seinen Mitarbeitern umgeht oder sie emotional stützt. Dieses Verhalten zeigt sich in Komplimenten, der Gewährung von Belohnungen, Schulterklopfen, Streicheleinheiten usw.

Nun haben wir den Unterbau, der uns die in diesem Ansatz inhärente aristotelische Logik begreifen läßt. Häufungen wurden

Abb. A-3: Dimension der Gegenleistung in der Führung

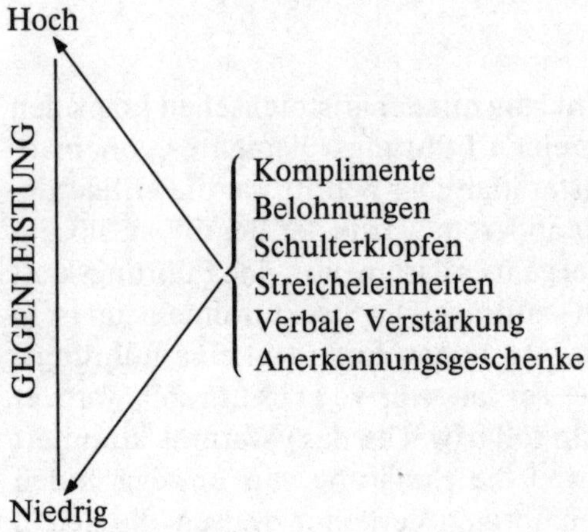

zu selbständigen Elementen, die zwei willkürliche oder selbständige »Aktivitäten« darstellen, die sich in der Führung finden. Da die auslösende Struktur und die Gegenleistung als zwei voneinander getrennte, unkorrelierte Handlungen gelten, kann eine Führungskraft jegliches Größenmaß des einen Elementes mit jeglichem Ausmaß des anderen Elementes kombinieren. Die *Ohio State*-Untersuchungen gehen davon aus, daß das »Es«, das Etwas »da draußen«, beschrieben worden sei. Die Präsenz des elementaristischen »Denkens« (Formulierens) wurde offensichtlich nicht erkannt.

Fleishmans Umkehrung der natürlichen Reihenfolge im Abstraktionsprozeß (siehe Abbildung A-4) ist tief in den *Ohio State*-Ansatz eingebunden. Fleishmans Sammlung von 1800 Elementen des Führungsverhaltens setzt doch eindeutig bei Ebene IV und nicht bei Ebene I an. Die resultierende »Theorie« wird nicht etwa vom Geschehnis abgeleitet, sondern diesem »Geschehnis« aufgepfropft. Dies ist eine Umkehrung der natürlichen Reihenfolge im Abstraktionsprozeß. Schlüsse zum Geschehnis selbst, d. h. zur Ausübung der Führung, werden ohne ersichtliche Beachtung der stummen Ebenen I, II und III auf der verbalen Ebene IV gezogen.

Die Logik der elementaren Analyse hat zu der Schlußfolgerung geführt: »Führung *ist* auslösende Struktur und Gegenleistung.«

Abb. A-4: Fleishmans Umkehrung der natürlichen Reihenfolge im Abstraktionsprozeß

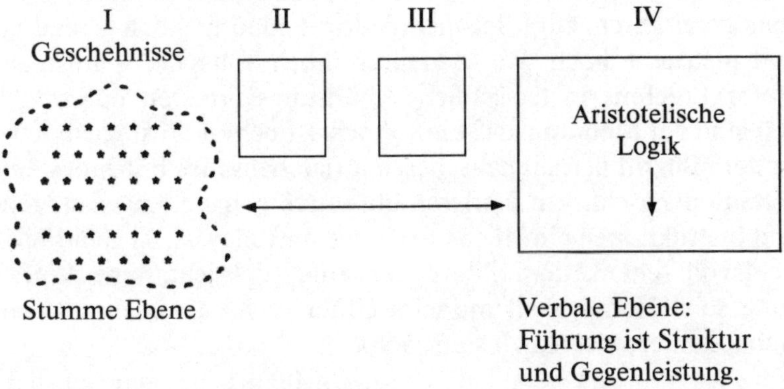

Auslösende Struktur der Identität
(Ebenen II und III werden nicht berücksichtigt.)

Kombination von Elementen durch Addition
Fleishman verspürte nun das Bedürfnis, die beiden Führungsaktivitäten wieder miteinander zu verbinden, um so einen Überblick über das spezifische Führungsverhalten des einzelnen zu gewinnen. Die Art dieser Neukombination ist sehr wichtig. Hier können wir erkennen, mit welcher Konsequenz die aristotelische Logik in diesen wichtigen Forschungsarbeiten angewandt wurde.

Fleishman sagte sich folgendes: »Wir werden *zwei Erhebungsbogen erstellen, einen zur Messung des Verhaltens im Bereich ›auslösende Struktur‹* und einen zur Messung der Verhaltensweisen, die durch die *Gegenleistung* ausgelöst werden. Wir werden dann ein Koordinatensystem erstellen und die verschiedenen Ausprägungen der beiden Tätigkeiten miteinander verknüpfen. So gewinnen wir ein Bild zu den verschiedenen Möglichkeiten in der Ausübung der Führung.«

»Um die individuellen Testergebnisse grafisch darzustellen«, hätte Fleishman nun fortfahren können, »werden wir die Dimensionen *auslösende Struktur* und *Gegenleistung* rechtwinklig zueinander zeichnen. Eine Führungskraft, die bei beiden Dimensionen eine hohe Punktzahl erreicht, werden wir mit ihrem Führungsansatz im oberen rechten Quadranten der Grafik (Abbildung A-5) darstellen. Für sämtliche anderen Ergebniskombinationen wird analog verfahren, zum Beispiel niedrig + niedrig, hoch + niedrig und niedrig + hoch. Was bedeutet »hoch + hoch«, wenn man dieses Ergebnis in tatsächliches Führungsverhalten übersetzt? Wir sind der Meinung, daß eine »hoch + hoch«-Führung eindeutig dem Begriff patriarchalisches/matriarchalisches Führungsverhalten entspricht. Ein Patriarch übt durch genaue Anweisungen und Instruktionen ein Höchstmaß an Kontrolle aus, ist aber rücksichtsvoll, schenkt dem Mitarbeiter seine Rücksicht, seine Zuneigung, seine Herzlichkeit und seine Unterstützung, weil dieser ihm Gehorsam erweist (Levinson, 1968).

Abb. A-5: Fleishmans Darstellung der Dimensionen Gegenleistung contra Struktur

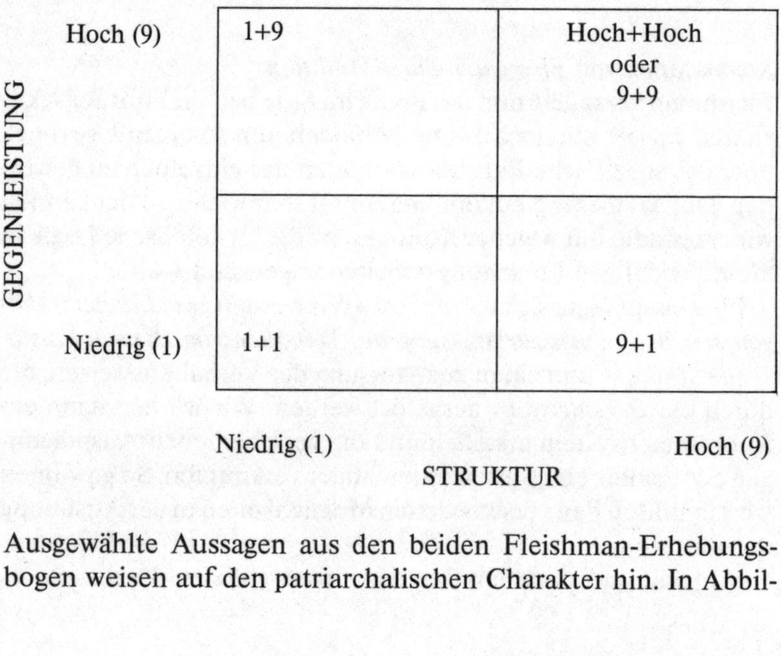

Ausgewählte Aussagen aus den beiden Fleishman-Erhebungsbogen weisen auf den patriarchalischen Charakter hin. In Abbildung A-6 werden Aussagen aus dem Strukturtest auf der linken Seite Aussagen zur Gegenleistung auf der rechten Seite zugeordnet. Andere mit eiserner Hand zu kontrollieren und zu führen und ihnen gleichzeitig persönliche Gefälligkeiten zu erweisen entspricht der Formel, Mitarbeiter mit Gegenleistungen im Austausch gegen ihren Gehorsam zu belohnen. Überstunden erwarten und dann den Mitarbeitern, die diese Überstunden leisten, bei der Bewältigung von privaten Problemen zu helfen ist ein weiteres Beispiel für ein »hoch + hoch«-Verhalten.

Abb. A-6: Auszug aus dem Ohio State Leadership Model – Zuordnung von Aussagen, die zu einem Ergebnis »hoch + hoch« (9 + 9) führen.

Auslösende Struktur		Rücksicht
Immer mit eiserner Hand führen	(aber)	Nachgeordneten Mitarbeitern häufig Gefälligkeiten erweisen
Überstunden verlangen	(aber)	Mitarbeitern oft bei privaten Problemen helfen

Der folgende Dialog soll als Beispiel dienen, um die Dynamik des autoritär-patriarchalischen Ansatzes deutlicher herauszuarbeiten. Herr Janke ist der Mitarbeiter und Herr *Schmitt el.* ist sein Vorgesetzter. (Schmitt el. ist ein Chef, der aus elementaristischen Annahmen heraus führt.)

Chef: Sie haben im Schichtbuch gelesen, was heute zu erledigen ist. Es ist zwar ziemlich viel, aber es muß alles getan werden.

Mitarbeiter: Ich werde mein Bestes tun.

Chef: Bitte halten Sie sich genau an meine Anweisungen. Ich will nicht, daß Sie die sieben Arbeitsgänge hintereinander an den jeweiligen Maschinen durchführen, sondern jeweils einen Arbeitsgang an der ersten Maschine, dann denselben an der zweiten, dann denselben an der dritten. Justieren Sie zuerst den Rotor bei allen drei Maschinen aus. Dann gehen Sie an die erste Maschine zurück und justieren den Treibriemen. Dasselbe tun Sie an den Maschinen 2 und 3 usw.

Mitarbeiter: Aber Chef, das ist doch unrationell. Es ist wirklich besser, wenn ich zuerst alle sieben Teile an Maschine 1 justiere und dann mit Maschine 2 anfange.

Chef: Ich bin Ihnen dankbar für Ihre Anregung, Janke, so habe ich aber jedenfalls die Garantie, daß jede einzelne Justierung vorgenommen worden ist.

Mitarbeiter: In Ordnung, wenn Sie es so haben wollen. Es ist zwar Zeitverschwendung, aber wenn Sie es so haben wollen ... okay.

Chef: Großartig, Janke. Ich weiß, daß ich mich auf Sie verlassen kann. Rufen Sie mich eine halbe Stunde vor Schichtende an, und sagen Sie mir, wie weit Sie gekommen sind.

Mitarbeiter: In Ordnung.

Chef: (Geht gegen Ende der Schicht ans Telefon.) Ach ja, Janke. Wie bitte ...?

Mitarbeiter: Ich bin fast fertig. Ich muß nur noch die siebte Justierung an den Maschinen 2 und 3 durchführen. Bis Schichtende werde ich durch sein.

Chef: Das ist ja wunderbar, Janke. Sie haben heute großartig für mich gearbeitet. Dafür haben Sie eine Belohnung verdient. Wenn Sie noch vor Schichtende fertig werden, machen Sie Schluß und setzen Sie sich in den Pausenraum. Die Pause geht auf meine Kappe.

Mitarbeiter: In Ordnung, Chef. Vielen Dank. Ich bin froh, daß ich getan habe, was Sie wollten.

Der Chef strukturiert die Aufgabe für Herrn Janke genau vor. Gegen besseres Wissen hält sich Janke an die Anweisungen seines Chefs. Der Chef zeigt seine Anerkennung und läßt Janke hohen Rückhalt zukommen. Janke wird aber nicht für seine gute Arbeit belohnt, sondern dafür, daß er gehorcht und die Anweisungen seines Chefs genau befolgt hat. Diese Addition zweier unabhängiger Elemente führt zu einem patriarchalischen Führungsansatz. Der patriarchalische Charakter der Beziehung wird sogar noch deutlicher in der Bemerkung, in der der Chef sich selbst mit dem

Unternehmen verwechselt und meint: »Sie haben heute großartig für *mich* gearbeitet...« Im weiteren Verlauf identifiziert er sich noch einmal mit dem Unternehmen, als er über Zeit, die eigentlich dem Unternehmen gehört, verfügt, als ob sie ihm alleine gehöre. Er schenkt sie dem Mitarbeiter als Belohnung für folgsames Verhalten.

Fleishman ging davon aus, daß Führungskräfte im »hoch + hoch«-Quadranten effektiver führen als andere, da in ihren Testergebnissen beide Elemente in maximalem Maß vorhanden sind. Diese Voraussage wurde in einer Reihe von Untersuchungen in einem Zeitraum von 30 Jahren empirisch überprüft. Diese Untersuchungen haben die »Nützlichkeit« des Fleishman-Modells zur Abgrenzung des Führungsverhaltens nicht nachweisen können (Korman, 1966; Larson, Hunt, Osborn, 1976; Nystrom, 1978). Wir haben uns hier auf das Führungsmodell nach Fleishman konzentriert, weil Fleishmans Arbeiten immer noch großen Einfluß haben. Trotz der fehlerhaften Formulierung und des nicht gelungenen Gültigkeitsnachweises haben Fiedler (1964), Reddin (1970), House (1971), Hersey und Blanchard (1982), Blanchard (1982), Lefton (1980), Vroom und Yetton (1973), Kipnis, Schmidt, Swaffin-Smith und Wilkinson (1984) und andere Variationen dieser Führungstheorie ausgebaut oder betont.

Dies wollen wir durch eine Überprüfung der Gültigkeit dieser beiden fundamental verschiedenen Formulierungen überprüfen und den von Hersey und Blanchard entwickelten Test zur Messung des Führungsverhaltens bewerten. Die Voraussage, daß Aussagen, die einer 9,9-Orientierung entsprechen, in einem nach dem Konzept »9 + 9« aufgebauten Test nicht dargestellt werden, wird bestätigt. Bei Einfügung von 9,9-Aussagen in einen nach »9 + 9« aufgebauten Test stellt sich in der empirischen Forschung heraus, daß sich Manager in überwältigendem Maße von den »9 + 9«-Aussagen abwenden und sich für die 9,9-Aussagen entscheiden. 9,9-Aussagen bilden eine zutreffende Beschreibung für den effektivsten Führungsansatz (Blake/Mouton, 1982). Maccoby hat 1976 die Meinung vertreten, daß der Opportunismus (siehe Kapitel XI) die kommende Führungstheorie sei. In letzter Zeit hat er seine Ansichten aber geändert und sich statt dessen einer 9,9-ähnlichen

Führungsorientierung zugewandt (1981). Shutz stützt sich auf eine andere Definition der Elemente. Er sieht sie als Einzelelemente und verbindet sie additiv miteinander. Auch dies ist wieder eine Führungstheorie, die auf aristotelischer Logik beruht (1984). Korzybski würde zusammenfassend sagen: »Die aristotelische Sprache hat [in ihrer Anwendung auf die Führungstheorie] das verewigt, was ich als ›Elementarismus‹ bezeichne, und Dinge verbal aufgesplittet, die sich empirisch nicht aufsplitten lassen« (Korzybski/Kindig, 1942).

Differentialanalyse in der Anwendung auf die Führung

Ein nächster wichtiger Schritt zur Erstellung einer gültigeren Formulierungsgrundlage zur Beschreibung einer effektiven Führung stammt von Prof. Rensis Likert. Die Ergebnisse kommen aus Forschungsarbeiten für die Marine an der University of Michigan. Likert hätte seine Hypothese etwa wie folgt formuliert:

»Um effektive Führung zu begreifen, identifiziert man zunächst zwei Gruppen, die sich in der Leistungseffektivität voneinander unterscheiden. Die Mitarbeiter der Führungskräfte in den effektiveren Gruppen sollten dann darum gebeten werden, das Verhalten ihres Vorgesetzten zu beschreiben. Auch die Mitarbeiter der weniger effektiven Führungskräfte werden gebeten, das Verhalten ihres Vorgesetzten zu beschreiben. Damit erhält man eine Vergleichsgrundlage für Führungsverhalten am oberen und am unteren Ende des Effektivitätskontinuums« (Likert, 1961).

Auch Likert hat sich in der Reihenfolge des Abstraktionsprozesses auf den vierten Schritt konzentriert, hat aber zusätzlich den interessanten Dreh gefunden, Mitarbeiter um Charakterisierung von zweierlei Arten von Führungskräften zu bitten, nicht um eine Charakterisierung von Führungskräften »allgemein«. Damit ist er einen Schritt vorangekommen. Die Befragten wurden gebeten, zumindest auf dem Wege über Rückschlüsse über Geschehnisse auf Ebene I nachzudenken. Er konnte nun die Aussagen zu einer Gruppe von Führungskräften mit den Aussagen zu einer anderen Gruppe von Führungskräften vergleichen.

Die effektiveren Führungskräfte wurden allgemein als »mitarbeiterzentriert« und die weniger effektiven Führungskräfte als

»aufgabenzentriert« beschrieben. Aus diesen Untersuchungsergebnissen zog Likert folgende Schlüsse:

»Führungskräfte mit den besten Leistungsergebnissen konzentrieren ihre Hauptaufmerksamkeit auf die menschlichen Aspekte der Probleme ihrer Mitarbeiter und bemühen sich um den Aufbau effektiver Arbeitsgruppen mit hohen Leistungszielen . . . Führungskräfte, in deren Arbeitsgruppen relativ schlechtere Leistungen erbracht wurden, tendieren dazu, ihre Mitarbeiter immer intensiv zu beschäftigen. Sie müssen spezifische Arbeitsvorgänge genau nach Vorschrift mit zufriedenstellender Geschwindigkeit in vorgeschriebenen Zeiten ausführen« (Ibid.).

Likert hat die »Gruppenzentrierung« über die Idee des Individuums als Gefolgsmann gestellt und so das Konzept der Mitgliedschaft veredelt. Effektive Führung war gekennzeichnet durch ein arbeitsbezogenes Geben und Nehmen zwischen Chef und Mitarbeitern und wurde mit Begriffen wie Zielintegrierung, gegenseitiges Vertrauen und gegenseitige Unterstützung belegt. In seinen Forschungsarbeiten kam er zu dem Schluß, daß mitarbeiterzentrierte *Partizipation* den *Einsatz* und die Verpflichtung für Ergebnisse fördert. Likert hat zwar mit seinen empirischen Feststellungen effektives und weniger effektives Führungsverhalten beschrieben und vorausgesagt. Es ist ihm aber nicht gelungen, eine Grundlage für systematische Verallgemeinerungen zu bieten, da die Interaktionen selbst, die Wechselwirkung im Prozeß des Gebens und Nehmens, die zu diesen Erfahrungen führten, nicht untersucht wurden.

Ungefähr zur gleichen Zeit haben sich McGregor (1960, 1967) und Argyris (1976) nichtelementaristischen, nichtadditiven Fassungen einer effektiven Führung zugewandt. Sowohl McGregor mit seinem Konzept Theorie X und Theorie Y als auch Argyris mit seinem Modell I und Modell II sind enge Grenzen gesetzt, da sie nur von zweiwertigen Entweder-Oder-Formulierungen ausgehen. Führung ist keine Frage des Entweder-Oder, sondern eine Sache unendlicher Variationsmöglichkeiten.

Nichtaristotelische Logik in der Anwendung auf die Ausübung der Führung

Wir sind bei unserer Arbeit zur Erstellung konzeptioneller Grundlagen für die Bewertung der Führung von einem anderen Ansatzpunkt ausgegangen. Wir waren uns der Widersprüche und Diskrepanzen bei den damals vorherrschenden Führungsansätzen bewußt. Also haben wir uns rund 15 Jahre an Ort und Stelle als Teilnehmer/Beobachter engagiert und »Geschehnisse« der Ebene I in den Gruppen von innen heraus miterlebt (d. h., wir haben an der linken Seite des Korzybski-Modells, siehe Abbildung A-1, angesetzt). Von dieser Grundlage ausgehend, haben wir unsere Schlüsse gezogen. Wir haben unter anderem Ende der vierziger Jahre mit Psychoanalyse-Therapiegruppen an der Tavistock Clinic unter Bion und Ezriel in London gearbeitet. Diese Arbeit haben wir in den darauffolgenden zehn Jahren in T-Gruppen, d. h. also im Sensitivity-Training, hauptsächlich in Bethel, Maine, weitergeführt. Wichtige Einsichten haben wir auch über viele Jahre hinweg aus unserer Arbeit mit Moreno und seinem Psychodrama-Ansatz und aus allgemeinen Semantikseminaren mit Bois gewonnen. Im selben Zeitraum haben wir an Universitäten viele Experimente durchgeführt, bei denen wir die Gruppenprozesse von Studenten beobachtet haben, die in ihrer Interaktion synergistische Ergebnisse anstrebten. In der Industrie haben wir schließlich weitere Einblicke in die Geschehnisse der Ebene I gewinnen können, indem wir Führungskräften geholfen haben, ihre menschlichen Ressourcen zur Erhöhung der Effektivität in der Problemlösung und Entscheidungsbildung zu mobilisieren.

Während dieser ganzen Zeit sind wir Teilnehmer/Beobachter gewesen. Wir haben unsere Teilnahme und die Teilnahme anderer als »Geschehnisse« erlebt. Wir haben erlebt, wie sich Führung zeigte und wie sie gestärkt wurde, schwankte, wechselte oder wieder erschien. Wir haben uns dabei insbesondere darauf eingestimmt, was die Mitglieder in ihrem Bemühen um eine gemeinsame Richtung und Koordinierung getan und unterlassen haben. Wichtig ist hier das Schlüsselwort »wir«. Da wir viele dieser Dinge gemeinsam erlebt haben, konnten wir unsere Wahrnehmungen gegenseitig korrigieren und auf diese Weise ein besseres Verständnis für Führungsphänomene als »Geschehnisse« entwickeln.

Aufgrund dieser Erfahrungen haben wir uns weniger auf die Merkmale oder Kennzeichen erfolgreicher oder nicht erfolgreicher Führungskräfte oder auf die Führung »im allgemeinen« konzentriert, sondern haben unser Hauptaugenmerk auf die Prozesse der Interaktion gerichtet. Unsere Formulierungen zur Führungseffektivität sind also aus den »Geschehnissen« selbst abgeleitet. Wir können schildern, wie sich unsere Beschreibung der Führung als ein Interaktionsprozeß entwickelt hat.

Führung ohne Aufgabe kann es genausowenig geben wie Führung in einer Solosituation. Da wir die Notwendigkeit zusätzlicher Dimensionen für eine vollständige Beschreibung erkannten, haben wir zwei primäre Führungsdimensionen identifiziert: *Orientierung an der Erfüllung der Aufgabe* und *Orientierung aneinander als Teilnehmer.* Diese Orientierungen sind, wie in Abbildung A-7 dargestellt, nicht irgendwo »da draußen«. Sie liegen vielmehr im *Innern* der Führenden (und Mitglieder) in ihrer Eigenschaft als Teilnehmer/Beobachter des Geschehens. Sie lassen sich nicht voneinander trennen und auch nicht einzeln behandeln, ohne gleichzeitig das Phänomen zu verlieren, das sie beschreiben.

Die *Produktions- oder Sachorientierung* und die *Menschenorientierung* lassen sich als Dimensionen zur Charakterisierung des Führungsprozesses in Diagrammform zeichnen. Zunächst läßt sich das Ausmaß der Sachorientierung als Kontinuum zwischen einem Minimalmaß (1) über verschiedene Zwischenausprägungen zu einem Maximalmaß (9) darstellen. Genauso lassen sich die verschiedenen Ausprägungen der Menschenorientierung von einer niedrigen Menge 1 bis zu einer hohen Menge 9 auf einer Skala eintragen.

Diese Dimensionen werden auf ein Gitter übertragen (siehe Abbildung A-8). Die Interdependenzen zwischen den variablen Größen X und Y werden dabei durch ein Komma bezeichnet. Dabei halten wir uns an die für kartesische Koordinaten übliche Schreibweise.

Da die Analyse der Führungsgeschehnisse an diesem Punkt beginnt, hängt eine gültige Beschreibung der Geschehnisse davon

Abb. A-7: Abstraktionsprozeß zu den primären Dimensionen der Führung im Hinblick auf Orientierung an der Erledigung der Aufgabe und Orientierung aneinander als Teilnehmer

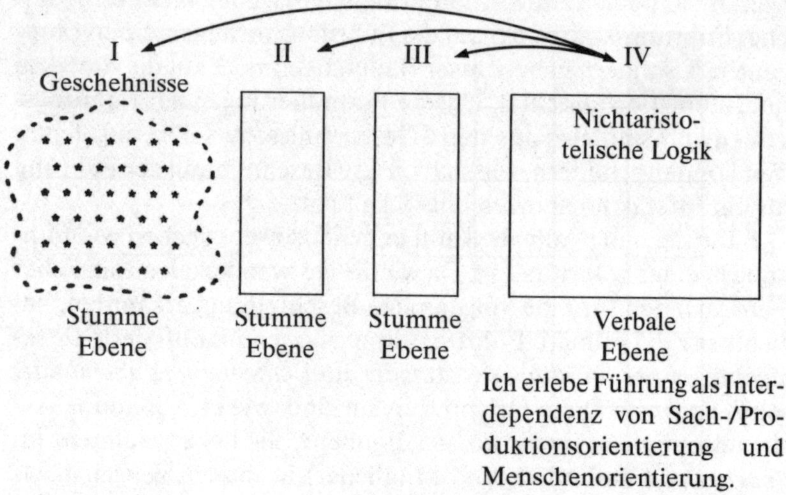

ab, daß sie als Interaktion zwischen *interdependenten* Variablen („), nicht aber als arithmetische Paarung unabhängiger Elemente (+) begriffen wird.

Diesen wichtigen Unterschied im Konzeptaufbau findet man in vielen Bereichen. Ein Beispiel aus der Chemie illustriert den kritischen Unterschied zwischen einer arithmetischen Summierung (+) unabhängiger Variablen und der Interaktion zwischen interdependenten, aber unkorrelierten Variablen („). Ein chemisches Gemisch entspricht der arithmetischen Kombination von Variablen, wie sie Fleishman in seinem Modell anführt. In einem chemischen Gemisch, beispielsweise Smog, behält jedes Element im Gemenge seine spezifischen Merkmale. Die Partikel und Gase, aus denen sich der Smog zusammensetzt, behalten ihre jeweilige charakteristische »Identität« auch im Gemisch (siehe Abbildung A-9).

Die Analogie zum Gemisch veranschaulicht, wie die »auslösende Struktur« und die »Gegenleistung« ihre jeweiligen charakteristischen Züge auch dann behalten, wenn man sie arithmetisch

Abb. A-8: Einsatz des Grid zur Kennzeichnung und Darstellung der Sachorientierung und der Menschenorientierung

Das Grid®-Verhaltensgitter

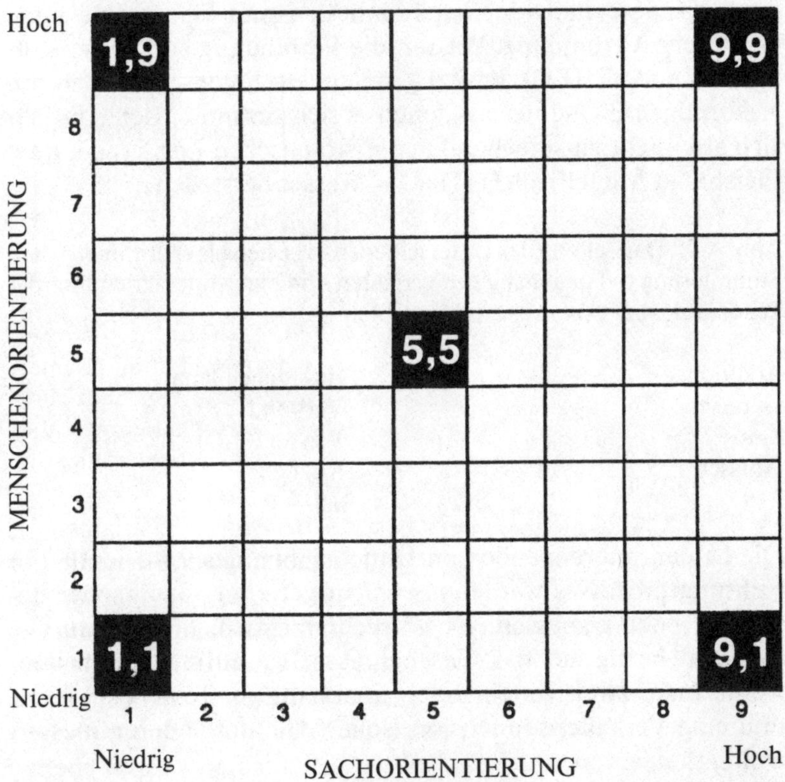

zusammenzieht. Ein Beispiel: Das Aufgaben- oder Sachverhalten wird bei »9« eingestuft, wenn der Vorgesetzte die Tätigkeiten seines Mitarbeiters vorstrukturiert und ihm »vollständig« vorgibt, was er wie, wann und wo zu tun hat. Eine bei Ziffer »9« eingestufte sozio-emotionale Unterstützung zeigt sich im Gewähren von Belohnungen, Lob und Streicheleinheiten. Von der »Gedankenlogik« her behalten neun Einheiten »Unterweisung« immer dieselben Merkmale, ob sie mit einer Einheit (9+1) oder mit neun Einheiten (9+9) Rückhalt gekoppelt sind.

Um im Bild zu bleiben: Die im Grid-Konzept der Führung definierte Interaktion entspricht einer chemischen Verbindung, in der die Variablen miteinander reagieren. In der interaktiven Kombination chemischer Elemente verlieren die einzelnen Komponenten ihre individuellen Identitäten und bilden eine neue chemische Verbindung. Wasser, die Verbindung aus Wasserstoff und Sauerstoff (H_2O), besitzt ganz andere Eigenschaften als die gasförmigen Elemente, aus denen es sich zusammensetzt. Es läßt sich also nicht entsprechend der aristotelischen Logik (oder dem Fleishman-Modell) als H+H+O = Wasser darstellen.

Abb. A-9: Darstellung des Unterschiedes zwischen einer arithmetischen Summierung (+) unabhängiger Variablen und einer Interaktion interdependenter, aber unkorrelierter Variablen (,).

Addition	Interdependenz
Gemisch	Verbund
Smog	Wasser (H_2O)
Gulasch	Kuchen
9+9	9,9

Die beiden interdependenten Dimensionen des 9,9-orientierten Führungsprozesses werden also nicht getrennt voneinander behandelt oder gemessen. Es ist nicht möglich, die strukturelle Logik in bezug auf das Geschehnis selbst aufrechtzuerhalten, wenn man zwei voneinander unabhängige Tests entwickelt und eine Verhaltensdimension isoliert von der anderen messen will.

Führen wir ein weiteres Beispiel an. Den Verbundcharakter dieses Ansatzes können wir durch Untersuchung einer Testaussage darstellen. In dieser Aussage versuchen wir, nur die Sachorientierung einer Führungskraft zu beschreiben, ohne gleichzeitig auf die Menschenorientierung einzugehen.

Die Aussage lautet:

»Ich setze meine ganze Kraft ein und . . .?«	Gitter-Orientierung ?

Aus dieser Aussage erfahren wir nichts über die Interaktionsprozesse, da wir nicht wissen, in welchem Bezug die »ganze Kraft« auf seiten der Führungskraft zu den Bemühungen, Aktionen oder wahrgenommenen Reaktionen der Mitarbeiter steht.

Lautet die Aussage:

»Ich setze meine ganze Kraft ein und treibe andere dazu an, dasselbe zu tun«,	Gitter-Orientierung ?

wird die Führungsorientierung ganz deutlich. Dieser Gitterstil entspricht einer 9,1-Orientierung. Zur Erzielung von Gehorsam wird *Zwang* eingesetzt.

Sagt die Führungskraft:

»Ich setze meine ganze Kraft ein und belohne die, die mir Gehorsam erweisen«,	Gitter-Orientierung ?

wird ein ganz anderes Führungsverhalten deutlich. Hier tritt die autoritär-patriarchalische (9+9) Orientierung auf. Zur Bewirkung von Gehorsam werden *Belohnungen* eingesetzt.

Die »ganze Kraft« kann aber auch folgendermaßen eingesetzt werden:

»Ich setze meine ganze Kraft ein, und andere ziehen begeistert mit.«	Gitter-Orientierung ?

Wenn andere begeistert mitziehen, kann sich eine offene Beteiligung am interaktiven Prozeß bei gleichzeitig höherem Engagement ergeben. Voraussetzung für die »Offenheit« in der 9,9-Orientierung ist die Gegenseitigkeit. Es gibt keine einseitige Kontrolle. Es wird nicht einseitig bestimmt, wer was wann zu tun hat. Aus dem Interaktionsprozeß ergibt sich statt dessen ein optimaler Arbeitsansatz.

Es ergeben sich sehr verschiedene Führungs-»Gemische«, je nachdem, was womit kombiniert wird und wie diese Kombination erfolgt.

Aus der Perspektive einer nichtaristotelischen Logik erkennen wir also in der zeichnerischen Darstellung der Gitterorientierung in Abbildung A-10 die Interdependenz zwischen der Dimension »Aufgabe« und der Dimension »Menschen«. Diese Interdependenz ist wichtig für die Beschreibung des Prozesses der gegenseitigen Einflußnahme. Die soziologischen Begriffe *Chef und Un-*

tergebener, Führer und Geführter, die ausdrücken, daß einer einem anderen »etwas zufügt«, sind zur Beschreibung eines 9,9-orientierten Führungsprozesses nicht geeignet. Es gibt jedoch noch keinen funktionalen Begriff, der sich zur Beschreibung der an einer Beziehung Beteiligten eignet, wenn sich beide (oder mehrere) aktiv für die Vollendung einer Aufgabe einsetzen.

Was bedeutet dieser Prozeß der gegenseitigen Einflußnahme in der Praxis? Jede gegebene Aufgabe ist durch ihre eigene innere Logik gekennzeichnet. Eine optimal-effektive Aufgabenvollendung durch mehrere Personen ist bedingt durch vernünftige Prozesse, in denen technische, materielle und menschliche Ressourcen auf vernünftigste Weise voll eingesetzt werden können. Effektive Führung trägt zur soliden Aufgabenvollendung bei, während ineffektive Führung davon ablenkt. Bei 9,9-orientierten Führungsprozessen zur Erzielung einer koordinierten Richtungsbestimmung ist eine freimütige Kommunikation in einem nach allen Seiten offenen Regelkreis involviert. Sie basiert auf dem Willen, die beste Alternative oder den besten Maßnahmenkurs in Kongruenz mit der der Gesamtsituation immanenten Logik zu finden.

Innerhalb einer 9,9-orientierten Führung kommen verschiedene Prozesse zur Anwendung: Mitwirkung aller, übergeordnete Zielorientierung, Konfliktlösung und Lernen im doppelten Regelkreis. Sie alle sind Merkmale einer effektiven Aufgabenerledigung.

Muß zur Erledigung einer Aufgabe beispielsweise ein Problem gelöst werden, wird die 9,9-orientierte Führungskraft sich bei anderen um Input bemühen, ehe eine Entscheidung getroffen wird. Mögliche Lösungen werden untersucht, um die zugrundeliegenden Unterschiede deutlich darzulegen und eine Alternative zu entdecken, die der wahrgenommenen »Logik des Problems« am besten entspricht. Die Betonung liegt auf der Nutzung sämtlicher verfügbarer Ressourcen zur Bestimmung des optimalen Maßnahmenkurses. Eine durch Interaktionsprozesse erzielte synergistische Problemlösung dürfte meistens der »bestmöglichen« Lösung, die ein einzelner in Alleinarbeit produzieren kann, überlegen sein.

Abb. A-10: Interdependenz zwischen der Dimension »Aufgabe« und der Dimension »Menschen« ist wichtig für die Beschreibung eines Prozesses der gegenseitigen Einflußnahme.

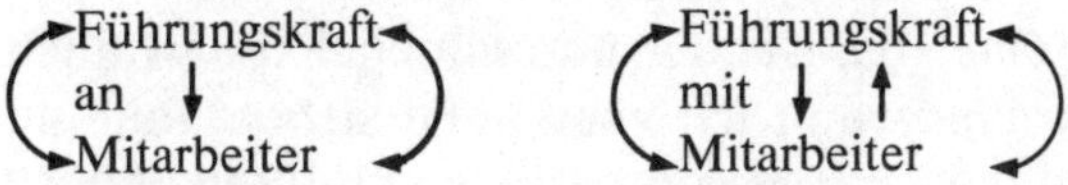

Einfacher Regelkreis: einseitige Einflußnahme	Doppelter Regelkreis: gegenseitige Einflußnahme

Daß es uns manchmal nicht gelingt, diese überlegenen synergistischen Lösungen zu finden, läßt nicht etwa den Schluß auf einen Zusammenbruch der »Intelligenz« zu. Die »Intelligenz« ist »da«. Sie wird aber durch irgend etwas in ihrer Anwendung blockiert. Sind Führungsprozesse fehlerhaft, können sich Schnellösungen aufdrängen. Hier kommen unter Umständen Seniorität, Rang, Alter oder alte Kameradschaften ins Spiel. Sie blockieren die Koordination und Kooperation und verhindern den vernünftigen Einsatz der »Intelligenz«.

Nun, da wir die 9,9-orientierte Führung als Problemlösungsansatz verdeutlicht haben, können wir zu Herrn Janke, dem Maschinenschlosser, zurückkehren, dem wir im Gesprächsbeispiel schon begegnet sind. Jetzt ist er im Gespräch mit seinem Chef, Herrn *Schmitt nicht-el.* Schmitt nicht-el. ist ein Chef, dessen Verhalten mit der nichtelementaristischen oder nichtaristotelischen Logik kongruent ist.

	Schmitt nicht-el.
Chef:	Sie haben das Schichtbuch gelesen. Es steht ziemlich viel an, aber Sie müssen alles erledigen.
Mitarbeiter:	Ich werde mein Bestes tun.
Chef:	Anstatt die sieben Arbeitsgänge hintereinander an den jeweiligen Maschinen durchzuführen, möchte ich gerne, daß Sie jeweils einen Arbeitsgang an allen drei Maschinen hintereinander vornehmen. Justieren Sie zuerst den Rotor an allen

drei Maschinen. Gehen Sie dann an die erste Maschine zurück und justieren den Treibriemen, dann den Treibriemen an Maschine 2 und 3 usw. Läßt sich das so machen?

Mitarbeiter: Aber Chef, das ist doch unrationell. Es ist wirklich sinnvoller, wenn ich zuerst alle sieben Teile an Maschine 1 justiere und dann erst mit Maschine 2 anfange.

Chef: Ich bin Ihnen dankbar für Ihre Anregung. Ich weiß, daß es keinen Grund zur Beschwerde gibt, aber machen Sie das mal den Maschinenführern klar! Hier geht es wieder einmal um ein Vertrauensproblem zwischen zwei Abteilungen. Jedenfalls kann ich auf diese Weise persönlich dafür garantieren, daß jede einzelne Justierung vorgenommen worden ist.

Mitarbeiter: Nun, wenn das Problem in der Garantie liegt, sollten wir eine Lösung finden, aber so, daß ich vernünftig arbeiten kann.

Chef: Ja, Sie haben recht. Ich nehme an, wir könnten . . .

Mitarbeiter: Ja, wir könnten. Es stimmt schon, daß man einen Justiervorgang oder auch schon einmal zwei vergessen kann, wenn man nacheinander an einer Maschine arbeitet. Man sieht ein Teil, das auch noch repariert werden muß, konzentriert seine Aufmerksamkeit darauf, und schon ist der ordnungsgemäße Ablauf unterbrochen . . . Ich habe die Prüfliste im Kopf, aber ich könnte sie schriftlich fixieren und dann jeden Punkt nach Erledigung abhaken. So können Sie die Qualitätsgarantie geben, und ich kann effektiv arbeiten.

Chef: In Ordnung. Rufen Sie mich eine halbe Stunde vor Schichtende an, und sagen Sie mir, wie weit Sie gekommen sind.

Mitarbeiter: Okay.

Chef: (Geht kurz vor Schichtende ans Telefon.) Ach ja, Janke. Wie bitte . . .?

Mitarbeiter: Ich bin fast fertig. Bis Schichtende werde ich durch sein.

Chef: Ausgezeichnet. Wie sind Sie zurechtgekommen?

Mitarbeiter: Die Checkliste ist wirklich eine gute Idee. So bin ich schneller vorangekommen, weil ich nicht das Gefühl hatte, lieber doch alles zweimal nachprüfen zu müssen. Das ist eine kreative Lösung für das Problem - für mich sehr nützlich, und Ihnen kann ich gründliches Arbeiten garantieren.

Hier wird also dieselbe Situation - Maschinenwartung - aus einer 9,9-Orientierung heraus gemeistert. Der Chef akzeptiert die abweichende Meinung seines Mitarbeiters und ist bereit, Jankes Vorhaben zu prüfen, ohne die wichtige Rahmenbedingung »höchstmögliche Garantie für die Maschinenführer« aufzugeben. Jankes Vorschlag schien seine Vorzüge zu haben. Die Aufstellung einer Checkliste führte zu einer Maßnahme, die beide für vernünftiger halten. Hier sehen wir das Ergebnis von offener Partizipation, Offenheit und Ehrlichkeit und Konfliktlösung auf Grundlage der Achtung vor den Differenzen. Eine beidseitige Erkundung der Alternativen und Möglichkeiten hat zu einem produktiveren und effektiveren Aufgabenansatz geführt. Wir sehen die Auswirkung eines gesunden Führungsprozesses im Engagement, in der Einsatzbereitschaft, in der gegenseitigen Problemlösung usw.

Damit tritt also die Führung in die Reihe der »unteilbaren« Naturphänomene. Der 9,9-orientierte Ansatz zur Teamarbeit wird konsequent mit erhöhter Produktivität, verbesserter Kreativität und erhöhter Arbeitszufriedenheit (Argyris, 1976 und 1957; Argyris und Schön, 1976; Blake/Mouton, 1980; Likert, 1967; Likert/Likert, 1976; Blake/Mouton, 1978) wie auch mit einem gesunden Gesamtorganismus (Blake/Mouton, 1980) assoziiert.

Indexierung der 9,9-Orientierung zum Einsatz in spezifischen Situationen

Jetzt können wir uns einer neuen Frage zuwenden. Wie lassen sich die in der 9,9-Orientierung eingebetteten Strategien für eine große Vielfalt von verschiedenen Situationen einsetzen? Unsere Antwort lautet: Die strukturellen Eigenschaften einer 9,9-Orientierung bleiben konstant. Taktisch aber werden sie erweitert, wenn sie auf spezifische Mitarbeiter in konkreten Situationen angewandt werden. Dies heißt, daß die in Kapitel VIII herausgearbeiteten Prinzipien, die die Grundlagen einer 9,9-Orientierung bilden, relativ invariante, strukturelle Eigenschaften darstellen.

Diese Erweiterung ist ein wertvolles Instrument für eine genauere Analyse der Führungstaktiken in einer gegebenen Situation oder in gegebenen Umständen. Zunächst einmal stellen wir folgenden allgemeinen Lehrsatz auf: Führungstaktiken sind eine Funktion der Person(en) (P) in Interaktion mit ihrer Umwelt (U). Diese Aussage führt zu folgender Funktionsgleichung:

FT = f (P, U, usw.)

Mit Hilfe von Indexierungen wird uns die Wahl der vernünftigsten Taktik zur Implementierung der 9,9-orientierten Strategie in jeder gegebenen Situation leichter gemacht. Für die Indexierung signifikante situative Faktoren, die die jeweiligen Mitarbeiter (P) im Hinblick auf Arbeitsaktivitäten näher charakterisieren, sind: Erfahrung, Alter, Bildungsstand, »IQ«, sozio-ökonomische Herkunft usw.

Angewandt auf einen konkreten Fall, können wir die Gleichung für den einzelnen Mitarbeiter erweitern. Für die Mitarbeiterin Frau Mauer gilt folgende Funktionsgleichung:

FT = f (Mauer$_1$ 1982m E_1, Alter 18, Kl. 10, »IQ« 90 usw.)

Aus dieser Formel geht hervor: Frau Mauer ist im Jahre 1982 auf Eingangsstufe 1 als Empfangsdame tätig. Sie ist 18 Jahre alt, hat die mittlere Reife (10. Klasse), ihr *I*ntelligenz*q*uotient liegt bei 90 usw.

Die Erfahrungsstufe des Mitarbeiters im Verhältnis zu den Arbeitsaufgaben ist ein wichtiger Faktor zur Analyse des Führungsverhaltens im operativen Kontext. Anhand dieses Faktors wollen wir daher den Nutzen der Indexierung für die Bestimmung der Taktiken in der Implementierung einer 9,9-orientierten Strategie aufzeigen. Wie aus Abbildung A-11 ersichtlich, reichen die Erfahrungsstufen von einem Maximum bei E_4 – hier besitzt der Mitarbeiter hervorragende Kenntnisse, ist kompetent und fähig und führt seine Aufgaben effizient und effektiv durch – bis zu einem Minimum bei E_1, das eine Stufe bezeichnet, bei der der

Mitarbeiter praktisch noch keine Erfahrungen mit der Aufgabe gesammelt hat.

Wir wollen diese Beschreibung konkretisieren. Wir wenden die Indexierung nach Erfahrungsstufen auf das 9,9-orientierte Prinzip des gemeinsamen Zielesetzens an. Bei einem Blick auf Abbildung A-12 stellen wir fest, daß sich das zugrunde liegende Prinzip der Gegenseitigkeit nicht gewandelt hat. Auch an den Prinzipien der offenen Partizipation, der Einbeziehung der Mitarbeiter und des gemeinsamen Engagements hat sich nichts geändert. Beim Zielesetzen werden aber, je nach Erfahrungsstufenindex des Mitarbeiters, verschiedene Taktiken eingesetzt.

Spezifischer ausgedrückt heißt dies: Ziele, die in einer Interaktion zwischen Chef und Mitarbeiter gemeinsam für einen Mitarbeiter mit der Reifestufe E_1 besetzt werden, sind kurzfristig und gleichzeitig auch leicht zu verwirklichen. Wie aus Abbildung A-13 ersichtlich, ist dem Mitarbeiter der Weg zur Erfüllung dieser Ziele relativ klar, und er erhält unmittelbare Rückmeldung zu seinen Fortschritten.

Geht es um die Erfüllung einer Aufgabe durch einen Mitarbeiter mit höherem Erfahrungsstand, zum Beispiel E_4, sind die gemeinsam gesetzten Ziele komplexerer Natur. Hier wird meist nur die allgemeine Verhaltensrichtung angegeben. Für die konstruktive Kritik werden verschiedene Zwischenpunkte angesetzt, damit eine Meßgröße für die Leistung vorhanden ist.

Zur Verdeutlichung der operationalen Unterschiede zwischen der E_1- und E_4-Taktik geben wir hier zwei Dialoge zwischen Führungskraft und Mitarbeiter wieder:

Abb. A-11: Die Erfahrungsstufen reichen von einem Maximum bei E_4 (oder mehr) bis zu einem Minimum von E_1.

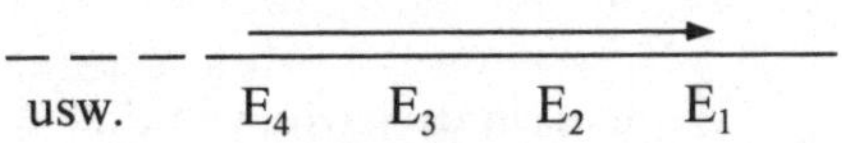

Abb. A-12: An den Grundprinzipien der Gegenseitigkeit oder der Beachtung der Prinzipien offener Partizipation, Einbeziehung und Mitwirkung der Mitarbeiter und gemeinsamem Engagement ändert sich nichts.

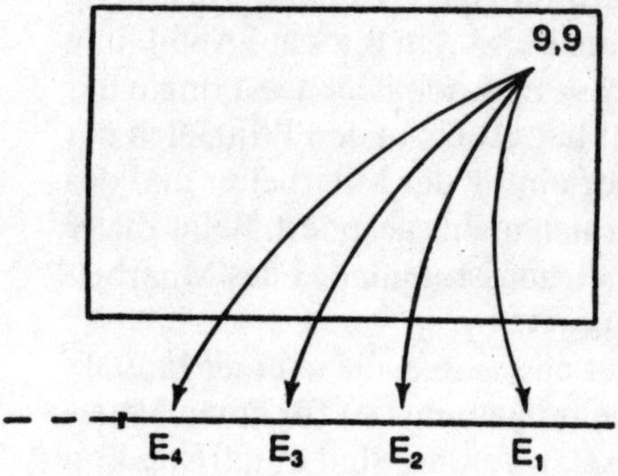

Führungsstrategie bleibt konstant.

Taktiken werden nach der Erfahrungsstufe des Mitarbeiters indexiert.

Abb. A-13: Die Taktiken zum Setzen von Zielen variieren je nach indexierter Erfahrungsstufe des Mitarbeiters. Die Wege zur Zielerfüllung sind relativ deutlich. Der Mitarbeiter erhält unmittelbare Rückmeldung zu seinen Fortschritten.

9,9-orientierte Prinzipien

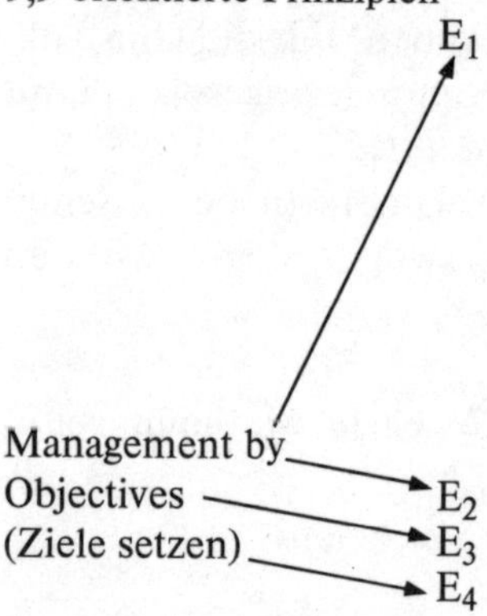

Taktiken der Anwendung

Gemeinsames Setzen von Zielen
- Kurzfristperspektive
- Kleine Verhaltenseinheiten
- Modellierung des erwünschten Verhaltens
- Versuche, Erprobung in der Praxis
- Training
- Unmittelbare Rückmeldung in beide Richtungen

-
-

Gemeinsames Setzen von Zielen
- Erweiterte Zeitperspektive
- Große Verhaltenseinheiten
- Lange Intervalle von Start bis Ziel
- Konstruktive Kritik auf Basis von Prinzipien

	Empfangsdame (E_1)
Vorgesetzter:	Dies ist Ihr erster Tag bei uns. Es wird wohl nicht ganz einfach für Sie sein. Wie fühlen Sie sich?
Mitarbeiterin:	Ich bin völlig durcheinander. Ich weiß überhaupt nicht, was ich tun soll.
Vorgesetzter:	Genau da wollen wir zunächst einmal anfangen. Wir fangen mit der Zielsetzung an. Wie begreifen Sie Ihre Aufgabe?
Mitarbeiterin:	Nun, ich soll hier die Empfangsdame sein. Ich habe mit dieser Aufgabe noch keinerlei Erfahrungen.
Vorgesetzter:	Schauen wir uns an, was eine Empfangsdame tut.
Mitarbeiterin:	Nun, sie muß zunächst einmal ans Telefon gehen.
Vorgesetzter:	Ja, was sonst noch?
Mitarbeiterin:	Besucher empfangen, ab und zu etwas tippen.
Vorgesetzter:	Sonst noch etwas?
Mitarbeiterin:	Ich nehme an, ich soll Ihr »Mädchen für alles« sein.
Vorgesetzter:	Vielleicht. Das ist ein guter Gesamtüberblick über die Position. Lassen Sie uns die einzelnen Aufgaben nacheinander durchsprechen. Das Telefon ist unser erster Kontakt zu unseren Kunden. Sprechen wir zunächst über die Ziele beim Telefonieren.
Mitarbeiterin:	Was für Ziele? Was hat das damit zu tun, daß ich ans Telefon gehe?
Vorgesetzter:	Lassen Sie mich eine Frage stellen. Was empfinden Sie, wenn Sie irgendwo zwanzigmal klingeln lassen und niemand »rangeht«?
Mitarbeiterin:	Das gefällt mir gar nicht. Entweder ist niemand da, oder der Angerufene ist zu beschäftigt, oder er hat Besuch ...
Vorgesetzter:	Auch ich habe es nicht gerne, wenn man mich warten läßt. Können wir ein Ziel dafür setzen, wie schnell das Telefon beantwortet werden soll?
Mitarbeiterin:	Ja, vielleicht kann ich schon nach ein paarmal Klingeln abheben. Ich kann es ja versuchen und

mich darum bemühen, spätestens beim dritten Klingeln abzuheben.

Vorgesetzter: Das klingt ordentlich. Nun, was sagen Sie am besten, wenn Sie den Hörer abheben?

Mitarbeiterin: Guten Morgen.

Vorgesetzter: Dann weiß der Anrufer aber nicht, ob er die richtige Nummer gewählt hat.

Mitarbeiterin: Ich könnte sagen: Guten Morgen, Strategische Systeme GmbH.

Vorgesetzter: So ist es richtig ... In dem, was wir bis jetzt besprochen haben, ging es um eine ganze Reihe von Details, aber sie zeigen, daß auch bei diesem simplen Vorgang, nämlich dem Abheben des Telefonhörers, Ziele involviert sind.

Mitarbeiterin: Ja, das ist wahr ... aber ich werde mir das wohl nie alles merken können.

Vorgesetzter: Mit ein bißchen Übung wird es sicherlich gehen. Ich werde Sie selbst anrufen und so tun, als ob ich ein Kunde wäre. Nach dem Anruf können wir dann Manöverkritik halten.

Mitarbeiterin: Gute Idee. So bekomme ich einen guten Anhaltspunkt.

Selbst auf diesem sehr geringen Erfahrungsniveau ist die Bereitschaft zur Partizipation und zum Engagement vorhanden. Beide Seiten sind aktiv, beide Seiten geben und nehmen. Dadurch wird eine Aktivorientierung ausgelöst. Es werden Fragen gestellt, Probleme vorgelegt und diskutiert. Alles geschieht im Kontext von Empathie, Vertrauen, Respekt und Offenheit. Ziele werden gesetzt, und man vereinbart ein Experiment zur Zielverwirklichung – wie im Konzept des Lernens über konstruktive Kritik durch unmittelbares Feedback.

Der folgende Dialog spielt sich zwischen dem Präsidenten eines Energieunternehmens und dem für Explorationen zuständigen Vorstandsmitglied ab. Dies ist ein Beispiel für den Prozeß des Zielesetzens bei einem E_4-Mitarbeiter.

Präsident: Wir haben die Fakten untersucht und eine große Datenbank eingerichtet. Wir haben unsere logischen Schlußfolgerungen überprüft. Es ist ein Risikospiel, aber immer noch ein lohnendes Risikospiel.

Vorstandsmitglied: Ich glaube, Sie haben recht. Der potentielle Nutzen ist zu groß. Diese Chance dürfen wir nicht ungenutzt vorübergehen lassen.

Präsident: Wer sollte Ihrer Meinung nach die Gesamtverantwortung für die Leitung und Koordinierung übernehmen?

Vorstandsmitglied: Ich würde das Projekt gerne selbst entwickeln und leiten.

Präsident: Nun, Sie haben sicherlich mehr Erfahrung als jeder andere. Wie schätzen Sie denn die Möglichkeiten realistisch ein? Wie lange wird es dauern, bis das Öl aus dem Ölfeld Nord kommerziell zur Verfügung steht?

Vorstandsmitglied: Wir denken ja langfristig, es gibt eine Menge von Variablen, die sich nur schwer vorhersagen lassen. Wichtig ist, sehr wichtig ist zum Beispiel der Transport. Meine Leute können sich sowohl den Transport per Pipeline als auch per Tanker vorstellen. Die Lösung dieser Probleme hat aber Zeit. Zunächst einmal müssen wir das Problem lösen, wie wir das Öl aus dem Boden bekommen.

Präsident: Wie lange wird es dauern, bis sich dieses Projekt für uns bezahlt macht und wir einen echten Beitrag zur Lösung der Ölprobleme unseres Landes leisten können?

Vorstandsmitglied: Vielleicht acht, vielleicht zehn Jahre. Dann haben wir aber ein zuverlässiges und vorhersagbares Ölangebot für den amerikanischen Markt und eine gute Gewinnquelle für uns selbst.

Präsident: Ich habe aber immer noch ein ungutes Gefühl, was die intensiven Einwände der Umweltschützer angeht. Glauben Sie, daß sich eine Pipeline so negativ auswirken könnte, wie es von ihnen vorhergesagt wird?

Vorstandsmitglied: Nein, das glaube ich nicht. Wir haben uns mit ihren Daten gründlich befaßt und sie mit den Ergebnissen unserer eigenen Experimente verglichen. Ich glaube, es handelt sich hier vielmehr um Angstmacherei als um eine objektive Einschätzung der Risiken. Allerdings habe ich ihre Proteste im Eventualplan berücksichtigt.

Präsident: Und Sie wollen diesen Auftrag?

Vorstandsmitglied: Wenn ich vom notwendigen Fachwissen und von der notwendigen Erfahrung ausgehe, bin ich wahrscheinlich der Beste für diese Position. Im übrigen reizen mich die vielen Komplexitäten und Unbekannten. Ich sehe darin so etwas wie ein Pionierabenteuer, eine seltene und einmalige Chance.

Präsident: Sie haben recht. Wenn ich jünger wäre, wäre das genau die Art von Herausforderung, die ich selbst gerne annehmen würde. Ich werde dem Aufsichtsrat Ihre Ernennung zum Projektleiter empfehlen. Ich möchte aber noch Ihre endgültigen Schätzungen zum Kosten- und Zeitrahmen, ehe ich diesen Vorschlag unterbreite.

Vorstandsmitglied: Solange der Aufsichtsrat begreift, daß es sich hier nur um intelligente Schätzungen handeln kann, kann ich die Zahlen innerhalb von nur einer einzigen Woche zusammenstellen lassen. Das meiste ergibt sich sowieso aus unseren Vorarbeiten, und meine Mitarbeiter haben diesen Schritt eigentlich schon vorausgeahnt.

Präsident: Gut, ich schätze Ihre Initiative. Ich werde wohl längst pensioniert sein, wenn wir den Beweis für die Vernunft unseres Handelns haben. Ich wünsche Ihnen alles Gute und hoffe, daß ich auch in meinem Schaukelstuhl Ihren Erfolg noch miterlebe.

In beiden Situationen ist dasselbe Prinzip angewandt worden. In beiden Beispielen ging es um das gemeinsame Setzen von Zielen. Bei der Empfangsdame ($E120_1$) werden aber ganz andere Implementierungstaktiken eingesetzt als bei dem Vorstandsmitglied ($E120_4$). Ans Telefon gehen ist eine ziemlich einfache und unkomplizierte Aufgabe im Vergleich mit dem Projekt »Ölfeld Nord«.

In beiden Situationen geht es in der Interaktion um das Setzen von Zielen, aber in dem einen Fall wird ein Tagesziel gesetzt, in dem anderen ein Zehnjahresziel. Im ersten Fall (Telefonhörer nach möglichst wenig Klingelzeichen abheben) charakterisieren kleine Verhaltenseinheiten die gesetzten Ziele. Im zweiten Fall aber, in dem es um Ölfunde, Ölabbau, Öllieferungen, Kosten und Umweltschutz usw. geht, muß die endgültige Formulierung der Ziele notgedrungen offenbleiben. Die Führungspraktiken sind in beiden Situationen durch gegenseitige Einflußnahme, offene Partizipation, gemeinsames Verständnis und Engagement für die Implementierung der sich abzeichnenden Lösungen geprägt.

Zurück zur Flughöhe 39 000 Fuß

Nun können wir kurz zu unserer Einleitung zurückkehren. Dort haben wir Bemerkungen zur Führung moderner Düsenflugzeuge auf nichtaristotelische Weise gemacht. 1979 hat die NASA eine Studie veröffentlicht, in der die Ursachen für Unfälle und Beinaheunfälle in der Luftfahrt veröffentlicht wurden. Der Kern der Schlußfolgerungen ist in der folgenden Aussage zusammengefaßt.

Zu viele Abstürze und Beinaheunfälle geschehen unter Umständen, in denen die »letztliche Ursache« sich nicht auf die Luft-Boden-Kommunikation, technisches Versagen, mangelnde fachliche Kompetenz oder auf einen Zeitfaktor zurückführen läßt. In zu vielen Fällen hat sich gezeigt, daß im Cockpit genügend technische Ressourcen zur Lösung des Problems *verfügbar* waren, aber nicht effektiv mobilisiert wurden (Cooper, White, Lauber, 1980).

United Airlines war schon seit langem am Problem des effektiven Managements von Ressourcen im Cockpit interessiert und hat die Einleitung der NASA-Studie mitbewirkt. United Airlines hat uns das Problem vor etwa drei Jahren zum erstenmal vorgelegt. Es ist eines, die Existenz eines Problems zu erkennen, aber etwas ganz anderes, auch die zugrundeliegende Dynamik zu begreifen. Um die den Führungsprozessen im Cockpit eines Flugzeuges zugrundeliegende Dynamik untersuchen zu können, wurden damals sieben Flugzeugführer und Offiziere für jeweils begrenzte Zeiträume in unsere Organisation abgeordnet. Wir ordneten ihnen sieben Führungskräfte aus unserer Organisation zu und spannten sie mit dem Auftrag, dieses Prioritätsproblem zu lösen, zu einem Projektteam zusammen. Das Projektteam arbeitete 18 Monate lang. Die Mitglieder trafen sich jeweils für eine Woche und kehrten dann zu ihren jeweiligen Standorten zurück (Jackson, 1983). Zu Beginn unserer Arbeit hat uns das Flugpersonal auf einen wichtigen Punkt aufmerksam gemacht: die Autorität des Kapitäns. Sie betonten die Bedeutung der Entschlußkraft als unabdingbares Element des Führungsprozesses. Ohne Entschlossenheit werde Unsicherheit vermittelt; beim Eindruck von Unsicherheit seien unkoordinierte, individuell zentrierte Handlungen durch andere Mitglieder der Crew wahrscheinlicher und könnten zu Bedingungen führen, die Insubordination begünstigen. Bei unseren Sondierungen wurde sehr deutlich, daß die Autorität des Kapitäns verstärkt werden müsse, damit Umstände, die eine Insubordination begünstigen, gar nicht erst entstehen.

In jedem Risikoumfeld können Krisensituationen entstehen und tun es leider nur allzuoft, ob die Führungskraft Befehlshaber eines U-Bootes oder eines Flugzeuges ist, im Kontrollturm sitzt, ein Nuklearkraftwerk steuert oder für die Brandbekämpfung verantwortlich ist. In einem Notfall oder in einer Krise ist die Reaktion des Führers ein kritischer Faktor für die Bestimmung der Wahrscheinlichkeit des erstrebenswerten und sicheren Ausgangs dieser Krise. Ein autoritär-patriarchalischer oder 9,1-orientierter Flugkapitän wird auf eine Krise mit dem für ihn typischen Verhalten reagieren: Er dominiert, bewältigt und kontrolliert die Situation, gibt umgehend den durchzuführenden Maßnahmenkurs bekannt und zeigt anschließend, wie sehr er den pflichtbewußten

Gehorsam schätzt. Dies ist selbstverständlich ein entschlossenes Reagieren auf das Geschehen. Es ist jedoch nicht immer die optimale Reaktion. In einigen Fällen hat sich eine unmittelbare einseitige Aktion seitens des Flugkapitäns - ohne den übrigen Mitgliedern der Crew die Möglichkeit zu geben, eigenen Input und eigene Alternativen einzubringen - nicht nur als ineffektiv, sondern als tödlich erwiesen.

Nun können wir uns der 9,9-Führungsorientierung in risikobehafteten Situationen zuwenden und feststellen, daß sie die Prinzipien der Offenheit, des Engagements und der Mitwirkung konsequent anwendet. Im Bemühen um eine möglichst vernünftige Definition des Problems handelt die Führungskraft schnell und findet eine Lösung unter Nutzung der verfügbaren Ressourcen, indem sie andere um ihren Input, ihre Beiträge, ihre Empfehlungen, Bedenken und Zweifel bittet.

Aus einer nichtaristotelischen Perspektive betrachtet, erfordert effektive Führung - wie sich hier zeigt - die Fähigkeit zur Mobilisierung verfügbarer Ressourcen und macht sie sich für die Lösung des anstehenden Problems zunutze. Bisher haben gut 5000 Piloten, Copiloten und Bordingenieure diese effektive 9,9-orientierte Grundlage der Crew-Führung und der Teamarbeit gelernt. Aus Untersuchungen im Simulator geht hervor, daß aufgrund dieses Lernvorgangs die Qualität der Lösung von Krisen, die für die Crew unerwartet kommen, unter Simulatorbedingungen wesentlich verbessert wurden. Infolgedessen ergibt sich eine erhöhte Wahrscheinlichkeit dafür, daß auch unvorhergesehene Notfälle während des tatsächlichen Fluges sicher gelöst werden. Außerdem hat sich folgendes ergeben: »Nach Durchführung des Programms verzeichneten die Crew-Mitglieder von United Airlines eine um 50 Prozent niedrigere Fehlerquote bei den Leistungsüberprüfungen der amerikanischen Bundesluftfahrtbehörde FAA« (Feaver, 1982).

Vergleichbare Ergebnisse haben sich auch in anderen Umgebungen ergeben, in denen die 9,9-orientierten Führungsstrategien systematisch eingesetzt wurden. Über die positive Auswirkung einer 9,9-orientierten Führung auf die Produktivität und die Kreativität wird aus den verschiedensten Organisationen und Bereichen berichtet: aus der Hochschul- und Universitätsverwaltung (Blake, Mouton, Williams, 1981), aus der Sozialarbeit (Blake, Mouton, Tomaino, Gutierrez, 1979), aus dem Verkauf (Blake/ Mouton, 1980), dem Krankenpflegebereich (Blake, Mouton, Tapper, 1981) und aus dem Bereich Sekretariat und Bürosysteme (Blake, Mouton, Stockton, 1983). Unserer Erfahrung nach hat sich der Einsatz einer 9,9-orientierten Führung auch für die Begründung einer guten Zusammenarbeit zwischen Gewerkschaftsvertretern und Arbeitgebergruppen bewährt, die sich in Sieger-Verlierer-Konflikte festfahren. Das gleiche gilt für die Stärkung der Beziehungen zwischen der Zentrale eines Unternehmens und Niederlassungen und für eine höhere Erfolgsquote bei Akquisitionen und Unternehmenszusammenschlüssen (Blake/Mouton, 1985).

Auswirkungen auf die Gesellschaft der Zukunft
Nun werfen wir einen Blick in die Kulturgeschichte. Hier müssen wir uns fragen, ob es für die Menschen der Frühgeschichte ein »natürliches« Verhalten war, Gehorsam durch Belohnung zu verstärken – wie bei der autoritär-patriarchalischen Orientierung –, oder ob die der 9,9-Orientierung innewohnende Gegenseitigkeit »natürlicher« ist. Den Erkenntnissen der Anthropologen müssen wir entnehmen, daß das Verhalten in frühgeschichtlichen Kulturen von Bräuchen und Sitten geregelt war. Das darüber hinaus verbleibende Verhalten, das der Mensch frei wählen konnte, wurde offensichtlich in Übereinstimmung mit der 9,9-Orientierung mit Mitwirkung und Engagement auf der Grundlage einer offenen, gemeinsamen Entscheidungsbildung organisiert. Dazu ein Zitat: ». . . Jäger und Sammler haben ihre Entscheidungen immer schon als Gleichberechtigte in Besprechungen von Angesicht zu Angesicht zum Konsens geführt« (Service, 1975).

Die bei 9+9 vorhandene Trennung des Untrennbaren wurde wahrscheinlich mit dem Umschwung vom Jäger zum Hirten und vom Sammler zum Ackerbauer etwa im 12. bis 10. Jahrhundert v. Chr. vollzogen. Dieser Wechsel in der Führungsorientierung stand möglicherweise im Zusammenhang mit der Erwirtschaftung »eigener« Überschüsse.

Die moderne Gesellschaft des Westens hat die 9+9-Version der Führung als vernünftig übernommen - in der Arbeitswelt, in den Streitkräften, in der Kindererziehung, im Bildungswesen, im Strafvollzugssystem, in den Kirchen usw. Sehr nützlich wird es sein, die Bedingungen zu untersuchen, die die Durchsetzung dieses zentralen Führungsansatzes bewirkt haben.

Die modernen Führungstheorien wurzeln hauptsächlich in Religionsmodellen. Sie richten sich danach, was als vernünftige Beziehung zwischen Gott und Mensch gilt. »Nicht mein Wille geschehe, sondern Dein Wille geschehe . . .« ist eine patriarchalische Richtschnur, in der der Mensch seine Eigenverantwortung preisgibt und nicht danach handelt, was er für richtig oder wünschenswert hält, sondern danach, was Religionsautoritäten als korrekt und richtig bezeichnen. Eine Gegenleistung oder der Lohn für den Gehorsam winkt dem traditionellen Glauben entsprechend erst im Jenseits.

Der autoritär-patriarchalische Stil hat sich in Zeiten der Not und Entbehrung zur Blüte entwickelt. Daß dieser Stil akzeptiert wurde, lag wohl weniger daran, daß die Menschen ihn als rundum gesundes Verhalten anerkannten, sondern mehr daran, daß sich die Menschen aus Not Lohn und Sicherheit erarbeiten mußten. Diese wurden ihnen als Gegenleistung für ihren Gehorsam gewährt.

Nach dem Zweiten Weltkrieg ist eine Wohlstandsgesellschaft im materiellen Überfluß entstanden. Die Menschen sind im allgemeinen weniger abhängig vom Gutdünken des Führers, wenn es um den materiellen Lohn (in Mark und Pfennig) geht. Sie haben weniger Angst als früher vor dem Erleiden finanzieller Verluste, wenn sie sich den Anweisungen der Führung widersetzen. Die Bereitschaft, ein autoritär-patriarchalisches Führungsverhalten zu »tolerieren«, ist inzwischen in allen Lebensbereichen viel geringer geworden. Dazu zwei Beispiele: In den sechziger Jahren haben sich die Studenten erfolgreich gegen die »in loco parentis«-Orientierung der Universitätslehrer und -verwaltungen gewehrt. Auch die steigende Scheidungsquote belegt, daß dieses Verhalten nicht mehr toleriert wird. Studenten sind weniger willens, genau das zu tun, was der Lehrer von ihnen fordert, um gute Noten zu bekommen und auf die nächsthöhere Ebene befördert zu werden. In der Ehe sind Mann und Frau weit weniger bereit, ihr Zusammenleben auf der Grundlage von Belohnung und Gehorsam aufzubauen als vielmehr auf gegenseitigem Verständnis und Erfüllung.

Wenn wir dieses Szenario als grundlegend richtig akzeptieren, führt es zu wichtigen Auswirkungen. Vor allen Dingen kann die Gesellschaft nicht davon ausgehen, daß sich durch eine Verstärkung des autoritär-patriarchalischen Ansatzes eine freiwillige Ordnung wiederherstellen ließe.

Die primäre Aussicht auf eine gesamtgesellschaftlich gesündere Zukunft liegt im Erlernen einer nichtaristotelischen Führungsweise, wie sie in der 9,9-Orientierung vorhanden ist und in der Anwendung dieser 9,9-orientierten Strategien auf gesellschaftliche Institute - das Bildungswesen, die Familie usw. Dies heißt: Situationen öffnen, Partizipation fördern, den Einsatz und das Engagement aller für die Lösung von Problemen bewirken und für die Umsetzung besserer Lösungen sorgen. Die Strategien einer 9,9-Orientierung sind einfach genug, um sie in »intellektuelle« Begriffe fassen zu können. Etwas ganz anderes ist es aber, wenn es darum geht, die entsprechenden Verhaltensfähigkeiten zu erlernen, die für eine offene Führung, Konfliktlösung, Informationssuche, das Vertreten von Standpunkten, konstruktive Kritik usw. erforderlich sind - aber auch dies liegt im Bereich unserer Möglichkeiten, wie in Kapitel XII und im Anhang B erörtert wird.

Zusammenfassung

Das Durcheinander und die scheinbaren Widersprüche in den verschiedenen Führungstheorien lassen sich größtenteils durch eine systematische Überprüfung der den jeweiligen theoretischen Erklärungen zugrundeliegenden Logik ausräumen. Wer nach der aristotelischen Logik vorgeht, fühlt sich bemüßigt, das Konzept der Führung zu zergliedern. Er isoliert die einzelnen Elemente voneinander und kombiniert sie dann durch Addition. Daraus ergibt sich, wie wir nachgewiesen haben, eine fehlerhafte Theorie, die eine adäquate Darstellung der Geschehnisse auf Ebene I nicht zuläßt. Diese Geschehnisse wirken aber effektiv auf die Erzielung von Ergebnissen mit und durch andere. Im Vergleich dazu stellt die aus einer nichtaristotelischen Logik abgeleitete Theorie die Führung als einen Interaktionsprozeß im doppelten Regelkreis dar, der sich nicht in Bauteile, Elemente oder Bruchstücke zerlegen läßt. Die 9,9-Führungsorientierung betont die Mitwirkung als einen Interaktionsprozeß auf der Grundlage von Offenheit und Ehrlichkeit, starker Initiative, gründlicher Informationssuche, effektivem Vertreten von Standpunkten, Lösung von Konflikten durch einen offenen Konfrontationsansatz, Bereitschaft zur Delegation, vernünftiger Arbeit im Team und gegenseitiger konstruktiver Kritik. Damit bietet sie eine positive Alternative zur aristotelischen Logik und bildet die Grundlage für eine gültige Theorie vernünftigen Führungsverhaltens.

Anhang B
Lernen und Wandel

Sowohl die Theorie als auch die Fähigkeit zur Erzielung effektiver Ergebnisse mit und durch andere sind immer wieder getestet und verfeinert worden. Sie haben sich sehr deutlich als wichtige Verbesserungen gegenüber Ansätzen aus der Vergangenheit erwiesen. Die 9,9-Führungsorientierung bietet einen umfassenden Überblick über die Theorie und die notwendigen Fähigkeiten zu effektivem Handeln und Verhalten in Führungssituationen.

Es ist eines, eine Theorie intellektuell zu begreifen, aber etwas ganz anderes, das eigene Verhalten durch den Einsatz dieser Theorie effektiver zu gestalten. Wie tief das Problem geht, zeigt sich, wenn Menschen theoretische Aussagen zur Führung machen, sie in der Praxis dann aber ganz anders gestalten. Der Ausspruch: »Tue, was ich sage, nicht, was ich tue«, verdeutlicht den Widerspruch. Dies läßt viele zu dem Schluß gelangen: »Wenn du es nicht hast, kannst du es auch nicht lernen.«

Wir wissen aber, daß viele Führungskräfte mit wachsender Erfahrung lernen, effektiver zu führen, andere durch ihren Widerstand gegen den Wandel jedoch nicht davon profitieren können. Diesen Widerstand muß man begreifen, wenn das neue Wissen über die Führung effektiv eingesetzt werden soll.

Wir wollen uns zunächst ganz allgemein mit dem Widerstand gegen Wandel befassen und schauen uns dazu Korzybskis Konzepte zum Lernen und zum Wandel näher an.* Korzybski hätte

* Teil 2 der Korzybski-Gedächtnis-Vorlesung, »Foundations for Strengthening Leadership«; (Grundlagen für die Stärkung der Führung), von den Autoren 1982 vor dem Institute of General Semantics gehalten und im General Semantics Bulletin, Nr. 50, 1983, S. 93–128, veröffentlicht. Nachdruck mit Genehmigung.

wohl folgende Frage gestellt: »Wie kann man dem einzelnen helfen, von einer Führungslinie auf eine andere umzuschwenken?«, d.h. von 9,1 oder 1,9 oder 5,5 oder 1,1 oder von einem autoritär-patriarchalischen oder opportunistischen Führungsverhalten usw. zu einer 9,9-Orientierung? Den Schlüssel zu seiner Antwort bildet das Diagramm in Abbildung B-1.

Abb. B-1: Schematische Antwort auf die Frage: »Wie kann man dem einzelnen dabei helfen, von einer Führungslogik zu einer anderen überzuwechseln?« Quelle: Vorwort von A. Korzybski und M. Kendig in General Semantics Monographs III, The International Non-Aristotelian Library Publishing Co., Lakeville, Connecticut 1942

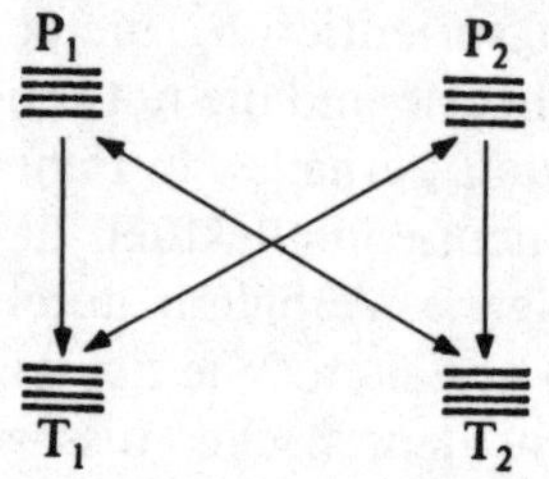

Zur Erklärung:

»... (P_1) repräsentiert ein Bündel bewußter und unbewußter Annahmen, die wir auch als Axiome ... ›selbstverständliche Wahrheiten‹ ... Glaubensbekenntnisse, Überzeugungen, Dogmen, Prämissen oder Postulate bezeichnen können. (T_1) stellt die automatisch komplizierteren Folgen von Abstraktionen höherer Ordnung dar, die wir als Theorien, Rationalisierung, Folgerungen, Meinungen, Orientierungen, Einstellungen, Bewertungen usw. bezeichnen können. Diese beeinflussen unsere inneren Reaktionen, auf denen letzten Endes unsere äußeren Aktionen basieren. Ähnliches gilt, wenn man von einem anderen Annahmenbündel (P_2) ausgeht; entsprechend ergeben sich auch andere Folgen (T_2) usw.

Wir können nun (P_1) als Annahmenbündel [9,1; 1,9 usw.] zur Welt und zu uns selbst betrachten. Diese Annahmen gehen auf Kindheitsprägungen zurück und sind durch die Auswirkungen der Struktur unserer Alltagssprache verstärkt worden. Die traditionellen Konsequenzen (T_1), die auf Falsch-›Wissen‹ beruhen, folgen daraus. (P_2) können wir als revidierte Annahmen [9,9-Führungsorientierung] auf der Grundlage moderner wissenschaftlicher Daten und Methoden betrachten, aus denen Folgen erwachsen (T_2), die auf wissenschaftlichen Methoden und gesundem Menschenverstand beruhen.« (Korzybski/Kendig, 1942)

Dieses Diagramm haben wir für den Kontext der Führung umgearbeitet (Abbildung B-2).

Abb. B-2: Adaptierung des Diagramm-Konzeptes aus Abb. B-1.

Kinder erleben, daß Gehorsam belohnt wird.

Die wissenschaftliche Forschung beschreibt die Führung als einen doppelten Regelkreis mit gegenseitiger Einflußnahme.

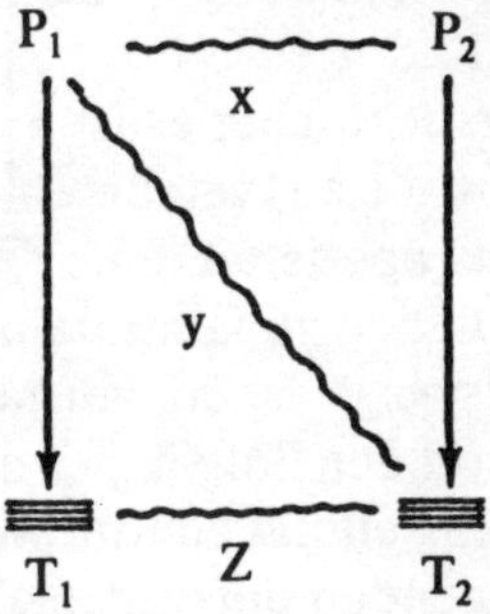

9+9, patriarchalisch-autoritäres Verhalten ist der verordnete Führungsstil.

9,9 bezeichnet den effektivsten Führungsstil.

(P_1) stellt in diesem Diagramm Konzepte dar, die von landläufigen Meinungen zur Führung – vom patriarchalischen Führungsstil, 9,1 oder 5,5, Opportunismus usw. – ausgehen, wie sie in der Kindheit von Eltern oder Lehrern erlernt wurden. (T_1) stellt die Logik für das Ausbilden der Führung im Erwachsenenalter dar. Wenn aber (P_2) wissenschaftlich belegte und gültige Führungsprozesse darstellt, die von einem 9,9-orientierten logischen System charakterisiert sind, wird (T_2) zur Logik des Wie des Handelns im Alltag.

Wir haben schon festgestellt, daß (P_1) und (P_2) konträre Denkweisen zur Führung darstellen. Die Bemühungen des einzelnen, diesen Widerspruch, der zum Widerstand gegen den Wandel führt, aufzulösen, können in viele verschiedene Richtungen gehen – wie in Abbildung B-3 dargestellt wird. Dazu Korzybski:

»Die Wellenlinien x, y und z stellen unseren vergeblichen Kampf dar, miteinander unvereinbare Dinge doch miteinander zu vereinbaren. Die Linien y und z stehen für unsere Unzufriedenheit, unsere Verwirrung, Bestürzung, Unsicherheit, Frustrationen und Ängste vor einer unbegreifbaren, unbekannten Welt. Häufig entsteht auch Verzweiflung usw. ... Die Linie x steht für die vagen und unangenehmen Gefühle der Unzulänglichkeit, des Widerspruchs, des Konfliktes zwischen der Wissenschaft und den vorherrschenden Auffassungen zum Leben, mangelnder Kommunikation, Blockierung der Intelligenz, kultureller Verzögerung, Protest, Zweifel, Desillusionierung, Zynismus, Hilflosigkeit, Hoffnungslosigkeit usw.« (Ibid.).

Es wird zwar oft versucht, aber es ist praktisch unmöglich, im Umgang mit Menschen, die aus veralteten, ineffektiven (P_1)-Führungsannahmen heraus operieren, eine (T_2)-9,9-Führungsorientierung im modernen Leben zu vermitteln.

Wenn man beispielsweise einen Vortrag aus 9,9-orientierten (P_2)-Annahmen hält und der Empfänger der Botschaft aus einer 9,1-orientierten (P_1)-Einstellung zuhört (Wellenlinie x), wird die Ablehnung des Vortragenden durch den Zuhörer gefördert. Der Zuhörer meint, der Vortragende wisse nicht, wovon er rede, oder »habe noch nie in der wirklichen Welt gelebt«. Ähnlich schwierig ist es, eine 9,9-Orientierung (T_2) einer Person zu vermitteln, die aus (P_1)-Führungsannahmen heraus handelt. Ein Beispiel dazu ist der autoritär-patriarchalische Chef (P_1), der einen Qualitätszirkel (T_2) führt oder eine MbO-Konferenz durchführt. Er bringt eine autoritär-patriarchalische Führung in den Qualitätszirkel ein, die eigentlich in Begriffen der (P_2)-Theorie aus einer 9,9-Orientierung heraus geführt werden soll. Die Folge ist, daß die Mitarbeiter sich dem fügen, was der patriarchalische Chef von ihnen erwartet, aber auf nichtreaktive und auf nichtinnovative Weise, die typisch ist für (T_1) und durch die Wellenlinie y dargestellt wird.

Eine ähnliche Lage entsteht, wenn Verhaltensmodellierungs- oder Verhaltensmodifizierungstechniken zur Stärkung 9,9-orientierter (T_2)-Fähigkeiten eingesetzt werden, die an die Stelle eines (T_1)-Verhaltens treten sollen, das auf (P_1)- oder 9,1-orientierten Annahmen, wie sie in der Wellenlinie z dargestellt sind, beruht. Der Lernende fegt das (T_2)-Verhalten beiseite, behandelt es als hypothetisch oder undurchführbar, weil sich für den Lernenden ein Widerspruch ergibt. Der Lernende hat nämlich andere Wertvorstellungen (P_1) und die dementsprechende Verhaltensweise (T_1) einer 9,1-Orientierung. Der Widerstand gegen den Wandel läßt sich beispielsweise begreifen, wenn ein Widerspruch besteht zwischen (P_1) und (T_2) und (P_1) das Ergebnis kontrolliert. Hier wird weiterhin ein (T_1)-Verhalten geübt, das manchmal durch den Einsatz von (T_2)-Sprache noch unverständlicher wird.

In Abbildung B-3 sind die grundlegenden Schritte dargestellt, mit denen man Führungskräften dabei helfen kann, ihr Verhalten von $P_1 \leftrightarrow T_1$ zu $P_2 \leftrightarrow T_2$ zu ändern. Wir haben es in der Führungsschulung mit Studenten und Praktikern zu tun, die voll von $P_1 \leftrightarrow T_1$ sind, aber in einer Welt leben, in der ein aus (P_2) abgeleitetes (T_2) erstrebenswert ist. Die durch die Wellenlinien x, y und z dargestellten Prozesse werden den Widerstand gegen den Wandel nicht verringern, wohl aber die eindeutigen Änderungen, die durch die Pfeile A und B dargestellt sind.

Die Abwendung von aristotelischen Ansätzen und die Hinwendung zu nichtaristotelischen Annahmen und Systemen ist unseres Wissens erstmals in *Science and Sanity* (Korzybski, 1958) formuliert worden. Anstatt die Wellenlinien x, y und z der Bestürzung und Verwirrung weiter zu verfolgen, macht dieser Prozeß der Selbstentdeckung *dem einzelnen die Irrtümer der (P_1)-Annahmen bewußt,* und so werden die Annahmen einer gründlichen Untersuchung unterzogen und geändert. Wie durch den Pfeil A dargestellt, sind wir dann in der Lage, ein (P_1)-Denken durch ein (P_2)-Denken zu ersetzen, woraus (T_2), also eine moderne Weltorientierung und vernünftige Grundlagen der Führung in Theorie und Praxis, folgen. Der Widerstand gegen den Wandel läßt sich deutlich verringern, wenn dieser Schritt in den Erziehungsprozeß eingebunden wird.

Abb. B-3: Individuelle Bemühungen, P_1- und P_2-Denkansätze zur Führung aufzulösen, können Widerstand gegen Wandel auslösen, der in verschiedene Richtungen gehen kann. Quelle: Vorwort von A. Korzybski und M. Kendig in General Semantics Monographs III, The International Non-Aristotelian Library Publishing Co., Lakeville, Connecticut 1942.

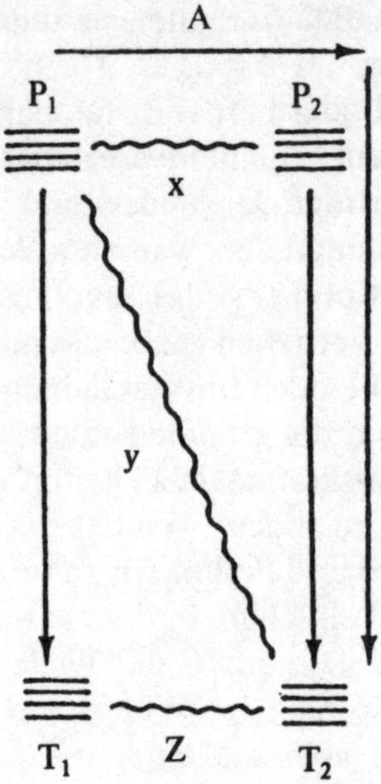

Wenn sich ein Mensch der (P_2)-Grundlage für die systematische Analyse hinsichtlich des Verhaltens genau bewußt ist, wird er auch in eine Lage versetzt, die es ihm erlaubt, »Geschehnisse« so zu steuern, daß sie die Effektivität durch den systematischen Einsatz von Intelligenz fördern. Er braucht also nicht passiv mit den jeweiligen »Geschehnissen« zu leben und braucht sich nicht auf ein zufälliges Geben und Nehmen im Alltag zu verlassen. Die Idee der Möglichkeit, Geschehnisse selbst zu gestalten, ist für eine konstruktivere Zukunft sehr wichtig. Wenn eine Gestaltung der »Geschehnisse« möglich wird, wird ein (T_2)-Verhalten mit einer 9,9-Orientierung für alle Teilnehmer zu einer unverzichtbaren Verhaltensfähigkeit.

Diese Beobachtungen erklären, warum die Prozesse der traditionellen Erziehung, die auf Führung, Autorität und Disziplin der

Art $P_1 \leftrightarrow T_1$ beruhen, in der Bewirkung sinnvollen Wandelns häufig so ineffektiv sind. Effektive Führung läßt sich nicht durch konventionelle $P_1 \leftrightarrow T_1$-Mittel der Pädagogik und Andragogik vermitteln. In unseren Bemühungen zum Bewirken von Wandel haben wir gelernt, daß die Prozesse der Führungsschulung oder »Umschulung« relativ einfach sind, sich aber nicht leicht in die Praxis umsetzen lassen.

Die hartnäckigen Hindernisse, die einen Wechsel von einem (T_1)-Verhalten zu einem (T_2)-Verhalten entgegenstehen, haben wir in unseren Arbeiten identifiziert. Ein Hindernis ergibt sich aus unseren tief verinnerlichten Grundeinstellungen, auch »Motivationen« genannt. Die Motivationen scheinen den Charakter einer »bipolaren« Skala mit verschiedenen Intensitäten anzunehmen. Die Mitte dieser Skala ist die neutrale Position. Die Motivation bewegt sich von einem negativen Pol durch eine neutrale Zone zu einem positiven Pol (Abbildung B-4).

Abb. B-4: Motivationen scheinen den Charakter einer »bipolaren« Skala mit verschiedenen Intensitätsausprägungen anzunehmen.

-	0	+
negativ	neutral	positiv

Am positiven (+) Ende steht das, was den Menschen »zieht«, also das, wonach er strebt, was er gerne erreichen möchte. Am negativen Ende (–) steht das, was er zu meiden versucht. Dies sind keine Charaktermerkmale des einzelnen Menschen. Es sind vielmehr Skalen insoweit, als hier ausgedrückt wird, wie Menschen Ereignisse in ihrer Umwelt wahrnehmen, sie gewichten, sie nach der persönlichen Bedeutung bewerten und dann darauf reagieren. Eine entsprechende Skala gibt es für jeden Gitterstil. Verhaltensmodifizierung und andere Techniken, mit denen man die Reaktionsweise ändern will und Menschen helfen will, sich von (T_1) nach (T_2) zu ändern, lassen die (P_1)-Motivationsannahmen außer acht und werden daher den inneren Konflikt im Menschen nur verstärken. Wenn ein Mensch auf eine Weise denkt (P_1), ihm aber »gesagt« wird, auf andere Weise (T_2) zu handeln, wird er sich diesem Wandel höchstwahrscheinlich widersetzen und entweder sein (T_1)-Verhalten fortsetzen oder versuchen, der Situation zu entfliehen. Die Annahme, daß eine Änderung des Denkens durch ein Reiz-Reaktions-Training bewirkt werden könne, muß ernsthaft in Frage gestellt werden. Ein Reiz-Reaktions-Training kann nützlich sein, wenn man davon ausgehen kann, daß eine Konsonanz besteht zwischen dem, was ein Mensch lernen soll, und dem, was er denkt. Ist dem nicht so, entsteht eine kognitive Dissonanz.

Ein weiteres Hindernis, das sich dem Wandel entgegenstellt, ist in der Selbsttäuschung begründet. Nach unseren Feststellungen geben etwa 80 Prozent aller amerikanischen Führungskräfte, die sich einem Lernvorgang unterziehen, zu Anfang an, daß sie *tatsächlich* aus einer 9,9-Orientierung oder aus einer (T_2)-Orientierung heraus handeln. Sobald ihnen aber ihre tatsächlichen (P_1)- und (T_1)-Einstellungen, Annahmen und Verhaltensweisen durch konstruktive Kritik klargeworden sind, schätzen nur noch 16 Prozent ihr eigenes Verhalten als 9,9- oder (T_2)-orientiert ein (siehe dazu Kapitel XII). Wird die Selbsttäuschung verringert, entstehen Bedingungen, die den Wandel begünstigen.

Eine weitere Quelle des Widerstandes gegen den Wandel ergibt sich aus der Tatsache, daß jedes Individuum und jedes Team in ein Organisationssystem eingebettet ist. Auch die Organisationsstruktur und Organisationskultur behindert den Wandel, wenn $P_1 \leftrightarrow T_1$-Denk- und Handlungssysteme vorherrschen. Diese Systeme müssen in Frage gestellt und revidiert werden, wenn sich ein tiefgreifender und anhaltender Wandel vollziehen soll. Die Bindung an die Zeit hat die Erwartungen im Menschen, die in solchen Organisationskulturen interagieren, vertieft. Eine unvernünftige Führungspraxis bleibt aber aufgrund von Traditionen, Präzedenzfällen und den Gepflogenheiten aus der Vergangenheit bestehen. Da dem so ist, werden sich einer Denk- und Verhaltensweise $P_2 \leftrightarrow T_2$ Widerstände entgegensetzen, und wahrscheinlich wird sie von Menschen, die weiter in Kategorien von $P_1 \leftrightarrow T_1$ denken und handeln, auf höherer, gleicher und niedrigerer Ebene abgelehnt. Diese wichtigen Einsichten haben zu Strategien der Organisationsentwicklung geführt, die es sämtlichen Mitgliedern der Organisation möglich machen, sich von Denk- und Verhaltensweisen der Kategorie $P_1 \leftrightarrow T_1$ zu lösen und sich einer $P_2 \leftrightarrow T_2$-Denk- und Verhaltensweise zuzuwenden.

Das Wissen um die Organisationskultur und das Wissen um Einleitung von Wandel ohne Hervorrufen von Widerständen hat sich in den letzten 30 Jahren stetig weiterentwickelt. Erst in jüngster Zeit aber ist es zu einem relativ beliebten Thema geworden. Leider wird die Bedeutung des Kontrolleinflusses auf die Organisationskultur auf (P_1)-Weise vermittelt. (T_1)-Verhaltensweisen werden bedauert; (T_2)-Verhaltensweisen mit einer 9,9-Orientierung werden beklatscht, und die Führungskraft wird dazu ermuntert, einen Kulturwandel der Kategorie (T_2) aus einer (P_1)-Perspektive vorzuschreiben. Diese Einstellungsweise wird in mehreren Büchern vertreten, unter anderem bei Peters und Waterman (1982), Deal und Kennedy (1982), Ouchi (1981), Pascale und Athos (1981), Odiorne (1981) und Kantor (1983). Das Versprechen lautet: Großer Nutzen wird der (P_1)-Führungskraft zuteil, die Verhaltensweisen nach (T_2) unterstützt und gutheißt oder durch eine Veränderung der strukturellen Arbeitsgegebenheiten verstärkt. Die Ernüchterung aber kommt allzu schnell, wenn sich das Leistungsversprechen aufgrund unerwarteter Widerstände gegen den Wandel nicht halten läßt. Wenn wir zur Abbildung B-3 zurückkehren, stellen wir fest, daß diese Art von Wandel auf den falschen Annahmen, die durch die Wellenlinien y und z identifiziert sind, beruht.

Gibt es eine Möglichkeit, sich von $P_1 \leftrightarrow T_1$ abzuwenden und sich $P_2 \leftrightarrow T_2$ zuzuwenden? Der Grid-Ansatz zur Organisationsentwicklung trägt diesen Quellen des Widerstandes gegen den Wandel Rechnung und hütet sich davor, sie zu verstärken. Gleichzeitig wird die Bewegung von (P_1) nach (T_2) erleichtert, da dem Lernenden Hilfen angeboten werden, (P_2)-Einsichten und Werthaltungen zu erwerben. Damit tut er den ersten Schritt in Richtung auf operationale (T_2)-Änderungen (Blake/Mouton, 1980). Das Grid-Seminar bietet einen Ansatz zum Wandel. Hier erfolgt ein theorieorientiertes, für sich selbst sprechendes, auf Erfahrungen basierendes täuschungsfreies Erlernen von Führungseffektivität gemäß einer $P_2 \leftrightarrow T_2$-Theorie und -Verhaltensweise, wie sie beschrieben ist in: *Synergogy: A New Strategy for Education, Training, and Development* (Mouton/Blake, 1984). Hier werden Möglichkeiten geboten, mit den Arten von (T_2)-orientiertem Verhalten zu experimentieren, die sich als Folge aus der (P_2)-Weise eines 9,9-orientierten Denkens über das Ausüben von Führung mit und durch andere in kleinen Teams ergibt.

Die Grid-Organisationsentwicklung, wie sie in Kapitel XII beschrieben wurde, identifiziert die Vorkehrungen zur Förderung der Begeisterung für den Wandel im gesamten Organisationssystem durch ein Lernen im doppelten Regelkreis, in dem jeder Lernende [Manager] fehlerhafte (P_1)-Annahmen identifiziert, sie durch (P_2) ersetzt, Unterschiede zwischen (T_1)- und (T_2)-Verhalten erkennt und dann aus der Einsicht heraus das letztere praktiziert.

Ein wichtiges Merkmal der Grid-Organisationsentwicklung besteht darin, daß der Trugschluß, (P_1)-Führungskräfte könnten ein $P_2 \leftrightarrow T_2$- oder 9,9-orientiertes Verhalten vorschreiben, während sie für ihr eigenes Denken und Handeln die Werthaltungen und das Verhalten von $P_1 \leftrightarrow T_1$ beibehalten, vermieden wird. Dies wird auf folgendem Wege erreicht: Die Führungsspitze lernt zunächst selbst im Grid-Seminar (Phase 1) und erlernt dann einen $P_2 \leftrightarrow T_2$- oder 9,9-orientierten Teamaufbau (Phase 2), ehe weitere Personen in diesen Prozeß einbezogen werden. Auf diese Weise setzt das Lernen von der Spitze der Organisation her an und wird bis hinunter in die unteren Ebenen fortgesetzt. So vergrößert sich die Wahrscheinlichkeit dafür, daß die Chefs sich desselben Führungsverhaltens befleißigen, zu dem sie ihre Mitarbeiter ermuntern.

Die letzten drei Phasen der Grid-Organisationsentwicklung bieten eine Grundlage zur Überprüfung der $P_1 \leftrightarrow T_1$-Annahmen und Verhaltensweisen, die in der Geschäftslogik und im allgemeinen Verhalten des Unternehmens verankert sind, und ersetzt sie durch eine $P_2 \leftrightarrow T_2$-Logik und -Verhaltensweise, die sich als die vernünftigste Möglichkeit zur Organisation und Führung der Geschäfte herauskristallisiert.

Sobald sich die Mitglieder einer gegebenen Kultur der $P_1 \leftrightarrow T_2$- und der $P_2 \leftrightarrow T_2$-Verhaltensweisen und -fähigkeiten auf individueller Ebene bewußt geworden sind, müssen sie als intakte Gruppen miteinander interagieren und die $P_1 \leftrightarrow T_1$-Erwartungen und Erfordernisse, die sich hinter dem stillschweigenden Netz der Geschichte – in das sie alle eingewoben sind – verbergen, untersuchen und identifizieren. Dies hilft den Mitgliedern der Organisation dazu, die kulturellen Praktiken der Organisation selbst in eine $P_2 \leftrightarrow T_2$-, 9,9-orientierte Richtung zu verlagern.

Zusammenfassung

Jetzt können wir die entscheidende Frage stellen: »Wohin gehen wir in bezug auf die Praktizierung einer vernünftigen Führung?« Wir stehen an einem Punkt, an dem die alten aristotelischen Strukturen und Taktiken zum Denken, Reden und Handeln nicht länger eine akzeptable Grundlage für eine geordnete, disziplinierte und kreative Gesellschaft bilden. (P_1) hat in seiner Nützlichkeit und Akzeptierbarkeit ausgedient.

Gleichzeitig haben wir aber ein ausgearbeitetes Modell nichtaristotelischer Logik für ein $P_2 \leftrightarrow T_2$-Denken und -Handeln, das auf wissenschaftlicher Analyse und wissenschaftlichen Beweisen beruht. Die entsprechenden Lernwege zur Verlagerung von $P_1 \leftrightarrow T_1$ auf $P_2 \leftrightarrow T_2$ sind geschaffen worden. Man hat mit ihnen experimentiert, sie revidiert, verbessert, verstärkt. Sie sind vorhanden – maßgeschneidert für den Anwender.

Die Herausforderung an das Individuum und das Kollektiv besteht darin, diese $P_2 \leftrightarrow T_2$-Systeme des Führungsdenkens und Handelns in den Privatbereich, den Kindergarten, die Schule, die Universität, die Fabriken, Vorstandsetagen usw. zu tragen und anzuwenden. Auf diese Weise wird es möglich sein, eine solide Grundlage für eine geregelte, disziplinierte, kreative Gesellschaft zu legen, die Erfüllung bringt und in der Lage ist, gesunde und spontane Reaktionen zu fördern.

Literaturverzeichnis

ARGYRIS, CHRIS: *Personality and Organization.* New York 1957

ARGYRIS, CHRIS: *Increasing Leadership Effectiveness.* New York 1976

ARGYRIS, CHRIS / SCHÖN, DONALD A.: *Theory in Practice: Increasing Professional Effectiveness.* San Francisco 1974

BLAKE, ROBERT R. / MOUTON, JANE S.: *Verhaltenspsychologie im Betrieb. Das neue GRID-Management-Konzept.* Düsseldorf 1980

BLAKE, ROBERT R. / MOUTON, JANE S. / TOMAINO, LOUIS / GUTIERREZ, SHARON: *The Social Worker Grid.* Springfield, Illinois 1979

BLAKE, ROBERT R. / MOUTON, JANE S.: *Grid Approaches To Managing Stress.* Springfield, Illinois 1980

BLAKE, ROBERT R. / MOUTON, JANE S.: *Besser verkaufen durch GRID. Das Verhaltensgitter als Methode zum optimalen Verkauf im Handel, Industrie und Dienstleistung.* Düsseldorf 1979

BLAKE, ROBERT R. / MOUTON, JANE S.: *The Versatile Manager: A Grid Profile.* Homewood, Illinois 1980

BLAKE, ROBERT R. / MOUTON, JANE S. / TAPPER, MILDRED: *Grid Approaches for Managerial Leadership in Nursing.* St. Louis, Missouri 1981

BLAKE, ROBERT R. / MOUTON, JANE S. / WILLIAMS, MARTHA S.: *The Academic Administrator Grid.* San Francisco 1981

BLAKE, ROBERT R. / MOUTON, JANE S.: *»A Comparative Analysis of Situationalism and 9,9 Management by Principle«, Organizational Dynamics, 10 (4),* Frühjahr 1982

BLAKE, ROBERT R. / MOUTON, JANE S.: *»Theory and Research for Developing a Science of Leadership«, Journal of Applied Behavioral Science, 18 (3),* 1982

BLAKE, ROBERT R. / MOUTON, JANE S.: *Solving Costly Organizational Conflicts: Achieving Intergroup Trust, Cooperation, and Teamwork.* San Francisco 1984

BLAKE, ROBERT R. / MOUTON, JANE S. / STOCKTON, ARTIE: *Zusammenarbeit im Büro: Wie das GRID-Konzept der Sekretärin hilft.* Heidelberg 1985

BLANCHARD, KENNETH / JOHNSON, SPENCER: *Der Minutenmanager. Übersetzt von Gieselbusch, Hermann / Joost, Gitta.* Reinbeck 1983

COOPER, GEORGE E. / WHITE, MAURCE D. / LAUBER, JOHN K. (HG.): *Resource Management on the Flight Deck.* Moffet Field, California 1980

DEAL, TERRANCE / KENNEDY, ALLEN: *Corporate Cultures: The Rites and Rituals of Corporate Life.* Reading, Massachusetts 1982

FEAVER, DOUGLAS B.: *»Pilots Learn to Handle Crisis – And Themselves«, Washington Post,* 12. September 1982

FIEDLER, FRED. E.: *»A Contingency Model of Leadership Effectiveness«, in: Leonard Berkowitz (Hg.), Advances in Experimental and Social Psychology.* New York 1964

FLEISHMAN, EDWIN A.:*»Leadership Opinion Questionnaire«,* Chicago 1960

FLEISHMAN, EDWIN A.: *»Twenty Years of Consideration and Structure«, in: Edwin A. Fleishman / James G. Hunt's (Hg.), Current Developments in the Study of Leadership,* Carbondale, Illinois 1973

HERSEY, PAUL G. / BLANCHARD, KENNETH H.: *Management of Organizational Behavior: Utilizing Human Resources.* Englewood Cliffs, New Jersey 1982

HOUSE, ROBERT J.: *»A Path-Goal Theory of Leadership Effectiveness«, Administrative Science Quarterly,* September 1971

JACKSON, DAVE: *»United Airlines Cockpit Resource Management Training«, Proceedings Second Symposium on Aviation Psychology.* Columbus Ohio, 25.–28. April 1983

KANTOR, ROSABETH MOSS: *The Change Masters.* New York 1983

KIPNIS, D. / SCHMIDT, S. M. / SWAFFIN-SMITH, C. / WILKINSON, I.: *»Patterns of Managerial Influence: Shotgun Managers, Tactitians and Bystanders«, Organizational Dynamics,* Winter 1984

KORMAN, ABRAHAM K.: *»Consideration, ›Initiating Structure‹ and*

Organizational Criteria – A Review«, Personal Psychology, Winter 1966

KORZYBSKI, A.: *Science and Sanity, An Introduction to Non-Aristotelian Systems and General Semantics, 1933.* Lakeville, Connecticut 1958

KORZYBSKI, A. / KENDIG, M.: *»Foreword« to General Semantics Monograph III, A Theory of Meaning Analyzed.* Lakeville, Connecticut 1942

LARSON, LARS L. / HUNT, JAMES G. / OSBORN, RICHARD N.: *»The Great Hi-Hi Leader Behavior Myth: A Lesson from Occam's Razor«, Academy of Management Journal,* Dezember 1976

LEFTON, R. E. / BUZZOTTA, V. R. / SHERBERG, M.: *Improving Productivity Through People Skills.* Cambridge, Massachusetts 1980

LEVINSON, HARRY: *The Exceptional Executive.* Cambridge, Massachusetts 1968

LIKERT, RENSIS G.: *Neue Ansätze der Unternehmensführung.* Bern 1972

LIKERT, RENSIS G.: *The Human Organization: Its Management and Values.* New York 1967

LIKERT, RENSIS G. / LIKERT, J. G.: *New Ways of Managing Conflict.* New York 1976

MACCOBY, MICHAEL: *The Gamesman.* New York 1976

MACCOBY, MICHAEL: *The Leader.* New York 1981

MCGREGOR, DOUGLAS: *The Human Side of Enterprise.* New York 1960

MCGREGOR, DOUGLAS: *The Professional Manager.* New York 1967

MOUTON, JANE S, / BLAKE, ROBERT R.: *Synergogy: A New Strategy for Education, Training, and Development.* San Francisco 1984

NYSTROM, PAUL C.: *»Managers and the Hi-Hi Leader Myth«, Academy of Management Journal,* Juni 1981

ODIORNE, GEORGE: *The Change Resisters. Englewood Cliffs,* New Jersey 1981

OUCHI, W. G.: *Theory Z. Reading,* Massachusetts 1981

PASCALE, R. T. / ATHOS, A. G.: *Geheimnis und Kunst des japanischen Managements,* München 1982

PETERS, THOMAS J. / WATERMAN, ROBERT H.: *Auf der Suche nach Spitzenleistungen. Was man von den bestgeführten US-Unterneh-*

men lernen kann. Aus d. Amerik. von Reddmann, Hartmut. Landsberg 1984

REDDIN, WILLIAM J.: *Das 3-D-Programm zur Leistungssteigerung des Managements,* Landsberg 1981

SCHUTZ, WILL: *The Schutz Measures: An Integrated System for Assessing Elements of Awareness.* San Diego 1984

SERVICE, E. R.: *Ursprünge des Staates und der Zivilisation. Der Prozeß der kulturellen Evolution. Übersetzt von Fließbach, Holger.* Frankfurt 1977

VROOM, V. H. / YETTON, P. W.: *Leadership and Decision-Making.* Pittsburgh, Pennsylvania 1973

Kurt Bendlin
FITNESS
für
MANAGER
Die sanfte Methode
zu Ausdauer, Gesundheit und
mentaler Frische
ECON